浙江省民族宗教事務委員會民族研究成果後期資助項目

諸錄俗語解

[日] 桂洲道倫 湛堂令椿 ◎ 原著
王閏吉 陳 繆 ◎ 譯著

中國社會科學出版社

圖書在版編目（CIP）數據

諸録俗語解／（日）桂洲道倫，（日）湛堂令椿原著；王閏吉，陳繆譯著.
—北京：中國社會科學出版社，2020.5
ISBN 978-7-5203-6201-6

Ⅰ.①諸…　Ⅱ.①桂…②湛…③王…④陳…　Ⅲ.①禪宗—俗語—詞典
Ⅳ.①B946.5-61

中國版本圖書館 CIP 數據核字（2020）第 054895 號

出 版 人	趙劍英
責任編輯	任　明
責任校對	朱妍潔
責任印製	郝美娜

出　　版	中國社會科學出版社
社　　址	北京鼓樓西大街甲 158 號
郵　　編	100720
網　　址	http：//www.csspw.cn
發 行 部	010-84083685
門 市 部	010-84029450
經　　銷	新華書店及其他書店
印刷裝訂	北京君昇印刷有限公司
版　　次	2020 年 5 月第 1 版
印　　次	2020 年 5 月第 1 次印刷
開　　本	710×1000　1/16
印　　張	20.5
插　　頁	2
字　　數	336 千字
定　　價	120.00 圓

凡購買中國社會科學出版社圖書，如有質量問題請與本社營銷中心聯繫調換
電話：010-84083683
版權所有　侵權必究

翻譯說明

1. 中日兩國關係源遠流長，友好交往歷史綿延兩千多年，堪稱世界民族交往史上的奇迹，古代日本文化發展更是得益于對中國文化精華的吸收和融合。在漫長的歷史時期，日本民族在自己固有的文化基礎上，通過吸收漢字、攝取中華民族的文明制度，逐漸形成了自己獨特的文化。其中，唐宋時期又是中華民族與日本大和民族文化交流的黃金時期，日本數十次派出使節、學問僧、留學生等使團來華研讀漢學經典，汲取科學文化知識。而他們歸國時帶回的大量漢籍，突破了地理、戰亂等環境限制，爲漢文化在日的進一步傳播提供了便利，彌補了兩國人員不能充分交流而產生的遺憾。

《諸錄俗語解》是日本較早的一部禪錄俗語詞典，編著者是日本江户中期臨濟宗僧人桂洲道倫、湛堂令椿。這本唐宋禪錄詞語日人解釋的詞典，收録了《五家正宗贊》《碧巖録》《大慧普覺禪師宗門武庫》等宗門基本書中難解的口語俗語，並做出了考證和解釋，有時用簡短的日語對照，有時引用中國文獻考證，旁徵博引，考釋有力。這不僅讓我們明白了現代漢語口語中不少所謂的口語俗語，早在唐宋時代即已流行，而且對於我們研究近代漢語詞彙的形成和解讀文義也有很大的幫助。另外，書中所收録的中國唐宋時代漢族人方俗語詞，對於非漢語母語的大和民族的日本人來説，解釋起來相當有難度，更何況其中一些現代中國人都覺得難以解釋的詞，該書都有解釋，的確十分難得。透過這本著作，我們看到大和民族的學者們在學習、領會、汲取中華民族文化時的勤勉好學與一絲不苟。如今，我們又借助這本譯著去探究現代漢語口語的歷史，可以說這本書是中日兩國文化交流綿延不絕的一個有力見證。也正基於此，譯著出版獲得了浙江省民族宗教事務委員會的經費支持，特此鳴謝！

2. 《諸録俗語解》有幾種抄本，我們翻譯的是大藏院本，這是現存最早的抄本。大藏院本用速筆書寫，筆跡和天龍寺本、法常寺本一致，詞目却比這兩種抄本少，但也有些天龍寺僧堂本、法常寺本中没有記載的詞條。

3. 考慮到書中出現了大量古籍引文以及不少日文，本書用字採用繁體字。繁體字原則上使用正體形式，異體字都改成相應的正體形式。

4. 禪錄俗詞語頗難理解，書中有些詞語没做解釋，也有一些解釋有誤或不準確的地方，譯者補充《漢語大詞典》《禪宗大詞典》相關注釋，並用楷體小號字區分出來。爲節省篇幅，《漢語大詞典》簡稱爲《漢典》，《禪宗大詞典》簡稱爲《禪典》，《五家正宗贊》簡稱《正宗贊》。書中標明"見某書"，但没有引文的，譯者大都增補出引文，也用楷體小號字區分出來。爲節省篇幅，《佛果圜悟禪師碧巖録》簡稱《碧巖録》，《大慧普覺禪師宗門武庫》簡稱《武庫》，《石門洪覺範林間録》簡稱《林間録》，《虚堂和尚語録》簡稱《虚堂録》。此外，書中用漢文訓讀法標註的日語，爲理解方便改用現代日語語序表述，翻譯部分引用的内容則保留日語字體。

目　　录

《諸録俗語解》第一卷

《正宗贊》 …………………… (3)
　　卷之一 …………………… (3)
　　卷之二 …………………… (16)
　　卷之三 …………………… (29)
　　卷之四 …………………… (31)

《大慧武庫》 ………………… (38)

《諸録俗語解》第二卷

《羅湖野録》 ………………… (69)
　　卷之上 …………………… (69)
　　卷之下 …………………… (72)

《叢林盛事》 ………………… (74)
　　卷之上 …………………… (74)
　　卷之下 …………………… (77)

《枯崖漫録》 ………………… (80)
　　卷之上 …………………… (80)
　　卷之中 …………………… (81)
　　卷之下 …………………… (82)

《雲臥紀談》 ………………… (85)
　　卷上 ……………………… (85)
　　卷下 ……………………… (86)

△《山菴雜録》 ……………… (88)
　　卷之上 …………………… (88)
　　卷之下 …………………… (91)

△《林間録》 ………………… (93)
　　卷之上 …………………… (93)
　　卷之下 …………………… (94)

△《人天寶鑒》 ……………… (97)

△《臨濟録》 ………………… (100)

△《雲門廣録》 ……………… (103)
　　卷之上 …………………… (103)
　　卷之中 …………………… (105)
　　卷之下 …………………… (107)

△《趙州録》 ………………… (109)
　　卷上 ……………………… (109)
　　卷中 ……………………… (110)
　　卷下 ……………………… (111)

《諸録俗語解》第三卷

△《碧巖集》 ………………… (115)

○第一則……………（115）
○第二則……………（127）
○第三則……………（130）
○第四則……………（132）
○第五則……………（137）
○第六則……………（138）
○第七則……………（140）
○第八則……………（142）
○第九則……………（143）
○第十則……………（144）
○第十一則…………（146）
○第十二則…………（147）
○第十三則…………（149）
○第十四則…………（149）
○第十五則…………（150）
○第十六則…………（151）
○第十七則…………（152）
○第十八則…………（153）
○第十九則…………（155）
○第二十則…………（155）
○第廿一則…………（157）
○第廿二則…………（157）
○第廿三則…………（159）
○第廿四則…………（159）
○第廿五則…………（161）
○第廿六則…………（161）
○第廿七則…………（161）
○第廿八則…………（162）
○第廿九則…………（163）
○第三十則…………（163）
○第三十一則………（164）
○第三十二則………（164）

○第三十三則………（165）
○第三十四則………（166）
○第三十五則………（166）
○第三十六則………（166）
○第三十七則………（167）
○第三十八則………（167）
○第三十九則………（168）
○第四十則…………（168）
○第四十一則………（169）
○第四十二則………（169）
○第四十三則………（170）
○第四十四則………（170）
○第四十五則………（171）
○第四十六則………（171）
○第四十七則………（172）
○第四十八則………（172）
○第四十九則………（172）
○第五十則…………（173）

《諸錄俗語解》 第四卷

○第五十一則………（177）
○第五十二則………（177）
○第五十三則………（177）
○第五十四則………（178）
○第五十五則………（178）
○第五十六則………（178）
○第五十七則………（179）
○第五十八則………（180）
○第五十九則………（180）
○第六十則…………（181）
○第六十一則………（181）

○第六十二則……（181）	○興聖語……（191）
○第六十三則……（181）	○報恩語……（195）
○第六十四則……（182）	○顯孝語……（201）
○第六十五則……（182）	○瑞巖語……（202）
○第六十六則……（182）	○延福語……（204）
○第六十七則……（182）	○寶林語……（205）
○第六十八則……（183）	○育王語……（214）
○第六十九則……（183）	○柏巖語……（216）
○第七十則……（183）	○净慈語……（217）
○第七十一則……（183）	○徑山語……（217）
○第七十二則……（184）	○法語……（219）
○第七十三則……（184）	○真讚……（220）
○第七十四則……（184）	○普説……（220）
○第七十五則……（185）	○頌古……（223）
○第七十六則……（185）	○代別……（225）
○第七十七則……（185）	○佛祖賛……（228）
○第七十九則……（186）	○禮祖塔……（230）
○第八十則……（186）	○佛事……（230）
○第八十一則……（186）	○偈頌……（231）
○第八十二則……（187）	○續輯……（232）
○第八十三則……（187）	○净慈後録……（233）
○第八十四則……（187）	○徑山後録……（235）
○第八十七則……（187）	○偈頌後篇……（240）
○第八十八則……（188）	○佛事……（240）
○第九十一則……（188）	○秉炬……（240）
○第九十二則……（188）	○法語……（240）
○第九十四則……（188）	○新添……（241）
○第九十五則……（188）	
○第九十六則……（189）	**《諸録俗語解》第五卷**
○第九十七則……（189）	
○第九十八則……（190）	《大惠書》解補……（245）
△《虛堂録》……（191）	

《諸録俗語解》 第六卷

《野録》……………（261）

《盛事》……………（263）

《漫録》……………（266）

《紀談》……………（270）

《雜録》……………（274）

《林間録》…………（276）

《人天寶鑒》………（277）

《臨濟録》…………（278）

《碧巖録》…………（280）

《虛堂録》…………（285）

  興聖語……………（285）

  報恩語……………（286）

  顯孝語……………（287）

  瑞巖語……………（287）

  延福語……………（288）

  寶林語……………（289）

  育王語……………（291）

  浄慈語……………（291）

  法語………………（292）

  普説………………（292）

  頌古………………（292）

  代別………………（294）

  禮祖塔……………（295）

  偈頌………………（295）

  徑山後録…………（295）

  法語………………（296）

  新添………………（296）

音序检字表……………（298）

《諸錄俗語解》第一卷

《正宗赞》

卷之一

　　【相抗】抗，抵也、敵也。日語"楯突く"，即反抗、頂撞。俗話蛇舉頭向人者曰"抗其頭來"。《漢典》"相抗"條：對抗；相抗衡。《晉書·羊祜傳》："非皆無戰心，誠力不足相抗。"《南史·謝瞻傳》："瞻文章之美，與從叔混、族弟靈運相抗。"清薛福成《滇緬分界大概情形疏》："當其並緬之始，深慮緬民不服及緬屬諸土司起與相抗。"

　　【説似一物】似，意同"呈似"之"似"。日語"示す"，即表現、表示。見《碧巖錄》第二則。《碧巖錄》："一有多種，二無兩般，似三隅反一。"

　　【早晚】本義指朝暮，由此引申出①"いつか"，即遲早、早晚；②"今頃"，即現在、這時候；③"程無く"，即不久、一會兒之義。今此處作"いつか"，即遲早、早晚。這早晚想是去了，日語釋作"今頃は行くであろう"；早晚回來，同"ほどなく回ります"。《漢典》"早晚"條：先與後；遲早。《三國志·魏志·王朗傳》："蓋生育有早晚，所産有衆寡也。"《北齊書·崔昂傳》："終是除正，何事早晚！可除正僕射。"

　　【石墜】墜，日語"ぶら下げる"，即垂、吊、懸挂，意同"扇墜"之墜，如達磨的耳墜金環等。《漢典》"扇墜"條：繫於扇柄之飾物。明謝肇淛《五雜俎·物部二》："扇之有墜，唐前未聞，宋高宗宴大臣，見張循王扇有玉孩兒墜子，則當時有之矣。"《剪燈新話·渭塘奇遇記》："女以紫金碧甸指環贈生，生解水晶雙魚扇墜酬之。"《紅樓夢》第一回：

"這塊鮮瑩明潔的石頭，且又縮成扇墜一般，甚屬可愛。"

【蕩】日語釋作"洗、川にする"(あらい、かわ)，指放到河水裏洗，引申出盡、空之意，即"破家蕩產"也。《漢典》"破家蕩產"條：耗盡家產。《朱子語類》卷一一一："寬鄉富家多，狹鄉富家少。狹鄉富家，靳靳自足，一被應役，無不破家蕩產。"《醒世恒言·灌園叟晚逢仙女》："觸著他的，風波立至，必要弄得那人破家蕩產，方才罷手。"清梁紹壬《兩般秋雨盦隨筆·醋瓶畫匣》："樗蒲六博之好，倡樓妓館之遊，往往破家蕩產。"

【村獦獠】村，日語"田舍"(いなか)，即鄉下。獦獠，生活在嶺南附近、以蟲鼠為食的野蠻人。見《正字通》詳解。六祖是嶺南人，故被稱作村獦獠也。《禪典》"獦獠"條：唐代南方少數民族之稱。與今南方仫佬等少數民族有淵源關係。敦煌本《壇經》："大師（指五祖弘忍）遂責惠能曰：'汝是嶺南人，又是獦獠，若為堪作佛！'惠能答曰：'人即有南北，佛性即無南北。獦獠身與和尚不同，佛性有何差別？'"（按慧能本系河北范陽人，隨父貶官而至廣東新會落戶，此系獦獠族聚居地，故有上述回答）《正宗贊》卷一，曹溪六祖："開作家爐韛，村獦獠收幾塊精金？說成帙《壇經》，臭皮囊盛許多骨董。"亦作"獵獠"。按，《廣韻》入聲葉韻："獦，良涉切，俗作田獦字。"與"獵"字讀音相同。可見唐宋時代"獵"有俗寫作"獦"的情況。

【骨董】日語釋作"こざこざした物"(もの)，即雜碎舊物。如骨董菜、骨董箱等。《禪典》"骨董"條：價值不大的雜碎舊物，禪家多指陳舊落套的言句話頭等。《補禪林僧寶傳》，雲巖悟新："乃之黃龍，謁寶覺禪師。談辯無所抵捂。寶覺曰：'若之技止此耶？是固說食耳，渠能飽人乎？'新窘無以進。從容白曰：'悟新到此，弓折箭盡。願和尚慈悲，指個安樂處。'寶覺曰：'一塵飛而翳天，一芥墮而覆地。安樂處政忌上座許多骨董，直須死卻無量劫來偷心乃可耳。'"《法演語錄》卷中："出隊半個月，眼不見鼻孔。忘卻祖師禪，拾得個骨董。"《五燈會元》卷一五，雲門文偃："若是一般掠虛漢，食人涎唾，記得一堆一擔骨董，到處馳騁驢唇馬嘴，誇我解問十轉五轉話。"也說作"骨底骨董"。

【死款】判定死罪的口供。難翻，日語釋作"し直されぬ"(なお)，即推翻不了。翻款，同"口書きをし直す"(くちが、なお)，即翻口供。翻，《碧嚴錄》作

"番"。《漢典》"款"條：指供辭。《資治通鑒·唐則天后天授二年》："來俊臣鞫之，不問一款，先斷其首，仍僞立案奏之。"胡三省注："獄辭之出囚口者爲款。"

【劈箭】日語釋作"箭(はな)を切(や)って放(はな)つ"，即切斷箭。劈，爲"劈"的俗字，意同"劈頭""劈面""劈初"之"劈"。《漢典》"劈"條：割；劃破。《漢典》"劈面"條：以刀割面。《魏書·清河王懌傳》："夷人在京及歸，聞懌之喪，爲之劈面者數百人。"《文選·沈約〈齊故安陸昭王碑文〉》："雖鄧訓致劈面之哀，羊公深罷市之慕。"李善注："戎俗，父母死，恥悲泣，皆騎馬歌呼。致聞訓卒，莫不號咷。或以刀自割。"

【㧖殺】㧖，音同"築"。築拳，日語釋作"握(にぎ)り拳(こぶし)にてつく"，即握拳。

【適來】日語"先程(さきほど)"，即剛才、方才。適來，亦作"適纔""適間"。《漢典》"適來"條：猶剛才。晉干寶《搜神記》卷三："南邊坐者語曰：'適來飲他酒脯，寧無情乎？'"《敦煌變文集·伍子胥變文》："適來鑒貌辨色，觀君與凡俗不同。"金董解元《西廂記諸宮調》卷一："適來佳麗，是崔相國的女孩兒。"清黃景仁《三月十六日》詩："轉笑適來呼吸頃，正襟危坐亦欺人。"

【小囝】囝，《玉篇》："五鎋切，閩人呼兒曰'囝'。"《漢典》"囝"條：小孩。唐顧況《囝》詩："囝生閩方，閩吏得之……囝別郎罷，心摧血下。"原題解："閩俗呼子爲囝，父爲郎罷。"宋陸游《戲遣老懷》詩："阿囝略如郎罷老，稚孫能伴太翁嬉。"

【原之】原夢，日語釋作"夢判(ゆめはん)じこと"，即占夢、解夢，亦作"圓夢"。原，唐音"ヨエン"，與"圓"音相近，故通用。原，《韻會》："推原也。"《正字通》："占夢以決吉凶曰'圓夢'。"《漢典》"原"條：推究；考究；研究。《荀子·儒效》："俄而原仁義，分是非，圖回天下於掌上而辨白黑，豈不愚而知矣哉！"《漢書·劉向傳》："原其所以然者，讒邪並進也。"唐韓愈《應所在典貼良人男女等狀》："原其本末，或因水旱不熟，或因公私債負，遂相典帖，漸以成風。"宋沈括《夢溪筆談·雜志一》："磁石之指南，猶柏之指西，莫可原其理。"明何景明《應詔陳言治安疏》："臣上原天意，下究民心。"清李漁《巧團圓·原夢》："當初那箇奇夢被我原出來了。"

【竿木隨身】見《武庫》。《武庫》："大宋元符戊寅歲，有漢中沙門意忠上座，尋師訪道，選佛參禪。干木隨身，逢場作戲。"《禪典》"竿木隨身，逢場作戲"條：本指江湖藝人隨身帶著竹木道具等，遇上適合的場所便可隨時演出。比喻悟道者隨處作主，自在無礙之機用。《景德傳燈錄》卷六，江西道一："鄧隱峰辭師。師云：'什麼處去？'對云：'石頭去。'師云：'石頭路滑。'對云：'竿木隨身，逢場作戲。'"《圓悟語錄》卷一："升座云：'火不待日而熱，風不待月而涼。鶴脛自長，鳧脛自短，松直棘曲，鵠白烏玄，頭頭露現。若委悉得，隨處作主，遇緣即宗。竿木隨身，逢場作戲，有麼？有麼？'"《續傳燈錄》卷一二，等覺法思："師良久曰：'若也於斯薦得，上無攀仰，下絕己躬，靈光現前，耀騰今古。遇知音而隨緣佛事，在山野而別构清規，亦可竿木隨身逢場作戏。"

【貼身死計】貼身，日語釋作"身を離れぬ"，即不離身。死計，同"煎じ詰めた計"，即徹底的計度。《漢典》"貼身"條：指跟隨在身邊的；親近的。《西游記》第七一回："你將那貼身的侍婢，喚一個進來。"《紅樓夢》第十三回："戴權看了，回手遞與一個貼身的小廝收了。"

【納些些】納，日語釋作"年貢を納める"，即繳納年貢。《漢典》"些些"條：少許，一點兒。唐元稹《答友封見贈》："扶床小女君先識，應爲些些似外翁。"宋葛長庚《賀新郎·肇慶府送談金華張月窗》詞："小立西風楊柳岸，覺衣單、略説些些話。"

【總不見得】舊本作"他總不妨"。見《林間錄》。《林間錄》："自小養一頭水牯牛，擬向溪東放，不免食他國王水草；擬向溪西放，不免食他國王水草。不如隨處納些子，他總不妨。"

【草賊】《書叙指南》："盜藏避曰'穿竄草石'，又曰'山栖草藏'。"《漢典》"草賊"條：舊時對起義農民的蔑稱。《舊唐書·僖宗紀》："若諸軍全捕得一火草賊數至三百人已上者，超授將軍，賞錢一千貫。"《水滸傳》第六一回："盧俊義罵道：'草賊休走！'挺手中朴刀，直取劉唐。"

【一分飯】日語釋作"一人前の飯"，指一人份的飯。日本古代將一人份的俸祿，即"一人扶持"，稱爲"一分請受"。《漢典》"一分"條：

猶言（所得的）一部分。晉陶潛《搜神後記》卷九："有一大熊來，瞪視此人。人謂必以害己。良久，出藏果，分與諸子。末後作一分，置此人前。"《景德傳燈錄·普願禪師》："師曰：'土地前更下一分飯。'"元王實甫《西廂記》第一本第二折："望和尚慈悲爲本，小生亦備錢五千，怎生帶得一分兒齋，追薦俺父母咱！"《兒女英雄傳》第二八回："姑娘一進洞房，早看見擺滿一分妝奩。"

【失火】日語"手過ち"，即過失。失，釋作"取り外す"，即（因失誤而）掉落、沒有抓住等，意同"失脚""失手""失口""失心""失聲"之"失"。

【我使得正快】日語釋作"俺が使う鎌よく切れる"，意指我用的鐮刀鋒利得很。《漢典》"快"條：鋒利。唐杜甫《戲題王宰畫山水圖歌》："焉得并州快剪刀，剪取吳松半江水。"元吳萊《黑海青歌》："越山山有黑海青，長拳快眼健羽翎。"

【骰子】《字彙》注："博陸採具"，故亦稱作"臭骨頭"。十八，指所擲出的骰子點數。《漢典》"骰子"條：賭具。也用以占卜、行酒令或作游戲。多以獸骨制成，爲小正方塊，六面分刻一、二、三、四、五、六點，一、四涂以紅色，餘涂黑色。擲之視所見點數或顔色爲勝負，故又稱投子、色子。相傳爲三國·魏·曹植創制。唐溫庭筠《新添聲楊柳枝詞》之一："玲瓏骰子安紅豆，入骨相思知不知。"《新五代史·梁廣王朱全昱傳》："太祖宴居宮中，與王飲博，全昱酒酣，取骰子擊盆而迸之。"宋陸游《老學庵筆記》卷三："群蠻聚博其上。骰子亦以骨爲之，長寸餘而區，狀若牌子，折竹爲籌，以記勝負。"

【信彩】擲骰子猜點數，日語"出たら目"。《漢典》"信"條：任意；聽任。《荀子·哀公》："故明主任計不信怒，暗主信怒不任計。"北齊顔之推《顔氏家訓·涉務》："至今八九世，未有力田，悉資俸禄而食耳。假令有者，皆信僮僕爲之。"宋蘇轍《隋論》："人之於物，聽其自附而信其自去，則人重而物輕。"

【家生】道具，即家庭生活用具，指鍋碗盤。《會元》作"家事"，即家具也。《漢典》"家生"條：傢什。器具的總稱。宋吳自牧《夢粱錄·諸色雜貨》："家生動事，如桌、凳、凉床、交椅。"《古今小説·沈小官一鳥害七命》："二人收了，作別回家，便造房屋，買農具家生。"《醒世姻緣傳》第二四回："吃完了酒，收拾了家生，日以爲常。"

【活計】《碧巖錄》第一則："向鬼窟裡作活計"。《漢典》"活計"條：生計；謀生的工作或職業。唐韓愈《崔十六少府攝伊陽以詩及書見投因酬三十韻》："謀拙日焦拳，活計似鋤㢦。"元無名氏《貨郎旦》第三折："你如今做甚麼活計，穿的衣服，這等新鮮，全然不像個没飯吃的。"《醒世恒言·賣油郎獨占花魁》："某年上避兵來此，因無活計，將十三歲的兒子秦重，過繼與朱家。"清李漁《閑情偶寄·器玩·制度》："有八口晨炊不繼，猶舍旦夕而問商周，一身活計茫然，寧遣妻子而不賣古董者，人心矯異，詎非世道之憂乎。"

【白牯】或説狗，可再考。《漢典》"牯"條：母牛。《玉篇·牛部》："牯，牝牛。"俗稱閹割過的公牛。

【礱頭】無解説。《漢典》"礱"條：凹凸不平；參差不齊。唐劉禹錫《猶子蔚適越戒》："若知彝器乎？始乎斲輪，因入規矩，刳中廉外，楞然而有容者，理膩質堅，然後如密石焉。風戾日晞，不副不礱，然後青黄之，鳥獸之，飾乎瑶金，貴在清廟。"宋歐陽修《盤車圖》："淺山嶙嶙，亂石矗矗，山石磽礱車碌碌。"

【噇眠】日語"どぶされ"，意同"作個睡死鬼去！""睡你個大頭鬼呀！"駡人光睡覺不幹活之語。噇，同"喫驚""喫顛"之"喫"，注："食無廉"，即無節制地大吃大喝。《漢典》"噇"條：吃喝；没節制地吃喝。唐寒山《詩》之七四："背後噇魚肉，人前念佛陀。"《清平山堂話本·快嘴李翠蓮記》："總然親戚吃不了，剩與公婆慢慢噇。"《西遊記》第五四回："（八戒）也不管甚麼玉屑米飯、蒸餅……山藥、黄精，一骨辣噇了個罄盡。"《儒林外史》第十一回："（楊老六）在鎮上賭輸了，又噇了幾杯燒酒，噇的爛醉。"

【木㭾】無解説。《漢典》"㭾"條：樹苑子，木柴塊。徐弘祖《徐霞客遊記·滇遊日記三》："雨複大至，適得羊場堡四五家當嶺頭，遂入宿焉。其家竹林竹户，煨㭾餉筍，竟忘風雨之苦也。"又："時雨急風寒，急趨就之……從東門入，一老僧從東廡下煨㭾，見客殊不爲禮。"

【胚腪】當作"坯𡓷"。《正字通》："坯佩平聲，瓦未燒也。𡓷，音魂，土也。"胚腪，日語釋作"焼き物の下地"，即陶胚。《漢典》"胚腪"條：同"胚渾"。唐陸龜蒙《讀〈陰符經〉寄鹿門子》："生者死之根，死者生之根。方寸了十字，萬化皆胚腪。"金元好問《游承天懸泉》：

"太初元氣未凝結，更欲何處留胚腪。"元朱德潤《雪獵賦》："迷漫六合，飄颻太空，混玄黃而暴白，始胚腪于鴻濛。"

【一上】同"一次"，一度。《禪典》"一上"條：一場，一番。《仰山語錄》："溈山喂鴉生飯，回頭見師云：'今日爲伊上堂一上。'師云：'某甲隨例得聞。'"《聯燈會要》卷四，五泄靈默："似這般擔板漢放去便休。又喚回，被伊搭糊一上。"（搭糊：折騰）《嘉泰普燈錄》卷二五，闡提照："諸公好熱，熱一上了，又寒一上。寒寒熱熱，煎迫人太煞！"

【耳朵】見《虛堂錄·報恩語》。《虛堂錄》："上堂：'德山棒如雨點，要且打不得皮下無血底；臨際喝似雷奔，要且喝不得耳朵無聰底。直饒打得悟，喝得省，報恩未必橫點頭，何故？知我罪我。'"

【老臊胡】臊，音騷。《説文》："豕臭也。"《字典》："凡肉之腥者皆曰'臊'。"老臊胡，貶低初祖之辭也。胡人臊臭多者也。《虛堂錄》胡作"鬍"。《禪典》"老臊胡"條：對老年胡人之詈稱，多指禪宗初祖菩提達摩。有時帶戲謔語氣。《聯燈會要》卷二〇，德山宣鑒："這裏佛也無，祖也無。達磨是老臊胡，十地菩薩是擔屎漢。"《五燈會元》卷二〇，龍翔南雅："二祖禮三拜，依位而立，已是周遮；達磨老臊胡，分盡髓皮，一場狼藉。"《正宗贊》卷一，百丈大智："策奇勳，不減叔孫通，與老臊胡作萬古城池，阿誰近旁？"

【葛藤椿】見《碧巖錄》第一則。《碧巖錄》："若人透得，歸家穩坐，一等是打葛藤，不妨與他打破漆桶。"《禪典》"葛藤椿子"條：喻指多語禪師，語含譏諷意。《大慧宗門武庫》："雲居舜老夫常譏天衣懷讓禪師說葛藤禪。一日，聞懷遷化，於法堂上合掌云：'且喜葛藤椿子倒了也！'"

【分疏】見《碧巖錄》第二則。《碧巖錄》："若是別人，往往分疏不下。趙州是作家，只向他道。"《禪典》"分疏"條：分辨，辯解。《惟則語錄》卷三《示如維那》："間有知是世相，知爲定分，知屬浮幻底，向閒時冷處，也説得圓融，佇有主宰。及乎真境現前，依舊分疏不下，撥擺不行。"《密庵語錄》："帶累釋迦老子，通身是口也分疏不下。"

【大蟲】見《碧巖錄》第廿二則。《碧巖錄》："丈云：還見大蟲麼？蘗便作虎聲。"《漢典》"大蟲"條：指老虎。唐李肇《唐國史補》卷上："大蟲老鼠，俱爲十二相屬。"《水滸傳》第二三回："那一陣風過處，只聽得亂樹背後撲地一聲響，跳出一隻吊睛白額大蟲來。"

【一摑】上同。《碧巖録》："檗遂打百丈一摑，丈吟吟而笑。"《漢典》"摑"條：用巴掌拍打；打耳光。唐盧仝《示添丁》："父憐母惜摑不得，却生癡笑令人嗟。"宋葉夢得《避暑録話》卷下："執之十字路口，痛與百摑。"元李致遠《還牢末》第一折："我如今手摑著胸膛悔後遲。"清紀昀《閱微草堂筆記·灤陽續録四》："老儒怒，急以手磨硯上墨瀋，摑其面而塗之。"

【吟吟】上同。《漢典》"吟吟"條：笑貌。元王實甫《西廂記》第四本第三折："笑吟吟一處來，哭啼啼獨自歸。"《水滸傳》第二三回："王婆吟吟的笑道：'便是間壁的武大郎的娘子。'"

【身材】日語"体"（からだ），即身體。身材，亦作"身裁"。《漢典》"身材"條指身體的高矮和胖瘦。唐寒山《詩》之十九："手筆太縱橫，身材極瑰瑋。"《水滸傳》第三八回："李逵看那人時，六尺五六身材，三十二三年紀。"

【噇酒糟】見《碧巖録》第十一則。《碧巖録》："汝等諸人，盡是噇酒糟漢。與麼行脚（道著踏破草鞋，掀天摇地），何處有今日（用今日作什麼？不妨驚群動衆）？還知大唐國裡無禪師麼？"

【廝儿】小廝兒，日語"丁稚"（でっち），即打雜的小學徒、小夥計。廝，使也、賤也。《漢典》"廝兒"條：輕蔑的稱呼，猶言小子。宋呂居仁《軒渠録》："大琮遲疑不能下筆，嬬笑云：'原來這廝兒也不識字'，聞者哂之。"《警世通言·金明池吳清逢愛愛》："不知何處來三個輕薄廝兒，和他喫酒。"

【喫交】見《碧巖録》第三十八則。《碧巖録》："臨濟恁麼，大似平地喫交。"《漢典》"吃交"條：亦作"喫交"。跌交。《古尊宿語録·雲峰悅禪師》："山僧今日平地喫交了也。"《建中靖國續燈録·圓通禪師》："爭奈平地喫交，有甚扶策處。"元楊顯之《瀟湘雨》第三折："上路時又淋濕我這布裹肚，吃交時掉下了一箇棗木梳。"

【欺騙】騙，日語"騙る"（かた），即欺瞞、騙取。小説《杜騙新書》，描寫了各種坑蒙拐騙的故事。《漢典》"欺騙"條：以虛假的言行掩蓋事實真相使人上當。清黄六鴻《福惠全書·庶政·禁造假銀》："乃有姦徒，安立爐灶，專造假銀，欺騙愚民。"

【剛要鬼分贓】"剛"字難譯。《漢典》"剛"條：副詞。偏；只。隋煬帝《效劉孝綽憶詩》之一："憶睡時，待來剛不來。"前蜀貫休《桐江閑居》詩："擬歸仙掌去，剛被謝公留。"元紀君祥《趙氏孤兒》第二折："可憐三百口親丁飲劍鋒，剛留得孤苦伶仃一小童。"

【白遭渠污染】白，日語"あからさま"，即明顯、顯然。又同"見見"（みすみす），即眼睜睜地、眼看著。如"白白地""平白地"等。《水滸傳》第十三回："平白地要陷我做賊"。《漢典》"白"條：副詞。平白地；平空地。元睢景臣《哨遍·高祖還鄉》套曲："白甚麼改了姓，更了名，喚做漢高祖。"《紅樓夢》第五七回："倒不是白嚼蛆，我倒是一片真心爲姑娘。"

【擔枷陳狀】另有"過狀"詞條，見《碧巖錄》第七則。《碧巖錄》："道什麼？擔枷過狀。"《漢典》"過狀"條：遞交文狀、訴狀。唐張固《幽閑鼓吹·張長史》："張長史釋褐爲蘇州常熟尉……有老父過狀，判去，不數日復至。"宋歐陽修《乞再定奪減放應役人數》："近累據減放公人等過狀，却乞收敛。"蔣禮鴻曰："過狀是送進文狀。"見《敦煌變文字義通釋·過》。

【自領出去】見《武庫》。《武庫》："有六十棒，將三十棒打大聖，不合道姓何？三十打濟川，不合道大聖決定姓何？若是烏龍長老，教自領出去。"

【脚尖】日語釋作"足の指の先"（あしゆびさき），指脚指尖、脚指頭。《漢典》"脚尖"條：脚的最前部分。《二十年目睹之怪現狀》第四四回："婦人伸出大脚，去踩那婊子的小脚；踩著他的小脚尖兒。"

【潑家私】没用的家當。不起作用的人、没有用的人又稱作"潑才""潑皮"等。"家私""家生""家事""家具"皆同。《漢典》"潑家私"條：猶言破家當。

【將死雀就地彈】省略作"就地彈"。日語方言"必死"（ひっし），即死命、拼命。

【珍重】見《碧巖錄》第四則。《碧巖錄》："山遂珍重，揭簾而出。"《禪典》"珍重"條：道別，告辭。動詞。《祖堂集》卷一二，荷玉："因一日參次，曹山乃問師：'大人還在也無？'對云：'在。'曹山云：'略要相見，還得摩？'對云：'請和尚進。'曹山乃倒臥，師便珍重而出。"

【複子】見《碧巖錄》第四則。《碧巖錄》："挾複子於法堂上。"《禪典》"複子"條：包袱，行李袋。《臨濟語錄》："相逢不相識，共語不知名。今時學人不得，蓋爲認名字爲解。大策子上抄死老漢語，三重五重複子裏，不教人見。道是玄旨，以爲保重。"《潙山語錄》："德山來參，挾複子上法堂，從西過東，從東過西。"《圓悟語錄》卷一三："若是作家本分漢，過著咬豬狗底手脚，放下複子靠將去。

【托缽】托，日語釋作"手に据え捧げる"，即用手掌附著或承著。意同"托塔天王""茶托""托根"之"托"。内托劑，提升治癒效果之藥。由此可知"托"字義。《漢典》"托缽"條：手托缽盂。指僧人赴齋堂吃飯或向施主乞食。缽，梵語的省音譯，意爲應器。比丘的食器。《聯燈會要·雪峰義存禪師》："鐘未鳴，鼓未響，托缽向甚麼處去？"《續傳燈錄·惟正禪師》："聞托缽乞食，未聞安坐以享。"明高濂《玉簪記·譚經》："衣食渾無措，空門來托缽。"明陳貞慧《書癸巳毘陵事》："其時有澹上人，從匡廬來，肩瓢笠，日托缽於市。"

【大小】亦作"大小大"。日語釋作"さすがにすさまじい"，即偌大、好大。"小"字無義。《禪典》"大小大"條：偌大，這麽大，那麽大。《法演語錄》卷上："僧問六祖：'黃梅意旨什麽人得？'祖云：'會佛法底人得。'僧云：'和尚還得麽？'祖云：'不得。'僧云：'和尚爲什麽不得？'祖云：'我不會佛法。'師云：'大小大祖師，問著底便是不識不會，爲什麽却兒孫遍地？'"又："上堂舉，雲門垂語云：'古佛與露柱相交，是第幾機？'自代云：'南山起雲，北山下雨。'師云：'大小大雲門大師，元來小膽。'"《碧巖錄》卷八，第七七則："他致問處，有大小大縫罅。雲門見他問處披離，所以將糊餅攔縫塞定。"亦作"大小"。

【敕點飛龍馬】"敕點"二字難解。《漢典》"敕"條：古時自上告下之詞。漢時凡尊長告誡後輩或下屬皆稱敕。南北朝以後特指皇帝的詔書。《三國志·吳志·呂蒙傳》："蒙未死時，所得金寶諸賜盡付府藏，敕主者命絶之日皆上還，喪事務約。"《宋書·竟陵王誕傳》："蒙陛下聖恩，賜敕解饒吏名。"《新唐書·百官志一》："凡上之逮下，其制有六：一曰制，二曰敕，三曰册，天子用之。"宋文同《送潘司理秘校》之一："下馬便呈新授敕，開箱争認舊縫衣。"清顧炎武《金石文字記·西岳華山廟碑》："漢時人官長行之掾屬，祖父行之子孫，皆曰敕……至南北朝以下，則此字惟朝廷專之。"《漢典》"點"條：徵調。唐白居易《新豐折臂翁》："無何天寶大征兵，户有三丁點一丁。"

【小當仁】閩鄉談中有一説，可答不能答曰"小當仁"。《禪典》"當仁"條：古成語"當仁不讓"之省略，意義有所演變，指爲衆説法，啓悟學人。亦指僧衆導師之位。《神會遺集》卷二《菩提達摩南宗定是非論》："于時有府福先寺師，荷澤寺法師及餘方法師數十人，齊聲請禪師坐，咸言：'今日正是禪師辯邪正定是非日，此間有四十餘個大德法師爲禪師作證義在。'和上（即和尚，指神會）固辭不已，時乃就坐。……和上以無疑慮，此日當仁。"《景德傳燈録》卷二四，石門紹遠："問：'先師歸於雁塔，當仁一句，請師垂示。'師曰：'修羅掌内擎日月，夜叉足下踏泥龍。'"又卷二三，白雲令弇："問：'三臺有請，四衆臨筵。既處當仁，請師一唱。'"又作"當人"

【沙汰】見《碧巖録》第十三則。《碧巖録》："於是外道於僧寺中，封禁鐘鼓，爲之沙汰。"《禪典》"沙汰"條：原義爲淘汰，佛教文獻中此詞常指中國朝廷對於佛教、僧尼的限制和打擊。與禪宗關係較大的一次沙汰（又稱滅佛）發生在唐武宗會昌年間。《五燈會元》卷七，巖頭全奯："師住鄂州巖頭，值沙汰，于湖邊作渡子。"亦作"澄汰"。

【豎亞】《廣韻》："亞，就也。"《禪典》"豎亞"條：豎著嵌入。《正宗贊》卷二，浮山圓鑒："神仙一局棋密排盤裡，機路上沖關；摩醯三隻眼豎亞頂門，髑髏前失照。"《嘉泰普燈録》卷二九，大慧普果《示鼎需禪人》："頂門豎亞摩醯眼，肘後斜懸奪命符。"

【亞身】日語釋作"身を屈め俯く"，即屈身、俯身。白居易詩："亞竹亂藤多"。《正字通》："亞枝，謂臨水低枝也。"《漢典》"亞"條：俯；偃俯。唐杜甫《戲題王宰畫山水圖歌》之二："舟人漁子入浦溆，山木盡亞洪濤風。"唐元稹《望雲騅馬歌》："亞身受取白玉羈，開口銜將紫金勒。"宋柳永《拋球樂》："弱柳困，宮腰低亞。"

【呵呵】見《碧巖録》第十二則。《碧巖録》："解道合笑不合哭（呵呵，蒼天，夜半更添冤苦）。"《漢典》"呵呵"條：笑聲。《晉書·石季龍載記下》："宣乘素車，從千人，臨韜喪，不哭，直言呵呵，使舉衾看屍，大笑而去。"唐寒山《詩》之五六："含笑樂呵呵，啼哭受狭抉。"《醒世恒言·吴衙内鄰舟赴約》："醫者呵呵笑道：'此乃癆瘵之症，怎説是痞膨食積？'"

【噓聲】見《碧巖録》第三十八則。《碧巖録》："檗云：'雖然如是，子已喫二十棒了也。'濟又打地一下，云：'噓噓'。《漢典》"噓噓"條：象聲詞。

【剚刃】剚，日語釋作"突き込む"，即插入、刺入。《字典》："東方人以物插地皆爲剚。又通作'倳'。"《史記·張耳陳餘傳》："莫敢倳刃公之腹中者，畏秦法耳。"《漢典》"剚刃"條：用刀劍刺入。漢張衡《思玄賦》："梁叟患夫黎丘兮，丁厥子而剚刃。"

【橫點頭】日語釋作"頭振る"，即搖頭拒絕。豎點頭，同"頷く"，即點頭同意。

【颺下】日語釋作"投げ抛る"，即投擲、抛。《漢典》"颺"條：抛；丟。宋周邦彦《南柯子》："嬌羞不肯傍人行。颺下扇兒拍手、引流螢。"《朱子語類》卷一一八："今若此，可謂是'颺了甜桃樹，沿山摘醋梨'也。"元王實甫《西廂記》第一本第二折："你不合臨去也回頭兒望。待颺下教人怎颺？赤緊的情沾了肺腑，意惹了肝腸。"清蒲松齡《聊齋志異·瞳人語》："（婢）言已，掬轍土颺生。"

【共文邃箇漢行腳】見《江湖集·龍朔那年》。《水滸傳》："便將氣毯那字去了'毛傍'。"俗語多如此。

【帶累】日語釋作"難儀のかかること"，即麻煩事。又同"側杖に遭うこと"，即受連累、池魚之殃。亦作"連累"。《漢典》"帶累"條：連累。唐姚合《寄王玄伯》："夜歸曉出滿衣塵，轉覺才名帶累身。"元劉唐卿《降桑椹》第一折："延岑云：'哥哥，小人身做身當，豈敢帶累你也。'"《紅樓夢》第五八回："我們攛他不出去，説他又不信，如今帶累我們受氣！"

【七村裡土地】或同"三家村"。見《碧巖錄》第廿二則。《碧巖錄》："每日床上，恰似七村裏土地相似，他時後日，魔魅人家男女去在。"《漢典》"三家村"條：偏僻的小鄉村。唐王季友《代賀若令譽贈沈千運》："山上雙松長不改，百年唯有三家村。"宋蘇軾《用舊韻送魯元翰知洺州》："永謝十年舊，老死三家村。"《水滸傳》第五一回："便罵你這三家村使牛的，打甚麼緊？！"

【搊住】日語釋作"引捕らまえる"，即逮住、抓住。搊，楚尤切，注"拘也"，又搊與"揪"同音，小説多用"揪"字。《漢典》"搊"條：抓，揪。《景德傳燈録·福州烏石山靈觀禪師》："師出開門，雪峰驀胸搊住。"《景德傳燈録·鄂州灌溪志閑禪師》:"後見臨濟和尚,和尚搦住良久,放之。"宋洪邁《夷堅甲志·劉氏冤報》:"我頤極痛,勿搦我髮。"

【托開】日語釋作"突き放す",即推開、撞開。托,《字典》:"同'拓',手推物也。"托庵門,指推開庵門。《漢典》"拓"條:把東西推開。唐杜甫《季秋蘇五弟纓江樓夜宴》之二:"聽歌驚白鬢,笑舞拓秋窗。"宋馮取洽《蝶戀花·和玉林韻》:"盡拓溪樓窗與户,倚闌清夜窺河鼓。"明謝肇淛《五雜俎·人部一》:"國初有吴齋公者,力逾千斤,嘗遇巨艦,怒帆順風,吴在下流,以手逆拓之,艦爲開丈許。"

【擅向面前】擅,擲也,又有"滑らかす",即滑動、滑行之意。擅梭,釋作"梭を滑らかす",即穿梭。鱉鼻蛇擅來,指滑溜溜的鱉鼻蛇爬行而來。擅,《西遊記》第六七回用於描寫蛇的爬行。《水滸傳》中亦用作描寫馬奔或人跑。《漢典》"擅"條:抛擲。《京本通俗小説·錯斬崔寧》:"那人回嗔作喜,收拾了刀杖,將老王尸首擅入澗中。"元李文蔚《燕青博魚》第一折:"我一隻手揪住那廝黄頭髮,一隻手把腰脚牢掐,我可敢滴溜撲活擅那廝在馬直下。"《三國演義》第四回:"儒大怒,雙手扯住太后,直擅下樓。"《兒女英雄傳》第十一回:"如今把井面石撬起來,把這些個無用的死和尚都擅下去。"

【漆桶】日語方語"無分曉",指不對的、不講道理。《禪典》"漆桶"條:對愚暗不悟者的詈稱,斥其心中、眼前一片漆黑。《雲門廣録》卷中:"舉,盤山云:'光境俱忘,複是何物?'師云:'東海裡藏身,須彌山上走馬。'複以拄杖打床一下。大衆眼目定動。乃拈拄杖趂散云:'將謂靈利,者漆桶!'"《景德傳燈録》卷二四,延慶傳殷:"問:'若能轉物即同如來,未審轉什麼物?'師曰:'道什麼?'僧擬進語。師曰:'遮漆桶!'"《五燈會元》卷二○,天童鹹傑:"有般漆桶輩,東西不辨,南北不分,便問如何是向上關棙子,何異開眼尿床!"

【輥出】輥,日語"転ばす",即弄倒、使摔倒。輥草禪,釋作"転び打つ",即故意跌倒、倒地打滾。見《碧巖録》第一則。《碧巖録》:"大小雪實向草裏輥。"《漢典》"輥"條:滚動;轉動。南唐李煜《望江梅》:"船上管絃江面淥,滿城飛絮輥輕塵。"宋蘇軾《南歌子·八月十八日觀潮》："雷輥夫差國，雲翻海若家。"元揭傒斯《三峽橋》："淙淙輥空曲，洶洶投奔川。"

【斫牌】見《碧巖錄》第四十四則。《水滸傳》第七十四回："劈牌放對"。《碧巖錄》："三箇木毬一齊輥，玄沙便作斫牌勢。"

【銀交床】指銀床几、銀長欖。交，脚交叉。《漢典》"交床"條：胡床的別稱，一種有靠背、能摺疊的坐具。唐吳兢《貞觀政要·慎所好》："隋煬帝性好猜防，專信邪道，大忌胡人，乃至謂胡床爲交床，胡瓜爲黃瓜。"《水滸傳》第二回："那一日，史進無可消遣，捉個交床，坐在打麥場邊柳陰樹下乘涼。"清金農《茶事八韻》："鎪古交床支，甌香淨巾拭。"

【以手托地】生畜前蹄著地樣，故曰"輕打我"。《漢典》"托"條：用手掌附著或承著。唐韓偓《詠手》："悵望昔逢寨繡幔，依稀曾見托金車。"宋吳自牧《夢梁錄·宰執親王上壽賜宴》："內侍進前供上食，雙雙奉托直過頭。"《水滸傳》第八一回："戴宗托著雨傘，背著個包裹。"

【撞著火柴頭】無解説。《漢典》"火柴頭"條：燃燒著的木頭。《水滸傳》第十回："（林沖）把手中鎗看著塊焰焰著的火柴頭，望老莊家臉上只一挑將起來，又把鎗尖去火爐裏只一攪。"

【郎忙】《雜錄》作"狼忙"，狼狼慌忙。郎，與"狼"同音，通用。如戲稱"員外郎"爲"園外狼"。《禪典》"郎忙"條：急忙，匆忙。《無門關·久響龍潭》："龍潭大似憐兒不覺醜，見他（指德山宣鑒）有些子火種，郎忙將惡水驀頭一澆澆殺。"《正宗贊》卷一，雪峰真覺："圓木球輥出，玄沙火急作牌；鱉鼻蛇攛來，雲門郎忙打草。"亦作"狼忙"。

卷之二

【徹困】親切劬勞之意。日語釋作"骨を折る"，即盡力、賣力氣。《漢典》"徹"條：謂到底，徹底。《兒女英雄傳》第十回："自己也算'救人救徹，救火救滅'，不枉費這番心力。"

【無多子】不多。日語釋作"仰山 なことはない"。《禪典》"無多子"條：沒多少，很少。《臨濟語錄》："師於言下大悟，云：'元來黃檗佛法無多子！'"《五燈會元》卷一八，雲巖天遊："想君本領無多子，畢竟難禁這一頭。"

【尿床鬼子】尿床的小孩，日語釋作"夜尿たれ目"。鬼子，罵辭。《禪典》"尿床鬼子"條：對於言行荒唐可笑者的斥罵語。《臨濟語錄》："師於言下大悟，云：'元來黃檗佛法無多子！'大愚擋住云：'這尿床鬼子！適來道有過無過，如今却道黃檗佛法無多子。爾見個什麼道理？速道！速道！'"《五燈會元》卷六，太原海湖："因有人請灌頂三藏供養，敷坐訖，師乃就彼位坐。時有雲涉座主問曰：'和尚甚麼年行道？'師曰：'座主近前來。'涉近前。師曰：'只如憍陳如是甚麼年行道？'涉茫然。師喝曰：'這尿床鬼！'"

【非干我事】日語釋作"俺が知ったことではない"，即不關我事。干，干涉，同"掛かり合う"，即有關係。《漢典》"干"條：關涉。宋蔡居厚《詩史》："許渾詩格清麗，然不干教化。"明彭時《彭文憲公筆記》："官軍即尋石和尚，於爾無干。"

【跳籬驀牆】跳，日語釋作"跳び越える"。驀，《説文》："上馬也，又超越也。"今俗猶言"驀越""驀忽"。跳籬驀牆，指盜賊、小偷等人行竊偷盜之技。《漢典》"驀"條：跳躍。《敦煌變文集・燕子賦》："人急燒香，狗急驀牆。"明沈德符《野獲編補遺・內監・內廷豢畜》："貓性最喜跳驀。"

【攪行奪市】見《碧巖錄》第五則。《禪典》"攪行奪市"條：搶奪市場。喻指禪林造作多事，濫用言説作略。《虛堂錄》卷六《維摩示疾圖》："一生口嘴嘮嘈，偏要攪行奪市，詐病毗耶離城，引得許多閑神野鬼稽首淨名。咄！我不識爾！"（淨名：即維摩）《宏智廣錄》卷一："護明降跡，破家散宅。達磨傳心，攪行奪市。我衲僧家本分事，元無一絲頭缺少，無一絲頭分外。從本已來，靈明廓徹。豈假人磨礱，豈假人處分？"《大慧語錄》卷四："近來王令稍嚴，不許攪行奪市。"

【短氣】《法華・勸發品》："水腹短氣"。注："短氣，呼吸之短也。"《漢典》"短氣"條：指呼吸短促，難以接續。《靈樞經・癲狂》："短氣，息短不屬，動作氣索。"

【裝腰】同"腰包"，即在腰上掛包。《正宗贊》："師到徑山，裝腰直上法堂。"

【標致】日語"器量"，即姿色、長相。十分標致，形容男女姿色出衆之人。《漢典》"標致"條：亦作"標緻"。優美；秀麗。唐趙璘《因話錄·商上》："君初至金陵，於府主庶人錡坐，屢讚招隱寺標致。"元無名氏《鴛鴦被》第一折："聞知他有個小姐，生的十分標緻。"《儒林外史》第二十回："（辛小姐）人物又標致，嫁裝又齊整。"

【薦得】同"入得"。薦，進也。《漢典》"薦"條：進獻；送上。《儀禮·鄉射禮》："主人阼階上拜送爵，賓少退，薦脯醢。"鄭玄注："薦，進。"《國語·晉語三》："補乏薦饑，道也，不可以廢道於天下。"韋昭注："薦，進也。"晉袁宏《後漢紀·桓帝紀下》："臣實懷愚，不憚瞽言，使身死名著，碎體糞土，薦肉狐鼠，猶生之年。"唐韓愈《許國公神道碑銘》："二寇患公居間，爲己不利，卑身佞辭，求與公好，薦女請昏，使日月至。"

【影草】見《碧巖錄》第十則。《禪典》"探竿影草"條：原爲兩種捕魚方法，比喻禪師對於學人的誘導接引；亦系"臨濟四喝"機用之一。探竿：用鸕羽綁在竹竿頭上，插在水中誘魚。影草：割草拋在水中，誘引魚兒聚集在草影裡。《臨濟語錄》："師問僧：'有時一喝如金剛王寶劍，有時一喝如踞地金毛師子，有時一喝如探竿影草，有時一喝不作一喝用。汝作麼生會？'僧擬議，師便喝。"《景德傳燈錄》卷三〇，天童宏智《疏》："電卷之機輪，風馳之問答。打草驚蛇之句，探竿影草之功。"《碧巖錄》卷五，第四六則："鏡清恁麼問：'門外什麼聲？'僧云：'雨滴聲。'……鏡清豈不知是雨滴聲，何消更問？須知古人以探竿影草，要驗這僧。"

【紫羅賬裡撒真珠】見《碧巖錄》第十則。《碧巖錄》："興化未曾向紫羅賬裡撒真珠。"

【板齒生毛】不開口之貌。《金匱要略》："前板齒乾"。《漢典》"板齒"條：指門牙。唐杜甫《戲贈友》之一："一朝被馬踏，脣裂板齒無。"

【躱得】亦同"躱避""躲避"。日語釋作"避け隠れる"。"躱""躲"二字，字書中皆無避之義。《漢典》"躱"條：用同"躲"。藏；避。宋无名氏《张协狀元》戲文第九出："命蹇時乖撞著它，冤家要躱如何躱？"《續小兒語·六言》："灾來鬼也難躱，爲惡天自不容。"一本作"躲"。

【掀倒】日語釋作"跳ね返す"，即掀翻。見《碧巖錄》第三則。《碧巖錄》："盡大地森羅萬象，天堂地獄，草芥人畜，一時作一喝來，他亦不管；掀倒禪床，喝散大衆，他亦不顧。"

【被驢撲】見《碧巖錄》第六十六則。《碧巖錄》："三十年弄馬騎，今日却被驢子撲。"

【發惡】亦同"惡發"。日語釋作"腹立てる"，即生氣、發怒。如"修羅發惡"等。《禪典》"發惡"條：發火，發脾氣。與"惡發"互爲倒辭。《密庵語錄》："昨夜春風偶發惡，掀倒飛來峰倒卓。"又："應庵和尚忌日上堂：'利劍斬虛空，萬象鳴曝曝。年年向斯辰，令人倍發惡。古者道：子不談父德。雖然家醜也要外揚。遮老和尚平生事，過頭底九百。'"（九百：癡傻）

【七花八裂】見《碧巖錄》第二則。《碧巖錄》："若參得透見得徹，自然如醍醐上味相似；若是情解未忘，便見七花八裂，決定不能會如此説話。"

【小家】指初心。"弄出"之"出"字可不譯，如"燒出古人墳"。《正宗贊》："從游老作，與廓侍者一再同參；弄出小家，隨龍興僧遞相發惡。

【理能伏豹】見《碧巖錄》第三則。《碧巖錄》："到這裏喚作潙山，與他受記得麼？喚作澤廣藏山，理能伏豹得麼？若恁麼，且喜没交涉。"《漢典》"伏豹"條：唐代稱官吏遇節假日留署值班爲"伏豹"。唐封演《封氏聞見記·豹直》："御史舊例，初入臺陪直二十五日，節假直日，謂之'伏豹'，亦曰'豹直'……'伏豹'者，言衆官皆出，己獨留，如藏伏之豹，伺候待搏，故云'伏豹'。"

【牛豹跳】無解説。《正宗贊》："羯鼓掉鞭牛豹跳，遠村梅樹觜慮都。"

【直下即捏】無解説。《禪典》"直下"條：當下。《祖堂集》卷一四，杉山："師與南泉向火次，南泉問師：'不用指東指西，本分事直下道將來。'師便把火箸放下。"《大慧語錄》卷二："上堂：'千説萬説，贊説毀説，安立説，隨俗説，顯了説，蓋覆説，盡是盌躂丘。'拈起挂杖云：'爭如直下識取這個，不被生死之所轉，不被寒暑之所遷。'"《禪林僧寶傳》卷一四，穀山崇："到遮裡更能翻擲自由，開合不成痕縫，如水入水，如火入火，如風入風，如空入空。若能如是，直下提一口劍，刺斷天下人疑網，一如不作相似。"

【印住印破】"住"和"破"二字義相似。

【澄巨浸】見《碧巖錄》第三十三則。《碧巖錄》："所以風穴云：'慣釣鯨鯢澄巨浸，却嗟蛙步碾泥沙。'又云：'巨鼇莫戴三山去，吾欲逢萊頂上行。'"《漢典》"巨浸"條：大水。指大河流。唐駱賓王《夏日游德州贈高四》："鬲津開巨浸，稽阜鎮名都。"唐衛次公《渭水貫都賦》："原夫渭者雍之巨浸，都者人之所聚。"宋陳善《捫虱新話·論孟子之書有巧妙處》："吾謂此一章似長江巨浸，瀰漫無際，而渾浩回轉，不可名狀。"清黃景仁《望泗州舊城》："泗淮合處流湯湯，作此巨浸如天長。"

【元字脚】無解説。《禪典》"元字脚"條：指文字言句。按禪家力倡不立文字言句，認爲執著於文字言句是悟道之障礙。《宏智廣錄》卷四："上堂：'一言觸諱，法自不容。一字入公，牛拽不出。兄弟，汝胸中不得著個元字脚。'"《大慧語錄》卷四："爲圓悟和尚舉哀，拈香，指真云：'這老和尚，一生多口，攪擾叢林，近聞已在蜀中遷化了也，且喜天下太平。雲門昔年雖曾親近，要且不聞他説著個元字脚。所以今日作一分供養，點一盞茶，燒此一炷香。'又："若記著一個元字脚，便是生死根本也。"《續傳燈錄》卷二二，泐潭文准："師辭辯注射，迅機電掃，衲子畏而慕之，槌拂之下常數千指，自號湛堂。每曰：'我只畜一條拄杖，佛來也打，祖來也打，不將元字脚涴汝枯腸。'如此臨濟一宗不致冷落。"

【阿家】家，音姑。《韻會小補》："婦謂姑曰'阿家'或爲'大家'。"《禪典》"阿家"條：阿婆，婆婆。阿：首碼。《法演語錄》卷上："僧問首山：'如何是佛？'首山云：'新婦騎驢阿家牽。'大衆，莫問新婦阿家，免煩路上波吒。"《禪林僧寶傳》卷三〇，寶峰英："有偈曰：阿家嘗醋三赤喙，新婦洗面摸著鼻。"

【潑家風】指没用的人，如流氓、無賴等人。

【郎當】《俗呼小錄》："人之頹敗及身病摧靡者曰'郎當'。"《禪典》"郎當"條：本有疲軟、松垮等義，轉謂某些禪師接人，嚕蘇拖遝，不乾脆俐落。《碧巖錄》卷一，第五則："舉，雪峰示衆云：'盡大地攝來如粟米粒大，抛向面前，漆桶不會，打鼓普請看。'（評唱：）……若是個本色行脚衲子，見他恁麽，已是郎當爲人了也。"又："看他雪竇頌云：'牛頭没，馬頭回，曹溪境裡絶塵埃，打鼓看來君不見，百花春至爲誰開？'

(評唱:) ……'牛頭没，馬頭回。'雪竇分明説了也，自是人不見，所以雪竇如此郎當頌道：'打鼓看來君不見。'癡人，還見麽？"

【龍袖】兩手相對伸入兩袖中。《唐才子傳》："溫庭筠每試，押官韻，燭下未嘗起草，但龍袖憑几，每一韻一吟而已，場中曰：'溫八吟'。又謂八叉手成八韻，名'溫八叉'。"然"龍"字義難解。按，"龍""籠"同音假借。《江湖集》："惠山煮茶，萬壑松風供一啜，自籠雙袖水邊行。"據此可知，籠袖，可釋作"袖を搔き合わす"，即攏袖。或人曰："籠，是松林之風籠罩之籠。"然已有《江湖集》"供一啜"之説在前，故此説重複。日語訓讀爲："自雙袖に籠て"。

【閑神】閑神野鬼等。"閑""野"，日語釋作"役に立たぬ""無用なこと"，皆指没用、不起作用的人或事。如"閑花野草""閑和尚"等。《漢典》"閒神野鬼"條：迷信指流散的鬼神。多比喻不務正業，到處游逛，尋事生非的人。《古今小説・汪信之一死救全家》："有我們這樣老無知老禽獸，不守本分，慣一招引閒神野鬼，上門鬧炒！"《醒世姻緣傳》第十七回："若是果真有甚閒神野鬼，他見了真經，自然是退避的。"

【惡情悰】日語釋作"惡根性"，即性情乖僻、脾氣不好、品質惡劣。悰，《玉篇》："慮也"。《漢典》"情悰"條：猶情懷；情緒。前蜀李珣《臨江仙》詞："引愁春夢，誰解此情悰！"宋歐陽修《與王懿敏公書》："歲月不覺又添一歲，目日益昏，聽日益重，其情悰則又可知。"清陳維崧《燕山亭・和韻送魏禹平同京少戴山次山賦》詞："惜別情悰，中酒心期，自己殊難分曉。"

【綴五饒三】《王荊公詩注》："太宗時有待詔賈玄者，常侍上棋。太宗饒玄三子，玄常輸一路。"《鶴林玉露》（一八）："棋工連負二局，乃起謝曰：'某是臨安第一手棋，凡來著者，皆饒一先。今官人之棋，反饒得某一先，天下無敵手矣。'"按，饒，多也。下棋時因讓較弱一方先落子，故比對手棋子數多，此種讓子行爲稱作"饒"。饒一先，即先行也，或簡稱"饒先"。饒三，即讓三子，綴五，即讓五子。綴，指形式，饒，指數量。

【又通一路】無解説。

【閉門作活】日語釋作"目を拵えて活んとする"，圍眼做活棋。

《漢典》"做活"條：圍棋術語。即棋子被對方包圍，至少須有兩個眼（對方不可下子的空格），才能免於吃掉，做成活棋。

【奪角衝關】圍棋術語。衝，日語釋作"差し入る"，即突入。關，同"一間とび"，即隔一路行棋。

【硬節】無解說。

【逴斡】圍棋術語。逴，日語釋作"はねかける"，即侵入對方棋路而欲出。斡，同"隔つ"，即隔開棋子。《漢典》"逴斡"條：指下棋時迂回斡旋以求和。《苕溪漁隱叢話前集·半山老人一》引宋惠洪《僧寶傳》："有一般底祇解閉門做活，不會奪角衝關，硬節與虎口齊彰，局破後徒勞逴斡。"

【肥邊易得，瘦肚難求】無解說。

【失粘】圍棋術語。粘，日語"接ぐ"，即連接棋子。

【頭撞】無解說。

【贏局輸籌】互文。局，棋局數。籌，棋子數。贏局輸籌，勝而路多，曰"贏局"；敗而無路，曰"輸籌"。《漢典》"輸籌"條：謂負局；失利。唐張鷟《游仙窟》："十娘輸籌，則共下官臥一宿；下官輸籌，則共十娘臥一宿。"宋楊萬里《夜宿房溪飲》："玉友黃封猶退舍，薑湯蜜汁更輸籌。"元鄭廷玉《楚昭公》第二折："俺只道他兩個都一般狀貌擷搜，都一般武藝滑熟，管殺的慘迷離神嚎鬼愁，可元來半合兒不彀，早一個先納了輸籌。"

【落賴】無解說。

【入草】同"落草"，加入盜賊團夥。今此處釋作往不好的方向發展，即墮落。《禪典》"入草"條：謂陷入言句糾纏，知識見解。《祖堂集》卷一四，石鞏："師後因一日在廚作務次，馬師問：'作什摩？'對云：'牧牛。'馬師曰：'作摩生牧？'對曰：'一回入草去，便把鼻孔拽來。'馬師云：'子真牧牛。'"《黃龍語錄》："上堂，舉趙州，因侍者報云：'大王來也。'州云：'萬福大王。'侍者云：'未到在。'州云：'又道，來也。'師云：'頭頭漏泄，罕遇仙陀。'歸宗道：'侍者只解報客，爭知身在帝鄉。趙州入草求人，不覺渾身泥水。'"《碧巖錄》卷四，第三四則："出草入草，誰解尋討？白雲重重，紅日杲杲。

【同人】無解説。《漢典》"同人"條：志同道合的朋友。唐陳子昂《偶遇巴西姜主簿序》："逢太平之化，寄當年之歡，同人在焉，而我何歎？"元陳高《歲首自廣陵入高郵舟中作》："孤舟無同人，相依唯僕夫。"清俞樾《茶香室三鈔·明季社事緣起》："號召同人，創爲復社。"

【單丁】一個男人。《字典》作"民丁"。《孟子·滕文公上》作"餘夫"。《品字箋》："餘夫，單丁也。"指尚未繼承家業的平民家族長男或獨身百姓。《禪典》"單丁"條：單獨一個人。《五燈會元》卷二〇，國清行機："年二十五，棄妻孥，學出世法。晚見此庵（按，此庵景元禪師），密有契證。出應莞山，刀耕火種，單丁者一十七年。"

【鑽出】鑽故紙，指虻、蜂等昆蟲欲破隔扇紙而出。見《傳燈》古靈神贊章。《漢典》"鑽故紙"條：《景德傳燈錄·古靈神贊禪師》："其師又一日在窗下看經，蜂子投窗紙求出。師睹之曰：'世界如許廣闊，不肯出，鑽他故紙，驢年去其？'"後常用"鑽故紙"比喻一味死讀古書。宋黃庭堅《題杜槃澗叟冥鴻亭》："古靈庵下倚寒藤，莫向明窗鑽故紙。"宋楊萬里《題唐德明建一齋》："平生刺頭鑽故紙，晚知此道無多子。"

【怪汞銀云云】怪，日語釋作"腹立てる"（はらた），即生氣、發怒。休怪汞銀云云，指被惹惱。《漢典》"怪"條：責怪，埋怨。《荀子·正論》："今世俗之爲説者，不怪朱象而非堯舜，豈不過矣哉！"唐溫庭筠《過陳琳墓》："莫怪臨風倍惆悵，欲將書劍學從軍。"《清平山堂話本·快嘴李翠蓮記》："止望回家圖自在，豈料爹娘也怪吾。"

【分雪】雪，亦指"分明"之義。《紀談》上："僧道潛，蒙冤被流放到兗州，後來經朝廷雪理，改正爲僧。"《漢典》"分雪"條：辯白。唐封演《封氏聞見記·掩惡》："（程皓）每於儕類中，見人有所訾毀，未曾應對，候其言畢，徐爲分雪之曰：'此皆衆人妄傳，其實不爾。'更説其人美事。"唐康駢《劇談錄·渾令公李西平蕊朱泚雲梯》："李公受令斬決，道茂將就刑，請致分雪之詞。"《朱子語類》卷一二七："又作道理分雪天祚之事，遂啓其輕侮之心。"

【偷心】不正念，即不以正知來修行念。見《一心妙戒教》。日語"橫着"（おうちゃく），即明知故犯、偷懶。

【下板】下座。

【區頭】區，方典切。《韻會》："器之薄者曰'區'。"即指薄而寬之物。因形狀扁平，故挑擔之挑棒稱作"區檐"。區區地拜伏，指拜伏在地。《西遊記》裡將鳥稱作"區毛畜生"，是因其羽毛扁平貼服之故。

【儘足】儘，日語"随分"（ずいぶん），即相當、非常。

【窮相手】日語釋作"貧なる手の筋"（ひん て すじ），即預示貧窮命的手相。

【娘生口】母親產子之口。

【還與舊主翁】日語訓讀改爲："與って舊主翁に還し"。

【客情】無解說。《漢典》"客情"條：客旅的情懷。南朝宋鮑照《東門行》："傷禽惡弦驚，倦客惡離聲。離聲斷客情，賓御皆涕零。"唐姚揆《潁州客舍》："鄉夢有時生枕上，客情終日在眉頭。"元戴良《宿高密》："高情既牢落，世議復紛惑。"《隨園詩話》卷六引清汪汝弼《送春》："子規啼急客情牽，婪尾花中罷綺筵。"

【放慕顧】見《碧巖錄》第五十三則。慕顧，古抄指"漫滅不別貌"。《碧巖錄》："馬大師與百丈行次，見野鴨子飛過（兩箇落草漢草裏輥，慕顧作什麼）。"《漢典》"慕顧"條：仰慕；仰望。唐韓愈《故幽州節度判官贈給事中清河張君墓志銘》："嗚呼徹也，世慕顧以行，子揭揭也。"

【掩彩】減威光之意。

【資次】或爲"次第"之意。《進學解》："商財賄之有亡，計班資之崇庳。"有人將此"資"釋爲日語"資給"（しきゅう），即施捨錢財物品等。然此句中"財賄"與"資"相對，故二者所指之物不同，況且俸禄也不說高下也。《漢典》"資次"條：資歷的次第，年資等次。晉干寶《〈晉紀〉總論》："而世族貴戚之子弟，陵邁超越，不拘資次。"唐封演《封氏聞見記·銓曹》："其五品已上及清要官，吏部不注，送名中書門下者，各量資次臨時敕除。"明謝肇淛《五雜俎·事部三》："國初各省，試官臨期，所命不拘資次。"

【囉囉哩】歌典中加入的喊叫聲。《禪典》"囉囉哩"條：詩歌中的感歎語，抒發思鄉之情，有時用來調整節奏或補足音節。禪錄借用作行業隱語，指代禪道歌、悟道歌；亦謂頌唱悟道歌。又作"囉哫哩，囉哩囉，哩哩囉，囉囉哩哩，囉哩哩囉，哩囉"等。《五燈會元》卷一九，楊歧方會："上堂：'薄福住楊歧，年來氣力衰。寒風凋敗葉，猶喜故人歸。囉囉哩！拈上死柴頭，且向無煙火。'"又卷二〇，覺阿上人："豎拳下喝少賣弄，說是說非入泥水。截斷千差休指注，一聲歸笛囉囉哩！"

【胡孫】本作"猢猻",通作"胡孫"。《禪典》"胡孫"條:猴子。多喻指躁動不安之心。《如淨語錄》卷下:"刹竿頭上煎錘子,三個胡孫夜籤錢。"《續傳燈錄》三五,破庵祖先:"有道者請益云:'胡孫子捉不住,願垂開示。'師曰:'用捉他作什麼!如風吹水,自然成紋。'"

【耍相】耍,沙下切,《篇海》:"戲也"。日語俗語"慰み(なぐさ)"或"遊ぶ(あそ)",即消遣、娛樂。頑耍,日語"惡遊び(わるあそ)",即淘氣,惡作劇。耍相,或指猿戲。

【指達磨老臊胡,罵陳遷胡孫子】唐人罵人時必用手指指其人。《碧巖錄》:"指柳樹罵槐樹。"《水滸傳》楔子:"太尉大怒,指著道衆說道云云。"

【花甲子】六十甲子一輪迴。《漢典》"花甲"條:亦稱"花甲子"。指六十甲子。古代用干支紀年,以天干與地支依次錯綜搭配,六十年周而復始,故稱"花甲"。後亦以指六十歲。唐趙牧《對酒》:"手捋六十花甲子,循環落落如弄珠。"宋范成大《丙午新正書懷》之一:"祝我騰周花甲子,謝人深勸玉東西。"《西游記》第二十回:"(老者)道:'癡長六十一歲。'行者道:'好!好!好!花甲重逢矣。'"

【過價】日語釋作"值段を付ける(ねだんつ)",即定價。

【嘔血禿丁】日語釋作"罰当たりの血利回し目(ばちあ けつりまわ め)",即這該死的高利貸,小心遭天遣。禿,見《虛堂錄·法語》。《漢典》"禿丁"條:對僧人之譏稱。《說郛》卷四六引宋孫光憲《北夢瑣言》:"高駢鎮蜀日,因巡邊至資中郡,有開元佛寺夜僧禮讚,命軍候悉擒械之,曰:'此寺十年後當有禿丁數千作亂,我以是厭之。'"

【慚愧】日語釋作"ありがたや""かたじけない",皆"實在不敢當"意,與本義不通。《漢典》"慚愧"條:感幸之詞。意爲多謝、難得、僥幸。唐王績《過酒家》之五:"來時長道貰,慚愧酒家胡。"唐元稹《長灘夢李紳》:"慚愧夢魂無遠近,不辭風雪到長灘。"宋蘇軾《浣溪沙》:"慚愧今年二麥豐,千畦翠浪舞晴空。"元張壽卿《紅梨花》第一折:"小生慚愧,有緣遇這箇小娘子。"《儒林外史》第三八回:"郭孝子扒起來,老虎已是不見,說道:'慚愧!我又經過了這一番!'"

【烏欖角】欖,音監。《玉篇》:"木名,膠可作香。"

【陽平撒白雨】《物初錄》中，大慈語謝龍首座，曰："青天撒白雨。"白雨，日語"夕立"，即雷陣雨。《漢典》"白雨"條：暴雨。唐李白《宿蝦湖詩》："白雨映寒山，森森似銀竹。"宋陸游《大雨中作》："貪看白雨掠地風，飄灑不知衣盡溼。"明何景明《黑龍潭》："白雨遙從白日來，黑雲低映黑龍臺。"清鈕琇《觚賸·廣東月令》："六月，白雨足。"

【以指夾鼻一下來鼓】日語釋作"手鼻を擤む"，即用手擤鼻涕。

【者漢只在】只，只管。《武庫》作"猶"。

【鼠黏兒】栗鼠也。佛光《栗鼠贊》："鼠粘真可怪，虛却待賓盤。"日語"午房種"，亦稱作鼠黏子。鼠黏，又名"牛蒡子"，因栗鼠外形似牛蒡子故名。另，栗鼠之栗，也指栗子外形似牛蒡子。《漢典》"鼠黏子"條：惡實的別名。明李時珍《本草綱目·草四·惡實》〔釋名〕引蘇頌曰："實殼多刺，鼠過之則綴惹不可脫，故謂之鼠黏子。"《漢典》"鼠黏"條：鼠婦的別名。見明李時珍《本草綱目·蟲三·鼠婦》。

【難尾】尾，意同日語"接ぐ"，即連接其尾。含尾船，指前一艘船的船尾連著後一艘船的船頭，一艘艘首尾相連的船。

【穿市過】快速穿城而過。穿，與"串"同音，通用。

【硿磕】唐音"コンケ"，皆石之聲也。

【魔王脚】脚，脚色、角色。有"樣子、模樣"之意。官員穿著與各自官位相符的裝束曰"脚色"。《漢典》"脚"條：傳統戲曲演員專業分工的類別，如京劇的生、旦、淨、丑。胡懷琛《稗官辨》引《梨園雜話》："嘗一日，於某宅堂會，與某丑脚演《狀元譜》。

【野盤僧】流浪在外的和尚。野盤，《事苑》中指"方言，草宿也"。《禪典》"野盤僧"條：指到處游方，奔走於各地寺院的行脚僧。《景德傳燈錄》卷一三，風穴延沼："問：'如何是清涼山中主？'師曰：'一句不遑無著問，迄今猶作野盤僧。'"

【没意智】日語釋作"分別無し"，即沒有判斷或辨別能力。《漢典》"意智"條：猶心計；主見。《後漢書·鮮卑傳》："自匈奴遁逃，鮮卑強盛，據其故地，稱兵十萬，才力勁健，意智益生。"《朱子語類》卷一三六："顏魯公只是有忠義而無意智底人，當時去那裏見使者來，不知是賊，便下兩拜，後來知得方罵。"《二刻拍案驚奇》卷三："（權次卿）眠在枕頭上，呆呆地想了一回，等待幾時，不見動靜，沒些意智。"

【甚生】無解説。《漢典》"甚生"條：猶言非常。《伊川語録》八上："若能於《論》《孟》中深求玩味，將來涵養成甚生氣質。"

【栲栳】柳栭。《玉篇》："栲栳，器也，以柳爲之。"《漢典》"栲栳"條：用柳條編成的盛物器具。亦稱笆斗。北魏賈思勰《齊民要術・作酢法》："量飯著盆中或栲栳中，然後寫飯著甕中。"唐盧延讓《樊川寒食》之二："五陵年少麤於事，栲栳量金買斷春。"清沈復《浮生六記・浪游記快》："一夜，忽見數十里外有紅燈大如栲栳，浮於海中。"

【碓觜】指碓的尖端。山觜，日語釋作"山の端、曲がり"（やまはし），即山脊突出的地方。洲觜，日語"すさき"，指陸地入海或入河的狹長形地帶，如海角、河口三角洲等地，亦作"沙觜"。《漢典》"碓嘴"條：舂米的杵。末梢略尖如鳥嘴，故名。《西游記》第九五回："却説那妖精見事不諧……取出一條碓嘴樣的短棍，急轉身來亂打行者。"

【如何參，如何會】如何，日語"どう、どうして"，即怎麽樣、如何。見《水滸傳》楊雄令淫婦招供的話，其中有"如何～，如何～"的描述。

【會相殺】此二句取自大惠之語，見《武庫》師在雲居作首座章。相殺，日語"合戰"（がっせん），即交戰，亦作"廝殺"。殺，同"斬る"（き），指殺死。如"殺將出來""殺開條路"。

【安排】見《碧巖録》第五十九則。《碧巖録》："這僧也會轉身吐氣，便道某甲只念到這裏，一似安排相似。"《禪典》"安排"條：擺佈。《五燈會元》卷一三，蘄州廣濟："問：'如何是廣濟水？'師曰：'飲者絶饑渴。'曰：'恁麽則學人不虛到也。'師曰：'情知你受人安排。'"

【䯏臭】䯏，《玉篇》："胡骨切，膝病，又骨差也。"《字彙》："下刮切，足病也。"非今義。音與"鶻"同，假借字。見《碧巖録》第六十二則。《碧巖録》："雲冉冉（打斷始得。百匝千重。炙脂帽子鶻臭布衫）。"《漢典》"鶻臭"條：猶狐臭。《古尊宿語録・襄州洞山第二代初禪師語録》："你若是箇衲僧，乍可凍殺餓殺，終不著你鶻臭布衫。"

【少賣弄】賣弄，日語"ひけらかす"，即炫耀、誇耀。《漢典》"賣弄"條：故意顯示，炫耀。《後漢書・楊震傳》："多請徒士，盛修第舍，

賣弄威福,道路謹讙。"唐李肇《唐國史補》卷上:"白岑嘗遇異人傳發背方,其驗十全。岑賣弄以求利。"

【破沙盆】《無冤錄》:"仍帶一沙盆,槌以研上件物。"注:"沙盆,研物之器。槌,棒椎也。"《漢典》"沙盆"條:沙盆用陶土和沙子燒製的盆子。《兒女英雄傳》第二九回:"桌上一個陽羡沙盆兒,種著幾苗水仙。"

【老鼠】"老鼠""老鴉"等"老"字無意。《漢典》"老鼠"條:鼠的通稱。多指家鼠。《太平廣記》卷四四二引南朝宋劉義慶《幽明録·董仲舒》:"卿非狐狸,即是老鼠。"唐寒山《詩》之二六八:"老鼠入飯甕,雖飽難出頭。"《二十年目睹之怪現狀》第七一回:"只説家中老鼠多,損傷了書籍字畫,把一切書畫都歸了箱,送到會館裏存放。"

【裝賚】日語"路用"(ろよう),即旅費、路費。

【風子】亦同"風顛",日語"気違い"(きちがい),即神經錯亂之人。《漢典》"風子"條:瘋子。亦指佯作顛狂或浪蕩不檢的人。宋蔡啓《蔡寬夫詩話·楊凝式題詩》:"楊凝式仕後唐、晉、漢間,落魄不自檢束,自號楊風子,終能以智自完。"宋周密《志雅堂雜鈔·書史》:"風馬牛事。服虔注云:'風,放也。牝牡相誘謂之風。'今人不肖子,昵昵於游蕩者亦謂之'風子',豈此意耶?"元喬吉《揚州夢》第一折:"我著家樂奉酒,他説那裏曾見這女子來。是輸不的他那一雙眼。這風子在豫章時,張尚之家曾見來。"明高明《琵琶記·寺中遺像》:"我自來粧風子,如今難悔。向叢林深處且徘徊,特來看佛會。"

【面門】見《碧巖錄》第十六則。《碧巖錄》:"如大火聚,近之則燎却面門;如太阿劍,擬之則喪身失命。"《漢典》"面門"條:頭的前部;臉。宋蘇軾《自海南歸過清遠峽寶林寺敬贊禪月所畫十八阿羅漢·第十一羅怙羅尊者》:"面門月滿,瞳子電爛。"元王仲文《救孝子》第二折:"被鴉鵲啄破面門,狼狗咬斷脚跟。"《水滸傳》第二三回:"武松把隻脚望大蟲面門上、眼睛裏只顧亂踢。"

【知道】日語"知る"(し),即懂、曉得。與"聞道"同例。

卷之三

【破綻】日語"穴""隙間",即短處、空隙。兩人相鬥時,故意向對手展露出可乘之機的舉動,稱作"賣個破綻"。《漢典》"破綻"條:亦作"破賺"。漏洞;毛病。《朱子語類》卷一三九:"韓(韓愈)不用科段,直便説起去至終篇,自然純粹成體,無破綻。"元馬致遠《漢宫秋》第一折:"便宣的八百姻嬌比並他,也未必强如俺娘娘帶破賺丹青畫。"《水滸傳》第十七回:"當時楊志和那和尚鬥到四五十合,不分勝敗。那和尚賣個破綻,托地跳出圈子外來。"《紅樓夢》第二一回:"我就怕有原故,留神搜了一搜,竟一點破綻兒都没有。"

【不合伴】改日語訓讀爲:"合伴不"。《漢典》"合伴"條:猶結伴。《初刻拍案驚奇》卷十二:"兩客也做完了生意,仍舊合伴同歸。"

【蒼天蒼天】見《碧巖録》第一則。《碧巖録》:"因兹暗渡江(穿人鼻孔不得,却被別人穿,蒼天蒼天,好不大丈夫)。"《禪典》"蒼天"條:感歎語,或爲哭喊語。常見重複使用。多用於感歎、譏刺對方不契禪機,亦用以示機、接機。《祖堂集》卷一九,資福:"問:'室内呈喪時如何?'師云:'好個問頭。'學人禮拜,師云:'苦痛,蒼天!'學人云:'此時學人重撲和尚如何?'云:'明日來,向你道。'學人云:'苦痛,蒼天!'師便打之。"《雲門廣録》卷下:"師見僧乃召:'來,來。'僧便來。師云:'蒼天!蒼天!'僧無語。師云:'蒼天本是你哭,爲什麽却我哭。'"《圓悟語録》卷一:"聞五祖訃,上堂云:'大庾嶺頭,笑却成哭。崇寧門下,哭却成笑。何故?吃泉水,貴地脈。且要正眼流通,宗風不墜。所謂無常生死法,與我不相干。若能如是見,不用哭蒼天。既不用哭蒼天,如何通信?'"

【短販樵人】短販,日語"小商人"。樵人,日語"柴刈",即砍柴人。

【捋人耍】無解説。

【龍生龍子】見《碧巖方語解》(三十六)。

【碨斗】碨,山特立貌,斗,與"阧"同音,峻立也。《禪典》"碨斗"條:指點慧靈利者。《正宗賛》卷三,投子青:"岳降英靈,天生碨斗。"《虛堂錄》卷六《跛脚䂖上座起龕》："䂖斗禪和，行履各別。脚高脚低，東瞥西瞥，轉處自然活鱍鱍。"也作"䟷斗"。

【大家】日語"総（そうぞう）総"，即在場的所有人、一個團體。《漢典》"大家"條：衆人；大夥兒。唐杜荀鶴《重陽日有作》："大家拍手高聲唱，日未西沉且莫迴。"明馮惟敏《不伏老》第四折："你我大家，都要秉公守法哩！"《兒女英雄傳》緣起首回："你看他大家在那裏捉迷藏捉得好不熱鬧。"

【合火話家私】火，通"夥"，日語"仲（なかま）間"，即同伴、夥伴、同夥。合夥，指"総（そうなかま）仲間"，指所有夥伴。此處指"総（そうぞう）総"，即在場的所有人。家私，此處同"身（しんだい）代"，即家當、財産。《鑒古錄》虛堂未出。《正字通》註："火，隊之義。"不可拘於本義。《漢典》"合伙"條：亦作"合火"。亦作"合夥"。結成一夥。謂兩人或兩人以上合資經營生產、貿易等事業，或合力作同一目的的事。元無名氏《盆兒鬼》楔子："本意尋個相識，合火去做買賣。"明唐順之《牌》："又聞廟灣一帶仍有賊船，若兩賊合夥，害不可言。"清沈復《浮生六記·浪游記快》："餘有姑丈袁萬九，在盤溪之仙人塘作釀酒生涯。餘與施心耕附資合伙。"

【花蠟燭】繪蠟燭也，即帶花紋的蠟燭。花，指模樣、紋樣。《漢典》"花蠟"條：即花燭。指彩飾的蠟燭。《舊唐書·文宗紀上》："應行從處張陳，不得用花蠟結彩華飾。"亦作"花蠟燭"。宋歐陽修《歸田錄》卷一："鄧州花蠟燭，名著天下，雖京師不能造。相傳云：是寇萊公燭法。"宋葉紹翁《四朝聞見錄·宣政宮燭》："其宣政盛時，宮中以河陽花蠟燭無香爲恨。"

【道地】產自本地之物曰"土產"。產自他國之物曰"道地"，日語"渡（わた）り物（もの）"。見《覺後禪》。

【脚高脚低】指踩高蹺，形容脚下危險。《禪典》"脚高脚低"條：喻指悟道不徹底。《五燈會元》卷一四，長蘆清了："上孤峰頂，過獨木橋，驀直恁麼行，猶是時人脚高脚低處；若見得徹，不出户身遍十方，未入門常在屋裡。"

【待要】二字作一詞同日語"欲（ほつ）する"，即想要、希望。"欲待"意

同。《漢典》"待要"條：打算；想要。《京本通俗小説·菩薩蠻》："待要賞新荷，爭知疾愈麽?"元鄭光祖《倩女離魂》楔子："可待要隔斷巫山窈窕娘，怨女鰥男各自傷。"清李漁《風箏誤·請兵》："俺待要戰呵，殘兵羸將誰堪鬥?"

【斫額】日語釋作"額を翳す"（ひたい かざ），即手搭額頭上，望高貌。《禪典》"斫額"條：把手横加於額頭，以便看得更高更遠。《祖堂集》卷四，耽源："百丈在泐潭推車次，師問：'車在這裡，牛在什摩處?'百丈以手斫額，師以手拭目。"《景德傳燈録》卷一二，大安清幹："問：'從上諸聖從何而證?'師乃斫額。"《虛堂録》卷九："雪竇云：'我要不全底頭角。'師云：'終出他影子不得。'僧云：'謝師答話。'師云：'無人處斫額望汝。'"《汾陽語録》卷上："斫額望榑桑，乘槎人不顧。"

【糢糊】糢，作"模"。《字典》："模糊，漫貌。"杜甫："駞背錦糢糊"。漫滅、看不清楚。

【潑生涯】日語釋作"やくざな身代"（しんだい），即没用的家當。生涯，同"生計"。《漢典》"生涯"條：猶生計。唐沈佺期《餞高唐州詞》："生涯在王事，客鬢各蹉跎。"元高文秀《襄陽會》第一折："疊蓋層層徹碧霞，織席編履作生涯。"

卷之四

【道士著黄瓮裡坐】無解説。

【藤條】日語釋作"藤卷の棒"（とまき ぼう），即藤棒、藤棍。鼻捻之類①也。

【漚渰】不分曉，同"鶻突"。漚，《正韻》："胡骨切"。渰，字書未見。渰脰同音，脰，音突，故渰也音突。《禪典》"漚渰"條：即糊塗。《正宗贊》卷四，智門祚："拄杖頭邊挑日月，老瞿曇的的被揶揄；曹溪路上有俗談，盧行者惺惺成漚渰。"《密庵語録》："忽有個不受人瞞底出來道：長老也好漚渰! 只向他道：漚渰中有個分曉處。"疊音作"漚漚渰渰"。亦作"漚脰"。

---

① 鼻捻，江户時期用於制服受驚馬匹的棍子，棍長約半米，一端系有繩子。當馬受驚失控時，用棍子上的繩子套住馬鼻并撑緊，便能讓馬安静。

【上下三指，彼此七馬】無解説。

【後日】明後日，即後天，見《左傳》。明後日，亦稱作"大後日"。

【認奴作郎】奴，日語"家来"(けらい)，即僕人、侍從。郎，同"旦那"(だんな)，即男主人、老爺。又奴可視作女人，郎爲男人。婦人自稱曰"奴家"，稱男子曰"郎君"。《禪典》"認奴作郎"條：將奴僕錯認作主人。喻參學者不明自心是佛，自我爲主，却向外尋覓成佛之道，將種種言教施設、權宜法門認作佛法。郎：主人。《祖堂集》卷六，洞山："問：'承和尚有言，教人行鳥道，未審如何是鳥道？'師曰：'不逢一人。'僧曰：'如何是行？'師曰：'足下無絲去。'僧曰：'莫是本來人也無？'師曰：'闍梨因什摩顛倒？'僧云：'學人有何顛倒？'師曰：'若不顛倒，你因什摩認奴作郎？'僧曰：'如何是本來人？'師曰：'不行鳥道。'"《雲門廣録》卷中："師有時云：'若言即心即佛，權且認奴作郎。生死涅槃，恰似斬頭覓活。若説佛説祖，佛意祖意，大似將木㮶子換却爾眼睛相似。'"《景德傳燈録》卷一〇，香嚴義端："有僧云：'曾辭一老宿，示某甲云：去則親良朋，附道友。未審老宿意旨如何？'才禮拜次，師云：'禮拜一任，不得認奴作郎。'"亦作"喚奴作郎"。

【菠薐】菠薐草，即菠菜。菠薐草，唐音"ポヲリンツアウ"。《漢典》"菠薐"條：亦作"菠稜"。即菠菜。唐韋絢《劉賓客嘉話録》："菜之菠稜，本西國中有僧將其子來，如苜蓿、蒲陶，因張騫而至也。絢曰：'豈非頗稜國將来，而語訛爲菠稜耶'？"宋孫奕《履齋示兒編·字説·集字二》："《藝苑雌黄》云……蔬品有頗陵者，昔人自頗陵國將其子來，因以爲名，今俗乃從艸而爲菠薐。"

【老倒】疊韻，老倒，切老也。《漢典》"老倒"條：潦倒，落拓。唐白居易《晏坐閑吟》："昔爲京洛聲華客，今作江湖老倒翁。"《太平廣記》卷一八三引五代王定保《唐摭言·賈泳》："賈泳老倒可哀。"按，今本《唐摭言·以德報怨》作"潦倒"。

【取至浄因】取，日語"連れる"(つ)，即帶、領。非"捕らえる"(と)，即抓住之義。《水滸傳》第四二回："李逵道：'這個也去取爺，那個也去取娘云云。我只有一個老娘，我要去取他來這里快樂幾時也好'。"《漢典》"浄因"條：寺名。在江蘇省丹徒縣五州山。晉永熙中建。又名因勝寺，宋代改稱顯慈寺。寺中有觀石、臥雲二亭。

【便殿】常御殿①。便室，相當於日本的"居間"，即起居室。《漢典》"便殿"條：便殿正殿以外的別殿，古時帝王休息消閒之處。《漢書·武帝紀》："夏四月壬子，高園便殿火。"顏師古注："凡言便殿、便室、便坐者，皆非正大之處，所以就便安也。園者，於陵上作之，既有正寢以象平生正殿，又立便殿爲休息閒宴之處耳。"宋陸游《監丞周公墓志銘》："孝宗皇帝召對便殿，論奏合上指。"《續資治通鑒·宋太宗太平興國四年》："會契丹遣使修貢，賜宴便殿，因出劍士示之。"

【做得是】日語釋作"仕方もっともじゃ"，即做得對、做得有道理。

【喎喎】音和。喎喎，唐音"ヲヶヲヶ"，同日語中的"あばあば"，即幼兒語，和幼兒説"再見"。

【理會】日語釋作"言い分する"，即主張、争論。《禪典》"理會"條：討論，辯論。《大慧宗門武庫》："汝常愛使没意智一著子該抹人。今夜且留此，待與公理會些細大法門。"又："秀圓通時在會中作維那，每見（雲居舜）呵罵不已，乃謂同列曰：'我須與這老漢理會一上！'"

【撥虎尾】撩撥之撥，有日語"嬲り""煽てる"，即"戲弄"之義。《水滸傳》："那個九紋龍史進是個大蟲，不可去撩撥他。"《漢典》"虎尾"條：虎尾比喻危險的境地。《易·履》："履虎尾，不咥人，亨。"唐李㠖《藺相如秦庭返璧賦》："蹈虎尾而若閒，過鯨口而無惕。"宋陸游《小舟》："宦途危虎尾，閒味美熊蹯。"

【行纏】相當於日本的"脚絆""股引"等物，即綁腿或細筒褲。《漢典》"行纏"條：裹足布；綁腿布。古時男女都用。後惟兵士或遠行者用。《樂府詩集·清商曲辭六·雙行纏曲》："新羅繡行纏，足趺如春妍。"隋杜寶《大業雜記》："（煬帝御龍舟）其引船人普名殿脚一千八百人，並著雜錦采裝襖子、行纏、鞋襪等。"宋范成大《病中絶句》之二："潦暑薰天地湧泉，彎跧避濕挂行纏。"金董解元《西廂記諸宫調》卷二："整整齊齊盡擺搦，三停來繫青布行纏，折半著黃紬絮襖。"

【劈篾】將竹子劈成細條。篾，《正韻》："竹皮也"。

---

① 日本天皇平時起居的地方即稱作"常御殿"。

【不了事】同"不濟事",日語釋作"埒の明かぬ",即事情解決不了、沒用。

【太絮】絮,《武庫》作"緊",可從。日語釋作"厳きぶい",指十分嚴格。太絮,意同"厳しく吝い",即十分吝嗇。

【大家割捨】大家,有兩種解釋。其一同日語"総総",即在場的所有人;其二同"大家小家"之大家,與"小家"相對。大家閨秀,指出身於世家大族的女子。《詩法源流》《詩法家數》中的"大家數"指"大身代",即達官顯貴。今此處或可譯作"大様",即大度、器量大。割捨,同"捨てる",即扔掉、拋棄、放棄。割捨不下,指覺得東西好而無法放棄。

【颺在樻橛堆頭】颺在,日語釋作"放りやっておく",即飛揚。樻橛堆,同"芥場",即垃圾堆。

【胡床】見《紀談》下。《漢典》"胡床"條:一種可以摺疊的輕便坐具。又稱交床。《三國志·魏志·武帝紀》"賊亂取牛馬,公乃得渡"裴松之注引《曹瞞傳》:"公將過河,前隊適渡,超等奄至,公猶坐胡床不起。"南朝宋劉義慶《世說新語·自新》:"淵在岸上,據胡床指麾左右,皆得其宜。"唐杜甫《樹間》:"幾回霑葉露,乘月坐胡床。"宋程大昌《演繁露·交床》:"今之交床,本自虜來,始名胡床,桓伊下馬據胡床取笛三弄是也。隋高祖意在忌胡,器物涉胡言者,咸令改之,乃改交床。"宋陶穀《清异錄·逍遙座》:"胡床施轉關以交足,穿便條以容坐,轉縮須叟,重不數斤。"清趙翼《飯餘》:"攜得胡床臨水坐,柳蔭深處看荷花。"

【牛妳】牛乳汁,顏色或赤。

【霍殺】《漫錄》(上,十):"觀音菩薩,嗔霍不盡。"

【光剃頭】剃得光光的腦袋。燒得光地,指燒箇精光、燒得一幹二淨貌。和尚頭,又稱"光頭"。輸得清光,指慘敗、輸箇精光、輸得一敗塗地。

【没交涉】見《碧巖錄》第一則。《碧巖錄》:"廓然無聖,且喜没交涉。"《禪典》"没交涉"條：指與禪法毫無聯繫，根本不合禪法。《臨濟語錄》："大德，到這裡學人著力處不通風。石火電光，即過了也。學人若眼定動，即没交涉。擬心即差，動念即乖。"（眼定動：猶豫、思慮的樣子）《憨山老人夢游集》卷二《答鄭昆岩中丞》："除此之外，別扯玄妙知見巧法來逗湊，全没交涉。"亦作"無交涉"。

【紡車】紡絲機。

【等銖兩】等，日語"かける"，即稱（分量）。秤又名"等子"。

【聻】亦作"濔"。《正字通》："音你，梵書聻為語助。如《禪錄》'何故聻？'云'未見桃花時聻。'皆語餘聲。"按，多用於疑問、提問，日語釋作"なんじゃ、どうじゃ"。俗話用"呢"字表疑問，二字雖有平聲、上聲的區別，或因"呢"字筆畫較少故借用作表疑問。亦通"你"。《禪典》"聻"條：句末疑問語氣詞，相當於"呢"。《景德傳燈錄》卷七，東寺如會："師問南泉：'近離什麽處來？'云：'江西。'師云：'將得馬師真來否？'泉云：'只遮是。'師云：'背後底聻？'無對。"《五燈會元》卷一九，五祖法演："示衆云：'真如凡聖，皆是夢言。佛及衆生，並為增語。或有人出來道：盤山老聻？但向伊道：不因紫陌花開早，爭得黃鶯下柳條？若更問道：五祖老聻？自云：諾，惺惺著！'"同卷，上方日益："問：'覿面相呈時如何？'師曰：'左眼半斤，右眼八兩。'僧提起坐具，曰：'這個聻？'師曰：'不勞拈出。'"

【泥盤】日語"鏝板"（こていた），即塗抹水泥用的板。

【諸魔猪毛】四字音相近。諸魔，唐音"ツウモヲ"。猪毛，唐音"ツウマウ"。毛，《字典》："音模"，唐音"モヲ"。

【嚇】見《碧巖錄》第三十二則。《碧巖錄》："巨靈擡手無多子（嚇殺人，少賣弄，打一拂子，更不再勘）。"

【化下】日語釋作"御支配した"（ごしはい），即在某人統治之下。

【東平鏡】無解說。

【悽悽】寂寞貌。《水滸傳》第五回："我無妻時猶閑可，你無夫時好孤悽。"《漢典》"悽悽"條：惶惶不安；淒涼。漢王充《論衡·指瑞》："聖人悽悽憂世，鳳皇、騏驎亦宜率教。"唐白居易《傷友》："陋巷孤寒士，出門苦悽悽。"宋梅堯臣《勉致仕李秘監》："祿仕四十年，內乏釜鍾粟；歸來託四鄰，悽悽無片屋。"

【客來須看】看，看待，日語"あいしらう"，即應對、接待。

【金剛努眼睛】金剛，手執金剛神二王。努，日語釋作"向き出す"（むだ），即露出、突出貌。努嘴，指用臉部表情說話時的撅嘴向人示意，取"努"字意。見《水滸傳》。

【兩口一無舌】無解說。

【當的帝都丁】皆舌音。唐音"タンテテイトヲテイン"。日本人學說唐人詞彙發音。

【特石】《事苑》："特者，大也。"

【驢年】《玉篇》："驢似馬，耳長。"驢，與馬有別。午年，可說"屬馬"，而向來無"屬驢年"之說。《酉陽雜俎》："見一馬當路，吏云：'此爾本屬，可乘此'。"《禪典》"驢年"條：以十二生肖紀年，其中並無驢，故以"驢年"表示不存在的時間，無限久遠的時間。《祖堂集》卷一一，雲門："師問僧：'一切聲是佛聲，一切色是佛色，拈却了與你道。'"對云：'拈却了也。'師云：'與摩驢年去。'"《大慧宗門武庫》："若恁麼，參到驢年也不省！"

【貼肉衫】貼身穿的汗衫，又稱"貼肉汗衫"。《漢典》"貼肉"條：緊貼膚體。《水滸傳》第四九回："孫新宰了兩口豬、一腔羊，衆人盡吃了一飽。顧大嫂貼肉藏了尖刀，扮做箇送飯的婦人先去。"

【放包】把包袱放下來。

【廉纖】《祖庭事苑》（一，十四）："猶撿歛，細微也"。《漢典》"廉纖"條：細小，細微。多用以形容微雨。唐韓愈《晚雨》："廉纖晚雨不能晴，池岸草間蚯蚓鳴。"宋黃庭堅《次韻賞梅》："微風拂掠生春絲，小雨廉纖洗暗妝。"宋陳師道《馬上口占呈立之》："廉纖小雨濕黃昏，十里塵泥不受辛。"《禪典》"廉纖"條：指情識分別對參學者的糾纏，亦指言句囉嗦。《雲門廣錄》卷中："舉，法身清淨，一切聲色盡是廉纖語話。不涉廉纖，作麼生是清淨？"《五燈會元》卷一七，超化淨："聲前認得，已涉廉纖。句下承當，猶爲鈍漢。電光石火，尚在遲疑。點著不來，橫屍萬里。"又卷一五，育王環璉："若論佛法兩字，是加增之辭，廉纖之說。"亦作"簾纖"。

【左搓芒繩】往左捻的繩子。《字彙》："搓，挪。"

【崑崙兒】紅毛人①的僕人、下人。黑皮膚奴隸②又稱作"崑崙奴"。《漢典》"崑崙奴"條：古代豪門富家以南海國人爲奴，稱"崑崙奴"。《宋書·王玄謨傳》："又寵一昆崙奴子，名白主。常在左右，令以杖擊群臣。"唐裴鉶《傳奇·崑侖奴》："時家中有崑崙奴磨勒，顧瞻郎君曰：'心中有何事，如此抱恨不已？何不報老奴？'"宋朱彧《萍洲可談》："廣中富人多畜鬼奴……有一種近海者，入水眼不眨，謂之崑崙奴。"

---

① 紅毛人：指荷蘭人。
② 指南海國人。

《大慧武庫》

【罔措】日語"狼狽える"(うろた)，即驚慌失措、倉皇。無所措手足也。罔，無也。《漢典》"罔措"條：喻無所適從；不知所措。《景德傳燈錄·自滿禪師》："情知汝罔措，僧欲進語。"明胡應麟《少室山房筆叢·華陽博議下》："子瞻嘗問一後進'近讀何書'，其人答'讀某書'。子瞻輒問曰：'其中有某好亭子？'其人愕然罔措，不知子瞻所問。"田北湖《論文章源流》："去古既遠，治體不振，生當其時，手足罔措。"

【厠】同"厠"，雜也、間也。夾在人群之間、參與。《漢典》"厠"條：雜置；參與。《史記·樂毅列傳》："先王過舉，厠之賓客之中，立之群臣之上。"《文選·潘岳〈秋興賦〉》："攝官承乏，猥厠朝列。"李善注引《蒼頡篇》："厠，次也，雜也。"清李漁《閒情偶寄·詞曲上·結構》："試問當年作者，有一不肖之人，輕薄之子厠於其間乎？"

【不曉人事】人事，指世間寒熱飢渴之事。不曉，日語"訳が分からぬ"(わけ わ)，即不懂、不知道。《漢典》"人事"條：指人世間事。《樂府詩集·雜曲歌辭十三·焦仲卿妻》："自君別我後，人事不可量。"《南史·鄭鮮之傳》："今如滕羨情事者，或終身隱處，不關人事。"明陳汝元《金蓮記·同夢》："人事無涯生有涯，逝將歸釣漢江槎。"

【化疏】化，灼化、燒化。火葬場又稱作"化場"或"化人場"。火葬則稱作"火化"。疏，請疏也。唐人在神佛前參拜時，燒紙錢、紙馬等物以敬告神佛。此處指呂公祈願言法華，而燒疏以遙敬。言法華有神通，翌日果然來也。

【好勞攘】日語釋作"厳い心遣い"(いか こころづか)，即很擔心、十分挂念、非常關懷。《性理大全》朱子曰："老子極勞攘云云"。《漢典》"勞攘"條：形容心情煩躁不安。金董解元《西廂記諸宮調》卷一："張生聞語，轉轉

心勞攘。"明楊柔勝《玉環記・韋皋思憶》："日月有盈虧，人事有番掌，青天問不應，搔首空勞攘。《禪典》"勞攘"條：煩擾。《大慧宗門武庫》卷一："呂大申公執政時，因休沐日，預化疏請言法華齋。翌日果到府第，坐於堂上。申公將出見之，自念曰：'拜則是，不拜則是？'言大呼曰：'呂老子，爾好勞攘。快出來，拜也好，不拜也好。'"《大慧語錄》卷四："生謗議云：'既稱禪師，自有宗門本分事，只管勞攘，却如個座主相似。'"

【索筆】索，日語"求む"，但與"求不見"之"求"意思相差甚遠。此處指讓人把放在那兒的東西拿過來，意同《蒙求》"鮫客泣珠"中的"索盤"之"索"。

【治疊文字】治，與"亂"相對，意爲整理、收拾亂七八糟的東西。疊，累也、重也。治疊，指將散亂之物疊好、整理好。文字，書寫之物的總稱。

【堂頭在此，賴是別無甚言語】賴，日語"幸い""かかったこと"，即幸而、幸好、得益。別，與"總"相對。總，指諸方，即僧衆。別，可視作堂頭，即住持。此句意爲：因有上堂示衆等法語，故真淨貶剝諸方異見邪解。堂頭雖然在此，然他一人並無言語，因此這對無所忌憚進行貶剝的真淨來說也是件幸運之事。

【你也得也】你也要貶剝我的話只有那種程度可不行。正因爲你没有貶剝過我，所以也得和已經貶剝了諸方的你爭箇勝負。

【併疊】打併、打疊。日語"取り置き""片付ける"，即收拾、整理。同"治疊"。

【鑰匙】《禮記・檀弓・管庫・正義》云："鍵謂鎖之入内者，俗謂之鎖須；管謂夾取鍵，今謂之鑰匙。"《正字通》："鑰錍所以啓鎖者，俗作'匙'。"按，二字皆指日語"かぎ"，其中，鑰同"蝦錠"，即蝦形鎖；匙同"鍵"，即現在的鑰匙，故鑰匙，指開鎖的器具。《漢典》"鑰匙"條：開鎖的器具。《史記・魯仲連鄒陽列傳》"魯人投其籥"唐張守節正義："籥，鑰匙也。"前蜀杜光庭《虬髯客傳》："家人自堂東舁出二十床，各以錦帕覆之。既陳，盡去其帕，乃文簿鑰匙耳。"《水滸傳》第五四回："那漢把鑰匙開了門，請李逵到裏面坐地。"

【首云】首，爲"首告"之"首"，去聲。首云，指去自首。有咎自陳曰"首"。

【責罰】責，日語釋作"負い目を取り立てる"，使自責。罰，同"過怠を出さす"，使人出錢、物等進行補償。

【情願】真心願意、希望，非强迫地。願，俗作"愿"，二字同音，因"愿"筆畫少而借用，非"愿"本義。

【令估衣缽還訖】還，日語"払う"，即支付、償還，意同"戻す"之歸還。

【解免】解，爲消解對方怒氣而好言好語。勸架亦稱作"勸解"。免，日語釋作"罪を許す"，即免罪、原諒罪行。

【房廊】寺廟裡的長屋。借住在房廊裡的人被稱作"房僧"。《漢典》"房廊"條：泛指殿宇、屋舍。唐孟郊《和皇甫判官游琅玡溪》："房廊逐巖壑，道路隨高低。"宋蘇軾《論積欠狀》："此酒稅課利所以日虧，城市房廊所以日空也。"明梁辰魚《浣紗記·投吳》："蘇臺高峻，房廊隱隱；青娥紅粉，打團成陣。"

【租錢】日語"家賃"，即房租。租，本義指田賦。《漢典》"租錢"條：租金。《儒林外史》第三三回："這房子每月要八兩銀子的租錢。"

【難色】日語釋作"抗う顔色"，指臉上表露出爲難的神色。難，去聲，拒也。《漢典》"難色"條：爲難的表情。《列子·黃帝》："子華曰：'若能入火取錦者，從所得多少賞若。'商丘開往，無難色。"宋蘇軾《次韻王滁州見寄》："憑君試與問琅耶，許我來游莫難色。"清蒲松齡《聊齋志異·偷桃》："遂以繩授子，曰：'持此可登。'子受繩有難色。"

【化錢】化，日語"勸化"，即化緣。下文中的"化紙錢"之"化"，同"燒く"，即燒、焚。《漢典》"化錢"條：募化或乞討錢財。南唐周惟簡《重刊壽州金剛經碑》："而且一詞未畢，衆諾俱旋，施者求先，咸稱甚善，乃化錢以搆此碑者也。"《二刻拍案驚奇》卷五："聞得歹人拐人家小廝去，有擦瞎眼的，有斫掉脚的，千方百計擺佈壞了，裝做叫化的化錢。"《儒林外史》第一回："（逃荒百姓）也有坐在地上就化錢的，問其所以，都是黃河沿上的州縣被河水決了，田廬房舍盡行漂没。"

【爲衆曰】爲，當作"謂"，次章有"謂衆曰"之句，故此處完全爲寫誤。從字畫來看，"爲""謂"二字并不相似，按理不應寫錯，但唐人不論言語或是續書，皆依字音寫。故字音若相同，稍不留神就易寫錯。諸書中多有"爲""謂"二字錯寫之處。

【置以祀之】置，指準備酒肉紙錢。

【散其餘盤】散，同"散福"之"散"。散其餘盤，指領取祭祀過的供品。

【消】俗話"不消説""不消一捏"之"消"，日語釋作"消してしまう"（け），即消滅、消除。許多書中將其釋作"費やす"（つい），即消耗、消費之意。皆用於量少之事物。

【兩陌】二百文。陌，指"足陌錢""省陌錢"之"陌"。百，音伯①。陌，音麥。二字字音雖不同，意思通用。

【下肩】下座。

【樂營將】《普燈》（一，十六）："將，作'使'。"樂營將，指樂人班的領班。團營將，指由雜兵、捕吏等人組成的兵團頭領。營，類似日本的"組屋敷"（くみやしき），即供兵團居住的營房。羅虬詩："樂營門外柳如陰，中有佳人畫閣深。"《漢典》"樂營將"條：舊指樂工或官妓的領班。宋程大昌《演繁露·樂營將弟子》："開元二年，玄宗……又選樂工數百人，自教法曲於梨園，謂之皇帝梨園弟子，至今謂優女爲弟子。命伶魁爲樂營將者，此其始也。"清張宗橚《詞林紀事》卷五引《古今詞話》："蘇子瞻守錢塘，有官妓秀蘭，天性黠慧，善於應對。一日湖中有宴會，群妓畢集，唯秀蘭不至，督之良久方來。問其故，對以沐浴倦睡，忽聞叩門甚急，起而問之，乃樂營將催督也。"

【吞却】却，有字勢之字。吞却，指囫圇吞下。與"吸盡"相對。

【細抹將來】《佩文韻府》："絲抹下"。《邇齋閑覽》："州郡公宴，伶人呼絲抹將來。蓋御宴樂，先以絲聲樂之，後和衆樂，故號絲抹將來。"後呼細末者誤。細抹將來，指絲以起樂。唐代樂隊起樂，先由絲聲起、竹

---

① 原文有脱字，今據《康熙字典》補。

聲次之。後因發音相似，"細抹"訛作粉末之"細末"。絲，唐音"スウ"。細，唐音"スイ"。抹，塗抹也。乱曰"塗"，長曰"抹"。末，研磨成粉。唱，指譜曲、打拍子。伶人呼，後世作"呼細末"，另有"唱云"之語，皆指起樂之詞。

【無假】假，注："休沐也"，即官差的休息日。無假，亦指"開山無休日"。從字義看，日語中的"暇"（指餘暇）雖與"假"意思有別，但"暇日^{かじつ}"和"休日^{きゅうじつ}"皆指假日。

【挤出院】挤，日語釋作"構わぬ^{かま}"，即不理會、不管。"久挤野鶴如雙鬢"。挤，音潘，今俗沿訛爲"拌棄"之"拌"。

【與琳聯按】《韻會》《正韻》並曰："按案互通，亦通作'桉'。"指在衆僧寮裡擺放經案，見"衆寮隣案"之語。《漫錄》（下，十二）："連案僧見其看經"。

【趣請之】趣，音促，即催促。接上一問句"新到在否？"故此處意指從旁催促。

【内逼】大便快忍不住了。亦作"内逼耐不過"。腹，稱作"内裡"。

【擊著你便屎出】改日語訓讀爲："擊著すれば你便屎出んや"。

【忘記請之】忘記，日語"忘れる^{わす}"，指忘記已經記住的東西。"記"字字義可不譯。

【不合承受爲渠請】承受，日語"受け込む^{うこ}"，即承擔、接受。

【併宥之】併，日語"合わせて^あ""一つに^{ひと}"，即合併。併宥之，指三人團結在一起。

【角立】猶如龍或牛等動物的兩只犄角突出一樣，形容人超群絕倫、出類拔萃。《漢典》"角立"條：卓然特立。《後漢書・徐稚傳》："至於稚者，爰自江南卑薄之域，而角立傑出，宜當爲先。"李賢注："如角之特立也。"宋陸游《晨起坐南堂書觸目》："奇峰角立千螺曉，遠水平鋪匹練秋。"

【立僧】古抄中指成立衆僧之義。

【目擊】擊，注："觸也"。目擊，日語釋作"目に触る^{めさわ}""直に目に^{じかめ}

見た"，即親眼看到。《漢典》"目擊"條：目光觸及；熟視。《後漢書·郅惲傳》："子張但目擊而已。"李賢注："目擊謂熟視之也。"《晉書·葛洪傳》："於餘杭山見何幼道，郭文舉，目擊而已，各無所言。"

【之乎者也】類義語，用於文字言句。《漢典》"之乎者也"條：古漢語裡常用的語氣助詞。《太平廣記》卷二六一引唐盧言《盧氏雜説·李據》："又判決祇承人：'如此癡頑，豈合喫杖，決五下。'人有語曰：'豈合喫杖，不合決他。'李曰：'公何會，豈是助語，共之乎者也何別？'"杜文瀾《古謠諺》卷五一引明田藝蘅《留青日札》："之乎者也矣焉哉，用得成章好秀才。"

【大頭向下】鼻頭向下。《紀談》："衲僧鼻孔頭向下"。《楚石錄》："卍字當胸，鼻頭向下。"《枯崖漫錄》（下，七）："眉毛分八字，鼻孔大頭垂。"

【王大姐】王氏的夫人、老婆。王、張、李，皆唐代常見姓氏。

【後架】位於照堂（即禪堂）之後，大衆洗臉之處。又東司（即廁所）亦有後架，此後架指洗臉的架子。另，東福寺的東司（即廁所）和後架在同一棟樓裡，故俗語中將便處稱爲"後架"，或來源於此。

【苦寒】苦，甚也。同"苦熱""苦雨"之"苦"。《漢典》"苦寒"條：嚴寒。唐杜甫《搗衣》："已近苦寒月，況經長別心。"宋魏泰《東軒筆錄》卷八："界外苦寒，吾爲若納一襖，可衣之以行，回日當復以歸我。"明唐順之《條陳薊鎮補兵足食事宜》："兼以石塘、古北，本號苦寒，地既虜衝，土尤磽确。"

【多以意解】若無"以"字，日語應訓讀作"意解"。

【金剛與泥人揩背】揩，磨拭。入浴時搓後背的污垢稱作"揩背"。《漫錄》（下，七）："金剛與土地神揩背，一擦骨出。"

【道左】道端也。《漢典》"道左"條：道路旁邊。《詩·唐風·有杕之杜》："有杕之杜，生于道左。"毛傳："興也。道左之陽，人所宜休息也。"鄭玄箋："道左，道東也。日之熱，恒在日中之後，道東之杜，人所宜休息也。今人不休息者，以其特生陰寡也。"馬瑞辰通釋："下章'道周'，《韓詩》作道右，則左右隨所見言之，不以道左之陽取興。"《韓非子·內儲説上》："南門之外，有黃犢食苗道左者。"《太平廣記》卷三六四引唐薛用弱《集异記·于凝》："（于凝）遙見道左嘉木美蔭，因就焉。"清鈕琇《觚賸·雪遘》:"將度梅嶺,吳公子已迎候道左,執禮甚恭。"

【平地起骨堆】骨堆,本義指古戰場的白骨堆,今指高高凸起的土堆。此語常用作比喻無事生事。此處指實事。《禪典》"平地起骨堆"條:意謂做沒有埋死人的假墳。譏刺禪人做作多事,虛妄徒勞。骨堆:墳墓。《圓悟語錄》卷七:"上堂:'大衆,幸自無一星兒事,剛然平地起骨堆,費盡工夫。'"(剛然:偏偏要)《五燈會元》卷一八,百丈以樓:"上堂:'摩騰入漢,達摩來梁。途轍既成,後代兒孫開眼迷路。若是個惺惺底,終不向空裡採花,波中捉月。謾勞心力,畢竟何爲?山僧今日已是平地起骨堆,諸人行時,各自著精彩看。'"《禪林僧寶傳》卷二〇,華嚴隆:"虛空釘鐵橛,平地起骨堆。莫將閑學解,安著佛階梯。"

【火燒松樹】松樹被火燒得只剩下枝幹,其姿勢如龍。與上句的"奇怪石頭"相對。日語訓讀爲:"火に燒たる松樹"。

【因修造犯土】唐時若在太歲出現的方位上動土,立刻就會冒出許多如眼睛一樣的東西,見到此物之人或即死或發病,此謂"犯土之祟"。故觸犯兇惡之人,或做危險之事,皆謂"太歲頭上動土"。《漢典》"犯土禁"條:舊時謂營建房舍興土木而得罪土神爲"犯土禁"。《後漢書·來歷傳》:"時皇太子驚病不安,避幸安帝乳母野王君王聖舍。太子乳母王男、廚監邴吉等以爲聖舍新繕修,犯土禁,不可久御。"清錢泳《履園叢話·雜記下·陳狀元犯土禁》:"未幾,蔣夫人亦卒,咸以爲犯土禁所致云。"亦省作"犯土"。宋陸游《病後作》:"道士言犯土,拜章安舍宅。"宋洪邁《容齋四筆·繕修犯土》:"今世俗營建宅舍,或小遭疾厄,皆云犯土。故道家有謝土司章醮之文。"

【所忤】忤,逆,即違抗、反抗神佛。

【因緣】《紀談》作"夤緣"。忠國師碑文:"青蘿夤緣,直上寒松之頂。""因""夤""寅",三字表此意時通用。《字典》:"夤,進也。緣,連也。"因緣,日語釋作"取り付き纏う",即攀附。《禪典》"因緣"條:佛家把能夠引來果報的種種思想言行稱作"因緣",即因果報應中的"因"。參"因果"。《景德傳燈錄》卷一,摩訶迦葉:"由是因緣,九十一劫身皆金色。"

【旋旋】無解説。《漢典》"旋旋"條:緩緩。唐韓偓《有矚》:"晚涼閒步向江亭,默默看書旋旋行。"元薩都剌《游西湖》之二:"少年豪飲醉忘歸，不覺湖船旋旋移。"《明成化說唱詞話叢刊·花關索貶雲南傳（別集）》："黃昏救到三更後，旋旋蘇省轉還魂。"清褚人穫《堅瓠五集·燕京酒肆》："勸人飲酒，旋旋吹橫竹。"

【行李】見《虛堂錄·新添》。《禪典》"行李"條：出門時所帶的東西。《洞山語錄》："師與密師伯經由次，見溪流菜葉。師曰：'深山無人，因何有菜？隨流莫有道人居否？'乃共議撥草。溪行五七里間，忽見羸形異貌人，乃龍山和尚是也（亦云隱山），放下行李問訊。"《大慧宗門武庫》："候於郵亭久之，忽見數十擔過。溫公問：'誰行李？'荷擔者應曰：'新招提和尚行李。'"

【喫㩦】亦作"喫交"。日語"転ける"，即摔倒。下文接"這一交"。《漢典》"吃交"條：亦作"喫交"。跌交。《古尊宿語錄·雲峰悅禪師》："山僧今日平地喫交了也。"《建中靖國續燈錄·圓通禪師》："爭奈平地喫交，有甚扶策處。"元楊顯之《瀟湘雨》第三折："上路時又淋濕我這布裹肚，吃交時掉下了一箇棗木梳。"

【紫衣】紫色袈裟。和常語中的"紫衣"易混淆。諸錄中的"衣"皆指袈裟。日語"紫衣"（むらさきころも），指紫袍。《漢典》"紫衣"條：紫色袈裟。唐武則天賜僧人法朗等九人紫袈裟、銀魚袋，爲僧人賜紫之始。唐鄭谷《寄獻狄右丞》："逐勝偷閒向杜陵，愛僧不愛紫衣僧。"宋蘇軾《答寶月大師書》之一："累示及瑜隆紫衣師號，近爲干得王詵駙馬奏瑜爲海慧大師文字，更旬日方出。"參閱《釋氏要覽上·法衣》。

【特旨】二字作一詞解釋，日語釋作"格別の思し召し"（かくべつおぼめ），即特別詔令。《漢典》"特旨"條：帝王的特別詔令。宋陸游《江西到任謝表》："然而異恩賜第，弗由場屋之選掄；特旨造廷，非出公卿之論薦。"《宋史·選舉志三》："從軍以後，立軍功及人材出衆者，特旨擢用。"明沈德符《野獲編·宮闈·今上篤厚中宮》："此後伉儷彌篤，恩禮有加，次年即特旨建儲，人心大定。"《二十年目睹之怪現狀》第七六回："這是甚麼大事，非得弄一個特旨下來不爲功。"

【撲落】啪嗒掉落。撲，唐音"ポッ"。《漢典》"撲落"條：摔落；跌落。唐姚合《天竺寺殿前立石》："補天殘後女媧抛，撲落禪門壓地坳。"前蜀貫休《夜夜曲》："孤煙耿耿征婦勞，更深撲落金錯刀。"

【甄】日語"敷瓦〔しきかわら〕",即瓦磚。

【我舉三句向你】向,意同"於"。《漢典》"向"條:介詞。對;與。表示動作的對象。南朝宋劉義慶《世說新語·雅量》:"後有人向庾道此。"唐元稹《感夢》:"填填滿心氣,不得說向人。"宋蘇軾《臺頭寺雨中送李邦直赴史館》:"憑君說向聾將軍,衰病相逢應不識。"

【用不著】著,意同"得"。用不著,日語釋作"使い当てぬ〔つかあ〕",即用不上。

【著一頓熱病打時】俗語中的生病,日語"患う〔わずら〕",又稱作"打病"。

【拉之】拉,《正字通》:"落合切,俗言邀人同行曰'拉'。"日語"誘う〔さそ〕",即邀請。

【固執】日語俗話作"片意地〔かたいじ〕",即頑固、倔強。亦作"執迷"。《漢典》"固執"條:堅持己見,不肯變通。《後漢書·韓棱傳》:"竇太后怒,以切責棱,棱固執其議。"宋王明清《摭青雜說》:"汝自意如此,吾豈可固執,但後去或有不是處,不干我事。"

【寫戲】書劇本。戲文,類似日本的"淨瑠璃〔じょうるり〕"。戲,可視作日本的狂言。

【樂官】相當於日本能劇中的大夫,即扮演主角的演員。《漢典》"樂官"條:指歌舞藝人。唐薛用弱《集异記·王煥之》:"此輩皆潦倒樂官,所唱皆《巴人》《下俚》之詞耳,豈《陽春》《白雪》之曲,俗物敢近哉!"宋王安石《送李屯田守桂陽》之二:"荒山樂官歌舞拙,提壺沽酒聊一歡。"

【保社】日語"仲間〔なかま〕",即同伴、同夥。《山谷詩注》:"保社,謂保伍,同社。"《漢典》"保社"條:舊時鄉村的一種民間組織,因依保而立,故稱。宋劉克莊《賀新郎·癸亥九日》:"留得香山病居士,却入漁翁保社。悵誰伴、先生情話。"金元好問《劉光甫內卿新居》:"父老漸來同保社,兒童久已愛文章。"

【場子】戲場戲劇。《漢典》"場子"條:適應某種需要的較大的活動處所。如廣場、會場、操場、運動場等。

【跳】注："躍也、上也"。日語譯作"躍る"，釋作"一足跳ぶ"。另有同音的"飛ぶ"，意指"在空中飛"之飛。

【作息】《擊壤歌》："日出而作，日入而息。"《漢典》"作息"條：漢王充《論衡·偶會》："作與日相應，息與夜相得也。"後因稱勞作和休息爲"作息"。唐白居易《偶作》之二："一日分五時，作息率有常。"宋曾鞏《敕監司考覈州縣治跡詔》："夫能使吾民足於衣食、安於作息……在夫州縣之吏而已。"如：作息時間。

【推免】推，日語"託ける"，即托故、推諉。免，同"逃れぬける"，即擺脫。《漢典》"推免"條：推辭。《景德傳燈錄·通禪師》："雖然如此，再三不容推免。"

【打街】日語"町托鉢"，即僧人在街上托鉢化緣。《禪典》"打街"條：在街巷乞化。《大慧宗門武庫》："時湛堂爲座元，問（淵首座）曰：'公去如何住持？'淵曰：'某無福，當與一切人結緣，自負栲栳，打街供衆。'"（栲栳：籮筐）

【見三下三】珠算除法口訣。《大慧普覺禪師宗門武庫》："阿呵呵！見三下三，三三如九。"

【獜牙劈齒】互文。兩狗相互撕咬貌。亦作"相争"。獜，《雲門廣錄》作"䴢"。《玉篇》："里之切，剥也。"劈，《說文》："破也"。《漢典》"獜"條：割；劃開。《尸子》卷下："弓人獜筋，則知牛長少。"明沈德符《野獲編·內閣三·貂帽腰輿》："朔風獜面，不啻霜刀。"

【看老和尚面】我就看在老和尚的面子上。亦説"看薄面"或"不看我面看佛面"等。

【虛頭】見《碧巖錄》第十則。《碧巖錄》："這掠虛頭漢，驗人端的處。"《禪典》"虛頭"條：虛假，虛幻。頭，尾碼。《祖堂集》卷七，岩頭："德山云：'什摩處學得虛頭來？'師云：'專甲終不自誑。'"《密庵語錄·贊木庵和尚》"面目森嚴，語言希差。不出飛猿嶺，道聲藹天下。活懶庵不傳之宗，死衲僧虛頭話霸。五坐道場，叢林增價。稽首拜手，虛空貼卦。"《如淨續語錄》："上堂，舉，僧問曹山：'如何是真實人體？'山云：'你是虛頭人體。'"

【得得】日語"特に"，釋作"わざわざ"，即特意、特地。《禪典》

"得得"條：特地。《碧巖錄》卷一，第一則："達摩遙觀此土有大乘根器，遂泛海得得而來，單傳心印，開示迷途。"《大慧宗門武庫》："得得遠來，冒瀆鈞聽。"

【五貫】一貫等於千錢。《大惠年譜》（五十二歲）："欲識一貫，兩箇五百。"出據亦見他處。又無關錢的數額大小，五貫亦用於形容身無分文。

【唯唯】《禮記》："父召，則唯而無諾。"注："唯，應之速也。"《漢典》"唯唯"條：恭敬的應答聲。戰國楚宋玉《〈高唐賦〉序》："王曰：'試爲寡人賦之。'玉曰：'唯唯。'"《漢書·司馬相如傳上》："齊王曰：'雖然，略以子之所聞見言之。'僕對曰：'唯唯。'"顏師古注："唯唯，恭應之辭也。"《醒世恒言·蘇小妹三難新郎》："老泉納於袖中，唯唯而出。"

【薦人】此"人"指其他人。

【當先應副四祖】副，稱也，相應也。意同"副盛意"之"副"。

【掉下火柴頭】掉，日語"投げ遣る（なや）"，即拋擲。《黄龍四家錄》："掉於無事甲中"。《會元》（十七，三八）湛堂章，前句作"見所擲爨餘"，後句作"見掉火柴頭"。

【抽脱】大小便。本義指脱掉袈裟，爲忌避不净而借指大小便。又俗語中用"净手"表示小便，此用法與日本借"手水（ちょうず）を使（つか）う"①表示上廁所相同。《禪典》"抽脱"條：大小便。《大慧宗門武庫》："湛堂遊浙回，充首座，聞其事（指廁所鬧鬼怪事），中夜故入延壽堂東司抽脱。"（東司：廁所）

【去當時悟自縊間抽脱】"去"字属上句，接在"接瓶去"之後，故此句解讀有誤②。

【未要】日語釋作"まだ要らぬ（い）""ほしくない"，皆指"還不需要"。

【索然】擬聲詞，形容脚踩在枯葉上發出的聲音。張久成《見雪片》："瓦溝聲磔索"。月中巖③《春雪》："初聞郭索步窗前"。又題雪詩："蟹

---

① 原意指洗手、洗臉。
② 譯者注：此句應改爲"便接瓶子去，當時悟自縊間抽脱。"
③ 月中巖，全名中巖圓月（1300—1375），日本南北朝時代的臨濟宗僧人，1325—1332年留學中國。日本五山漢文學家的傑出代表，因其淵博的學識而被譽爲"五山第一學僧"。

步先聞窗外，竹響夢敲寒枕。疏疏揚子一蟹，郭索後蚓黃泉。"

【鄉薦】及第之人由州縣地方官推薦，赴京師禮部應試。《漢典》"鄉薦"條：唐宋應試進士，由州縣薦舉，稱"鄉薦"。唐顧云《上池州衛郎中啓》："自隨鄉薦，便托門牆。"宋徐鉉《稽神錄·趙瑜》："瑜應鄉薦，累舉不第。"明陳汝元《金蓮記·郊遇》："前秦少游來京，説他兄弟俱叨鄉薦。"按，後世稱鄉試中式爲領鄉薦。

【省闈】禮部官衙稱"南省"，及第後的考生在禮部應試稱爲"省試"，在京師根據成績等第依次升降，分爲：一鄉試（亦稱"省試"，禮部主持），二會試（禮部主持），三殿試（禁中御試）。軍隊打敗戰則稱作"不利"。《漢典》"省闈"條：唐宋時試進士由尚書省禮部主持，故稱。又稱禮闈。元以後，稱各行省主持的考試，中式者爲舉人。又稱鄉闈。金董解元《西廂記諸宮調》卷六："今蒙文調，將赴省闈。"一本作"選闈"。清紀昀《閱微草堂筆記·姑妄聽之四》："景州高冠瀛……篤學能文，小試必第一，而省闈輒北，竟坎壈以終。"

【赴春官】禮部別稱"春官"。《漢典》"春官"條：唐光宅年間曾改禮部爲春官，後"春官"遂爲禮部的別稱。唐杜甫《奉留贈集賢院崔于二學士》："天老書題目，春官驗討論。"唐皎然《兵後送姚太祝赴選》："名動春官籍，翩翩才少儔。"明歸有光《亡友方思曾墓表》："既一再試春官不利，則自叱而疑。"清孔尚任《桃花扇·拒媒》："俺若不去呵，又怕他新錚錚春官匪印，硬選入秋宮院門。"况周頤《蕙風詞話》卷五："九上春官不第，鍵户著書，足不入城市。"

【呼臚】見《類書纂要》（八，六）。《史記》注："上傳語告下爲'臚'，傳也。"殿上呼臚，喚六作五。由"臚""喚"二字或可知科舉中第時的情形。又《夷堅志尚友録》"樗蒲"典故中，"臚""喚"分別作"盧""喝"。按，因讖文用樗蒲之語。殿上呼臚，喚六作五，指因排名上位的人殿試時不禄，故原來的第六名被陞爲第五名。《尚友録》中記有其語，此書記載了考生中第的實狀。"臚""盧"音同。

【因上名殿試不禄，遂陞第五】上名，指排名比我高的人，即第五名。《禮記》："士死曰'不禄'。"在殿試時，因第五名去世，故第六名的考生升到了第五名。第四名是陳祖言，第六名是樓材。

【地錦】無解説。《漢典》"地錦"條：即爬山虎。落葉藤本植物。可供觀賞。根、莖入藥，有祛風活血的作用。

【禪牌】加上"綴"字，或指縫補坐禪所懸之牌。

【回施】回，《字彙》："轉也"。今"回施"，指展轉、施他，即將收到的東西又轉贈給他人。

【膈上語】日語釋作"上向きの語""上面の語"，即場面話。

【眼裡無筋】無解說。

【生緒】同"生計"，日語"生業"，即謀生職業、手段。

【徧干】干，求也。《論語》："子張學干祿"。

【遺鏹遣之】鏹，居仰切。以鏹貫錢，指穿成串的錢。遣之，讓其從寺廟回到住店。

【買馬】"買馬"或"買舟"之"買"，皆指日語"雇う"，即雇、租用之意。《漢典》"买"條：雇，租。清方文《毗陵與何次德同舟至吳門》："將歸笠澤買吳舠，畫舫青簾過驛橋。"

【津遣】津，潤之義。津遣，指贈送衣糧、路錢等。葬禮亦作"津送"，因誦經等行爲有修功德、送善根之意，故名。《漢典》"津遣"條：資助遣送。《續資治通鑒·宋理宗淳祐十二年》："遠官身歿，家不能歸者，官爲津遣。"

【祝曰】祝，向神佛祈願之詞。日語"呪う"，即念呪，祈求神佛力量興福或消災。

【舉爲凝曰】爲，當作"謂"。

【打銀】日語釋作"銀細工"，即製銀手工藝。

【屬牛】牛年出生。其他如"屬龍""屬虎"等。

【鼻孔遼天】見《策進》"遼空下"。《禪典》"鼻孔遼天"條：意謂省悟禪法、超然脫世。遼天：沖向天際，飛向天空。《密庵語錄·示中侍者》："入紅塵堆裡，逆順界中，與一切人，和泥合水，拔楔抽釘。令他不覺不知，驀地見徹本心，悟其本性，不在內，不在外，不在中間。人人鼻孔遼天，個個壁立萬仞，方敢稱爲行脚道流。"《法演語錄》卷上："曹源一滴，彌滿人間，衲僧一吸，鼻孔遼天。"

【風悄然】指靜悄悄、鴉雀無聲。悄，靜也。

【失利】日語釋作"しくじった"，即失敗、失手。《漢典》"失利"條：戰敗；打敗仗。《後漢書·西羌傳·東號子麻奴》："（馬賢）初戰失

利，死者數百人。明復戰，破之。"宋秦觀《將帥》："開元之盛而哥舒翰失利於潼關。"《明史·俞大猷傳》："賊犯金山，大猷戰失利。"

【寄你打雪竇】寄，日語"預ける"（あず），即寄存、存放。寄你打雪竇，指我把打雪竇之事交與你來做，找箇時間打他三十棒。

【噁】《史記》："喑噁，懷怒氣也。"此處用作提醒他人注意之語，相當于"喂！"非指《史記》所言之意。

【以手加額】把手放在額上，表示歡欣、慶幸或敬意。唐人道謝時常做動作。見《宋史》。

【却戒收之】戒，告也，猶命也。指謹慎命令、吩咐。

【半餉】一頓飯吃到一半左右的時間。《漢典》"半餉"條：同"半晌"。宋周邦彥《霜葉飛》："似故人相看，又透入，清暉半餉，特地留照。"金董解元《西廂記諸宮調》卷四："打慘了多時，癡呆了半餉。"《武王伐紂平話》卷中："（妲己）半餉無言，眉頭一縱，計上心來。"明姚士麟《見隻編》卷中："書竟疏入，半餉詔始下。"

【時新】日語"初物"（はつもの），即時鮮，應時而鮮美之物。《漢典》"時新"條：應時而鮮美的東西。南朝宋鮑照《代少年時至衰老行》："好酒多芳氣，鯖味厭時新。"宋吳曾《能改齋漫錄·沿襲》："廚船進食蔌時新，列坐無非侍從臣。"

【搖手】搖，橫向揮動。如"搖鈴""搖瓶""搖尾"之"搖"。《漢典》"搖手"條：把手左右搖動，表示阻止、否定。《明史·朱紈傳》："自紈死，罷巡視大臣不設，中外搖手不敢言海禁事。"《兒女英雄傳》第七回："只見那老婆兒連連搖手，説：'受他什麼作踐倒沒有價。'"

【回合】無解説。《漢典》"回合"條：舊小説稱兩武將交鋒一次爲一個回合。《西游記》第五五回："交鋒三五回合，不知是甚兵器。"

【秪管無收殺】秪，"只"字轉音，通用。無收殺，日語釋作"しまいがない""果（は）てがない"，即没有結果。注：方語"没合殺""收殺不得"。合殺，本義指音樂的收尾。《禪苑清規》有"長板木魚殺聲""殺鼓""殺鐘""起殺各三下"等語。

【般盡】《廣韻》："般，運。"《集韻》："移也。"《字彙》：俗字作"搬"。

【那裡秪管】那裡，日語釋作"なんぞ"，即豈，哪，用於反問。

【會相殺人】《正宗贊》（二，五五）大惠章贊："如猛將會相殺，奪賊馬騎便行。"即取此一段意也。猛將，指人字。

【便知那箇定是我底】底，同"的"。我的，日語釋作"俺^{おれ}がのじゃ""俺^{おれ}が物^{もの}じゃ"。

【開口取氣】張開嘴巴一箇勁兒地"哈、哈"吐氣，説不上話來。虛堂被慈峰老子掐定咽喉，直得無取氣處。

【順顛倒，順正理】《大惠年譜》（四十四歲）又曰："今時人盡是順顛倒，不順正理，如何是佛？即汝心是，却以爲尋常（乃至）豈不顛倒耶！""云燈"之前有"答"字。

【靈犀一點通】輯釋引《事文類聚》誤處甚多，注釋有誤，一一難改。"犀亦出交趾，惟通天犀最貴，角有白理如線，置米群雞中，雞往啄米，見犀輒驚却，南人呼爲駭雞犀。"① 原書如此。

【從初入地獄】"地"字或爲衍文，前後無照應，下文有譬喻之説。

【與獄子喫，與獄子著】"與"字在此應義同日語格助詞"に"，表示動作對象。"與人看"之與，用法亦同日語"人^{ひと}に見^みせる"中的格助詞"に"。

【移枷在獄子項上】在，意同"於"。

【城都】城，當作"成"，如"范縣君是成都人佛果"。

【鼓合】見《林間錄》《雜錄》。

【撩撥】日語"唆^{そそなか}す""煽^{おだ}てる"，即挑唆、唆使、忩恿。

【除是】日語"唯^{ただ}"，即只、僅。

【丁丁當當】唐音"テインテインタンタン"。《漢典》"丁丁當當"條：象聲詞。《老殘游記》第二回："這姑娘便立起身來，左手取了梨花簡，夾在指頭縫裏，便丁丁當當的敲。"

【蓋謂滿了】謂，當作"爲"。

【惡口小家】無解説。《漢典》"惡口"條：佛教以惡口爲十惡行之一。《四十二章經・善惡並明》："衆生以十事爲善，亦以十事爲惡。何等爲十？身三、口四、意三……口四者，兩舌、惡口、妄言、綺語。"《法

---

① 原文有脱字和缺字，今據《資治通鑒》補。

苑珠林》卷九三："惡口而兩舌，好出他人過。"宋洪邁《容齋隨筆·六十四種惡口》："《大集經》載六十四種惡口之業。"

【爲己戒者】改日語訓讀爲："己が戒と爲者"。

【自領出去】官府使用的判詞。指官府判決當事人無罪，讓人從官府將其領回家去。領，領承。保領回家，指當事人在地方鄉紳的作保下被領回家。保，即保證人。此處指大聖和濟川二人皆有錯在身，各需罰三十棒，而烏龍因全然不知其賊意而被判定爲清白。

【教化】見《大惠普説》（三，六十、六十一），皆指勸化。俗語將乞食者稱作"叫化子"。"教""叫"同音。化，意同日語"喚く"（わめ），即叫喚。化，唐音"フワア"。

【念老子】念，出聲念名号，意同"念佛"之"念"。

【不了當】日語釋作"埒が明かぬ"（らち あ），即事情得不到解決、没辦妥。同"不了事""不濟事"。《禪典》"了當"條：①成功。《大慧宗門武庫》："張無盡丞相十九歲應舉入京，經由向家。向家夜夢人報曰：'明日接相公。'凌晨淨室以待，至晚見一窮措大，著黃道服，乃無盡也。向禮延之，問：'秀才何往？'無盡以實告。向曰：'秀才未娶，當以女奉灑掃。'無盡謙辭再三，向曰：'此行若不了當，吾亦不爽前約。'"②禪家稱參禪大事成功、明悟心地爲"了當"。《法演語録》卷上："法演游方十有餘年，海上參尋見數員尊宿，自謂了當。及到浮山圓鑒會下，直是開口不得。"參"百了千當"。

【按部】視察自己的所轄部屬。《漢典》"按部"條：巡視部屬。《新唐書·令狐峘傳》："齊映爲江西觀察使，按部及州。"清王士禛《池北偶談·談异三·梁尚書》："鄢陵梁尚書官陝西，一日，按部河州，有通官四人迎於道左。"

【可人】無解説。《大慧普覺禪師宗門武庫》："悦爲人短小，無盡曾見龔德莊説，聰明可人。"《漢典》"可人"條：稱人心意。宋黄庭堅《次韻師厚食蟹》："趨蹡雖入笑，風味極可人。"清曹寅《沿河秋花》："野色秋來早，煙光漸可人。"

【強屈指】無解説。《漢典》"屈指"條：彎著指頭計數。《三國志·魏志·張郃傳》："屈指計亮糧不至十日。"後蜀孟昶《玉樓春·夜起避暑摩訶池上作》："屈指西風幾時來？只恐流年暗中换。"

【取奉】日語"敬_{うやま}い""機嫌_{きげんと}取る""追從_{ついしょう}する",即奉承、取悦、討好。《漢典》"取奉"條:趨奉,迎合奉承。《朱子語類》卷四三:"小人便愛些便宜,人便從那罅縫去取奉他,故易説(悦)。"《朱子語類》卷一三〇:"他却要恁地説時,是説王氏(指王安石)較香得些子。這是要取奉那王氏,但恁地也取奉得來不好。"

【人事】與人交往、來往,亦指世事。另外也指贈送禮物、噓寒問暖。

【蹋床】放在臥床前的脚踏子。

【贓物】日語"盗_{ぬす}み物_{もの}",即盜竊所得之物。《字彙》:"凡非理所得財賄,皆曰'贓'。"《漢典》"贓物"條:用非法手段獲取的財物。《三國志·魏志·司馬芝傳》:"今贓物先得而後訊其辭,若不勝掠,或至誣服。"宋俞文豹《吹劍四録》:"高宗曰:'若不盡追贓物,雖得罪猶不失爲富人,所以無憚也。'"

【毆一頓】毆,《説文》:"以杖擊也"。

【西堂】指其他寺院引退的住持。東堂,指本寺院引退的住持。和現今日本所説的西堂有區別。《漢典》"西堂"條:佛教語。佛門職位的稱呼。《禪林象器箋·稱呼門》:"他山前住人,稱西堂。蓋西是位,他山退院人來此山,是賓客,故處西堂。"

【使下】日語釋作"使_{つか}われ者_{もの}",即手下。《漢典》"使下"條:僕從。宋程大昌《演繁露續集·唐憲銜使頭使下》:"今世俗之語,以僕從爲使下。"

【理會】《小學句讀》注:"理會,猶曰識得也。"日語"会得_{えとく}した",即領會、理解。《漢典》"理會"條:理解;領會。宋蘇軾《答張嘉父》:"此書自有妙用,學者罕能理會。"明高攀龍《講義·顏淵喟然嘆》:"此章書向來爲註中高堅……一句所疑,更理會不來。"

【不意】日語釋作"不機嫌_{ふきげん}""気_きに食_くわぬ",即不高興。"意"字,恐爲訛字。若爲"忿"字,則取"不忿"之"忿"一字義,即不平、不滿。《正宗贊》《聯燈會要》等書作:"師氣不平,發憤下山。"

【堂儀纔滿】參堂儀式。《禪苑清規》(十六):"百丈規繩曰:'新到挂搭後,或起他遊。須候十五日堂儀滿,仍白堂司方可前去。'"

【所山主】所，"新"之訛字，筆畫相似故寫誤。

【抽單】單，七尺布單。抽單，意爲將自己的布單抽出來塗上桐油。

【所夢中人】"所"，或"中"字爲衍文。

【水漉漉地】轉轆轆地，指像車輪一圈圈旋轉般自由地轉動。"漉""轆"，同音同義。

【不甘】日語釋作"快〈思わぬ"（こころよ　おも），即不情願、心有不甘。《漢典》"不甘"條：不情願；不甘心。清徐士鑾《宋艷・駁辨》："鼎實未成心尚苦，不甘桃李傍疏籬。"

【故意】日語"わざと"，即有意。《漢典》"故意"條：存心；有意識地。明馮惟敏《不伏老》第一折："都只是虛張聲勢，止不過故意窮忙。"

【生滅】無解說。《漢典》"生滅"條：猶生死。唐王維《胡居士臥病遺米因贈》："有無斷常見，生滅幻夢受。"宋范成大《太師陳文恭公輓詞》："夢已商人奠，身猶漢相朝；古來賢達意，生滅兩消搖。"

【擠陷】擠，推也、墜也，即將人推落。陷，墜入地也，即使人獲罪。

【向去】"向後""向下"皆同。

【打供】同"設供"，指做供養。《漢典》"打供"條：供養；照應。宋魯應龍《閑窗括异志》："蓋寺有神姓施，封護國公，爲之打供，僧徒得以濟。"宋無名氏《張協狀元》戲文第六齣："織絹更得緝麻，得人知重。感得諸天打供，又遭遇李大公。"錢南揚校注："打供，供養。本謂天神供養佛菩薩，這裏作'天照應'解。"元吳昌齡《東坡夢》第一折："東坡云這是伽藍堂，怎生不打供？"

【捏拇指叉中】大拇指放在食指和中指中間握住，并將此叉字手形示人。即以此手勢向人模擬出三叉路口的樣子。佛教印相語中，有以左手大拇指捏於某處、以右手大拇指捏於某處的說法。因此，"叉"指兩根手指張開。捏拇指叉中，或指將大拇指捏在張開的兩根手指中間。其手勢如圖所示：

【遂作云云】已下脱字或訛字。

【賞音】日語"目利き（めき）"，即鑒別、鑒定。《漢典》"賞音"條：知音。三國魏曹植《求自試表》之一："夫臨博而企竦，聞樂而竊抃者，或有賞音而識道也。"金段成己《望月婆羅門引》："風流已置，撫遺編，三歎賞音稀。"清趙翼《王夢樓輓詩》之二："點竄各半無真癖，謗譽相兼有賞音。"

【鶻臭】見《碧巖録》第六十二則。《碧巖録》："雲冉冉（打斷始得，百匝千重，炙脂帽子鶻臭布衫）。"

【以事臨之】事之義。諸録中的"因事"多指受官府責罰。

【了叉】了，或爲"丫"訛字的幼兒寫法。丫，幺加切，注曰："物之岐頭者"。《漫録》（中，八）："丫叉路口"。《漢典》"丫叉"條：狀如丫形。《西游記》第八回："（妖魔）眼光閃爍，好似灶底雙燈；口角丫叉，就如屠家火缽。"

【祝送書者】祝，注爲"丁寧"時，意指不斷吩咐、叮囑。

【記問】時時記掛、常常關懷問詢。問，或爲"聞"訛字。《漢典》"記問"條：謂記誦詩書以待問或資談助。宋王安石《論議·取材》："第經學者，徒以記問爲能，不責大義，類皆蒙鄙者能之。"元許衡《送許克勤赴新昌教序》："況小言破道，小辨害義，克勤之賢當不止於博聞記問而已。"《醒世恒言·馬當神風送滕王閣》："觀公之記問，不讓楊修之學，子建之能，王平之閱市，張松之一覽。"

【爹爹媽媽】指父親、母親。

【甫及六歲】甫，始也。甫及六歲，指過了年就是六歲。十六歲，是人生中的第二個六歲。甫及六歲中的六歲，或因是人生中的第一箇六歲故用"甫"字，未見其用於成人。

【其遷化日，朱家生一女子】是奪胎生也，下文有解説。

【方出月】方，"方始"之義，意同日語"当たって（あ）"。出生後滿一個月，第一次到外面。亦作"方纔"。

【胡張三，黑李四】相當於日本的鬚子三右門和黑臉四郎兵衛。胡，通"鬍"。字書中未見"鬍"字，註"胡"字。胡，《説文》："牛頷垂也"。《正字通》："喉也。頷肉下垂者曰'胡'。"按，"鬍"爲俗字，指"頷垂"。從字形來看，"髟"字頭加"胡"，或指下巴上的胡子下垂貌。

【不原】原，謂尋其本也，推原也。

【不虧人】虧，取"月有盈虧"之"虧"字義，引申爲日漸損失。不虧人，俗語指不讓人受損喫虧。喫虧，指遭受損失。

【形體不全】內貴，指宦官。形體不全，指無勢，精閉者。

【解典出息】解典，日語釋作"質を取る"（しちと），即收到抵押品。出，出生之義。出息，指獲得利息。《百丈清規》（上一，七）有言"碾磨店鋪解典庫"。禪宗大叢林的知事僧們，皆有解典出息之事。典，日語釋作"質置く"（しちお），即抵押、質押。解典之解，同"取る"（と），即拿、獲取。見《叢林盛事》。《漢典》"解典"條：解送典鋪，抵押換錢。《元典章·禮部二·牌面》："今後軍官敢有不虔，擅將所備牌面解典質當者，取問明白，即將所質牌面追給，仍斷五十七下，削降散官一等。"《漢典》"出息"條：收益。《北齊書·蘇瓊傳》："道人道研爲濟州沙門統，資產巨富，在郡多有出息，常得郡縣爲徵。"宋蘇軾《乞不給散青苗錢斛狀》："或乞聖慈念其累歲出息已多，自第四等以下人户，並與放免，庶使農民自此息肩，亦免後世有所譏議。"《紅樓夢》第一一四回："那一座大園子，人家是不敢買的，這裏頭的出息也不少，又不派人管了。"《二十年目睹之怪現狀》第四回："你書啓名下應得的薪水，大約出息還不很壞。"

【鬭諜】鬭，爭也，日語釋作"競り合う"（せあ），即爭奪、競爭。亦同"打ち合う"（うあ），即對打、相互打。諜，指軍中反間，亦注作"伺也"，指刺探對方情報之人。

【養莊客婦女】莊客，指耕種寺院田地的佃農。養，俗話指在寺院裡蓄養老婆，如"養婆娘"。《漢典》"莊客"條：舊時莊田中佃農和雇農的通稱。莊客除耕種外，還要服其他勞役，並負保衛田莊的責任，受莊主和莊頭的雙重壓榨。唐段成式《酉陽雜俎·尸穸》："劉晏判官李邈，莊在高陵，莊客懸欠租課，積五六年。"宋司馬光《涑水記聞》卷十一："賊者多似莊客，何以御之？"《水滸傳》："趙員外與魯提轄兩乘轎子，抬上山來，一面使莊客前去通報。"

【坯粉】坯，同"坏"。陶瓦未燒曰"坏"，日語釋作"焼き物の下地"（やきものしたじ），即陶胚。粉，傅面者。古用米粉，後乃燒鉛爲粉。坯粉，指加到陶胚裡的粉末。

【竿木隨身】朝鮮使者跨海渡日時，隨行帶江湖藝人到達長崎對馬的以酊庵禪寺。藝人賣藝時，用竿木和綱繩等道具，在庭院空地上架起綱絲架，合著音樂表演走綱絲等雜技。由此可知，唐時的江湖藝人隨身帶著竿木等道具，到應邀之地進行表演。此語見於"鄧隱峰石頭路滑"的答話中，結合江湖藝人竿木隨身的習慣，便可知答話的含意。指若像江湖藝人那樣準備周到，區區路滑不在話下。

【喏喏】喏，人者切，敬言。唐時下等人在上等人面前必須說"喏"，意同日本人所說的"はあ、はあ"之詞。《漢典》"喏喏"條：應諾聲。有順從敬慎意。宋胡仔《苕溪漁隱叢話前集・王岐公》："禹玉既亡，有無名子作詩嘲之云：'太師因被子孫煎，身後無名只有錢。喏喏佞翻王介甫，奇奇歊殺宋昭宣。'"清蒲松齡《聊齋志異・荷花三娘子》："女見人喏喏，似口不能道辭。"

【磑碾羅扇】此四物皆用於水車之物。"磑""碾"意同日語"碾臼"（ひきうす），即石碾子。兩者區別在於一箇用於碾麥，一箇用於碾米。"羅"，指細篩。"扇"，或爲選穀機風車之類。《漢典》"磑碾"條：石磨和碾砣。《清史稿・災異志一》："（康熙）十九年七月，陽曲雨雹，大如雞卵，有大如磑碾者，擊死人畜甚多。"

【二膳】準備兩頓的粥和飯。膳，注："具食也"，指備置食物。

【坐地】《大惠普說》（一，六五）："如人行路，纔見堠子便行過去不可，只向堠子下坐地，便喚作到家了也。"又坐地，與"立地"相對，指人坐在地上不動。《漢典》"坐地"條：坐在地上。《晏子春秋・諫下九》："景公獵休，坐地而食。晏子後至，滅葭而席。公不說，曰：'寡人不席而坐地，二三子莫席，而子獨搴草而坐之，何也？'"明郎瑛《七修類稿・辯證上・坐地席上》："古無凳椅，席地而坐，故坐字從土。"

【落地】同上（四，八八）："如生獅子處群畜中，自得安逸，或跳擲或翻身，元無落地真實，消息但只如此。"落地，與"坐地"同義。無落地，即修得大自在，指進退無礙、心離煩惱。《漢典》"落地"條：物體落到地上。唐韓愈《秋懷》之八："卷卷落地葉，隨風走前軒。"

【野了也】《羅湖野錄》作"荒了也，豈不念無常迅速乎？"野，與"文""朝"相對。荒，指雜草叢生。荒廢，指田地無人耕種，由此意轉指縱逸怠惰,"野"字,與此意思相同。野,或意同日語"無骨"(ぶこつ),即粗俗、庸俗等。

【野狐精】精,妖精,日語"化物"(ばけもの)。《禪典》"野狐精"條:野狐狸精怪。禪錄中多用作對不合禪法者的責罵語或機語問答時嘲謔對方的呵斥語。《祖堂集》卷一二,荷玉:"問:'古人道,若記著一句,論劫作野狐精。未審古人意如何?'"又卷一八,仰山:"汝不聞大耳三藏從西天來,得對肅宗。肅宗問云:'三藏解何法?'三藏云:'善解他心。'肅宗遂令中使,送到國師忠和尚處,請試三藏實解他心不。……國師入三昧,心不涉境。三藏覓國師意不得,被呵云:'這野狐精!聖在何處?'"又卷一九,觀和尚:"後因雪峰和尚初入嶺,久欽高峻,遂往祇候,手扣其門,師才出門。雪峰一見,攔胸把住便問:'是凡是聖?'師驀面與一唾云:'野狐精!'便推出却閉其戶。雪峰云:'只要識老兄。'"卷一〇,第九三則:"僧問大光:'長慶道:因齋慶贊,意旨如何?'大光作舞,僧禮拜。光云:'見個什麼便禮拜?'僧作舞,光云:'這野狐精!'"

【長進】向對面延長伸展。長,上聲,日語"伸びる"(の),即伸展、伸長。《漢典》"長進"條:上進,在學問、技藝、品行等方面有所進步。《三國志·吳志·張昭傳》:"長子承勤於長進,篤於物類。"《朱子語類》卷一三二:"頃在某處得書來,說學問又如何,資質又如何,讀書不長進又如何。"《紅樓夢》第二一回:"(湘雲)將胭脂從他手中打落,說道:'不長進的毛病兒,多早晚才改?'"

【如人家會作賊】"家"字無意。《漢典》"人家"條:別人;他人。《三國志·吳志·吳主傳》:"又人家治國,舟船城郭,何得不護?"宋歐陽修《歸田錄》卷二:"成(李成)官至尚書郎,其山水寒林,往往人家有之。"《二刻拍案驚奇》卷十一:"豈知你所為不義若此!點污了人家兒女,豈是君子之行!"

【養家】"家"一字,含妻兒子女眷屬所有人,意同"携家""出家"之"家"。《漢典》"養家"條:贍養家口。《初刻拍案驚奇》卷二十:"我兩個又是養家經紀人,一年到頭,沒幾時住在家裏。"

【好得】因兒子說想學做賊,故答"好得"。好,作"可"。

【開櫃】櫃,日語"押入れ"(おしい)"戶棚"(とだな),指壁櫥、櫥櫃之類。櫃身,

唐時肉鋪店主坐著賣肉的地方，因形似櫥櫃，故名。見《水滸傳》第二回。

【悶悶】懣也。指心情不快活、心有不滿。輯釋引《老子》之言爲誤用。《漢典》"鬱悶"條：不樂。唐趙璘《因話録·羽》："（進士鄭滂）一夕忽夢及第，而與韋周方同年。當時韋氏先期舉人，無周方之名者，益悶悶。"元無名氏《謝金吾》第二折："這兩日氣得我悶悶的眠，害得我慊慊的臥。"《紅樓夢》第三十回："話説林黛玉自與寶玉口角後，也覺後悔，但又無去就他之理，因此日夜悶悶，如有所失。"

【儘做得】如果你們那麼做的話，那我們也只能聽任他徹底變成賊了。《聯珠詩格》（十，六）中有四首用"儘"教字格的詩，"儘"注爲："子忍切，通作'盡'，任也，又縱令也。"儘做得，意同日本諺語"さもあらばあれ""せしむるにまかす""ままなしえたり"，即既然如此，那又有什麽辦法。直譯可解。

【夯】《字典》："呼講切，人用力以肩舉物。"《禪林寶訓》（上，廿四）："擔夯"。因俗語中未見他例，故《字典》引《禪林寶訓》之語。

【大故】《明本》作"大段"，可從。大故，出自《孟子》，非今義。

【小長老】指年少的長老。白雲此時年二十八。

【據款結案】款，款狀，《字彙》："衷也，誠也"。亦作"口款"，即供詞。案，案牘，日語"裁判書き（さいばんがき）"。

【撒屎撒尿】乱撒屎尿。

【回買】給非賣品定價，然後買下來。《禪典》"回買"條：購買。《大慧宗門武庫》："洞山寶禪師……行者白戒，戒令將錢回買，寶方取姜付之。"《法苑珠林》卷六四："乃求道度禪師，髮露重懺，立大誓願，罄舍家資，回買此地，爲立伽藍。"

【喝道】古時官員隊伍出行，儀仗前列導引傳呼，令行人回避。其語類似日本江户時，每當將軍、大名等人出行，僕從提醒路上行人避讓而喊的"ほうほう"語。喝，叱聲，唐音"ハッ"。《禪典》"喝道"條：官員出行，手下人吆喝開道。《景德傳燈録》卷一〇，鎮州普化："師見馬步使出喝道，師亦喝道，及作相撲勢。馬步使令人打五棒。師曰：'似即，似是即不是。'"《大慧宗門武庫》："遂出世住洞山，後移住歸宗。一日扶杖出門，見喝道來，問：'甚官？'吏云：'縣尉。'令避路。寶側立道左避之。忽見馬跪不行，寶曰：'畜生却識人。'尉知是寶，再拜而去。"

【擡你爺，擡你娘】此六字或爲方語。"爺娘"日語俗話稱作"旦那_{だんな}"或"親方_{おやかた}"。此處寶禪師主動稱山神爲"爺娘"，讓其"擡上方丈去"。老爺，尊大者的自稱，常見於《水滸傳》，其中的自稱往往帶有"本大爺"的口氣。

【懇之】"懇求懇請"的省略。

【没頭腦】日語釋作"後先無し_{あとさきな}"，即不顧前後、冒冒失失。《林間錄》下作"無面目"。《水滸傳》中李逵被稱作"没頭神"。《漢典》"没頭腦"條：謂頭腦簡單，糊塗。宋羅大經《鶴林玉露》卷六："李白見永王璘反，便從臾之，詩人没頭腦至於如此。"《初刻拍案驚奇》卷二九："這句'做官方許'的説話，是句没頭腦的話，做官是期不得的。"

【洎乎】洎，奇寄切，及也。洎乎，日語釋作"既_{すで}の事_{こと}"，即差不多、差點、幾乎。《禪典》"洎乎"條：幾乎。《聯燈會要》卷一〇後記："若不遇大覺師兄，洎乎誤却我平生。"《五燈會元》卷一九，何山守珣："一日向百尺竿頭做個失落，直得用盡平生腕頭氣力。自非個漢知機，洎乎巧盡拙出。"亦作"洎合""幾合"。

【屈屈】冤屈，枉屈。日語"無実_{むじつ}""迷惑_{めいわく}"，即冤枉、爲難。《漢典》"屈屈"條：冤枉。《初刻拍案驚奇》卷三五："老漢張善友一生修善，便是俺那兩箇孩兒和媽媽，也不曾做甚麼罪過，却被閻神屈屈勾將去，單剩得老夫。"

【不敢】謙詞，日語釋作"嫌_{いや}さようでもござらぬ"。省略"不敢當"之"當"字。《漢典》"不敢"條：謙詞。猶不敢當。清孔尚任《桃花扇·聽稗》："這是敝友河南侯朝宗，當今名士，久慕清談，特來領教。（丑）不敢，不敢！請坐獻茶。"

【鈍置】見《碧巖錄》第三十八則。《碧巖錄》："陂擬開口（一死更不再活，這漢鈍置殺人，遭他毒手）。"《禪典》"鈍置"條：折騰，折磨，作弄。《雲門廣錄》卷上："上堂云：'去！去！遞相鈍置，有什麼了時！'"《嘉泰普燈錄》卷二五，圓悟勤："有祖以來，唯務單傳直指，不喜拖水帶泥，打露布，列窠窟，鈍置人。"《禪林僧寶傳》卷二一，慈明："南歸中途，謂侍者曰：'我忽得風痺疾，視之口吻已喎斜。'侍者以足頓地曰：'當奈何！平生呵佛罵祖，今乃爾。'公曰：'無憂，爲汝正之。'

以手整之，如故，曰：'而今而後，不鈍置汝。'"也作"鈍致""鈍
迊"。

【推木枕】推開枕頭，表示讓出自己睡覺的地方。

【有在】同"有這箇在"。

【幸希】幸，翼也。非指日語"幸い"(さいわ)的幸虧之意。幸希，日語
"希くは"(こいねがわ)，指唯望、但願。

【官馬相踢】方語"八兩半斤"，日語"負け、劣り無し"(ま おとな)，即不相
上下。

【滑頭】日語釋作"ぬれりくれり"，即油滑、圓滑、不老實。狡猾
之人稱作"姦滑"。《漢典》"滑頭"條：圓滑；不老實。《五燈會元·大
潙泰禪師法嗣·靈岩仲安禪師》："又往見五祖……祖顧侍者曰：'是那裏
僧？'曰：'此上座向曾在和尚會下去。'祖曰：'怪得恁麼滑頭。'"元耶
律楚材《法語示猶子淑卿》："汝幼居閨閤，久在披庭，未嘗用功叩參大
善知識，但博尋宗師語錄，徒增狂慧，深背真道，賣弄滑頭，於道何益？"

【落落】無解説。

【治裝】起程出發前所做的準備，亦作"戒裝""辦裝""趣裝"。
《漢典》"治裝"條：整理行裝；准備行裝。《戰國策·齊策四》："（馮
諼）於是約車治裝，載券契而行。"宋王安石《送程公辟之豫章》："使君
謝吏趣治裝，我行樂矣渠未央。"清昭槤《嘯亭雜錄·尹文端公》："方草
奏時，幕中客齊爲公危，有治裝求去者，公不爲動。"

【勃窣理窟】理之所聚，故曰"理窟"。勃窣，見注解。勃窣理窟，
意指因理非平易之理，故人難入其窟。《漢典》"勃窣"條：亦作"勃
崒"。匍匐而行；跛行。《文選·司馬相如〈子虛賦〉》："於是乃相與獠
於蕙圃，媻珊勃窣上金堤。"李善注引韋昭曰："媻珊勃窣，匍匐上也。"
宋陳鵠《耆舊續聞》卷二："誰言水北無人到，亦有槃珊勃崒行。"清褚
人穫《堅瓠八集·朱文公足疾》："出門放步人争看，不是前來勃窣翁。"

【栗棘蓬】山谷詩中所用"蓮蓬"二字，指的是包裹蓮子的花托。
《楚石錄》："五雙十箇難吞透，自作金圈與栗皮。"栗棘蓬，類似於栗子
帶棘的外殼，即鼠粘子。棘，形容字。《禪典》"栗棘蓬"條：栗樹之果
實外殼多刺，喚作栗棘蓬。禪家喻指機語因緣、古人公案。按，這是宋代
禪風有所轉變，重視"看話頭"、參公案之後的習用詞語。《嘉泰普燈錄》

卷三，楊岐方會："室中問僧：'栗棘蓬你作麼生吞？金剛圈你作麼生跳？'"《密庵語錄·示臨禪人》："正好入大爐鞴中鍛煉，直教聖凡情量，徹底淨盡。透得金剛圈，吞得栗棘蓬，逗到大休大歇之場，身心若枯木寒灰，大棒打不回頭，千人萬人羅籠不住。"《元賢廣錄》卷三〇《續寱言》："勿謂棲賢窮，身窮道不窮。草鞋獰似虎，拄杖活如龍。渴飲曹溪水，饑吞栗棘蓬。銅頭鐵額漢，盡在我山中。"亦略作"栗棘"。

【裹金剛圈】裹，《野錄》中作"與"。《玉篇》："圈，牢也。"

【經界法】對農田土地進行測量調查的檢地法。孟子視經界爲善政。此處借用"經界法"之名指代施行新法的惡政。宋時檢地頻繁，農民苦不堪言。

【茶窠】種茶樹的一箇箇土坑稱作"窠"。此時規定一窠茶樹要上繳相應數量的貢茶。後因施行新法，轉種松樹替代茶樹。

【追之】官府傳令緝拿罪人、犯人曰"追"。

【爲善曰】爲，當作"謂"。

【蟲豸】出頭住持之義。《大惠普說》（二，十七）："今年春氣早，蟲豸出頭來"。

【擎起掌曰念你作新長老】揮起手來作打人狀，曰："看在你出人頭地的份上，我就先放過你。"

【幾多人要不能得】要，討要袈裟，即求法。幾多人要不能得，指許多人討要袈裟都沒得到。

【御諱】英宗名"曙"。天子存生時其名曰"御名"，駕崩後其名曰"御諱"。趙英宗名"曙"，但百姓口不可直呼、書不能寫其名，故稱"御諱"。《漢典》"御諱"條：皇帝的名字。清王士禎《池北偶談·談故二·不避廟諱》："唐避太宗御諱，率改'世'曰'代'。"

【即死即生】轉世投生。指海印遷化日，朱家女子出生之類。

【奪胎】奪他人肉胎作自己轉生之胎。按，如海印那般之人，轉世投生本應是男子，或因海印遷化當日轉世，使結胎時間不足只好奪已成形的女胎轉生。《漢典》"奪胎換骨"條：原爲道教語。谓脱去凡胎俗骨而換爲聖胎仙骨。後用以喻师法前人而不露痕迹，并能创新。宋惠洪《冷斋夜话·换骨夺胎法》引黄庭坚曰："不易其意而造其语，谓之换骨法；窥入其意而形容之，谓之夺胎法。"宋陈善《扪虱新话·文章有夺胎换骨法》："文章虽不要蹈袭古人一言一句，然古人自有夺胎换骨等法，所谓灵丹一粒，點铁成金也。"金王若虚《滹南诗话》卷下："鲁直论诗有夺胎换骨、點铁成金之喻，世以爲名言。以予观之，特剽窃之點者耳。"亦省作"夺胎"。宋陈岩肖《庚溪诗话》卷下："晋宋间，沃州山帛道猷诗曰：'连峰数千里，修林带平津。茅茨隐不见，鸡鸣知有人'……僧道潜号参寥，有云：'隔林髣佛闻机杼，知有人家在翠微。'其源乃出于道猷，而更加锻炼，亦可谓善夺胎者也。"夺胎见"夺胎换骨"。

【按下雲頭】見《虛堂錄‧興聖語》。《虛堂錄》："興聖恁麼告報，早是按下雲頭。何故？江南地暖，塞北天寒。"《漢典》"雲頭"條：雲。宋蘇舜欽《中秋松江新橋對月和柳令之作》："雲頭豔豔開金餅，水面沈沈臥綵虹。"元劉君錫《來生債》第一折："看見下方煙焰，直衝九霄，撥開雲頭，乃是襄陽有一龐居士，他將那遠年近歲借與人錢的文書，盡行燒燬了。"

【你看争奈他何】俗語"争奈"同"争奈何"，日語釋作"如何がせんと"（いかん），即毫無辦法，無奈。

【共一處】兩人待在一箇地方。

【老婆】日語俗話"嬶"（かかあ），即妻子。小説《怕老婆經》，描寫了老少都怕老婆的故事。

【押】管押，注："拘率也"，即差役押解犯人。宋時的押司相當於日本的同心。

【憲】日語釋作"目付役"（めつけやく），即監督，負責監察之人。

【枉坐】枉，枉屈，日語"無実"（むじつ）。坐，被牽連受刑，同"緣座"（えんざ）。又枉，指自己犯罪成爲罪人。坐縲絏，指入牢獄。見《論語》。

【臨事】處事爲人。《漢典》"臨事"條：謂遇事或處事。《晏子春秋‧雜下十二》："臨事守職，不勝其任，則過之。"《漢書‧雋不疑傳贊》："雋不疑學以從政，臨事不惑，遂立名跡，終始可述。"宋朱熹《上宰相書》："謀國之計，乖戾若此，臨事而悔，其可及哉！"明王守仁《傳習錄》卷上："是徒知養静而不用克己工夫也。如此，臨事便要傾倒。"

【那下行】從那下面走過。盡底之意。

【隨步舉】舉，《紀談》作"武"，跡也，足跡。

【通不犯】一些抄本的日語訓讀爲："通して犯せ不ん"。

【看鑒語見此頌】看了鑒語，再看此彩雲頌，頌的是文殊因緣也。

【用得著也】不管拿到哪裏都用得上。也，表示斷定，用法同日語"なり"。

【波波劫劫】《類書纂要》（九，廿五）："波吒，勞苦也。勞碌，奔波也。"《叢林盛事》（下，九）："我波波吒吒出嶺來"。劫劫，不休息貌，猶"汲汲"也。

【蕩蕩】日語"ブラブラ""うぽうぽ"，即隨水面或風摇晃，晃蕩貌。意同"飄蕩""放蕩""漂蕩""遊蕩""浮蕩"之"蕩"。注引《書經》有誤，見《心要解》。《漢典》"蕩蕩"條：飄蕩貌；吹拂貌。宋羅大經《鶴林玉露》乙編卷六："今枯骨朽腐……化爲朽壤，蕩蕩游塵，豈能與生者相感，以致禍福乎？"《清平山堂話本·西湖三塔記》："風蕩蕩，翠飄紅，忽南北，忽西東。"

【南詢】此時南方禪宗盛，故説"南詢せよ"，即"去南方問禪"。注稱與下文的"南遊"意思有區別，注釋恐有誤。

【經時逗留】時，日語"四時"，即四季之時，約三箇月時間。《漢典》"經時"條：歷久。漢蔡邕《述行賦》："余有行于京洛兮，遘淫雨之經時。"晉葛洪《抱樸子·省煩》："晝夜修習，廢寢與食，經時學之，一日試之。"唐權德輿《玉臺體》之九："莫作經時别，西鄰是宋家。"元趙孟頫《題〈耕織圖〉》之十七："欣欣舉家喜，稍慰經時勤。"

【寄信至祖】至，用於尊長者給卑幼者之辭。見《翰墨全書》書式。

【淹】注："漬也"，即在水裏久泡。又淹，注："留久也"。此處亦含有此意。

【登塗】日語"發足する"，即出發、動身。亦同"登程""上路"。《漢典》"登途"條：亦作"登塗"。上路；起程。唐梁肅《述初賦》："何皇鑒之偏屬，降湛恩於鯤生。若側足以登塗，方飭躬以效誠。"宋朱熹《答汪尚書書》："伏蒙勸行，尤荷眷念……但老人年來多病，既不敢勞動登途，又不敢遠去膝下，只此一事，便自難處。"《敦煌變文集·降魔變文》："舍利弗與衆而辭别，是日登途便即發。"

【下載】見《碧巖錄》第四十五則。《碧巖錄》："下載清風付與誰，此是趙州示衆。"

【東臺】《演繁露》: "高宗朝改門下省爲東臺, 中書省爲西臺。"注引《一統志》有誤。《漢典》"東臺"條: 官署名。唐高宗時曾改門下省爲東臺, 後因以沿稱門下省。《新唐書·百官志二》: "龍朔二年, 改門下省曰東臺。"《新唐書·張文瓘傳》: "乾封二年, 遷東臺侍郎、同東西臺三品, 遂與勣同爲宰相。"宋蘇軾《次韻張昌言給事省宿》: "朔野按行猶爵躍, 東臺瞑坐覺烏飛。"

【不報】下級不向上級報告情況, 日語釋作"御沙汰無き"。
_{ごさたなき}

【督】催逼、催促。

【抽解】同"抽脫", 指大小便。大便作"大解", 小便作"小解"。《漢典》"抽解"條: 解大小便。《雪堂行和尚拾遺錄》: "一日衆集, 浩問曰: '作什麽?'曰: '入室。'浩曰: '待我抽解來。'及上廁來, 見僧不去, 以拄杖趕散。"

【帶上】帶, 日語釋作"犢鼻褌の紐", 即兜襠布的帶子。襪帶, 同
_{ふんどし ひも}
"足袋の紐", 即系短布袜的帶子。
_{たび ひも}

【勝寺】猶言大地。

【喪制】中陰禮制。因各地有各地的治喪禮制, 故小師、侍者等人皆未做事。《漢典》"喪制"條: 治喪的禮制。《後漢書·皇后紀上·章德竇皇后》: "上尊謚曰恭懷皇后, 追服喪制, 百官縞素, 與姊大貴人俱葬西陵。"《周書·韋敻傳》: "其喪制葬禮, 諸子等並遵其遺戒。"

【容心】無解說。《漢典》"容心"條: 猶言留心, 在意。宋黃光大《積善錄》: "逆耳骨鯁之言, 與世俗違者甚多, 未覺有毀譽之私。能而公言在我, 好惡在彼, 吾何容心哉!"清昭槤《嘯亭雜錄·徐中丞》: "故於服食居處, 人以是供, 公以是受, 不容心於豐, 亦不容心於儉也。"

【撩亂搭】隨便一拿、胡亂一掛。見《水滸傳》"撩衣破步"。《漢典》"撩亂"條: 紛亂; 雜亂。唐韋應物《答重陽》: "坐使驚霜鬢, 撩亂已如蓬。"金董解元《西廂記諸宮調》卷一: "仔細把鶯鶯偷看, 早教措大心撩亂。"

【安排】日語釋作"搔い繕う", 即整理、收拾, 同"整頓"之意。
_{か つくろう}

《諸錄俗語解》第二卷

《羅湖野録》

卷之上

【節本】無解説。《漢典》"節本"條：指圖書經删節以後印行的版本。宋樓鑰《〈通鑒總類〉序》："《資治通鑒》，不刊之書也，司馬公自言精力盡於此書，而士夫鮮有能遍讀者。始則以科舉而求簡便，世所傳節本，自謂得此足矣。"

【進納僧】通過經文檢驗而取得度牒，稱爲"試經得度"。未經經文檢驗，交錢買取度牒之僧曰"進納僧"。《漢典》"進納"條：宋時稱交納錢糧買取官爵。宋李綱《與右相條具事宜札子》："綱昨過衢州，竊見都督行府劄子，頒降官告，勸誘上户進納。"宋朱彧《萍洲可談》卷二："一書用好紙數十幅，近年紙價高，田俸入盡索於此，親朋間目之爲紙進納。蓋納粟得官號進納。"《續資治通鑒·宋英宗治平元年》："按貢舉條制，進納及工商雜類有奇材異行者，亦聽取解。"

【不出斗】見《碧巖録》第六則。《碧巖録》："日日是好日（收，蝦跳不出斗，誰家無明月清風，還知麽？海神知貴不知價）。"

【莫怪】不要生我氣。

【七折米飯】無解説。

【帀帀①】蓋波起貌，字書無此義。注："周也、偏也。"或意指海上一面波濤起。《禪典》"匝匝"條：（水波）翻騰的樣子。《僧寶正續傳》卷六，黃龍震："至今一井如明鏡，時有無風匝匝波。"《嘉泰普燈録》卷三〇，龍門佛眼《坐禪銘》："金波匝匝，動寂常禪。"

---

① 原文"無風帀帀之波"，一些語録，如《雲門廣録》《虛堂和尚語録》《五燈會元》等作"匝匝"。

【促榻】促，迫也、近也。日語釋作"傍へ寄ってゆく"，意同"進む"，即靠近。

【小可】日語"小さい"，即小的。"可"字可不譯。非同小可，指不同尋常，形容人或事物的極不平凡。《漢典》"小可"條：猶小小。引申而爲細小、低微、尋常、輕易等意。宋范仲淹《讓觀察使第一表》："今賊界沿邊小可首領，並偶署觀察使之名。"《西游記》第二六回："就是游遍海角天涯，轉透三十六天，亦是小可。"

【劄子】唐人奏事，非表非狀者，謂之"劄子"。《漢典》"劄子"條：官府中用來上奏或啓事的一種文書。宋歐陽修《歸田錄》卷二："唐人奏事，非表非狀者爲之牓子，亦謂之錄子。今謂之劄子。凡群臣百司上殿奏事，兩制以上，非時有所奏陳，皆用劄子。中書樞密院事有不降宣敕者，亦用劄子。"《醒世恒言·賣油郎獨占花魁》："說話的，假如上一等人，有前程的，要復本姓，或具劄子奏過朝廷，或關白禮部、太學、國學等衙門，將冊籍改正，衆所共知。"清王士禛《香祖筆記》卷十："宋士大夫，以四六牋啓與手簡駢緘之，謂之雙書。後益以單紙，直敘所請，謂之品字封。後又變而爲劄子，多至十幅。"

【繳進】無解説。《漢典》"繳進"條：交上。宋蘇轍《爲兄軾下獄上書》："向者曾經臣寮繳進，陛下置而不問。"《宣和遺事》前集："（林靈素）一日，攜遺表一通，見溫守閭丘鶚，乞爲繳進。"清黄六鴻《福惠全書·錢穀·三連串票》："串票者，納糧花戶執之以爲據者也……用完，票根俱要繳進。"

【舞不徹】無解説。

【當行家】見《漫錄》解。

【散場】同"收場"。

【捏怪】捏造奇怪也。《禪典》"捏怪"條：作怪，怪異。《臨濟語錄》卷一："好人家男女，被這一般野狐精魅所著，便即捏怪。瞎屢生，索飯錢有日在！"《楊岐語錄》卷一："師至真前，以兩手捏拳安頭上，以坐具劃一劃，打一圓相便燒香，退身三步作女人拜。首座云：'休捏怪。'師云：'首座作麼生？'首座云：'和尚休捏怪。'"《惟則語錄》卷三《示昱藏主》："佛祖無上妙道，初非强生節目，且非異端捏怪，又非甚高難行之事。"

【老大哥】哥，兄也。大哥，拉近關係、套近乎之稱。《漢典》"老大哥"條：對同輩年長男子的尊稱。《二十年目睹之怪現狀》第九九回："老大哥，是甚麼風吹你到這裏的？"

【剛被迢迢過九江】"剛"字義未考。

【墨漆墨】第二箇"墨"字可疑，恐爲"黑"之訛字。《叢林盛事》（下，二十）："直得乾坤漆黑，日月奔走。"

【没刁刀】日語釋作"益体無し^{やくたいな}"，即無益、不起作用。刁，音貂。刀，倒，平聲。二字相似而別。

【物色】通過人的畫像尋人。《後漢書・嚴光傳》："以物色訪光"。

【掐】當作"掐"，嵌，入聲，爪刺也。

【濟要】日語"肝要^{かんよう}"，即關鍵、要害。濟，同"濟事"之"濟"也。

【出一身白汗】日語訓讀爲："一身の白汗を出す"。《漫錄》（下，十二）："出身冷汗"，省略"一身"之"一"字。

【著壞山】無解說。

【小鬼】詈辭。《漢典》"小鬼"條：對人的蔑稱。宋周密《癸辛雜識別集・小鬼》："何小山既貴，里居鄉宰來謁，一睹刺字曰：'小鬼耳，'遣吏謝之。"

【三度霍山廟裡退牙了】無解說。

【老老大大】日語釋作"良^よい年^{とし}をして"，意指老大不小，都一把年紀了。《禪典》"老老大大"條：對年老者的譏刺語，隱含偌大年紀，猶不明悟之義。《洞山語錄》："伯曰：'不濕脚，老老大大，作這個語話！'"《景德傳燈錄》卷一〇，鄂州茱萸："趙州諗和尚先到雲居，雲居問曰：'老老大大漢，何不覓個住處？'……後到師處，師曰：'老老大大漢，何不住去？'諗曰：'什麼處住得？'師曰：'老老大大漢，住處也不知！'"《碧巖錄》卷二，第一八則："預搔待癢，果然起模畫樣，老老大大，作這去就！"

【熟人】面熟人，日語釋作"馴染^{なじ}みの人^{ひと}"，即認識的人。《漢典》"熟人"條：熟悉的人。元楊暹《劉行首》第二折："我怕大街上有人調鬥我，我往這後巷裏去，有熟人問路咱。"袁枚《隨園詩話》卷五引清楊守知《西湖竹枝詞》："抬頭一笑匆匆去，不避生人避熟人。"

【挑屑】屑，指插在船底的栓子。見《水滸傳》。

【不得一向】無解説。

【食指猥衆】無解説。

【尖新】亦作"新尖"。日語"華やか"，即華麗、顯赫。蘇轍《雪詩》："强付酒樽判醉熟，更尋詩句鬬新尖。"《漢典》"尖新"條：猶新穎；新奇。《敦煌曲子詞·内家嬌》："善别宫商，能調絲竹，歌令尖新。"宋晏殊《山亭柳·贈歌者》："家住西秦，賭博藝隨身。花柳上，鬬尖新。"元劉祁《歸潛志》卷三："（劉勳）平生詩甚多，大概尖新，長於屬對。"清袁枚《隨園詩話》卷十一："記黃仲則有《禽言》斷句云：'誰是哥哥，莫唤生疏客。'尖新至此，令人欲笑。"

【過頭杖】高過頭的手杖。《漢典》"過頭杖"條：長度超過人體頭部之杖。唐段成式《酉陽雜俎續集·貶誤》："今之士大夫喪妻，往往杖竹甚長，謂之伍過頭杖。"亦稱"過頭拄杖""過頭拐杖"。元李壽卿《貟吹簫》第三折："他磕撲的跪在街基，他將這條過頭拄杖睜睜的，又不知要怎地施爲。"《兒女英雄傳》第三五回："那老者生得童顏鶴髮，仙骨姗姗，手中拖了根過頭拐杖，進門先向他深深的打了一躬。"

卷之下

【䩺車】雷也。見《西遊記》。《漢典》"砲車雲"條：一種預示暴風即將到來的雲，即砧狀積雨雲。宋蘇軾《六月七日泊舟金陵阻風得鍾山泉公書寄詩爲謝》："今日江頭天色惡，砲車雲起風欲作。"宋葉適《中大夫直敷文閣兩浙運副趙公墓志銘》："虜使張汝方暮發京口，砲車雲上，風挾浪成山，且覆且號。"宋王之道《次韻高守無隱苦熱》："鬱蒸還起砲車雲，旱氣方隆雨未能。"

【瑞香斗】斗，指箱子。

【陰相】暗中相助。猶曰"冥助"。《名醫類案》："盛享城隍神，求爲陰助。"

【將息所】養生場所。將，養也。《詩·小雅》："不遑將父"。

【支吾】或作"枝梧"。《通雅》："支柱抵梧也"。《史記·項羽紀》注"小柱"爲"枝"，"邪柱"爲"梧"。《文選》："左支右吾"。

【撮藥】指配藥。撮，用三根手指抓。古時不用匙而用手指抓藥，後世用匙取藥仍沿稱"撮藥"。

【全火】日語"總仲間"（そうなかま），即所有的夥伴、同夥。

【且莫妨穩便】"且莫妨"處斷句，即"且莫妨，穩便"，意同日語"大事ない"（だいじ），指没什麼大不了的，隨你便。穩便，指隨便。

【標手錢】唐時但凡有賣藝表演，領頭出賞錢的人被稱作"標首"。《水滸傳》第五十回中雷橫便是標首，文中有"聽説話"三字，與日本將表演"軍書読み"（ぐんしょよみ），即講談藝人稱爲"説話的"相似。今標手錢，指觀衆觀看講談表演時所給的賞錢。"手""首"同音。

【仰門頭行者】仰，《字典》："以尊命卑曰'仰'。今公家文移，上行下用'仰'字。"

【浮浪】日語"野良者"（のらもの），即漂泊流浪之人。《漢典》"浮浪"條：到處游蕩，不務正業。宋梅堯臣《聞進士販茶》："浮浪書生亦貪利，史笥經箱爲盜囊。"宋蘇軾《上神宗皇帝書》："如此則妄庸輕剽，浮浪姦人，自此争言水利矣。"

【登時】同"當時"，日語釋作"その時"（とき），即那箇時候。又同"忽ち"（たちま），即忽然、轉眼間。《漢典》"登時"條：猶當時。宋程大昌《演繁露・答人問九江説》："縣聞雖近，又不如其鄰人登時親見之審也。"

【何似生】見《碧巖録》第六則。《碧巖録》："何似生，上是天下是地，東南西北與四維。"

【杜漏藍】《本草綱目》時珍曰："漏籃子，乃附子之瑣細末成者，小而漏籃，故名。"《多識》（二，十七）："漏籃子，今案爲附子細末"。

【面孔】日語"顔付き"（かおつき），即容貌、長相。悟道時的面孔稱作"做禪面孔"。《漢典》"面孔"條：容貌。宋高懌《群居解頤・拜胡僧》："女弟子勤禮拜，願後身面孔一似和尚。"清厲鶚《醉太平・題村學堂圖》："村夫子面孔，渴睡漢形容。"

【落落】無解説。

《叢林盛事》

卷之上

【勾當】日語"仕事(しごと)",即工作、職業。《歸田錄》曹彬平江南云:"奉敕江南勾當公事回"。即指處理事情。勾當轉運使,官名。

【因行掉臂】見《碧巖錄》第三十四則。《碧巖錄》:"曾遊五老峰麼(因行不妨掉臂,何曾蹉過)?"

【吵人叢林】炒鬧也。日語"騷(さわ)がし""搔(か)き混(ま)ぜる"。

【出家】成爲行者,即做修行僧。行者將頭髮梳平并剪至與眉毛齊平高度。出俗家。

【但將去質庫中典也,典得一百貫】典,典當、抵押。

【何曾解典牛】解典,接收抵押物品。日語訓讀爲"何ぞ曾て典牛を解",亦可訓讀作"典牛を解せん"。

【一頭】一頭牛。

【喫撲傷損】某自喫撲傷損,意指自己被打了。吵架時我被木棒打傷了。

【出氣】日語釋作"気(き)を晴(は)らす""無念(むねん)を晴(は)らす",即使心情明朗、消除不快。飲氣,同"無念(むねん)を堪(こ)える",指忍受憂懼、心懷遺憾。

【向幀子上出來】向,同日語格助詞"より",表示動作、作用的起點,即從、自。幀,畫繪也。

【著鯁】魚刺卡喉嚨。《説文》:"鯁,魚骨。"《唐韻》:"魚刺在喉"。

【尖言】尖,新尖。

【取丞相之意】取,取奉。日語釋作"機嫌(きげんと)取る",即討好、奉承。

【張打油】張氏榨油。打頭，將（榨油用）榨木的頂端打在杵上。

【一千來衆】來，意同日語"ほど"，表示程度，即左右、大約。

【罪不重科】見《碧巖錄》第廿二則。《碧巖錄》："喪身失命有多少（罪不重科，帶累平人）？"

【白骼樹】無解說。

【藉若】無解說。

【看看】射箭時朝對方喊"看我的厲害！"此爲看箭。

【一槌曾兩當】無解說。

【早晚】日語"押(おっ)し付け"，即不久、一會兒。

【燈心皂角鋪】無解說。

【色裡膠青】見《虛堂錄·寶林語》。

【劄硬塞】無解說。

【青尖】王安石《望九華山》："蕭條煙嵐上，縹緲浮青尖。"范成大詩："最是看山奇絕處，白雲堆絮擁青尖。"青，長青苔。尖，形容巖石尖銳。《漢典》"青尖"條：指山峰。

【遭際】逢遇時機，出人頭地。

【博約】無解說。

【同衣者】無解說。

【君子可八】八，指仁義禮智孝悌忠信。君子，指能踐行此八條道德標準之人。故君子可八，反之，則烏龜忘八。烏龜專指花柳界娼妓一類。又如妻之外淫者，視其夫爲龜，縱牝與蛇交。此類人其心皆忘八學。

【笑哈哈】哈，訶臺切，唐音"ハイ"。

【無緊要】日語"大事(だいじ)ない"，指沒什麼大不了的，小事情。

【偷身】偷眼，指裝作一副沒看見的樣子偷看。偷身，指既不站起來，也不離開，一副扭扭捏捏害羞的樣子。

【除非】日語"ただ"，即但是，不過。

【趂隊喫飯】無解說。

【强人】日語"盗(ぬすびと)人"，即盜賊、小偷。強盜，唐音"ギヤンダウ"，日語中的"ガンダウ"爲其轉音。

【齷齪】不潔。《字典》"踓"字註："音渥，與'齷'同"。踓踖，迫也。一曰小貌，可再考。小便擔桶稱作"齪桶"。《唐話纂要》中的

"醒醍"，指不乾净。

【冤有頭，債有主】解決問題必尋負主要責任之人。

【門僧】日語釋作"お出入りの僧"，指爲大户人家做禮懺、平時有所往來的僧道。類似日本的"門葉"，即出入攝關門第的堂上家①。

【扣關擊節】見《碧巖録》第十二則。《碧巖録》："雪竇輕輕去敲關擊節處，略露些子教儞見。"

【前人】日語釋作"向こうの人"，即對方、前面的人。《進學解》："忘己量之所稱，指前人之瑕疵。"韓文注："前人，謂在己之前。"

【蠻子】頑劣者。日語"暴れ者""腕白者"。源自蠻夷粗野無禮。蠻力，指驚人的力氣。《水滸傳》中李逵粗野無禮，故被稱作"蠻童"。

【谷空】谷，唐音"コ"。空，唐音"コン"。已下皆形容聲音之詞。

【流水落花】人情冷熱易變，人心虛實難測。《燈月緣》："奴家待你情分不薄，爲何棄我而逃。設非妾來尋你，你已將妾付之落花流水云云。"《漢典》"流水落花"條：形容殘春景象。南唐李煜《浪淘沙》："流水落花春去也，天上人間。"宋秦觀《蝶戀花》："流水落花無問處，只有飛雲冉冉來還去。"元程鉅夫《清平樂》："流水落花歸思，蒼煙白石生涯。"《兒女英雄傳》第十八回："那顧肯堂重新和了弦彈起來，彈得一時金戈鐵馬破空而來，一時流水落花悠然而去。"

【潦倒】見《碧巖録》第八則。《碧巖録》："潦倒保福（同行道伴，猶作這去就，兩箇三箇）。"

【周遮】白居易詩："周遮説話長"。《漢典》"周遮"條：嚕囌；嘮叨。唐白居易《戒老》："矍鑠誇身健，周遮説話長。"宋朱熹《答吕伯恭書》："伊川出《易》説七十餘家，不知伊川教人，如此周遮否？"明湯顯祖《牡丹亭·聞喜》："秋過了平分日易斜，恨辭梁燕語周遮。"

【停囚長智】見《碧巖録》第十八則。《碧巖録》："停囚長智，直得指東劃西，將南作北，直得口似區檐。"《禪典》"停囚長智"條：借停頓的機會思考對付的辦法。此語多使用于機語交鋒之中，禪家推崇敏於接機，要求擺脱情念意想，"停囚長智"自然要受到批評，因此帶有貶義色

---

① 堂上家：日本朝臣門第之一，可入朝議政。

彩。《祖堂集》卷一六，溈山："溈山提物問仰山：'正與摩時作摩生？'仰山云：'和尚還見摩？'溈山不肯，却教仰山問：'正與摩時作摩生？'師云：'正與摩時，亦無作摩生。'師却云：'與摩道亦不得。'從此而休。隔數年後，仰山有語，舉似師云：'切忌勃素著。'師聞云：'停囚長智。'"《五燈會元》卷二〇，狼山慧溫："會竹庵徒閩之幹元，師歸省次，庵問：'情生智隔，想變體殊。不用停囚長智，道將一句來！'"又卷一三，紫陵匡一："停囚長智，養病喪軀。"

【樣子】日語"手本"（てほん），即榜樣。

【咶嘹舌頭三千里】多口，多言，喋喋不休。《太平廣記》（四百六十三）："秦吉了，大約似鸚鵡，善效人言。音雄大，分明於鸚鵡。"

【嘎】無解説。

卷之下

【熨斗】火熨斗，亦作"火斗"。

【點兒落節】見《碧巌録》第三則、第四十則。

【討頭不著】找不到頭緒。

【火種刀耕】農作。火，燒荒就地下種。刀，割取。耕，耕田。

【布素一節】一生衣著儉樸，布衣素服。

【買舟】買，出錢租用。

【熱荒】見《大惠書》解。《大惠録》（十二）師示寂留頌曰："生也只恁麼，死也只恁麼。有偈與無偈，是甚麼熱大。"

【定盤星】秤杆上的第一星。

【都盧】疊韻。都盧，切都。

【箇樣】意同果然如日本這箇樣子。

【潑天】《漫録》（中，二十）："潑天門户，要人扶持。"

【掉却跦距羅漢家】無解説。

【瞚瞚】瞚，當作"瞪"，音答。《字彙》："大垂目貌，瞪與眵同。"《字典》一曰"瞢兜"。《廣韻》："目汁凝也"。韓愈《短燈檠歌》："兩目眵昏頭雪白。"

【茆廣】反切語。茆廣，切莽。茆作"茅"或"謀"。莽，即粗俗、

魯莽。莽和尚，日語"荒法師<small>あらほうし</small>"，即粗野的和尚。

【鬧藍】鬧熱伽藍。

【叵耐】叵，不可。耐，任也。叵耐，即不可忍耐。《纂要》："叵耐，怒也。"

【乖崖】《物初録》作"乖乖崖崖"。

【田厙兒】見《碧巖録》第五十七則。《碧巖録》："田厙奴，乃福唐人鄉語罵人，似無意智相似。"《禪典》"田舍兒"條：同"田厙奴"。《汾陽語録》："普化見馬步使喝街聲，化當街舉手云：'膡行者相撲一交來。'官人吽云：'侮弄人。'遂喚當直詧上打五棒。化云：'這田舍兒！似即似，是即不是。'官人云：'説甚是不是，打得爾便休。'"

【齾栗撥剌】唐音"ピリパラ"。火猛烈燃燒聲。

【老不喞嚠】見《碧巖録》第一則。《碧巖録》："舉梁武帝問達磨大師（説這不喞嚠漢）。"《禪典》"不喞嚠"條：①不中用，没出息。《雲門廣録》卷下："因普請般（搬）米了，坐次云：'近日不喞嚠，只擔得一斗米，不如快脱去。'"《五燈會元》卷二〇，薦福悟本："這一隊不喞嚠漢，無端將祖父田園私地結契，各至四至界分，方圓長短，一時花擘了也。致令後代兒孫，千載之下，上無片瓦蓋頭，下無卓錐之地。"②不機靈，不敏捷。《明覺語録》卷一："相逢不拈出，舉意便知有，早是不喞嚠漢。更亂蹋步向前，實謂苦屈。"《中峰廣録》卷四之上《示日本空禪人》："棒頭領旨，喝下明宗，已是第一等不喞嚠底鈍漢。"

【老凍膿】膿，《林間録》作"醴"。見《虛堂録・報恩語》。

【俵扇】無解説。

【遂育】育，養也，即生孩子。養出來，日語俗語作"生<small>う</small>み出<small>だ</small>す"。

【和亂掃】無解説。

【打扮】《字典》："今俗以裝飾爲打扮。"日語釋作"出<small>い</small>で立<small>た</small>ち"。亦作"裝扮""粧扮"。

【重地】日語釋作"重<small>おも</small>き所<small>ところ</small>，即重要的地方。若一人的技藝才能比其道德修養更出衆，則此人必以其才能更爲世人所知。齊貫知識豐富，其作爲詩僧的名氣更高。

【以楔出楔】楔，同"屑"，日語"楔<small>くさび</small>"，即栓子、楔子。字書無此

義項。《水滸傳》第五十五回："把船尾楔子拔了，水都滾入船裡來"。

【郎君】日語"殿御（とのご）""御亭（ごてい）"，女子對男子的敬稱，指先生、男人。

【酒曇】"曇""壜"音同，壜，同"罈"，甌屬，盛五升酒。

【閑打閧】日語釋作"無馱騷（むだぎわ）ぎ"，即瞎鬧。

【攙其院事】攙，《字典》："旁掣也"，意指從旁搶奪、插手。

【下紅雨】《虛堂録・報恩語》八："春風幾度落紅雨，深淺何曾著眼看。"

【厶人】厶，或爲少了幾筆筆畫的"某"字。

【功德寺】指菩提所。

【歷查】日語釋作"吟味（ぎんみ）する"，即調查、審訊。亦作"查炤"。

【險些】日語釋作"既（すで）の事（こと）"，即差一點、幾乎。

【一腔】無解説。

《枯崖漫録》

卷之上

【桱著】同"撞著"。日語"出会す""行き当たる",即偶遇、碰見。

【藤蛇】無解説。

【當行】商行掌櫃。行,指商行。當,類似日本黃檗宗的住持代理,負責處理大小各種事務。當,意同"當家"之"當"。又同"勾當""承當"之"當"。

【袁達李磨】鼻祖。袁李二姓爲設辭。

【碧斑賓豹博】唐音"ピパンピンピヤウポ"。皆唇音。

【當的帝都丁】唐音"タンテテイトヲテイン"。皆舌音。

【拾得口喫飯】收取口,亦作"留取口"。即收拾、控制。拾得口喫飯,指將飯塞滿嘴巴喫下去。收口,指腫塊消退、傷口愈合。

【矢上加尖】無解説。

【省劄】宋朝通過宣改院的劄子任命各寺院的住持。省,署也。

【噴霍】無解説。

【靠將去】日語釋作"靠れかかってゆく",即靠過去,亦作"捱將去"。

【説一歇】一歇,同"一回"。

【亂統】無解説。

【搯鼻】無解説。

【衝口】無解説。

【匙挑不上】用匙挑也挑不起來。

【借脚】《禪門寶訓拾遺》作"借脚夫"。脚夫，錢也。可見順硃。

【括衆人】《禪門寶訓拾遺》括作"刮"。下文有"剜去"二字，故同"刮"字。

【追陪自己非泛人情】非泛，同"非常"。《纂要》："泛常，猶言尋常也。"

【趂口快】借著能說會道。

【索價】下文作"索盡遼天價"，日語"掛け値"，開價比正常價格高很多，漫天要價。

【貼地】無解說。

【物見主，眼卓堅】同"仇人相見，分外眼明"。一看到對方就火冒三丈。

【飯水也未到你喫在】連米飯的湯水也沒給你喝一口。

【若箇解尋思】無解說。

卷之中

【焚綾牒】無解說。

【和衣】穿著衣服睡覺。

【不索性】索性，日語釋作"思い切って""いっそのこと"，即乾脆、直截了當、倒不如。

【爲人須爲徹，殺人須見血】《水滸傳》作"救人須救徹"。此句意爲：做事就做到底，不要半途而廢。

【娘生爺養好兒女】日語訓讀爲："娘生み爺養う好兒女"。

【無賴查】《字典》："江淮之間，謂小兒多詐狡獪爲'無賴查'。查，莊加切，與'柤'通。"《正韻》："煎藥滓也"。

【奴奴】當作"孥"。《玉篇》："子也"。

【脚根下紅線不斷】無解說。

【擺手】見《虛堂錄·徑山語》。

【白領瀾袖】白領，易臟。瀾袖，費布帛多。

【揕住】揕，去聲，捻也，急持衣衿也。捻，俗作"擒"。揕住，指揪住衣服前襟。

【籍没】日語"欠如（けつじょ）"，即缺少、缺乏。亦作"抄没"。籍，記錄在賬。没，没入官府。

【聒噪】日語"騒がす（さわ）"，即聲音喧鬧、令人煩躁。聒，作"聒"爲正。噪，群呼。聒噪，常話，打招呼時的寒暄語，意同"打擾了，對不起"。《類書纂要》："聒噪，吴人相謝，俗語也。"

【浣盆浣盆】方語"我識得你"。下文作"换盆"。未考字義。

【裩無頭，褲無口】頭，作"腰"或"當"。見《碧巖録》第三十六則。《碧巖録》："裩無襠袴無口，頭上青灰三五斗。"

【生錢放債】借錢與人以收取利息。《搜采異聞録》："今之人出本錢以規利入。俗語謂之'放債'，又名'生放'。"

【揣出骨】俗話謂往懷裡塞東西，將和服下擺塞到腰帶裡皆曰"揣"。揣出，日語釋作"抜き出す（ぬいだ）"，即抽出、拔出。字書無此義。

【私商】同日語"抜荷（ぬけに）""抜売（ぬけうり）"之類，即販運私貨的商人。唐時鹽茶官營，賣買由官方壟斷。私下賣買的商人則被稱作"私商"。

【官拗不如曹拗】拗，《説文》："手拉也"。《增韻》："折也"。今從權威，日語釋爲"拉ぐ（ひし）"，即挫敗。官，同"公儀（こうぎ）"，指官府、官衙。曹，同"役人（やくにん）"，指衙役、差役。官拗不如曹拗，意指"官不威，牙爪威"，亦同"不怕官，只怕管。"

【逐箇】同"逐一"。

【方在屋裡著到】無解説。

【當意】中意。日語釋作"気に入る（きい）"。

【罄】無解説。

【去處】場所。見《虚堂録》。

【外幹】外出辦事。

卷之下

【鐵蒺藜】用於軍事。《六韜》："狹路微徑，張鐵蒺藜。"《漢典》"鐵蒺藜"條：蒺藜狀的尖鋭鐵器。戰時置於路上或水中，用以阻止敵方人馬前進。《六韜・軍用》："狹路微徑，張鐵蒺藜，芒高四寸，廣八寸，長六尺以上，千二百具。"宋高承《事物紀原・戎容兵械・鐵蒺藜》："諸葛亮與司馬懿相持於武功五丈原。亮卒，懿追之。亮長史楊儀多布鐵蒺藜。"《水滸傳》第六八回："吳用止住，便教軍馬就此下寨，四面掘了濠塹，下了鐵蒺藜。"

【浸殺住】日語訓讀爲"浸殺住せらる"。

【不較多】差不多。

【乇苕尋柄背時貨】乇，音"錐"，與"禿"義同。

【低一代】無解説。

【一不做，二不休】除非不做，已經做了，就索性幹到底。一和二，皆指不做不休，意同日本諺語"毒食わば皿舐れ"，既食毒，又何懼盛毒的盤子。《漢典》"一不做，二不休"條：唐趙元一《奉天錄》卷四載：唐張光晟從朱泚叛，泚兵敗窮困，光晟殺泚投降，而終不免於一死，"光晟臨死而言曰：'傳語後人，第一莫作，第二莫休。'"後以"一不做，二不休"謂除非不做，已經做了，就索性幹到底。《法演禪師語録》卷上："謝莊主上堂云：'一不做，二不休，不風流處也風流。'"《京本通俗小説・錯斬崔寧》："那人便道：'一不做，二不休。却是你來趕我，不是我來尋你索命。'"元石德玉《秋胡戲妻》第三折："我如今一不做，二不休，拚的打死你也。"《水滸傳》第四十回："一不做，二不休，衆好漢相助著晁某，直殺盡江州軍馬，方才回梁山泊去。"

【滿盤釘出】食品雜陳曰"蔟飣"。

【粘牙帶齒漢】無解説。

【夾袋】懷包、便袋。日語釋作"鼻紙入"，即裝小東西的布制或革制的袋子。

【鼻孔大頭垂】無解説。

【放待冷來看】無解説。

【留取口喫飯】前出。

【畢歷】無解説。

【阿底】無解説。

【笠頭爲風掀】掀，日語"撥ねる"，即撩起、揭開。掀起笠兒，指將斗笠微微撩起。

【話霸】霸，同"欛"，刀柄。話霸，日語"談柄"（だんぺい），即話題、談話的内容。

【攔腰白】無解説。

【嗔斗吽地】《正法眼藏》上："巖頭示衆，却似刺蝟子。相似未觸著時，自弄毛羽可憐。生纔有人撥著，便嗔斗吽地，有甚麼近處？"陡，通作"斗"，峻立也。吽，厚怒聲。

【雙線爲活】指以捻雙股線爲生。《會典》作"雙線匠"，日語釋作"双子糸師"（ふたこいとし），即捻雙股線的紡紗匠。單股線稱作"單絲"。常話"獨掌不浪鳴，單絲不成線。"

【遺漏】蓋殿堂荒敗，雨作遺漏也。

【推門入臼】臼，唐時門上合榫的槽。《寶訓順朱》："推門樞，入斗臼。"

【出身冷汗】身，省略"一身"之"一"字。俗話多如此。

【激惱殺人】威脅人、嚇唬人。

【火板】無解説。

【泊浮】游泳。泊，當作"拍"。《樂善録》："少年恃其善拍浮，解衣赴水。"

【非泛不時之需】意同日語"御用金"（ごようきん）之類，即非常時期的備用金。泛，泛常。

【大家】日語"大身代"（おおしんだい），即巨室、富商巨賈。

【瘦坐】無解説。

【隈隈隤隤】日語"見窄らしい"（みすぼ），指寒磣、難看。《纂要》："猥猥，垂頭落頸，不軒昂也。"《虚堂録》作"毨"。

【取陳墳約二十餘里】約，大約，日語"大方"（おおかた），即大體、大致。亦作"約莫"。

【不才浄】日語"汚い"（きたな），即不乾浄。

《雲臥紀談》

卷上

乾上

【衝口】放任自流。東坡詩："好詩衝口誰能擇"。

【回進】回答的自謙詞。進字不用於天子以外的人。讀進，指教誨，講道理的自謙詞，意同"請聽我説"。見月中巖《崇光帝尊號説》。

【五間十一架】無解説。

【猛省】猛，日語"ふっと"，即突然、忽地。如"猛見"。

【許事】《陳後山詩集》："蛙腹能許怒。"注"許"謂"如許"。《後漢書・左慈傳》："忽有一老羝人屈前兩膝，人立而言曰：'遽如許。'"①注："何遽如許爲事。"

【鳴剥剥】無解説。

【須一繩爲率】無解説。

【孟浪】《莊子口義》："不著實"。疏云："率略也"。

【世味】肉葷類。俗話以魚肉爲"海味"，以獸肉爲"野味"。

【胡脛】無解説。

【麻胡】與"模糊"音相近。

乾下

【淋了灰堆】淋，澆草灰水。灰堆，草灰滓。

【陵遲】同"陵夷"。如山坡緩平貌，引申爲由盛到衰。《漢書・成帝

---

① 原文有脱字，今據《後漢書・左慈傳》補。

紀》"陵夷"注："師古曰：'陵遲亦言如丘陵之逶遲，稍卑下也。'"陵遲，古代極其殘酷的死刑。被判陵遲的犯人不會被一刀斃命，而是被慢慢折磨致死。行刑時，劊子手先將犯人的手綁在身後，再將犯人的頭髮吊在樹上，然後用小刀將犯人的肉按樹葉大小，一小塊一小塊削下來，直到肉盡而死爲止。故陵遲亦稱作"剮罪"。剮，音"寡"。《玉篇》："剔肉值骨也"，即削肉至骨。今清朝沿用此刑。

【報曉雞】唐時常將打鳴雞當作"報曉雞"而另養。不會打鳴的雞則作爲"做菜雞"拿來食用。菜，原指蔬菜類，現指肴饌的總稱。日本用法亦同。

【養兒】養，生孩子。

【特地】日語"わざと"，即特意。

【脱然】日語"スポン"，指一下子擺脱，形容舒適貌。

【正賊】主犯，與"從賊"相對。《水滸傳》："正賊宋江，從賊戴宗、李逵。"

【叫那】無解説。

【髮齊眉】行者將頭髮梳平剪到與眉毛齊平的高度。見《水滸傳》中武行者處"剪髮齋眉"語。楊麟也是行者，故下文稱其爲"楊道者"。

【挑取】擔行李曰"挑"。

【爲地】代爲疏通説項、幫忙。

【勾慧洪】勾，衙役將人帶走。勾死鬼，指人在臨終之際，從地獄而來勾人魂魄的羅刹。

【委實】委，俗語同"實"義。《西遊記》第三十回："八戒道：'云云，是師父想你，著我來請你的。'行者道：'他前日親筆寫了貶書，怎麼又肯想我。'八戒道：'委是想你。'"次回作"實是想你"。

【雪理】雪，同"分雪"之"雪"。

【行遣】日語釋作"流し者"（なが もの），即被流放之人。見《大惠書》。

卷下

坤上

【指東畫西】見《碧巖録》第四則。《碧巖録》："青天白日，不可更指東劃西。"

【蛤蚾】《正字通》:"蚾,音跛。蟾蜍一名'蛤蚾'。"《字典》:"蛤魚,蛙名。《本草》:'蛙小其聲曰蛤,俗名石鴨,所謂蛤子也。'韓愈詩:'蛤即是蝦蟇,同實浪異名。'"朱樟詩:"稻深群蛤吠,草暗一螢流。"

【八九朵】見《虛堂錄・報恩語》。

【誘讀】日語釋作"連れ読みする"(つ よ),即陪官宦人家子女就塾讀書。亦作"伴讀"。

【胡床】古今制作原始胡床,劉剐所作,改曰"交椅",令爲繩狀。胡床,可折疊,其表以繩編包裹而成。

【剛把虛空取次埋】取次,前出。

【一頭地】無解説。

【破午】破,過去。破午,午後。破曉,夜已逝,即早晨剛開始發亮。杜詩:"二月已破三月來"。《虛堂錄・寶林語》:"二月已過三月已來"。

【假作驢腸云云】假作,日語釋作"真似する"(まね),即模仿、仿效。假作驢腸,指將素齋做成具有魚肉味道和口感的食物,如"素驢腸""素鱓生"等。

【抄劄】抄劄家,指官府查抄某人家產。此處亦指做每天的劄記。

【喫酢】日語釋作"悋気する"(りんき),即嫉妬。

【一處乖】乖,日語"小賢しき"(こざか),即耍小聰明。

【驀口】見《碧巖錄》第一則。

【窮鬼】窮神。

坤下

【處置】亦作"措置"。日語"捌く"(さば),即妥善料理、出色處理。

【表弟】母親一方親戚之子且年幼於己者。

【短氣】古語云:"婦女情長,英雄氣短。"

【甚生次第】無解説。

△《山菴雜録》

卷之上

【委身】伏地。《憎蒼蠅賦》："委四肢而莫舉"。委，貼伏在地上。

【掇濯足水】提掇，兩手提重物。

【那那】無解説。

【鼓合】無解説。

【邏齋】《怒中録》（一，十二）："方廣寺半千尊者，掇供邏齋。"《貞和集》（八，三十）："邏齋打供走江湖。"《佛光録》："邏齋四天下，不到鉢盂空。"皆用於羅漢之事。《釋氏要覽》（上，四二）："齋不請強往，今時云掇齋。"按，邏者，巡也、游偵也。掇者，拾取也，又侵掠也。《禪善集》（九，九）："撞席掇坐"。掇，日語釋作"ぶらぶら訪ね歩く"（たずある），即閑逛，與"突"同音，或爲假借字。掇供邏齋，或取"掇齋"之義，釋作"押し掛け"（おか），表示四處走動，意指看到齋堂處便進去。

【苦笋】日文名"真竹"（まだけ），即斑竹，亦作"苦竹"。

【桑扈鳥】斑鳩，日文名"豆回し"（まめまわ）。《漢典》"桑扈"條：鳥名。即青雀。又名竊脂。《詩·小雅·小宛》："交交桑扈，率場啄粟。"朱熹集傳："桑扈，竊脂也，俗呼青觜，肉食不食粟。"唐《晶曹生》："桑扈交飛百舌忙，祖亭聞樂倍思鄉。"元馬祖常《用樂天韻因效其題詠閑意》："村北村南桑扈叫，家前家後竹雞飛。"清唐孫華《鶯粟花》："粟留影裏垂蕤重，桑扈飛時拂檻斜。"

【配其聲】配，合也。

【方監殺我】唐音"フワンケンサゴヲ"。

【張監鍛磨】唐音"チャンケンヤアモヲ"。

【提葫蘆】唐音"ディウウロヲ"。

【婆餅焦】唐音"ボヲビンチャウ"。

【脱布袴】唐音"テプウコヲ"。

【泥滑滑】唐音"ニイオオ"。竹雞叫聲。

【裝照鏡】無解説。

【青絛】音叨，編絲繩也。今乃僧絛也。

【一事】同"一件""一箇"。

【又來耶】日語释作"又かいやい"，某人又做出習慣性動作時説的話。

【做大】日語"橫柄""橫着"，即傲慢、妄自尊大。《禪典》"做大"條：高傲自大。《虛堂録》卷六《大慧禪師》："前無釋迦，後無達磨。罵雨罵風，只要做大。"亦作"作大"。

【刀鑷】《禪宗雜毒海》有約翁、淛翁題刀鑷二偈。《貞和集》有樵隱題供堂凈髮待詔偈。刀鑷，指往來於各寺院，以剃髮梳頭爲業的理髮師。待詔，即理髮師。供堂，取"供養一堂"之義，指免費剃髮。張生，出自《續燈存稿》，師承未詳。刀鑷，亦作"鑷工"。刀，剃刀。鑷，拔毛用的鑷子。《貴耳集》："秦會之呼一鑷工櫛髮"。

【針工】日語释作"仕立ての師"，即裁縫。

【怯衆】怯，日語释作"臆面する"，即羞怯、膽小、畏懼。

【支破】此處意同日語"捌く"，即妥善料理、出色處理。支，本義爲用金銀支付。因見於庫司①筆記，故用此詞。《漢典》"支破"條：支付；撥給。宋岳飛《奏招楊欽狀》："水寨首領楊欽將帶到本寨徒衆老小約一萬餘人……臣已優加存撫，及即時支破錢糧養贍。"《宋史·食貨志》八："至于乾道七年，詔廣南起發粗色香藥物資，每綱二萬斤，加耗六百斤，依舊支破水脚錢一千六百六十二貫有奇。"《元典章·户部二·打算人吏分例》："上年別無支破體例，不須應副。"

---

① 庫司：指寺院中司會計之事的僧人。

【乾净】日語"綺麗（きれい）"，即清潔整齊。《漢典》"乾净"條：清潔。元岳伯川《鐵拐李》第一折："著他洗的脖子乾净，絕早州衙試劍來。"《警世通言·蘇知縣羅衫再合》："小人的船，新修整得好，又堅固又乾净。"

【髹亟】當作"髹函"。《前漢·趙后傳》："殿上髹漆"，注："師古曰：'以漆漆物，謂之髹。'"① 髹，音休，同"髤"。

【酆都】《諫野集》："陰府也。"《漢典》"酆都"條：唐段成式《酉陽雜俎·玉格》："有羅酆山，在北方癸地，周迴三萬里，高二千六百里，洞天六宮，周一萬里，高二千六百里，是爲六天鬼神之宮……人死皆至其中。"本謂羅酆山洞天六宮爲鬼神治事之所，後用以附會四川省豐都縣。隋置縣，明改"豐"爲"酆"。唐陸龜蒙《和襲美悼鶴》："酆都香稻字重思，遙想飛魂去未飢。"明梁辰魚《浣紗記·擒嚭》："誰著你遍谿山又禍延林木，你如今赴酆都，千年萬載不得人身也。"清俞樾《茶香室叢鈔·酆都陰君》："酆都縣平都山爲道書七十二福地之一，宜爲神仙窟宅，而世乃傳爲鬼伯所居，殊不可解。"

【構了】俗話"滿足"之義。又作"彀了""勾了"，音同，通用。用得勾，指夠用。用不勾，指不夠用。

【頭陀】俗稱行者曰"頭陀"或"道人"。見《水滸傳》。

【五陌】當作"伍佰"。見《林間錄》解。

【扛紙】兩人擡物曰"扛"。此處指兩人互相拽紙。

【胸堂】《纂要》："胸膛，胸臆也。"

【老軍】宋朝以前若遇戰事，每三口之家必須出一人從軍。至宋朝，天下兵民分離，遇戰事時則只需出職業軍人。兵、民住所分開而居。農民除按農田面積繳納田賦外，還需向官府繳納軍隊士兵口糧。此爲《水滸傳》"軍民塗炭"是也。未考本據。《漢典》"老軍"條：年老的兵卒。《水滸傳》第十回："此間東門外十五里有座大軍草料場，每月但是納草納料的，有些常例錢取覓。原是一個老軍看管，如今我抬舉你去替那老軍來守天王堂。"清趙翼《下直同漱田秋帆諸人郊行即事》："郊行景色真堪畫，只少擔瓶一老軍。"

---

① 原文有脫字，今據《康熙字典》"髹"詞條內容補全。

卷之下

【好也羅】唱小曲時，插入"也羅那哩"等字可湊足音節，補足語氣。

【繡針眼裡】眼，日語"穴（あな）"，即孔。

【吟笑】吟，當作"冷"。

【穿耳客】見《碧巖錄》第五十五則。《碧巖錄》："罕逢穿耳客，多遇刻舟人。"

【唧唧】《類書纂要》："唧噥，埋怨惡罵也，多言不中也。"唧唧噥噥，指發牢騷，囉唆得令人討厭。見《西遊記》中"唧唧噥噥的誇獎"之語。

【作成】日語"執り成す（となす）""立てる（たてる）"，即造就。

【蜃壁】白牆。用蜃貝燒成的灰，即蜃灰，塗抹而成的牆。亦作"粉壁"。《漢典》"蜃壁"條：以蜃灰塗抹的墻壁，取其潔白而去濕。南朝梁劉孝威《烏生八九子》："金柝嚴兮翠樓肅，蜃壁光兮椒泥馥。"《詩話總龜·稱賞》引宋錢易《南部新書》："長安三月五日兩街看牡丹，奔走車馬。慈恩寺元果院牡丹，半月開。故裴兵部《憐白牡丹》自題於佛殿東頭蜃壁之上。"

【嚯嚯】嚯，忽郭切，唐音"フワ"，無義，只取苦痛口氣耳。又嚯嚯婆，爲"八寒地獄"之一，受罪之人受苦，唯作嚯嚯之聲。不過兩詞之間未必有關聯。

【何幹】意同"何事"，如"有何貴幹"等。

【單賬】賬面，即賬簿。因寫在一張紙上故名"單賬"。

【日黃簿】日記賬。

【稟云】稟，《字彙》："必敏切。毛氏曰：'今俗以白事爲稟，古無此義。'"

【燕趠】趠，同"綽"。日語俗話"ちょいと取る（と）"，即一把提起，抓起。如"綽鎗上馬"等。

【關集衆佃】無解説。

【應支】意同"合用支破"。指支出必要的開支。

【靠損】日語俗語"倒す"（たお），即弄倒、推倒。

【欺空】無解説。

【又有神勒要我錢，乃放】勒，意同"逼勒"之"勒"。

【五瘟不打頭自髡】瘟疫本於五臟曰"五瘟"，本於六腑曰"六瘟"，論之詳矣。俗話中將患病稱作"打病"。此句意爲：得了瘟疫之人必掉頭髮。

【黃布圍身便是僧】只要穿了黃衣服就是出家人了呀。《僧史略》："漢魏之世，出家者多著赤布僧伽梨云云。後周忌聞黑衣之讖，悉屏黑色衣。吾邦夢窗國師得朝廷之旨，欲黃天下僧服以告於虎關，和尚關不肯遂寢。"見於《海藏紀年錄》建武二年下。

【摟摟】摟抱、摟攪也。《西遊記》第六十四回："雙手使鈀，將荊棘左右摟開。"摟開，拔開、推開。

【抖擻】日語"ふるう"，即顫動、哆嗦。從錢包裡抖出東西來，將積在衣服上的雪抖落，又或者害怕得全身發抖等場合下皆用"抖"字。此處指劇烈跑動後，仿佛要吐出來一般地呼氣。

【坊正】亦作"坊廂"，相當於日本江戶時代的町中"宿老"（しゅくろう），即鎮長或村長。里長稱作"里正"。

【上口】日語释作"口付く"（くちづ），指口頭禪、說話的習慣。

【剛道】無解説。

【著定平生詩】著定人一生吉凶的詩。

【鬭飣】鬭，與"飣"通。《字典》："今以文詞因襲累積爲餖飣"。

【塗乙】《字典》："唐試士式，塗幾字，乙幾字。抹去訛字曰'塗'，字有遺脱，勾①其旁而增之，曰'乙'。"又"⌐"形字，用作斷落標記，即乙也。又"乀"字，寫在二箇前後順序顛倒的字旁，表示順序的對調，這也是日語返點"レ"字的由來。《漢典》"塗乙"條：刪改文字。抹去稱塗，勾添稱乙。宋歐陽修《〈詩譜補亡〉後序》："凡補其譜十有五，補其文字二百七，增損塗乙改正者三百八十三，而鄭氏（鄭玄）之譜復完。"

【打字】無解説。

---

① 《康熙字典》"乙"字詞條作"句"，作者原本寫作"句"，後改爲"勾"字。

△ 《林間録》

卷之上

【乾笑】日語"空笑い(そらわら)"，即裝笑、假笑。如"乾紅①""乾兒子""乾打鬨"。年少者稱呼年老婦人爲"乾娘"。娘，母也。乾娘，即幹媽，意同日本的叔母。"乾"字義如例。《漢典》"乾笑"條：勉强或做作的笑。《宋書·范曄傳》："（妻）罵曄曰：'……身死固不足塞罪，奈何枉殺子孫？'曄乾笑云'罪至'而已。"宋吴曾《能改齋漫録·事始二》："世以笑之不情者爲乾笑。"《二十年目睹之怪現狀》第三一回："那人笑道：'我何嘗要請你，不過拿我這個法子，騙出你那個法子來罷了。'説罷，一場乾笑。"

【伍佰】詩注："行杖者曰'五百'，本作'伍陌'。"注："伍，當也。陌，道也。使之導引當道陌中以驅除也②。"《古今注》："五人曰'伍'，五長爲'陌'，故稱'伍陌'。"按照詩注解釋，伍陌指在官輿前導引的役卒，相當於日本江户時代的"同心"一類人。

【鎗然】鎗，唐音"チャン"。

【書鎮】文鎮。

【攪炒】無解説。

【口相拗】無解説。

【輸肚皮，虧口唇】輸，意同"貢輸"之"輸"。輸肚皮，指像進貢一樣進到肚子裡。俗話"虧他爲我周旋"，指受人照顧。虧，取"煩"字意。虧口唇，指飲食方面受人照顧，得以免受腹饑之苦。

---

① 乾紅指粉紅色。
② 原文爲"驅除者"，與引文有出入，今據《康熙字典》"百"詞條改正。

【構之】構，至也。日語"及ぶ"，即達到，至於。

【莫饒伊】饒，日語"負ける"，即讓價、減價。五兩之物便宜二兩曰"饒與他二兩"。

【幾工】幾個工人。

【喫素】日語"精進"，即素齋，避肉食。喫葷，日語釋作"生臭物食う"，即肉食。精進道士稱作"喫素道士"，肉食道士則稱作"喫葷道士"。

【籠統】疊韻。籠統，切籠。笔，魯孔切。統，吐孔切。肚裡直籠統也。可理解爲唐時藝人表演獅子舞時鑽入的獅身，其形狀如籠子。

【搏取大千】以手圓物曰"搏"。搏黍，日文名爲"黍団子"，指黍子面糰子。《曲禮》中的"搏飯"，指用筷子大口喫飯。《水滸傳》王進曰："這鎗棒終日搏弄"，意指經常擺弄。

【虛空中抛筋斗】掠虛頭之意。和毒峰所謂的"懸空筋斗"有別。

【革蚤】革，《說文》："獸皮，治去其毛，革更之。象古文革之形。"據此可知，有毛的部位稱作"皮"，無毛的部位則稱作"革"。跳蚤或因其外殼如獸皮之革無厚重之毛，故名"革蚤"。

卷之下

【呱呱】古胡切，小兒啼聲。《書經·益稷》："啓呱呱而泣。"《正韻》："攻乎切"。《唐韻》："古胡切，音姑。"唐音"クウ"。《集韻》："烏瓜切。音窊，義同。"唐音"ワア"。《漢典》"呱呱"條：象聲詞。形容小兒哭聲。《書·益稷》："啓呱呱而泣。"蔡沈集傳："呱呱，泣聲。"漢揚雄《法言·寡見》："呱呱之子，各識其親。"宋王禹偁《感流亡》："呱呱三兒泣，惸惸一夫鰥。"清和邦額《夜譚隨錄·譚九》："兒呱呱啼。媼探袖出胡餅一枚，付之，啼始止。"

【脫略】同"脫落"。

【忌口】日語"毒忌"，指服藥時忌食影響藥效的食物。《漢典》"忌口"條：忌嘴。宋歐陽修《與陳比部書》之四："住娘近日頗肯忌口，亦漸向安，謝念及也。"《景德傳燈錄·從展禪師》："聞説和尚不解忌口。"

【勸解】日語釋作"取り支える""宥める"，即調停、排解糾紛。解，解怒也。

【剛作千年調】無解説。

【研槌】日語"擂粉木"，即研磨杵，亦作"雷槌"。擂鉢，亦稱作"雷盆"。《字典》："擂，研物也。"《中巖錄》："猫兒尾拽鐵雷槌"。

【相捉不相見】意指猶如在黑暗中捉不住。

【左書】《增韻》："手足便右，以左爲僻，故凡幽猥，皆曰'僻左'。"《前漢·諸侯王表》註："師古曰：'左官猶言左道。僻左，不正也。'"。

【不慎家】日語釋作"用心の悪い家"，指存在安全隱患、戒備松懈的房屋。

【爲予言】爲，當作"謂"。

【發課】日語" 占 "，即占卜。《西遊記》第十回："先生即神占一課，斷曰云云。"《漢典》"發課"條：起課。舊時卜卦、占算法之一。宋沈括《夢溪筆談·象數一》："以理推之，發課皆用月將加正時。"《金瓶梅詞話》第六二回："求神問卜發課，皆有凶無吉。"《西游記》第三五回："（孫大聖）把那葫蘆搖搖，一發響了。他道：'這個像發課的筒子響，倒好發課。等老孫發一課，看師父甚麼時才得出門。'"

【同條】無解説。

【屋愚子】日語釋作"馬鹿旦那"，即笨男人。

【荷籠】籠，指箱籠中的衣箱之類。

【軍持】《釋氏要覽》中："净瓶，梵語軍遲。此云瓶常貯水，隨身用以净手。"《寄歸傳》："軍持有二，若甕瓦者是净用，若銅鐵者是觸用。"

【聽瑩】無解説。

【把梢】梢，與"艄"音同。《字典》："船尾也"。日語"舵"。掌舵之人，同"舵取り"，亦被稱作"梢公"。

【寺主】日語"院主"，皆指寺院住持。

【牽犂】犂，唐鋤。

【拽把】把，《怒中錄》作"櫺"。

【官家】見《碧巖錄》第十八則。《碧巖錄》："官家眨眼顧視。"

【失曉】見《碧巖錄》第四十三則。《碧巖錄》："偏中正失曉老婆逢古鏡。"

【白拈】見《碧巖錄》第三十則。《碧巖錄》："這老漢大似箇白拈賊相似。"《禪典》"白拈賊"條：徒手盜取他人財物，不露形跡者，謂之白拈賊。比喻禪師接人，以心印心，手段靈妙奇特，不留斧鑿痕跡，是一種詼諧的說法。禪林常以"白拈賊"稱臨濟義玄，含有臨濟施設高妙之義。《明覺語錄》卷二："舉，臨濟示衆云：'有一無位真人，常在汝等面門出入，初心未證據者，看！看！'時有僧問：'如何是無位真人？'臨濟下禪牀擒住，者僧擬議，濟托開云：'無位真人是什麼乾屎橛！'雪峰聞云：'臨濟大似個白拈賊！'師云：'夫善竊者，神鬼莫知。既被雪峰覷破，臨濟不是好手。'"《如淨語錄》卷下《普化》："者漢走從何處來？鼓合臨濟白拈賊。"

【相樓打樓】相，亦作"看"。見《碧巖錄》第四十一則。《碧巖錄》："看樓打樓，是賊識賊，若不同床臥，焉知被底穿？"

【枯杌作鬼】杌，音兀。《玉篇》："木無枝也"。《集韻》："木短出貌"。日語"立杌"（たちくい），指樹葉落盡，只剩枯枝的樹幹。枯杌作鬼，意指人在黑夜裡，看到這種樹幹而誤以為是幽靈。唯識家①禪語。需考本據。

【花身】無解說。

【憨抹撻】憨，愚也。抹撻，日語釋作"無分曉"（むふんきょう），即不對，不講道理。愚按，抹撻，不見出據。蓋疊韻，抹撻，切抹，音抹，即塗抹，塗糊之義。又與"死獦狚"同例，故抹撻或用以形容"憨"字。

---

① 唯識家：即法相宗。

△《人天寶鑒》

【龜哥】哥，兄也。拉近關係的稱謂。

【偷姦】日語"不義ふぎ""徒いたずら"，指男女私通。

【緣入袖中】緣，日語釋作"取り付き登とつのぼる"，即攀援而上。《孟子》："緣木求魚"。

【從長相度】見《碧巖錄》第二十八則，與"理長則就"意同。《碧巖錄》："賴有轉身處，與長即長，與短即短，現長則就。"

【合用支破】日語釋作"要いるべきことは払はらう"，即支出必要的開支。支，同"払はらう"，即交付、支付。

【陶器合而葬之】合，日語"俯うつむける"，即低頭、臉朝下。陶器合而葬之，非指將二箇陶器合在一起，而是指將屍體臉朝下俯身放在一箇陶器裡。小孩子玩的"縵面形"①遊戲，又名"環玟なめかた一仰一合"。《廣韻》："杯珓，古者以玉爲之。"《類篇》："巫以占吉凶者"。《演繁露》："杯珓，用兩蚌殼，或用竹根。"古時將蛤貝抛至空中，看其落地時的俯仰來斷吉凶。由此可知，合即爲仰的反面。俯伏，指正面朝下。仰合轉末，指船只翻个底朝天。《錢氏直訣》："小兒合面而臥"，意指小兒趴著睡。

【乞與】乞，《字彙》："音氣，與也。"

【扣齒】見《虛堂錄‧報恩語》。《虛堂錄》："道了扣齒云：'我無端恁麼道。'"《漢典》"扣齒"條：左右上下齒相叩。爲道家修煉之法。傳統醫學用爲牙齒保健。唐韋渠牟《步虛詞》之十七："扣齒端金簡，焚香

---

① 縵面形：抛錢幣猜正反。

檢玉經。"宋梅堯臣《題劉道士奉真亭》："降真沉水生爐煙，扣齒曉漱華池泉。"元柯丹邱《荊釵記·薦亡》："捏訣驚三界，扣齒動百神。"

【撞彩】日語釋作"采の目を打ち当てた"（さいめうあ），猜中骰子點數，即賭博押注獲勝。喝采，觀眾在看戲等表演時發出的叫好、誇獎呼聲，如日語中的"しめた！しめた！"或"よいや！よいや！"意同"太好了、好極了"。

【弓級】日語釋作"弓手の役"（ゆんでやく），即弓箭手之類。

【裏許】同"裏首""裏頭"。日語"内の方"（うちほう），即裡面、裡頭。《漢典》"裏許"條：裡面；裡頭。許，助詞。唐戴叔倫《聽歌回馬上贈崔法曹》："秋風裏許杏花開，杏樹傍邊醉客來。"宋羅大經《鶴林玉露》卷十五："楊誠齋云：'詩固有以俗爲雅，然亦須經前輩鎔化，乃可因承。如李之"耐可"、杜之"遮莫"、唐人"裏許""若箇"之類是也。'"

【三白】曾慥《高齋漫録》："錢穆父召東坡食'皛飯'。及至，乃設飯一盃、蘿蔔一楪、白湯一盞而已，蓋以三白爲'皛'也。後坡復召穆父食'毳飯'。穆父意坡必有毛物相報。比至日宴，並不設食，穆父餒甚，坡曰：'蘿蔔、湯、飯，俱毛也！'穆父嘆曰：'子瞻可謂善戲謔者也。'"皛，胡了切。《字典》："河朔謂無曰'毛'，音模。"

【兜搜】未考。蓋因與"斗叾"音近，二字意或相同。又搜，當作"瘦"。

【簽出】日語"付紙"（つけがみ），將紙條或夾或貼在書中疑問處，即附簽，又作"簽帖"。遇到文章書籍需說明或解釋的地方，讓侍從依次讀出附箋內容，就無需自己預習了。

【文曆】賬簿。日記，又作"曆日"。日語"曆"（こよみ），亦作"曆日"。《漢典》"文曆"條：亦作"文歷"。賬冊之類。宋葉適《淮西論鐵錢五事狀》："其增造減工，糙惡生弊，走弄文曆，支用自由，當職官吏，固宜黜罰。"《元典章·聖政二·救災荒》："經過軍馬，亦不得強行取要。社長明置文曆，如欲聚衆收頓，或各家頓放，聽從民便。"《元典章·兵部三·起馬置歷挨次》："止有走遞鋪馬歷一扇，別無差撥小鋪馬文歷。"《續資治通鑒·宋孝宗乾道元年》："應今後文武知州軍、諸路鰲務、總管、副總管、鈐轄、都監見辭，並令上殿，批入料錢文歷。"

【凡遇五夜必參】見《策進》解五參下。
【行堂】見《虛堂録》。《虛堂録》:"來春又要架僧堂移行堂。"
【扇搕】無解説。
【刺首文字中】埋頭書中。

△ 《臨濟錄》

【面門】見《碧巖錄》第十六則。《碧巖錄》："如大火聚，近之則燎却面門。"

【探頭】見《虛堂錄·寶林語》。《虛堂錄》："山僧伎倆不出諸人探頭一覷。"

【客作兒】《野客叢書》："今人指傭工者曰'客作'。"日語釋作"旅稼ぎの日傭"（たびかせぎのひよう），即外出打短工的日工。《禪典》"客作兒"條：本義爲傭夫。禪家常用作斥責之語，含有不見自心佛性，盲目隨逐外物之義。《全唐詩》卷八〇七，拾得詩："後來出家子，論情入骨癡。本來求解脫，却見受驅馳。終朝遊俗舍，禮念作威儀。博錢沽酒吃，翻成客作兒。"《臨濟語錄》："十地滿心猶如客作兒，等妙二覺擔枷鎖漢，羅漢辟支猶如廁穢，菩提涅槃如系驢橛。"亦作"客作漢"。

【見神見鬼】日語釋作"恐ろしきことを見る"（おそろしきことをみる）"物を怖じする気味"（ものおじぎみ），即看到可怕的東西或遇到恐怖的事情，形容人膽小、膽怯。《大惠普說》黄德用請章："或謂一切言語總不干事。凡舉覺時先大瞠却眼，如小兒患天弔見神見鬼一般，只於瞠眉努眼處領略云云。"《水滸傳》第三九回李逵道："尋那廟祝，一發殺了，叵耐那廝見神見鬼，日日把鳥廟門關上。"今指"裝神弄鬼"。《漢典》"見神見鬼"條：形容猜疑畏懼的樣子。宋樓鑰《徑山塗毒禪師塔銘》："典牛獨指師曰：'甚處見神見鬼？'"《紅樓夢》第五一回："他不防，不免一喊，倘或唬醒了別人，不說咱們是玩意兒，倒反說襲人才去了一夜，你們就見神見鬼的。"

【觸鼻羊】《聯燈會要》作"觸草羊"。《撮要抄》一山云："羊總名也。言羊目不辨物。凡有觸鼻者即食之。"

【取次】同"草次""卒爾"之義，即突然；草草、倉促。《會元》

（十四，十六）："石門紹遠禪師，初在石門作田頭。門問：'如何是田頭水牯牛？'師曰：'角角連天地。'曰：'田中事如何？'師曰：'深耕淺種。'曰：'如法著。'師曰：'某不曾取次。'"見《江湖集》。

【印破面門】宋時在獲流配罪的犯人臉上刺字，此所謂的刻金印。《水滸傳》中往往多見。此處指禪宗師傅對弟子開悟予以證實和認可，即"印可"。

【擺撲】無解說。

【境塊子】設辭，對"境"的俗稱。當機、言句、拈槌、豎拂等也。《禪典》"境塊子"條：對"境"的俚俗稱呼。《臨濟語錄》："如善知識把出個境塊子，向學人面前弄。前人辨得，了不作主，不受境惑。善知識便即現半身，學人便喝。"

【前人辨得下下作主】《天聖廣燈錄》無第二個"下"字，故應讀作"辨得下"。又"下下"也可釋作"一下一下"。

【可可地】同"好好地"。

【黑沒焌地】無解說。

【傳口令】酒令。傳口令，指輪流說詞，類似日本的兒童遊戲"火回し"①，急口令，日語"早口（はやくち）"，一口氣急速念出易讀錯的語句，相當於現在的"繞口令"。笑令，面對面做鬼臉，誰笑誰先輸。

【漆突】突，音同"椊"。木椊也。

【勾賊破家】見《碧巖錄》第四二則。《碧巖錄》："士打一掌（著，果然，勾賊破家）。"

【擊風掣顛】掣。

【連架】日語"連枷（からざお）"，農具。架，當作"枷"，和"架子"之"架"不是一物。《玉篇》："連枷，打穀具"。《釋名》："枷，加也。加杖于柄頭以檛穗而出其穀也。"《漢典》"連架"條：即連枷。宋周密《癸辛雜識後集·連架》："今農家打稻之連架，古之所謂拂也。"《漢典》"連枷"條：亦作"連耞"。由一個長柄和一組平排的竹條或木條構成的農具，用來拍打穀物使脫粒。《說文·木部》："柫，擊禾連枷也。"宋范成

---

① 火回し：文字接龍遊戲。

大《秋日田園雜興》之八："笑歌聲裏輕雷動，一夜連枷響到明。"明徐光啓《農政全書》卷二二："（連枷）擊禾器……其制：用木條四莖，以生革編之。長可三尺，闊可四寸。又有以獨梃爲之者，皆於長木柄頭，造爲攛軸，舉而轉之，以撲禾也。"

【人事】見面禮數，噓寒問暖。

【吽吽】吽，于今切。《字典》："牛鳴也"。

【邏蹤人】邏，《傳燈》十二作"羅"，指巡邏、偵查賊盜踪迹的邏卒、巡行兵。《纂要》五："巡邏，偵邏並巡察也。"

【兩彩一賽】《傳燈》作"一彩兩賽"。《撮要抄》："彩者，祭神牲盤、彩幡等也。賽者，報也，通作'塞'。"《郊社志》："通'塞'。禱祈以一度彩兼兩度賽也。坐禪打睡雖是二用，元是一般之義也。然則《傳燈》作'一彩兩賽'亦可也。"

【掣得】無解説。

【揞黑豆】揞，《傳燈》《會元》作"唵"。《聯燈會要》《類聚》作"淹"，一本作"奄"。《虛堂録》作"掩"。《虛堂録·新添》李翱參藥山："黑豆數無窮"。

△《雲門廣録》

卷之上

【刀刀】同"叨叨"。

【當風】猶言"當前""當頭"。

【口滑】日語"油弁（あぶらべん）"，即脱口而出。吃得口滑，形容喝酒喝得不能自禁，或喫東西喫得停不下來。《漢典》"口滑"條：謂説話隨便，脱口而出。《水滸傳》第七二回："酒行數巡，宋江口滑，揎拳裸袖，點點指指，把出梁山泊手段來。"《古今小説·滕大尹鬼斷家私》："原來梅氏平生謹慎，從前之事，在兒子面前，一字也不題，只怕娃子家口滑，引出是非，無益有損。"《兒女英雄傳》第三七回："非他講得口滑，寫得手溜，此龍門法也。"

【一榼】榼，食籠類也。日語"重箱（じゅうばこ）"，即多層漆飯盒，又稱作"累榼"。"榼""盒""合"，皆通用。

【與你大家商量】無解説。

【不省】同"不曉"。如"你省得什麽武藝"等。

【吃嘹舌頭】日語"喋り（しゃべ）"，即多話，喋喋不休。吃嘹，秦吉了也，前出。

【堪取性多齋供】取性，日語"気まま（き）"，即任性。堪多，滿足之意。

【曬眼皮草】當作"曬眼"。皮草，指裘。

【該得麽】無解説。

【一揨一劄】兩人拿著棒子互打曰"揨"，如"揨一揨麽?"。劄，日語"突き止める（つと）"，即扎住、刺。

【向下】日語釋作"これから下（した）"，即往下、往後。

【庚峰定穴】皆指雲門山境致。日語訓讀有誤。

【釘釘】或與"訂正"之"訂"通用。日語釋作"吟味（ぎんみ）し正（ただ）す"，即糾誤、改正錯誤。訂一訂，指俗話中的約定、商定。正定書籍曰"訂"。《唐書・李綱傳》："古人以一言之重訂千金。"或出於此。

【不較多】日語釋作"あまり違（ちが）いは無（な）い"，即差不多、相差不多。

【合取皮袋】皮袋，日語"惣身（そうみ）"，即全身、渾身。此處應釋作"口"。

【七棒對十三】《碧巖錄》第十六則中七作"八"。《碧巖錄》："鼻孔爲什麼？却在山僧手裏，八棒對十三，爾作麼生？放過一著，便打。"

【可中】可，與"箇"同音，指物之辭。

【茆坑裡虫子】茆坑，日語釋作"雪隱壺（せっちんつぼ）"，即茅坑、廁坑，亦作"毛坑"。虫，當作"虱"或當作"蚩"，赤之切，《唐韻》釋爲"蟲名"。

【一不成，二不是】無解説。

【公才語】《碧巖錄》第九則中公作"上"。《碧巖錄》："這箇是上才語句。"

【就處打出語】《碧巖錄》第九則作"就身處打出語"，第七則著語"就身打劫"，指强盜攔路搶劫過路人的衣物。打家劫舍，指到人家裏搶劫財物。若單指搶奪穿戴在身上的衣物，則"就身處打出"與"就身打劫"意思相同。今"就處打出"，指不管是家財還是穿戴在身上的衣物，都當場搶走之意。總之"公才語""上才語"，意同日語"與（あたえ）っていう語"，即處在上位的人賜物給下位者時的褒義詞。與此相對，"就處打出"，是"奪（うば）っていう語（ご）"，指搶奪他人財物時的貶義詞。或亦可理解爲"上才""公才"因其動作實施者高貴故褒義，而"打出"因其動作實施者卑賤故貶義，待明解。《碧巖錄》："那箇是就身處打出語。"

【離牙擘齒】《武庫》離作"劈"，擘作"劈"。

【什麼年中得信道生】見《碧巖錄》第六則。《碧巖錄》："什麼年中，得信道生？"

【韓情枯骨咬】無解説。

卷之中

【木槵子】日語"無患子"，即無患子。〔むくろじ〕

【去就】見《碧巖録》第一則。《碧巖録》："爾待番款那，猶作這去就？"

【特庫兒】無解説。

【鐃鈎搭索】見《碧巖録》第四十六則。《碧巖録》："事生也。慣得其便，鐃鈎搭索，還他本分手脚。"

【看戲】戲文，相當於日本"狂言"，一種傳統表演藝術。〔きょうげん〕

【屎上加尖】"屎""矢"同音。此處爲俏皮話。

【作賊人心虛】見《碧巖録》第八則。《碧巖録》："作賊人心虛（灼然是賊識賊）。"

【抵樹】抵，觝觸。以角抵之。

【托子】茶托。

【蓋一所佛殿】蓋，蓋造。日語"建立"，即修建寺院。〔こんりゅう〕

【㧓】音窒。《廣韻》撞、㧓又與"挃"通，擣也。

【時生按過】無解説。

【不合與麼道】日語訓讀爲："不合に與麼に道へり"。

【推官】日語釋作"吟味役"，即掌理司法的官員，相當於法官。推，意同"推問"之"推"。〔ぎんみやく〕

【古鏡到火鑪】無解説。

【順朱】小兒習字的描紅習字帖。唐時先在字帖上用紅筆寫字，再讓小兒用未蘸墨的筆照著摹寫。《簡北磵》云："順朱，朱順。"朱順，日語釋作"手に入れたる"，即順著自己的意思做。《漢典》"寫順朱兒"條：〔てい〕初學兒童在印好的紅色楷字上描摹習字，謂之"寫順朱兒"。又稱描紅。《兒女英雄傳》第一回："交了五歲，安老爺叫他認字號寫順朱兒。"

【莫徭人設齋】無解説。

【一槌兩當】無解説。

【夾差一問來】無解説。

【摩瓷顯正】無解説。

【蚩吻】日語"鬼瓦〔おにがわら〕"，即獸頭瓦。未考出據。《漢典》"蚩吻"條：傳說中的怪獸名。舊時多以爲屋脊的飾物。明李東陽《記龍生九子》："龍生九子，不成龍，各有所好……蚩吻平生好吞，今殿脊獸頭是其遺像。"

【長安雖樂】常言"梁園雖好，不是久戀之家。"《碧巖錄》第六十四則："長安雖樂，不是久居。"

【大殺有】見《碧巖錄》第一則。

【手摩抄】搓手，亦稱作"抄手"。

【木楔】《字典》注："楔，户持樞者"。關門上鎖用的立木。《正宗贊》釋作"净瓶"。

【摩斯吒落水】無解説。

【驀點】無解説。

【匹上不足】見《碧巖錄》第五則。《碧巖錄》："匹上不足，匹下有餘，我更與爾打葛藤。"

【袈裟綣繢】《六物圖》（本，廿五右）"鉤紐"傍註："前鉤後紐，收束便易云云。"鉤，今袈裟上的衣鐶。紐，緒也。《會釋》（二，廿三左）："紐，襀也。"《字典》"繢"字注："《玉篇》：'紐，繢也。'"《急就篇》註："繢亦條組之屬。'襀'字注：'紐'也。'綣'字注'繾'也，綣，厚意也。"《釋名》："困，綣也。藏物繾綣，束縛之也。"按，綣繢，即袈裟之緒也。諸錄中作"圈繢"，圈，即鉤、環。總之"落袈裟綣繢裡"，或可釋作被繫縛之義，可再考。《會元》十五作"圈襀"。

【紐半破三】無解説。

【折半列三】無解説。

【怛薩阿竭二千年】見《碧巖錄》第一則。

【秖如當機合下得什麼語】無解説。

【嘟】無解説。

【龍潛師溺】無解説。

【完圖】無解説。

卷之下

【小出大遇】無解説。

【虧於和尚】虧，日語釋作"世話になる"，即受人照顧。

【我也無可到你淮南人】無解説。

【捌轉云我惜你作麽生】無解説。

【合盤】同"合抱"，日語釋作"一抱え"，即兩臂環抱。合抱不交，指樹身粗大以致兩臂環抱不過來。盤上，指抱著樹往上爬。

【滛麽】同"什麽"。什，音十。滛，音習。《禪典》"滛麽"條：如此，這樣。《雲門廣錄》卷下："師云：'飯袋子！江西、湖南便滛麽去？'僧於言下大悟。"《古尊宿語錄》卷三九《智門祚禪師語錄》："問：'師子返躑即不問，虎頭生角時如何？'師云：'生得幾個？'進云：'滛麽則學人退身三步。'師云：'龍頭蛇尾。'"

【徧槌】徧，當作"遍"。遍食槌，指備好齋飯時提醒僧衆來食而敲鐘用的槌子。此處指以示唱衣結束而敲打用的槌子。

【老少黄白】黄、白，指顏色中的黄色和白色。又可理解爲僧人著黄衣，百姓著白衣。後周時天下僧人皆著黄衣。前出。

【打羅】日語釋作"篩通しを使う"，即用篩子篩粉。

【看硬著你】日語釋作"硬かろうが"，指硬梆梆。"你"字接在"看"字後面，即"看你"，同"何と見やれ"。

【置得】"置""致"音同。置得，意同"致得這話"。

【津鋪】或可釋作"渡し場の番所"，即渡口關卡。公驗，指官府發放的通關文書。

【三事】即"三色"。或指將三種顏色的沙糖一類東西混和在一起。

【句吥】句，恐爲"勾"字。吥，音惹，本作"喏"，致敬聲。勾，日語"足る"，即足够。二字，二句也。句吥，指感到滿足時發出的"啊！"之聲。

【足陌】長百錢。省陌，九六百。

【多著水，少著末】茶水味道如果太濃了就倒開水，味道太淡了就再添茶。水，指開水。水滾了，指水煮開了。飲水冷暖自知，也指水的冷暖。末，末茶，即粉茶。

【得人一牛，還人一馬】意同禮尚往來。

【金字茶】金印茶。

【㤃㤚】音剳窒。《廣韻》："㤃㤚，愛觸忤也。"《集韻》："牴牾也"。一曰："不循理"。

【身隗】隗，《玉篇》："高貌"。隗，日語訓讀爲"くまひし"時，應指"隈"字。隗，五賄切。隈，烏回切。唐音皆"オイ"。

△《趙州錄》

卷上

【井樓上打水】井樓，日語釋作"井戸屋形（いとやかた）"，指蓋在井上的房子。井樓上打水，指因井樓建得高，故在井圍上架梯子。打水，同"水を汲む（みずく）"，即取水、汲水。

【榾梯】日語"梯子（はしご）"，即梯子。榾，本作"胡"。

【爬爬地】亦作"吧"。皆脫離本義，多口貌。唐音"パア"。日語"パチパチ"，即"啪啪啪，噼里啪啦"聲。

【丈人】日語"舅（しゅうと）"，即岳父。"姑（しゅうとめ）"，指丈母。

【接觜】接口，指緊接著別人的話題說話。接觜，指就著別人說話的意向接著說下去。

【勑勑攝攝】無解說。

【三刀】無解說。

【阿那頭】"阿"字無義。亦同"阿誰"。

【惠裡】無解說。

【回牙】牙，與"互"同。見《心要》解。

【不會上象】上象，或同"天象"。未考。

【比來拋磚引玉，只得箇墜子】無解說。

【專甲】此書往往有之，似乎並非訛字。《禪典》"專甲"條：同"某甲，厶甲"。按唐五代時期，"厶"既是"某"字的俗簡體，又是"專"字的俗簡體，有些書手因將"厶甲"轉寫作"專甲"。"專甲"使用既多，遂成了約定俗成的文獻詞。①第一人稱代詞，略相當於"我"。

《祖堂集》卷五，華亭："師云：'……專甲從分襟之後，去蘇州花亭縣，討小舡子水面上遊戲。於中若有靈利者，教他來專甲處。'"《景德傳燈錄》卷三〇《一缽歌》："若覓法，雞足山中問迦葉。大士持衣在此中，本來不用求專甲。"《汾陽語錄》卷上："河東運使鄭工部入院茶話次，工部云：'專甲留一偈贈師得否？'"②代替人名。《祖堂集》卷八，曹山："（曹山）初造洞山法筵，洞山問：'闍梨名什摩？'對曰：'專甲。'"

【赤凍紅地，無有解出期】《虛堂錄》："老凍膿，凍一作'腖'。"《玉篇》："音凍，肉腖也。"赤凍紅地，指肉的紅色。文中因其姓馬，故曰"馬大夫撲在餒得"。又此人面色或凍得通紅。

【米囤子】囤，《說文》："本作'笔'。"《字典》："判竹圜以盛穀也。"此處猶言"飯袋"。

【眼花】酒後眼神恍惚。此處意同日語"狼狽える（うろた）"，即驚慌失措。杜詩："眼花落井水底眠"。《漢典》"眼花"條：眼目昏花，看東西模糊不清。唐杜甫《飲中八仙歌》："知章騎馬似乘船，眼花落井水底眠。"《西游記》第五九回："我老漢一時眼花，不識尊顏。"《紅樓夢》第二六回："太爺一時眼花了，也未可知。"

【造反】謀反。

【唋】無解說。

【看箭】射箭時朝對方喊"看我的厲害"。

卷中

【加葉上行衣】無解說。

【四山相逼】或指地獄的合山、合石。

【私鹽】見《漫錄》，前出。

【大宜小宜】無解說。

【上下觀瞻相】無解說。

【驢子撲】見《碧巖錄》第六十六則。《碧巖錄》："三十年弄馬騎，今日却被驢子撲。"

【下下咬著】無解說。

【長行】下棋又稱"行棋"。長，有不斷延長之義，應讀作上聲。

【低口】無解說。

【今日早晚也】早晚，日語"何時(なんどき)"，即什麼時候。

【分土】土，當作"上"。

【齁齁地飽】日語釋作"寝(ね)飽(あ)いている"，即熟睡。齁，同"鼾"，即鼾聲、打呼嚕，呼侯切，唐音"ヘウ"。

卷下

【摘楊花】離別歌曲名。日語"おさらば、おさらば"，即"再見了、再見了"。

【不教多】教，同"較"。

【鹽鐵判官】唐時鐵亦屬官營，私商不得賣買。未考。判官，官吏，古時官名之一。

【俗行者】指不在寺廟裏度過一生的僧道，或在家持戒修行的僧道。

【驢紂】紂，《説文》："馬緧也"。日語"鞦(しりがい)"。

【一幢子】幢，石幢子。陸龜蒙詩："水鳥行沙嶼，山僧禮石幢。"

【不得占勝，占勝者輸餬餅】無解説。

【一截】人體以腰爲界，腰以上部分稱作"上半截"，腰以下部分稱作"下半截"。除此之外，凡東西對半分，其上下部都可被稱作"上截"和"下截"。今此處所言"一截"，或指石幢子的上截。

【下糊餅】下，放下之意。

【巡鋪子】無解説。

【只守氣急殺人】無解説。

【耳重】重，"聾"之義，未考。或指"不輕利"之義。見《漢書·黃霸傳》。《漢典》"耳重"條：重聽，聽覺遲鈍。唐張籍《詠懷》："眼昏書字大，耳重覺聲高。"唐韋蟾《贈商山僧》："師言耳重知師意，人是人非不欲聞。"元劉敏中《南鄉子·老病自戲》："耳重眼花多，行則歊危語則訛。"

【解齋粥米全無粒】日語訓讀爲："齋粥の米全く粒も無ことを解"。

【羅睺羅兒與一文】無解説。

【委無】無解説。

【啾唧】老鼠叫聲。唐音"チウチッ"。諦觀，《四教儀》釋作"徹底

未悟"，簡單地將"即空"之義釋作"鼠即鳥空"一說。猶如老鼠唧唧叫，小鳥空空叫。空，唐音"コン"。

【有心情】日語釋作"面白きこと有る"，即碰到了有趣的事。正因爲没有趣事所以才讀讀心經。同"有趣"。

【有主沙彌】無解説。

【瓶杌】無解説。

【毊】《字彙》："擊物不作聲"。某人卒中風倒地而牙關緊閉時，將猪牙皁莢的粉末吹入其鼻内，此療法謂"搐鼻"。搐，指病人一抽動鼻子，藥粉便借機進入體内而産生效果。搐搦，指小兒手抽搐。搐，彙昌，六音。觸，牽制也。

《諸録俗語解》第三巻

△《碧巖集》

○第一則

【恁麽】恁，《字典》：“尼心切”，俗言如此。恁麽，亦同“恁地”。麽地，助聲也。《類書纂要》：“寧馨，音寗亨，猶恁地也。”《漢典》“恁麽”條：這樣，如此。《景德傳燈録・道林禪師》：“白曰：‘三歲孩兒也解恁麽道。’”宋柳永《定風波》：“早知恁麽，悔當初、不把雕鞍鎖。”《水滸傳》第二九回：“恁麽却才中我意，去打蔣門神，教我也有些膽量。”《清平山堂話本・簡帖和尚》：“亦不知付柬帖兒來的是何人，打死也只是恁麽招供。”

【什麽】亦作“甚麽”。什者，並俗話，用作“何”字。麽，助聲也。《漢典》“什麽”條：亦作“什末”。同“甚麽”。疑問代詞。表示疑問。《壇經・機緣品》：“師曰：‘汝曾作什麽來？’”五代王定保《唐摭言・公薦》：“奇章公始來自江黄間，置書囊於國東門，攜所業先詣二公……韓始見題，而掩卷問之曰：‘且以拍板爲什麽？’”《景德傳燈録・法達禪師》：“祖又曰：‘汝名什麽？’對曰：‘名法達。’”

【葛藤】《叢林盛事》上：“富鄭公曰：‘禪家者流，見説事不徑直者，謂之葛藤。’”言文字、言句也。《漢典》“葛藤”條：比喻事物糾纏不清或話語嚕囌繁冗。宋王君玉《雜纂續・不識遲疾》：“急如廁説葛藤話。”明沈德符《野獲編・内閣三・太倉相公》：“貿首相仇，亦從司農公起見，其禍蔓延至今，益葛藤無了日云。”

【這不唧𠺕漢】這，《字典》：“毛晃曰：‘凡稱此箇爲者箇，俗多改用這字。’”這，本“誕”“彦”二音，但以“者”音呼也。宋子景筆記：“孫炎作反切語，本出於俚俗常言。謂‘就’曰鯽溜，凡人不惠即曰不鯽溜，謂‘團’曰突欒，謂‘精’曰鯽令，謂‘孔’曰窟籠，不可勝舉。”

漢，對在京城的中國人稱呼，與胡人相對。唐盧仝詩："不鯽溜鈍漢"。《漢典》"不鯽溜"條：不機伶，不精明。也作"不唧溜"。宋宋祁《宋景文公筆記·釋俗》："孫炎作反切語，本出於俚俗常言，尚數百種。故謂'就'爲鯽溜。凡人不慧者，即曰不鯽溜……唐盧仝詩云：'不鯽溜鈍漢。'"

【多少奇特】多少，少字無意。日語"凄まじい"(すさ)，即驚人的。又同"何程"(なにほど)，即若干。《漢典》"多少"條：猶多、許多。《漢書·刑法志》："今郡國被刑而死者歲以萬數，天下獄二千餘所，其冤死者多少相覆，獄不減一人，此和氣所以未洽者也。"唐杜牧《江南春》："南朝四百八十寺，多少樓臺煙雨中。"《二刻拍案驚奇》卷九："畢竟歷過多少間阻，無限風波，然後到手，方爲希罕。"

【箭過新羅】新羅，遠地。方語"不知落處"。《禪典》"箭過新羅"條：同"一箭過新羅"。比喻禪機疾如飛箭，超越言句，若稍有遲緩，陷入情解，便已遠逝。新羅：古朝鮮國名。《續傳燈錄》卷四，棲賢澄湜："問：'仙洞昨朝師唱罷，棲賢今日請師宣。'師曰：'來日又作麽生？'曰：'未審如何領會？'師曰：'箭過新羅。'"《汾陽語錄》卷中："又問僧：'近離什麽處？'云：'郴州。''我問爾一個事得麽？''和尚有什麽事？'師云：'箭過新羅國。'"

【可煞】"可煞""忒煞""大煞"皆意同日語"甚だ"(はなは)，即甚、非常。取"煞"一字亦同義，如"頌則煞頌"，煞，同俗語中的"殺"字。《類書纂要》（十二，二七）："忒煞，大過也。又曰'忒忒'。已甚，大過。"《事苑》（一，八）："大殺上它蓋切，甚也。下所拜切，猛也。"白樂天詩："西日憑輕照，東風莫殺吹。"自注云："殺，上聲，俗謂大過曰'殺'。"《韻會·怪韻》："所戒切，疾也，又猛也。"《禪典》"可煞"條：同"可殺"。《五燈會元》卷一八，白藻清儼："僧問：'楊廣失秦駝，到處無人見。未審是甚麽人得見？'師以拂子約曰：'退後！退後！妨他別人所問。'曰：'畢竟落在甚麽處？'師曰：'可煞不識好惡！'便打。"又卷八，清化師訥："可煞新鮮！"《禪典》"可殺"條：甚是，實在。《如淨語錄》卷下《自贊》："行脚都無用處，推倒只好做牛。釘雙角，插條尾，綠楊芳草春風裡。可殺有力會耕田，賣與閻王還飯錢。"《密庵語錄》："大似手中握無價摩尼寶珠，被人問爾手中是什麽，却放下，拈起一個土塊。可殺癡！"亦作"可煞"。

【摸索不著】日語釋作"探り当てぬ"，即找不到。著，取"得"字義，同"物を爲果せる""爲当てた"，即完成、辦好。《漢典》"摸索"條：試探；尋求。唐劉餗《隋唐嘉話》卷中："許敬宗性輕傲，見人多忘之。或謂其不聰。曰：'卿自難記。若遇何、劉、沈、謝，暗中摸索著，亦可識之。'"宋劉克莊《沁園春·答九華葉賢良》："英雄埋没蓬蒿，誰摸索當年劉與曹。"清李斗《揚州畫舫錄·虹橋錄下》："懶予曾與客弈於畫舫。一劫未定，鎮淮門已扃。終局後將借宿枝上村，逡巡摸索，未得其門。"

【再來不直半文錢】再來，日語釋作"又かいの"，亦作"又來了"，即遇到某人老毛病或壞習慣又犯時所説的責備話。第二十則著語："諸方舊公案再問，將來不直半分錢。"《漢典》"再來"條：再一次來。《史記·淮陰侯列傳》："時者難得而易失也。時乎時，不再來。"明無名氏《鳴鳳記·燈前修本》："此去好憑三寸舌，再來不值半文錢。"

【可惜許】許，語辭也，意同"許多""許久"之類，但字書中無此語辭註解。許，近來刊行的《韻會小補》引《玉篇》開頭曰："《詩緝》：陳氏曰：'語助也。'"《剪燈新話》（四，十七）："彼雖無禮，然遭辱亦甚，可憐許。"注："'遽如許'之許同，語辭也。"《後漢書·左慈傳》："忽有一老羝人屈前兩膝，人立而言曰：'遽如許。'"①注："言何遽如許爲事。"寒山《詩》（中，十六）："如許多寶貝，海中乘壞舸。"《臨濟錄》："約山僧見處，無如許多般。"《陳後山詩集》："蛙腹能許怒"，注："許，謂如許"。俗話好久不見謂"許久不見"。

【野狐精】精，同"妖精"之"精"。日語"化物"。《漢典》"野狐精"條：指雖非正宗，但又十分精靈的人。《景德傳燈錄·慧忠禪師》："師第三問語亦同前，三藏良久罔知去處，師叱曰：'遮野狐精，他心通在什麽處！'三藏無對。"宋《聖求詞序》："世謂少游詩似曲，子瞻曲似詩，其然乎？至荊公《桂枝香》詞，子瞻稱之：'此老真野狐精也。'詩詞各一家，惟荊公備衆作，豔體雖樂府柔麗之語，亦必工緻，真一代

---

① 原文有脱字，今據《後漢書·左慈傳》補。

奇材。"

【和志公】和，取"與、同"之義，日語"共に"（とも）"包み"（ぐるみ），即全、一起。如"不見火和煙得"。《漢典》"和"條：連詞。表示並列關係。猶與。宋岳飛《滿江紅》："三十功名塵與土，八千里路雲和月。"明李贄《與弱侯》書："戲文演得好和歹，一時總散，何必太認真乎？"

【承當】《類書纂要》"承當"注："承者，下載上之謂。當，抵也。猶抵當承任其事也。"《無準錄》："我石田師兄末後句子固不容易分付，而無菴居士亦不容易承當。"此"分付"與"承當"相對，難以精確翻譯爲日語，可參考"引き受ける"（ひうける）"受け合う"（うあう）或"受け持つ"（うもつ）等詞義，譯作"接受、承諾、擔任"等。《漢典》"承當"條：承擔，擔當。《類說》卷五七引《王直方詩話》："王君卿曰：'疏影橫斜水清淺，暗香浮動月黃昏。'此林和靖《梅花詩》，然杏與桃李皆可。東坡曰：'可則可，只是杏李花不敢承當。'"

【公案】官府案件文卷，案牘也。《漢典》"公案"條：官府案件文卷。唐子蘭《寄乾陵楊侍郎》："步量野色成公案，點檢樵聲入奏聞。"宋蘇軾《辨黃慶基彈劾札子》："今來公案，見在户部，可以取索案驗。"元王實甫《西廂記》第三本第二折："那簡帖兒倒做了你的招狀，他的勾頭，我的公案。"

【胡亂】或説胡人亂入中國時，分不清敵我兩方之故而作之詞。日語"滅多"（めった）"無性なこと"（むしょう），即輕率魯莽、任意胡來。可再考。《漢典》"胡亂"條：任意；没有道理。宋司馬光《乞不貸故鬥殺札子》："此人稱是東嶽急脚子，胡亂打人，不伏收領。"《京本通俗小説·碾玉觀音》："這裏是帝輦之下，不比邊庭上面，若有罪過只消解去臨安府施行，如何胡亂凱得人？"《紅樓夢》第四回："雨村便徇情枉法，胡亂判斷了此案。"

【把不住】日語釋作"取らまえぬ"（と），即抓不住。把得定，同"取らまえた"（と），即抓住。《漢典》"把住"條：控制住，掌握牢。《朱子語類》卷二："如實有一物，把住、放行在我手裏，不是漫説'收其放心'，某蓋嘗深體之。此箇大頭腦本非外面物事，是我元初本有底。"《禪典》"把不住"條：控制不住（自己或他人）。《圓悟語録》卷七："山僧行脚，也無正因。只待向東京城裡，聽一兩本經論，于古寺閒房且恁麼過時。不謂行到汝州葉縣，被一陣業風吹到首山，曲彔木床上見個老和尚。當時把不住，禮却他三拜，直至如今悔之不得。"《五燈會元》卷一九，泐潭擇明："從來家富小兒嬌，偏問江頭弄畫橈。引得老爺把不住，又來船上助歌謠。"《祖堂集》卷六，洞山："師云：'此子（指雲居）已後千萬人把不住！'"

【向道】日語訓讀爲："向って道う"。"向"字後面省略了"汝"或"他"字。向道，日語釋作"言っておいた"，即已經跟你說過或早向他說過。《傳燈》（六，四）："馬祖謂鄧隱峰，向汝道石頭路滑！"日語譯作"何と言わぬことか"，即早就跟你說過。此時前後必有"果然"語。《虛堂彔》（一，九）："向道莫行山下路，果然猿叫斷腸聲。"《書言故事》（八，十）："向道是龍君不信，果然奪得錦標歸。"君，一作"剛"。雖然按照前文所標記的日語訓讀意思也能通，但"向"字非"嚮"，即朝向之意。《禪典》"向道"條：猶言對他說，對你說。《汾陽語彔》卷下《是非歌》："更有人來說是非，向道：'餘今識得爾！'"《明覺語彔》卷三："舉，玄沙問鏡清：'我不見一法爲大過患。爾道不見什麽法？'清指露柱云：'莫是不見者個法麼？'沙云：'浙中清水白米從爾吃，佛法則未在。'師云：'大小鏡清被玄沙熱瞞。我當時若見，但只向道：靈山授記也未到如此！'"《大慧語彔》卷四："師召大衆云：'明明向道，尚自不會。豈況蓋覆將來？'"

【莫道陛下發使去取，闔國人去，他亦不回】莫道，日語"さておき"，即暫且不管。此句意爲：不要說陛下遣使者去請，即使是讓整箇國家的人去請，他也不會回來了。第三八則頌評："莫道是盧陂云云。"取，日語"迎える""連れる"，即迎接、帶來，非"捕らえる"的抓捕、抓住之義。《水滸傳》第四二回："李逵道：'我只有一個老娘，我要去取他來這裡，快樂幾時也好。'"

【得得】日語"わざわざ"，即特地。《字典》："得得，唐人方言。猶特地也。"《漢典》"得得"條：特特，特地。唐陸龜蒙《丁隱君歌序》："別業在深山中，非得得行不可適到其下。"宋孫光憲《北夢瑣言》卷二十："我得得爲渠入蜀，何意見怪？"清劉獻廷《廣陽雜記》卷三："縱千里萬里，猶將買草鞋得得而往。"《禪典》"得得"條：特地。《碧巖彔》卷一，第一則："達摩遙觀此土有大乘根器，遂泛海得得而來，單傳心印，開示迷途。"《大慧宗門武庫》："得得遠來，冒瀆鈞聽。"

【後頭】日語"後(あと)"，即後面。位於他人之後，從後面跟上來謂"後頭來"。

【披袈裟】《字典》："荷衣曰'披'。"指搭衣於肩、不絲腰帶。《水滸傳》第二回："史進火急披衣，來到莊前。"背心，因其穿戴方便、輕巧飄逸，故又稱作"披風"。《漢典》"被"條："披"的古字。後作"披"。搭衣於肩背。《左傳·襄公十四年》："昔秦人迫逐乃祖吾離於瓜州，乃祖吾離被苫蓋，蒙荊棘，以來歸我先君。"楊伯峻注："被同披。蒙，冒也。"《楚辭·九歌·山鬼》："若有人兮山之阿，被薜荔兮帶女蘿。"《漢典》"披風"條：披在肩上的没有袖子的外衣。後亦泛指斗篷。《醒世恒言·吳衙内鄰舟赴約》："若是不好，教丫鬟尋過一領披風，與他穿起。"《儒林外史》第十四回："那船上女客在那裏換衣裳，一個脱去元色外套，換了一件水田披風。"

【跳不出】跳，躍也、上也，日語"躍(おど)る"，即一躍而起之跳。

【且喜没交涉】"且喜"二字爲戲謔辭，日語釋作"べらぼう奴らが君(きみ)のよい"，意指笨蛋都没你好，反諷。没交涉，舊譯作"寄(よ)ってもつかぬ"，即靠近不得。今可譯作"ちょっともかかりあわぬ""傍(そば)へも寄(よ)らぬ"或"とってもつかぬ"，即一點也不相幹或不相往來。交涉，日語釋作"掛(か)かり合(あ)う"，即接觸、牽涉。《漢典》"且喜"條：猶言可喜、幸喜。元無名氏《鴛鴦被》第一折："員外，且喜且喜，小姐説今夜晚間約定在玉清庵中與你赴期，教我先將的鴛鴦被來了也。"《初刻拍案驚奇》卷十七："且喜他不裝模樣，見説做醮，便肯輕身出觀來到我家。"《兒女英雄傳》第三一回："且喜是月半天氣，還辨得出影響來。"《漢典》"交涉"條：關係；牽涉。前蜀貫休《聞無相道人順世》之五："百千萬億偈，共他勿交涉。"宋范成大《病中聞西園新花已茂及竹徑皆成而海棠亦未過》："春雖與病無交涉，雨莫將花便破除。"明李贄《雜述·解經文》："縱然爲得空來，亦即是掘地出土之空，如今之所共見太虚空耳，與真空總無交涉也。"

【打葛藤】《字彙》："俗用'打'字義甚多。如打疊、打聽、打扮、打睡之類，不但打擊而已。"此外，打病、打火、打水、打飯之類亦甚多，打，義指進行、做某事。《漢典》"打"條：與某些動詞結合爲複詞，表示進行之意。如：打掃；打扮；打開；打探。《禪典》"打葛藤"條：囉嗦，糾纏言句。《圓悟語錄》卷八："今夜事不獲已，將錯就錯，與諸人打葛藤去也。"《五燈會元》卷一八，天童普交："山僧無恁麼閑脣吻與汝打葛藤，何不休歇去！"《碧巖錄》卷一，第五則："雪峰云：'匝上不足，匝下有餘。我更與爾打葛藤。'拈拄杖云：'還見雪峰麼？咄！王令稍嚴，不許攙奪行市。'"

【漆桶】方語"無分曉（むふんきょう）"，指糊塗、愚昧。《禪典》"漆桶"條：對愚昧不悟者的詈稱，斥其心中、眼前一片漆黑。《雲門廣錄》卷中："舉，盤山云：'光境俱忘，復是何物？'師云：'東海裡藏身，須彌山上走馬。'復以拄杖打床一下。大衆眼目定動。乃拈拄杖趁散云：'將謂靈利，者漆桶！'"《景德傳燈錄》卷二四，延慶傳殷："問：'若能轉物即同如來，未審轉什麼物？'師曰：'道什麼？'僧擬進語。師曰：'遮漆桶！'"《五燈會元》卷二〇，天童鹹傑："有般漆桶輩，東西不辨，南北不分，便問如何是向上關棙子，何異開眼尿床！"

【劈頭】同"劈初"。日語釋作"真（ま）っ最初（さいしょ）""ずっと初（はじ）め"，即一開始或開頭。"劈""驀"和"攔"字皆指推碰到某物之辭，故較難準確翻譯。劈頭，同日語"矢庭（やにわ）に""すっと"或"直（じき）に"，即立即、突然、馬上。《漢典》"劈頭"條：開頭，起首。《朱子全書》卷六六："劈頭一箇王正月，便説不去。"

【多少漏逗了也】多少，"少"字無意。日語"凄（すさ）まじい"，即驚人的。漏逗，切漏。如商量，切商；都盧，切都；錮鏴，切錮；料掉，切料之類，皆爲疊韻。切韻，兩字如一韻同等，相對則切，韻與歸音重疊，故以切字爲歸音，謂之疊韻。如"商量"二字爲切，只是商字更無切也。（同出一韻）《禪典》"漏逗"條：洩露，洩漏。禪錄用例常指洩露禪法玄旨。按禪旨雖不可言説，然高手宗師本分示人，自可直指心地。洩露禪旨的説法，帶有詼諧意味。《圓悟語錄》卷一三："藥山參石頭時，置個問端云：'三乘十二分教某粗知。誠聞南方直指人心、見性成佛，某甲實未明瞭，乞師指示。'石頭云：'恁麼也不得，不恁麼也不得。恁麼、不恁麼總不得。'山不契。直至江西馬大師處，又如前問。馬師云：'有時教伊揚眉瞬目，有時教伊不揚眉瞬目。有時教伊揚眉瞬目是，有時教伊揚眉瞬目不是。'藥山於是有省。馬云：'爾見什麼道理？'山云：'我在石頭時，如蚊子上鐵牛相似。'今時衆中兄弟便道，石頭一向壁立萬仞，所以他不會。馬祖放開一線，他乃悟去。殊不知，石頭恁麼道，已是漏逗了也。馬祖道處，這一著尤更毒害。因甚麼藥山得悟去？且道，因什麼如此？到此須是生鐵鑄就底漢始得。"又卷一六《示元長禪人》："佛語心爲宗，達磨傳此者矣。而馬師爲蛇畫足，慈悲落草，乃云：'諸人欲識佛語心麼？'已是漏逗了也。"《碧巖錄》卷一，第一則："即是聖諦第一義，此是教家極妙窮玄處。（梁武）帝便拈此極則處，問達磨：'如何是聖諦第一義？'磨云：'廓然無聖。'……達磨劈頭與他一拶，多少漏逗了也。帝不省，却以人我見故，再問：'對朕者誰？'達磨慈悲忒殺，又向道：'不識。'直得武帝眼目定動不知落處。"

【眼目定動】一定一動也。眼睛一定一動、没箇定性。《臨濟錄》："學人若眼定，動即没交涉。"《禪典》"定動"條：（眼睛）眨動。《嘉泰普燈錄》卷二五，佛鑒勤："欲知此事，覿面相呈。未語已前，早是蹉過。如金翅鳥主入阿盧大海，擘開雪浪，直取龍吞。眼睛定動之間，早已喪身失命。"《明覺語錄》卷二："師一日晚參，於僧堂前立云：'不打鼓上去不得，把却門入來不得。速道！速道！'大衆眼目定動，師以拄杖一時打趂。"

【相饒】有兩説。一説，《字典》："俗謂寬恕曰'饒'"，即原諒、饒恕對方的過錯；二説，《類書纂要》："饒，販"，注："饒，多餘也。"即賣東西時的讓價、優惠行爲。原文"一箭尋常落一雕，更加一箭已相饒。"若按一説，則此句可釋爲：射雕尋常用一箭，再加一箭是多餘，達磨已經原諒武帝所以才直接回去了。若按二説，一箭之後再多射一箭，即射兩箭也無法將雕射下，達磨没有原諒武帝直接就回去了。《漢典》"相饒"條：饒恕；寬容。前蜀牛嶠《楊柳枝》之三："橋北橋南千萬條，恨伊張緒不相饒。"宋朱熹《春雪用韓昌黎韻同彭應之作》："東皇應好事，避舍亦相饒。"《再生緣》第七回："小二魂飛雙膝跪，公子大叫乞相饒。"

【祇對】祇，或作"抵"，當也。《禪典》"祇對"條：回答，應對。《祖堂集》卷一五，五泄："石頭云：'受業在什摩處？'師不祇對，便拂袖而出。"《宏智廣錄》卷四："春秋夏末，前路忽有人問，作麼生祇對？"

《五燈會元》卷一三，洞山良價："百年後忽有人問：'還邈得師真否？'如何祗對？"

【搽糊】亦作"塗糊"。搽糊，日語釋作"塗り回す汚染"（ぬりまわおせん），意指到處亂塗，弄得亂七八糟。《漢典》"搽"條：敷；塗抹。元馬致遠《漢宮秋》第一折："將兩葉賽宮樣眉兒畫，把一個宜梳裏臉兒搽。"《水滸傳》第四三回："只見後面走出一個婦人來，髽髻鬢邊插一簇野花，搽一臉胭脂鉛粉。"《儒林外史》第二四回："這和尚積年剃了光頭，把鹽搽在頭上。"《禪典》"搽胡"條：折騰，作弄。《碧巖錄》卷一，第一則："當時志公恁麼問，且道作麼生祗對？何不一棒打殺，免見搽胡。"又卷二，第一八則："莫搽胡人好。"又卷六，第六〇則："如今人不會他雲門獨露處，却道即色明心，附物顯理。且如釋迦老子四十九年說法，不可不知此議論。何故更用拈花？迦葉微笑，這老漢便搽胡道，吾有正法眼藏，涅槃妙心，分付摩訶大迦葉，更何必單傳心印？"亦作"搽糊""茶糊"等。

【端的】端，正也。的，實也。日語"ほんま""ほんに"，即真的、實在。《禪典》"端的"條：確實，真實。《法演語錄》卷下《賦祖花》："此花迥與人間別，結果開花當處生。要會祖師端的旨，未萌天地已先成。"《碧巖錄》卷一，第一則："且道達摩是觀音，志公是觀音？阿那個是端的底觀音？既是觀音，爲什麼却有兩個？"

【蹉過】《字彙》："蹉，足跌也，又過也。"日語"蹴躓く"（けつまず），即絆倒，引申爲中途失敗。《禪典》"蹉過"條：錯過（機鋒），錯失（契悟時機）。《潙山語錄》："直饒體用兩全，爭奈當頭蹉過。過則且止，放子三十棒又作麼生？"《景德傳燈錄》卷七，三角總印："若論此事，貶上眉毛，早已蹉過也。"

【還云】無解說。

【蒼天】日語釋作"悲しや"（かな）"南無天道樣"（なむてんとさま），指因無處訴苦故對天悲呼。《詩·秦風·黃鳥》："彼蒼者天，殲我良人。"《水滸傳》第四一回："皇天可憐，垂救宋江則箇。"《漢典》"蒼天"條：指天。《詩·王風·黍離》："悠悠蒼天，此何人哉！"毛傳："蒼天，以體言之……據遠視之蒼蒼然，則稱蒼天。"《史記·龜策列傳》："今龜周流天下，還復其所，上至蒼天，下薄泥塗。"《警世通言·皂角林大王假形》："時人不解蒼天意，空使身心半夜愁。"

【好不大丈夫】日語釋作"男おとこらしくない",即沒出息,真不是男人。《西遊記》第三一回:"你好不丈夫,既受師父趕逐,有何嘴臉來見人?"《禪典》"不丈夫"條:不是真正的丈夫漢,不是真正的參禪者。《大慧語錄》卷四:"只如黃檗道'不道無禪只是無師',爾如何理會?眾中商量道:人人分上誰不丈夫,豈假師承?"《密庵語錄》:"西天人不會唐言,獨坐少林癡面壁(按此二句說菩提達摩)。帶累兒孫不丈夫,被人喚作白拈賊。"(白拈賊:指臨濟,亦指其門派。按此例"不丈夫"用作反語)

【向鬼窟裡作活計】向,意同日語格助詞"から",即從。又同日語"おいて",即在、於。此處為於之意。鬼,幽靈也。《聯珠詩格》白居易詩注:"活計,猶言生生之計也。"向鬼窟裡作活計,指在黑黢黢的墓穴裡招待客人、尋開心。意同日本諺語"小ちいさきことを火ひうちばこ打箱の中なかで年としとる",將小玩意兒放在打火盒裡保存,指不合正道的行徑。《禪典》"鬼窟裡作活計"條:指陷於意想知解,俗情妄念。《碧巖錄》卷一,第五則:"凡出一言半句,不是心機、意識、思量、鬼窟裡作活計,直是超群拔萃,坐斷古今,不容擬議。"《五燈會元》卷七,玄沙師備:"情知汝向鬼窟裡作活計。"又作"鬼趣裡作活計""鬼家活計"等。

【大小】"小"字無意,例同"多少"。大小,日語"淒すさまじい""さしもの""さすがの",即"驚人的、那樣的、厲害的"。亦作"大小大"。《禪典》"大小大"條:偌大,這麼大,那麼大。《法演語錄》卷上:"僧問六祖:'黃梅意旨什麼人得?'祖云:'會佛法底人得。'僧云:'和尚還得麼?'祖云:'不得。'僧云:'和尚為什麼不得?'祖云:'我不會佛法。'師云:'大小大祖師,問著底便是不識不會,為什麼却兒孫遍地?'"又,"上堂舉,雲門垂語云:'古佛與露柱相交,是第幾機?'自代云:'南山起雲,北山下雨。'師云:'大小大雲門大師,元來小膽。'"《碧巖錄》卷八,第七七則:"他致問處,有大小大縫罅。雲門見他問處披離,所以將糊餅攔縫塞定。"亦作"大小"。

【向草裏輥】輥,《字彙》:"車輪動也。"輥球,指讓球滾動,即踢球。向草裏輥,指在草裡滾來滾去。又自甘墮落或加入盜賊團夥謂"落草"。多見於《水滸傳》,故落草談及草裏漢皆為貶意。"向草裏輥"也指向社會底層墮落。《禪典》"輥球"條:公案。事見《五燈會元》卷七,雪峰義存："一日升座，衆集定。師輥出木球，玄沙遂捉來安舊處。"輥：滾動。這是禪家無義施設，旨在截斷學人話路意路，不可憑情識意想去猜測理解。後人常見拈提。同上書卷一六，簽判劉經臣居士："分宗列派，各有門庭……或持叉張弓，輥球舞笏，或拽石般（搬）土，打鼓吹毛。"《續傳燈錄》卷一四，太平守恩："雲岩弄師子，普化打筋斗。叢林將爲向上關，未免笑破衲僧口。休休沒來由，却是象骨古錐能輥球。"（象骨古錐：指雪峰）

【待番款那】待，與俗話"欲""要"字通用，故亦用"欲待""待用"等詞。番，同"翻"，日語"打返す"（うちかえ），即翻轉。款，口款，即口供。待番款那，指想要翻口供。《正宗贊》六祖章："死款難翻"。《漢典》"待"條：欲；將要。宋歐陽修《玉樓春》："人心花意待留春，春色無情容易去。"元無名氏《碧桃花》楔子："明日是三月十五日，我待請親家來慶賞牡丹，你意下如何？"《水滸傳》第四七回："看看天色待晚，又不見杜興回來，李應心中疑惑，再教人去接。"《漢典》"番"條：反；翻。宋梅堯臣《謝鷗和公儀》："鶴鳴爾不和，鶴舞爾不隨，無以一供悦，飽食番頑癡。"元秦簡夫《趙禮讓肥》第一折："我則見他番穿著綿納甲，斜披著一片破背襠。"《二十年目睹之怪現狀》第四七回："義俠捐生踐然諾，鴻毛番重泰山輕。"

【去就】《寶訓音義》："見處也，行事也。"《漢書》注："猶進退也。"日語"振る舞い"（ふるまい）"仕方"（しかた），即行爲、舉止。此處可釋作"働き"（はたらき），即影響、作用。《潙山警策》："椀缽作聲，食畢先起。去就乖角，僧體全無。"此處釋作"立ち居"（たちふ）"振る舞い"，即行爲、舉止之義。《禪典》"去就"條：行爲舉動，情念意想。多含貶義。《雲門廣録》卷上："更有一般底，如等閒相似。聚頭舉得個古人話，識性記持，妄想蔔度，道我會佛法了也。只管説葛藤，取性過日。更嫌不稱意，千鄉萬里拋却父母師資，作這去就。這個打野榸漢，有什麽死急行脚去！"又卷中："師有時拈挂杖打床一下云：'一切聲是佛聲，一切色是佛色。爾把缽盂噇飯時，有個缽盂見。行時有個行見，坐時有個坐見。者般底作與麽去就！'把棒一時趁散。"

【塌薩阿勞】塌薩，《方語解》同"儜儜"。《山谷集》註："物不蠲也。"蓋或爲太殺之聲，即聲嘶。古來解釋種種，難辯，待明解。阿，亦

作"呵"，語助聲也。有時接在其他詞之後。總之，塌薩阿勞，意同日語"きつい""ご苦勞（くろう）"，即十分辛苦。《眼》按，《雲門廣錄》作"怛薩阿竭"，梵語中或有收錄，需考證《枳橘集》。

【盤礴】十六下右第四則頌評："透得公案，盤礴得熟。"第七十則頌評："宛轉盤礴。"第七一則："盤礴，滔滔地。"今指自由自在地使劍。《莊子·田子方》："畫史解衣盤礴，贏。"林注："箕踞之狀。"日語釋作"わがままなる"，即不受拘束貌。本據此說。《漢典》"盤礴"條：亦作"盤薄"。引申爲不拘形跡，曠放自適。宋陸游《與李運使啓》："至於盤礴游戲之翰墨，嬉笑怒罵之文章，過黄初而有餘，嗟正始之復見。"明莫是龍《筆麈》："不知此生，身心俱曠，飲啄自適，放恣形骸之外，盤礴溪山之間，俯仰無累於情，起居咸順其欲。"清周亮工《書影》卷九："早起，雪覆身上如堆絮，道人拂袖而起，額上汗猶津津然；或投身海中，盤薄游泳，如弄潮兒。"《禪典》"盤礴"條：回環旋繞。《碧巖錄》卷一，第一則："且據雪竇頌此公案，一似善舞太阿劍相似，向虛空中盤礴，自然不犯鋒鋩。"

【揩定】揩，當作"楷"。《廣韻》："楷，式也、法也。"按"揩抹"之義或釋作擦抹乾浄。評曰："四句頌盡公案了"。《漢典》"揩"條：摩擦；拭抹。《文選·張衡〈西京賦〉》："揩枳落，突棘藩。"李善注引《字林》："揩，摩也。"北魏賈思勰《齊民要術·種紅藍花梔子》："其冒霜雪遠行者，常齧蒜令破，以揩脣，既不劈裂，又令辟惡。"《法苑珠林》卷七："譬如樹枝相揩，即有火出。"《水滸傳》第二五回："他若放了命，便揭起被來，却將煮的抹布一揩，都没了血跡。"

【據款結案】款，款狀，即口供。案，案牘。據款結案，根據口供進行裁決。

【忒煞】《字典》："忒，惕德切，音慝，又通作'貸''忕'。"忒，獨音。貸，正音。"泰忕"轉音。若爲"貸"，則用筆畫較少的"忕"字。太，音泰，二字字義相通，屬同音假借字，意同日語"甚（はなは）だ"，即非常、甚。煞，爲"殺"俗字。樂天詩："東風莫煞吹"，自注："俗謂太過曰'殺'。"忒煞、大煞、可煞，並同義也。又"煞"一字義亦同，如"頌則煞頌"，見六卷四下。《禪典》"忒煞"條：太，實在。程度副詞。《五燈會元》卷一九，象耳袁覺："後往大溈，依佛性。頃之，入室陳所見。性

曰：'汝忞煞遠在！'然知其爲法器，俾充侍者，掌賓客。"（忞煞遠在：意謂離開禪法太遠啦）

【名邈】邈，當作"貌"。《正韻》："描畫人物，類其形曰'貌'。"然諸錄多作"邈"。《漢典》"邈"條：形狀；容貌。南朝宋謝靈運《游嶺門山》："千圻邈不同，萬嶺狀皆異。"宋曾鞏《寄孫正之》："邈癯心苦氣飄飄，長餓空林不可招。"邈，一本作"貌"。《禪典》"名邈"條：描摹，描述。按真如本體、玄妙機鋒無法描摹、描述，故禪家否定"名邈"之作略。《五燈會元》卷五，丹霞天然："一靈之物，不是你造作名邈得。"《黃龍語錄》："是故禪者非內非外，非有非無，非實非虛。不見道，內見外見俱錯，佛道魔道俱惡。瞥然與麼去分，月落西山。更尋聲色分，何處名邈？"《碧巖錄》卷一，第一則："且道雪竇意在什麼處？到這裡喚作驢則是，喚作馬則是，喚作祖師則是？如何名邈？往往喚作雪竇使祖師去也，且喜沒交涉！"亦作"名貌"。

○第二則

【兩頭三面】兩三頭面的互文。日語釋作"あちらといったり、こちらといったり"或"ぬれりくれり"，即一下子說那個人，一下子說這個人，指兩面糊弄。《五雜俎》（十六，二）："黨進過市，見縛勾欄者，問：'汝說何人？'優者言：'說韓信。'進怒曰：'汝對我說韓信，見韓信即當說我，此三頭兩面之人！'命杖之。"黨進，唐音"タンチン"。韓信，唐音"アンシン"。《漢典》"兩頭三面"條：同"兩頭白麵"。元關漢卿《蝴蝶夢》第三折："若是我，兩三番，將他留戀，教人道後堯婆兩頭三面。"《漢典》"兩頭白麵"條：對兩頭都掩飾、隱瞞。形容作事情表裏不一，兩麵糊弄，兩頭討好。白麵，麵粉，比喻胡塗或被人蒙蔽。元康進之《李逵負荊》第二折："則爲你兩頭白麵搬興廢，轉背言詞說是非。"

【舌拄上齶】《坐禪儀》："舌拄上齶，唇齒相著。"今開口不得之義也。

【逐教上樹去】貓被趕到了樹上。《禪林類聚》中，"貓"字下有風穴延沼禪師"樹上安心"語。《漢典》"教"條：使；令；讓。《墨子·非儒下》："勸下亂上，教臣殺君，非賢人之行也。"《史記·淮陰侯列傳》："若教韓信反，何冤？"唐王昌齡《出塞》之一："但使龍城飛將在，不教胡馬度陰山。"宋周邦彦《玉樓春》："酒邊誰使客愁輕，賬底不教春夢到。"

【一著】圍棋的一手曰"一著"，如"三十六著走爲上著"。永明大師云："收功者，棋之一著，不可以一著而廢衆著。"圍棋中決定勝負的一手是最後一手。《漢典》"上著"條：下棋時的妙著，高著。多用以比喻上策，妙計。《水滸傳》第二回："我兒，三十六著，走爲上著，只恐没處走。"《初刻拍案驚奇》卷三四："媽媽若割捨得下時，將姑娘送在佛門做個世外之人，消災增福，此爲上著。"《西湖佳話·岳墳忠跡》："我與他相抗，萬無生理，不如投降他，乃爲上著。"

【似過你】似，《字典》："奉也"。賈島詩："今日把似君，誰有不平事。"杜詩："爐存火似紅"，注"似"字訓作"呈"字，如今日把似君之"似"。另有"說似一物即不中"。《漢典》"似"條：與，給。唐賈島《劍客》："今日把似君，誰爲不平事。"宋晏幾道《長相思》："欲把相思說似誰，淺情人不知。"

【鉤頭】鉤，日語"秤の鉤（はかり かぎ）"，即秤鉤。定盤，同"秤（はかり）"，即秤也。"識取鉤頭云云"，指稱斤兩要讓秤鉤決定秤砣在秤桿上的位置，而不能靠秤星來決定。

【往往】日語"每度（まいど）"，即每次。杜詩："醉中往往愛逃禪"。亦有"所所（ところどころ）""行先行先（ゆくさきゆくさき）"之義，即處處。蘇頲詩："往往花間逢彩石"。《漢書》"往往而有"注："言處處皆有之。"《漢典》"往往"條：常常。《史記·十二諸侯年表序》："及如荀卿、孟子、公孫固、韓非之徒，各往往捃摭《春秋》之文以著書，不可勝紀。"唐曹唐《劉晨阮肇游天臺》："往往雞鳴巖下月，時時犬吠洞中春。"清顧炎武《菰中隨筆》："漢之能吏多出掾史，唐節度所辟書記，亦往往入而爲大官。"

【分疏不下】日語釋作"言いほど消えぬ（い き）"，即說得越多，越說不清楚。疏，同"疎"，疏，分也。《輟耕錄》："人之自辨白其事之是非者，俗曰'分疏'。"《禪典》"分疏"條：分辨，辯解。《惟則語錄》卷三《示如維那》："間有知是世相，知爲定分，知屬浮幻底，向閒時冷處，也說得圓融，佯有主宰。及乎真境現前，依舊分疏不下，撥擺不行。"《密庵語錄》："帶累釋迦老子，通身是口也分疏不下。"

【只得飲氣吞聲】只得，日語釋作"是非無く"，即不得已，除此之外別無他法。飲氣吞聲，日語譯作"ぐっともいわぬ"。忍氣吞聲，同"無念を堪えて默っている"。兩者意皆同，指雖然遭受欺侮，但却不敢出聲。《漢典》"只得"條：只好；只能；不得不。《宣和遺事》前集："宋江統率三十六將，往朝東嶽，賽取金爐心願。朝廷不奈何，只得出榜招諭宋江等。"明李贄《復晉川翁書》："倘其父終不肯變，亦只得隨順其間，相幾而動。"《漢典》"飲氣吞聲"條：謂不喘氣，不做聲。形容憂懼惶恐。《藝文類聚》卷五八引南朝梁任孝恭《爲汝南王檄魏文》："關東英俊，河北雄才，痛桑梓淪蕪，室家顛殞，飲氣吞聲，志申讎怨。"《敦煌變文集·維摩詰經菩薩品變文》："宣令者各抱慚惶，怕羞者盡懷憂懼，會中悄悄，飲氣吞聲。"元張養浩《寨兒令·赴詹事丞》曲："帶行人所望無成，管伴使飲氣吞聲。"

【不理會得】即見解不一致、道理不相合。理會，多義詞。例如，理會得，指聽懂、領會他人的話或吩咐。與他理會一場，指評理、理論。不理會，即不搭理人。

【只管】日語"ひたすら"，即一味、一箇勁兒地。亦作"只顧""柢管"。《漢典》"只管"條：只顧；一直；一味。宋范成大《去年多雪苦寒》："只管苦吟三尺雪，那知遲把一枝春。"《二刻拍案驚奇》卷九："（鳳來儀）一邊收拾，望著東牆只管落下淚來。"《紅樓夢》第三二回："寶玉望著只管發起呆來。"

【七花八裂】"七八花裂"的互文。意同日語"落花微塵"，即如落花、微塵般四分五裂。

【不干山僧事】日語可訓讀爲："山僧に干る事に不"。第十一則評：不作"非"，意指這事不用山僧管。

【怎生】同"作麼生"。《五音集韻》："怎，揚州人讀作'争'，上聲。吳人讀作'尊'，上聲。各從鄉音而分也。"《字彙》："怎，俗語辭，猶何也。"

【頓絕】頓挫之意。頓，頓即也。頓絕，日語釋作"しゃんと切上げる"，即勢頭突然受挫。

【分開結裏，算來也只是頭上安頭】古來日語訓讀錯誤較多。"分開結裏"一句，"算來云云"一句。結裏，亦作"結果"，日語釋作"ことをしまい""ことを片付ける"，指做完事、解決好。故失去生命之死亦稱作"結果"。此句意爲：現在就算把禪宗意旨分解開來然後統合回去，推測起來這也只是頭上安頭，累贅重複而已。《禪典》"頭上安頭"條：頭上再加一個頭，比喻多餘、累贅。安：安放。《臨濟語錄》："向爾道，無佛無法，無修無證，只與麼傍家擬求什麼物？瞎漢！頭上安頭，是爾欠少什麼！道流，是爾目前用底，與祖佛不別，只麼不信，便向外求，莫錯！"《祖堂集》卷九，落浦："老僧有事問諸人。若道這個是，頭上更安頭；若道不是，斫頭更覓活。"亦作"頭上著頭""頭上更增頭"。

【交加】互相交疊，相加於其上。亦形容樹木枝繁葉茂，枝與枝相交貌。《漢典》"交加"條：相加，加於其上。《文選·宋玉〈高唐賦〉》："交加累積，重疊增益。"李善注："交加者，言石相交加，累其上，別有交加。"《禪典》"交加"條：錯雜，綜合。《五燈會元》卷一六，臨安智才："風雨蕭騷，塞汝耳根。落葉交加，塞汝眼根。"《碧巖錄》卷一，第二則："雪竇可謂有大手腳，一時與爾交加頌出。然雖如是，都無兩般。"

【好彩】賭博押注押中，手氣好。《漢典》"好彩"條：亦作"好采"。指賭博手氣好。唐李白《送外甥鄭灌從軍》之一："六博爭雄好彩來，全盤一擲萬人開。"明劉績《放歌行》："也知六博無高手，時至君看好彩來。"

○第三則

【太廉纖生】廉，《廣韻》："儉也"。纖，《説文》："細也"。《祖庭事苑》："廉纖，猶撿斂，細微也。"太廉纖生，意師家接化學人之方法，甚爲親切而微細綿密。生，助聲也。《禪典》"廉纖"條：指情識分別對參學者的糾纏，亦指言句囉嗦。《雲門廣錄》卷中："舉，法身清净，一切聲色盡是廉纖語話。不涉廉纖，作麼生是清净？"《五燈會元》卷一七，超化净："聲前認得，已涉廉纖。句下承當，猶爲鈍漢。電光石火，尚在遲疑。點著不來，橫屍萬里。"又卷一五，育王環璉："若論佛法兩字，是加增之辭，廉纖之説。"亦作"簾纖"。

【帶累】同日語諺語"側杖に遭う""難儀がかかる"，即無辜受牽

連、被拖累。《漢典》"帶累"條：連累。唐姚合《寄王玄伯》："夜歸曉出滿衣塵，轉覺才名帶累身。"元劉唐卿《降桑椹》第一折："延岑云：'哥哥，小人身做身當，豈敢帶累你也。'"《紅樓夢》第五八回："我們攆他不出去，說他又不信，如今帶累我們受氣！"

【仁義道中】猶曰"禮法"。法昌遇禪師，因喆首座來訪，師問："山深路僻，何煩訪及？"喆云："仁義道中，不爲分外。"又保福因尼來參，師曰："阿誰？"侍者云："覺師姑。"曰："既是覺師姑，用來作麽？"尼云："仁義道中，即不無。"《漢典》"仁義"條：亦作"仁誼"。仁愛和正義；寬惠正直。《禮記·曲禮上》："道德仁義，非禮不成。"孔穎達疏："仁是施恩及物，義是裁斷合宜。"《禮記·喪服四制》："恩者仁也，理者義也，節者禮也，權者知也，仁義禮知，人道具矣。"《孟子·梁惠王上》："王何必曰利，亦有仁義而已矣。"《吕氏春秋·適威》："古之君民者，仁義以治之，愛利以安之，忠信以導之，務除其災，思致其福。"《漢書·食貨志上》："陵夷至於戰國，貴詐力而賤仁誼，先富有而後禮讓。"唐韓愈《寄三學士》："生平企仁義，所學皆孔周。"宋王安石《與王子醇書》："且王師以仁義爲本，豈宜以多殺斂怨耶？"清王應奎《柳南隨筆》卷二："方旦（朱方旦）書示云，正心誠意，道德仁義，方可看長安春色。"

【養子之緣】如把孩子含在嘴裏怕化了一樣，精心呵護將其養育長大。

【巴鼻】日語釋作"捕らまえ所（と ところ）"，指器物上供手執握之處。又同"證據"之意。巴，器物供手執握之處，取"把"字意。鼻，指鼻子。《圓悟録》瞌睡歌："懵懵懂懂，無巴無鼻。"《韻府》作"把鼻"。《唐話纂要》没巴臂作"事無根據"。《夢華録》："御宴酒杯皆金屈卮，如菜碗而有手把子。"《大惠書》卷下："答吕舍人，下没巴鼻可把捉。"

【何消恁麽】消，俗話"用"字。

【屈】冤屈，日語"無実（むじつ）"，即冤枉。《漢典》"屈"條：屈辱；委屈；冤枉。《史記·老子韓非列傳》："徑省其辭，則不知而屈之。"司馬貞索隱："謂人主意在文華，而説者但徑捷省略其辭，則以説者爲無知見屈辱也。"宋葉適《惠州姜公墓志銘》："高宗既歎其屈，而孝宗尤器其材。"《二刻拍案驚奇》卷十五："江老夫妻與女兒叫起撞天屈來，説道：

'自來不曾出外，那裡認得什麼海賊？却不屈殺了平人！'捕人道：'不管屈不屈，到州裡分辨去，與我們無干。'"

【屈節當胸】躬身屈節，叉手當胸。

○第四則

【指東劃西】無解説。《漢典》"指東劃西"條：謂説話東拉西扯。《聯燈會要・道閑禪師》："莫只這邊那邊，違得些言句，到處插語，指東劃西，舉古舉今。"《五燈會元・黃龍南禪師法嗣・隆慶慶閑禪師》："不用指東劃西，實地道將一句來。"

【複子】字書將複子歸爲綿花、綿衣類。袱，房六切，音伏。複，方六切，音福。複，與"袱"字不通用，然評曰："包亦不解"，故俗話中或與包袱之袱通用。《漢典》"複"條：指裝綿絮的衣服。《説文・衣部》："複……一曰褚衣。"朱駿聲通訓："'一曰褚衣'，謂即袍也。"張舜徽約注："今俗所稱夾衣，古謂之複，此本義也。古之夾衣，入冬則裝綿，故許又云：'一曰褚衣。'"北魏賈思勰《齊民要術・雜説》："二月……蠶事未起，命縫人浣冬衣，徹複爲袷。"《禪典》"複子"條：包袱，行李袋。《臨濟語錄》："相逢不相識，共語不知名。今時學人不得，蓋爲認名字爲解。大策子上抄死老漢語，三重五重複子裏，不教人見。道是玄旨，以爲保重。"《潙山語錄》："德山來參，挾複子上法堂，從西過東，從東過西。"《圓悟語錄》卷一三："若是作家本分漢，遇著咬豬狗底手脚，放下複子靠將去。"

【冷眼】日語釋作"尻目で見る"（しりめ で み），即斜視看人，指輕蔑的眼光，或指冷静、客觀的眼光。見第三十二則。《漢典》"冷眼"條：冷漠的眼光；輕蔑的眼光。元楊顯之《瀟湘雨》第四折："正是常將冷眼看螃蟹，看你橫行得幾時。"明高明《琵琶記，南浦囑別》："你寧可將我來埋冤，莫將我爹娘冷眼看。"《禪典》"冷眼"條：旁觀者用冷静明鋭的眼光（來觀察）。《碧巖錄》卷一，第四則："冷眼看這老漢，捋虎鬚也須是這般人始得。"又見"冷眼人"。

【贏得】贏，日語"儲ける"（もう ける），即得利、發財，音盈。《字彙》："賈獲利也"。《漢典》"贏得"條：獲利所得。《史記・貨殖列傳》："然其贏

得過當，愈於纖嗇，家致富數千金，故南陽行賈盡法孔氏之雍容。"司馬貞索隱："又蒙其所得之贏過於本資，故云'過當'。"

【落節】做賣買做虧本了。唐時諺語："買褚得薛不落節。"因褚遂良和薛稷皆爲唐代善書者也，故稱失誤爲"失枝脱節"。《禪典》"落節"條：吃虧。多謂言句作略受挫。《法演語錄》卷上："上堂云：'山僧昨日入城，見一棚傀儡，不免近前看。或見端嚴奇特，或見醜陋不堪。動轉行坐，青黃赤白，一一見了。子細看時，元來青布幔裡有人。山僧忍俊不禁，乃問：長史高姓？他道：老和尚看便休，問什麼姓？大衆，山僧被他一句，直得無言可對，無理可伸。還有人爲山僧道得麼？昨日那裡落節，今日者裡拔本。'"《黃龍語錄》："舉，思和尚令石頭馳書，上南嶽讓和尚……師云：'石頭馳書，今古共聞。'……石頭雖然善能馳達，不辱宗風，其奈逞俊太忙，不知落節。"（逞俊：逞能）《圓悟語錄》卷一一："師云：'昨夜鐘鳴時，諸人盡來此，已是刺腦入膠盆。今夜鐘鳴時，復來有何事，兩重三重已落節。若是知有底，聊聞舉著，徹骨入髓，踢起便行。坐斷報化佛頭，不落語默聲色。'"

【拔本】本，本錢。拔本，取回本錢。折本，原本指根折斷了。"拔折"之義，猶如拔蘿蔔時一放松力氣，蘿蔔會折回地裡。《禪典》"拔本"條：撈回本錢，補償損失。《法演語錄》卷上："昨日那裡落節，今日者裡拔本。"（落節：吃虧）《碧巖錄》卷一，第四則："東邊落節，西邊拔本。"《大慧語錄》卷四："殊不知，孚上座正是一枚賊漢。於鼓山面前納一場敗闕，儱儸而歸，却來雪峰處拔本。"

【油糍】芝麻糯米餅。《祖庭事苑》"餬餅"注："胡麻，即油麻也。"糍粑，属"餅団子"（もちだんご）一類，即糯米団子類食物。字書中無"糍粑"二字，俗話也。《漢典》"油糍"條：一種油煎的糯米食品。宋羅大經《鶴林玉露》卷十二："文政知事必不集，陰求貌類己者一人曰劉四，以煎油糍爲業，使執役左右。"

【放下】日語釋作"下に置く"（したお），即放下來、放到下面。放，安之義。俗話"安心"亦稱作"放心"。不安心則作"放心不下"。趙州的"放下著"意同"放到下面"，非指扔掉。如把椀楪放在桌上等。放箸，指放下筷子。《漢典》"放下"條：把握著、提著或負載著的物件從高處放到低處。《五燈會元·七佛·釋迦牟尼佛》："佛曰：'放下著。'梵志遂放下左手一株花。"《二十年目睹之怪現狀》第四八回："只見刑房書吏拿了一宗案卷進來。繼之叫且放下，那書吏便放下，退了出去。"

【但問】日語釋作"何であろうと問え"（なんと），即儘管問。《頌古集》："汝若不識，但問老僧。"《禪林類聚》："但得雪消去，自然春到來。"但，同"何であろう"（なん），即不管是什麼。又意同"隨分"（ずいぶん），即相當、盡可能。如但歇不妨，日語"隨分宿れ"（ずいぶんやど），指請客人盡管住下來。但吃不妨，同"隨分まいれ"（ずいぶん），指請客人盡管喫。《漢典》"但"條：只管；儘管。《漢書・游俠傳・原涉》："涉因入弔，問以喪事。家無所有，涉曰：'但絜埽除沐浴待涉。'"元岳伯川《鐵拐李》第二折："你但放心，我只不出去見人便了。"《紅樓夢》第四回："此係私室，但坐不妨。"

【於屏風後引身云】從屏風後面探出半張臉和半身。

【珍重】叢林禮話中有"早起不審""夜間珍重"之語。不審，日語釋作"よくお休みなされしか？いかが？"（やす）即"昨夜您是否休息好？您覺得怎麼樣？"珍重，同"お身を大切に。よく休みたまえ"（み たいせつ やす），即"請多保重身體，請好好休息。"此類話語用作早晨與人見面時，以及晚上就寢前的寒喧。《禪典》"珍重"條：道別語，有時相當於"保重"。《祖堂集》卷三，荷澤："師鄉信到，報父母俱喪。師乃入僧堂白槌曰：'父母俱喪，請大眾念摩訶般若！'大眾才坐，師曰：'勞煩大眾，珍重！'"《五燈會元》卷七，羅山道閑："臨遷化，上堂集眾……乃曰：'欲報佛恩，無過流通大教。歸去也！歸去也！珍重！'言訖，莞爾而寂。"又卷一六，天衣義懷："上來道個'不審'，能銷萬兩黃金；下去道個'珍重'，亦銷得四天下供養。"（不審：見面時的問候語）

【可中】"可""箇"同音通用，指物辭。可中，猶同"這裡"。"有箇漢"之箇，省略了"一箇"之"一"字。又如"好（一）箇衲僧""好（一）坐大山"。《禪典》"可中"條：此中。亦隱指禪悟境界。《祖堂集》卷一五，盤山："禪德，可中學道，似地擎山，不知山之高峻；如石含玉，不知玉之無瑕。若能如是，是名出家。"《五燈會元》卷七，德山宣鑒："潭（指龍潭）點紙燭度與師，師擬接，潭複吹滅。師於此大悟，便禮拜。潭曰：'子見個甚麼？'師曰：'從今向去，更不疑天下老和尚舌頭也！'至來日，龍潭升座謂眾曰：'可中有個漢，牙如劍樹，口似血盆，一棒打不回頭。他時向孤峰頂上，立吾道去在！'"《續傳燈錄》卷一〇，洞山云："上堂：'秋風卷地，夜雨翻空。可中別有清涼，個裡更無熱惱。是誰活計？到者方知。才落見聞，即居途路。且道到家後如何？任運獨行無伴侶，不居正位不居偏。'"

【還他師子兒】還，日語"渡す"，即交付、交給。此句意指你幹不來這事，還是交給他。又還我話頭來，指你講不清楚，還是讓我來說。又可譯作日語"戻せ"，此時取"還"字本義，同"払え"，即還錢，如"還我九十日飯錢來"等。

【不忙】不慌張、冷静、沉著。如"不慌不忙"等。《漢典》"忙"條：急促，急迫。唐李咸用《題陳正字山居》："幾日憑欄望，歸心自不忙。"五代杜謙《太原郡小娘子尊勝幢記》："生滅兮雖常，汝去兮何忙！"宋劉過《沁園春·王汝良自長沙歸》："談兵齒頰冰霜，有萬戶侯封何用忙？"

【掀倒禪床】掀，日語釋作"撥ね上げる"，即向上撩起、揭開。掀起笠兒，指將斗笠向上撩起。《水滸傳》："一道黑氣，從穴裡滾將起來，掀塌了半箇殿角。"《漢典》"掀"條：撩起；揭開。宋沈括《夢溪筆談·雜志二》："乃掀衣登陴，抗聲罵之，盡發其私。"《紅樓夢》第三五回："雪雁快掀簾子，姑娘來了。"《禪典》"禪床"條：禪師說法時的座位。《臨濟語錄》："上堂云：'赤肉團上有一無位真人，常從汝等諸人面門出入，未證據者看看。'時有僧出問：'如何是無位真人？'師下禪床把住云：'道！道！'"《如淨語錄》卷上："斂衣就座，乃以拂子擊禪床左邊。"

【手腳】日語"働き"，或"手並み"，即本領、技能。《禪典》"手腳"條：本事，手段。《碧巖錄》卷一，第二則："雪竇可謂大有手腳，一時與爾交加頌出。"又第三則："若是本分人到這裡，須是有驅耕夫之牛、奪饑人之食底手腳，方見馬大師為人處。"

【工夫】原本指手藝人做手藝時所需要的時間、勞力、腦力等。按"工巧士夫"之義可釋為日語的"手間"，即勞力或腦力，或"暇"，指時間。此外，師家講公案點撥弟子亦稱作"工夫"，或因此工作也需學人的時間、勞力和腦力，故"工夫"並不單指思考所消耗的腦力。《漢典》"工夫"條：作事所費的精力和時間。晉葛洪《抱樸子·遐覽》："藝文不貴，徒消工夫。"唐杜荀鶴《秋日閑居寄先達》："到頭身事欲何爲，窗下工夫鬢上知。"

【聲誵】混淆訛誤。《中峰録》音釋："不平易貌。"此説引自韓愈《進學解》對"佶屈聱牙"和《韻會》對"聱牙，言辭不平易貌"的解釋。誵，吾禾切。牙，五加切，二字音相近，見《方語解》論述。《漢典》"聱牙"條：形容文詞艱澀難讀。唐韓愈《進學解》："周《誥》殷《盤》，佶屈聱牙。"宋劉克莊《歲晚書事》之三："幸然不識聱牙字，省得閑人載酒來。"明李東陽《與錢汝謙書》："但辭旨漫衍，勢難精擇，且中間時作聱牙語，則又失之險怪。"清趙翼《甌北詩話·韓昌黎詩》："此等詞句，徒聱牙輵舌，而實無意義，未免英雄欺人耳。"《禪典》"聲誵"條：即"諸誵"。錯誤，謬誤。《惟則語録》卷二："通身無主宰，隨處有聲誵。"

【理能伏豹】《祖庭事苑》："伏豹，當作'伏㚻'，於教切，狠戾也。"見《遠浮山録》。《大惠普説》（四，四九）："所謂'理能伏㚻'，纔到道理上，自然教你禮拜。"《西巖録》（下，十一）作"伏豹"。《楚石録》（十一，三）："狸能伏豹"。按，此語説法種種，難辨。《普説》中無"澤廣藏山"句，而在大惠的論議中，讓座主屈伏處所用狸和豹的比喻則全然不準，因此，理能伏豹，或可從《事苑》《普説》二書解釋。

【三十六策】《冷齋夜話》九："三十六計，走爲上計。"此爲兵法術語，日語"逃げるが上"，指逃跑是最好的策略，亦指判斷力。"三十六著，走爲上著"，爲圍棋術語。《漢典》"三十六策"條：猶言三十六計。元方回《記游自次前韻》："爾來何止師左次，三十六策走上策。"林旭《叔嶠印伯居伏魔寺數往訪之》："言戰言守言遷都，三十六策地則無。"

【滅滅挈挈】破關擊節，作"滅裂"，可從。見《莊子·則陽》。《漢典》"滅裂"條：謂言行粗疏草率。《莊子·則陽》："芸而滅裂之，其實亦滅裂而報予。"成玄英疏："耕地不深，鉏治不熟，至秋收時，嘉實不多，皆由疏略，故致斯報也。"宋蘇軾《與歐陽晦夫書》："聞少游惡耗，兩日爲之食不下。然來卒説得滅裂，未足全信。"《續資治通鑒·宋高宗建炎元年》："願詔大臣按劾諸路勤王而滅裂者，悉加顯黜，以爲將來誤國忘君之戒。"

○第五則

【自領出去】官府用詞，日語釋作"掛かり合い無し、引きませい"，即某人與事件無瓜葛，可讓其家人領回家去。領，領承。保領出去，指某人在地方鄉紳作保下被領回家。保，保人，即擔保人，指村長、庄頭之類的鄉紳。亦見於《武庫》。《圓悟佛果禪師語錄》："若是烏龍長老。教自領出去。"

【匹上不足，匹下有餘】《禪喜集》（九，二）並《唐話纂要》（三，十一）："匹，通作'比'。"《唐話纂要》注："比上不足，比下有餘。"比，校也、並也，日語"比べる""並ぶ"。因"比"與"匹"字意同，二字皆爲唇音，故"匹"或爲"比"字轉音。《五雜俎》（七，十七）："上比山陰則不足，下視元和則有餘。"

【攙奪行市】《居家必用》（辛集，六一）："攙奪，謂攙先取其利也。"《敕修清規》（下一，五二）："或使疥藥，宜後入浴，不得攙先。"《貞和集》九栗鼠偈："盧橘尚青酸，攙先奪我食。"《字典》："攙，此兩切，與'搶'同，爭取也。律法有白晝搶奪。"行，《集韻》："寒岡切，列也。"俗將以批售爲業的批發商稱作"行"，如材木行、魚行、絲行等。市，《說文》："賣買所之也"。攙奪行市，指壟斷貨物、全部買下，日語釋作"買い占め"。方語注中可見"奪人買賣"一詞。又與《正宗贊》（二，三）"跳離驁牆"相對，故攙奪行市，又指白天進門偷東西的溜門賊一類，意同"晝鳶"。《禪典》"攙奪"條：搶奪、爭奪。《碧巖錄》卷一，第五則："王令稍嚴，不許攙奪行市。"《明本雜錄》卷中《示本色道人》："如今多是根浮脚淺，無主宰，無正見，無力量，無作略。輕遇著一些子逆順境界，便被他攙奪去。便乃著力不得，用心不得。"

【圈繢】同"圈套"，指陷阱。繢，《玉篇》："丘謂切"。組繢，今指陷害他人的花招，見《方語解》詳論。古抄中指輪之中也。《禪典》"圈繢"條：圈定的範圍，圈套。多指禪家接人施設或機語作略。《圓悟語錄》卷五："寸絲不掛，猶有赤骨律在。萬里無片雲處，猶有青天在。若乃不盡去，未免者也周由。直饒一切坐斷，已落佛祖圈繢。到這裡作麼生舉揚，作麼生提持？"《碧巖錄》卷一，第五則："只如道盡大地撮來如粟米粒大，這個時節，且道以情識蔔度得麼？須是打破羅籠，得失是非一時放下，灑灑落落，自然透得他圈繢，方見他用處。"亦作"圈繢""繾綣"等。

【本色】日語"持ち前""当たり前"，即天生的、與生俱來的。《唐書・柳仲郢傳》："有劉習者，以藥術進，詔署鹽官。仲郢以爲醫有本色官，若委錢穀，名分不正。"《呂氏童蒙訓》："當官者，凡異色人皆不宜與之相接。巫祝、尼媼之類，尤宜疏絶。"注："異色人，謂不務常業之人。"《小學》（五，三六）："據之，則務常業爲本色之人也。"《趙州錄》（上，十九）："問：'承教有言，隨色摩尼珠，如何是本色？'"《漢典》"本色"條：本來面目。清黄宗羲《胡子藏院本序》："詩降而爲詞，詞降而爲曲，非曲易於詞，詞易於詩也，其間各有本色，假借不得。"

【牛頭没，馬頭回】間不容髮也。無關牛馬，此句意指那邊剛一退下去這邊就又出來了。《禪典》"牛頭没，馬頭回"條：瞬間出現又瞬間消失的事相，比喻禪機極爲迅疾，稍縱即逝。《碧巖錄》卷一，第五則："看他雪竇頌云：'牛頭没，馬頭回，曹溪境裡絶塵埃，打鼓看來君不見，百花春至爲誰開？'……'牛頭没，馬頭回。'雪竇分明説了也，自是人不見，所以雪竇如此郎當頌道：'打鼓看來君不見。'癡人還見麼？"《圓悟語錄》卷九："牛頭没，馬頭回，全彰照用；金烏急，玉兔速，略露權衡。透得過底，似虎靠山，如龍得水；透不過底，聞恁麼道，似鴨聽雷鳴。"《續傳燈錄》卷二〇，甘露志傳："牛頭没，馬頭回，劍輪飛處絶纖埃。南北東西無異路，休言南嶽與天臺。"

○第六則

【不出斗】斗，除指容量的"升"外，亦指箱子之類器物。抽屉又稱作"抽斗"，其他如"塵斗""炭斗"。《漢典》"斗"條：斗形的器物。《晉書・韓伯傳》："母方爲作襦，令伯捉熨斗。"

【擬議不來】"不"字，同"雲在嶺頭閑不徹"等句中的"不"一樣，起强調作用。《漢典》"擬議"條：揣度議論。多指事前的考慮。《易・繋辭上》："擬之而後言，議之而後動，擬議以成其變化。"南朝梁劉勰《文心雕龍・議對》："夫動先擬議，明用稽疑。"《朱子語類》卷五九："只今眼下便是用功處，何待擬議思量與辨論是非，講究道理不同。"清黃宗羲《四明山九題考》："陸皮未嘗親至，止憑遺塵之言，鑿空擬議。"

【秦時䶉轢鑽】秦時，指古代，如"秦時明月漢時關"等。䶉轢鑽，指䶉轤錐。秦時䶉轢鑽，日語釋作"役に立たぬ"，即無用、沒有用處。《禪典》"秦時䶉轢鑽"條：秦代的錐鑽，鑽刃腐蝕無用，喻機思遲鈍，機鋒陳舊。《禪林僧寶傳》卷二，雲門文偃："初至睦州，聞有老宿飽參，古寺掩門，織蒲屨養母。往謁之，方扣門，老宿搊之曰：'道！道！'偃擬不暇答，乃（被睦州）推出曰：'秦時䶉轢鑽！'隨掩其扉，損偃右足。"《密庵語錄》："歲旦，上堂：'元正一旦，萬事成辦。大乘小乘，并索錢貫。更問佛法如何，也是秦時䶉轢鑽。'"

【一模脫出睦州】模，模範、模子。睦州的模樣一覽無遺。

【常云】常，同"嘗"，同音通用。

【合子】合，曷閤切。《正韻》："合子，盛物器。"亦作"盒"。香合子，指香箱。《漢典》"合子"條：即盒子。盛物之器，有蓋，可開合。唐孟棨《本事詩·情感》："車中投一紅巾，包小合子，實以香膏。"《太平廣記》卷三一〇引《傳奇·張無頗》："大娘曰：'某有玉龍膏一合子，不惟還魂起死，因此亦遇名姝。'"宋陸游《老學庵筆記》卷七："俄持一小玉合子至，合中有藥，色正黃。"

【得信道生】日語訓讀爲："信を得て生しと道や"。信，日語"便り"，信息也。

【賣香客】客，商客、旅商人。

【七穿八穴】無解說。《禪典》"七穿八穴"條：形容悟道透徹明白，運用通暢無礙。穴：穿透。《嘉泰普燈錄》卷二五，徑山別峰印："宗門下無有不管底法，無有不透底事，問著便要七穿八穴，不問一點也瞞他不得，此是本分參學人分上事。"《五燈會元》卷一七，寶華普鑒："其或見諦不真，影像仿佛，尋言逐句，受人指呼，驢年得快活去！不如屏淨塵緣，豎起脊樑骨，著些精彩，究教七穿八穴，百了千當。向水邊林下長養聖胎，亦不枉人天供養。"亦作"七穴八穿"。

【放過一著】讓對方一手。圍棋術語，前出。《禪典》"放過一著"條：意謂退讓一步，寬鬆一次，指禪師接引中下根器的學人時采用方便法門。《法演語録》卷上:"第一義本來清净,不受諸塵,如何説得?同道方知。今日放過一著,向建化門中,别作個解話會。"《碧巖録》卷一,第五則:"大凡扶豎宗教,須是英靈底漢,有殺人不眨眼底手脚,方可立地成佛。所以照用同時,卷舒齊唱,理事不二,權實並行。放過一著,建立第二義門。"

【何似生】猶作"麽生"。楊萬里《雹》:"青春已在殘紅裡,更著渠儂何似生。"《禪典》"何似生"條:猶"何似"。如何,怎樣。生:尾碼。《祖堂集》卷一八,趙州:"師云:'還見老僧也無?'對云:'見。'師云:'見何似生?'對云:'似一頭驢。'"

【胡餅】《釋名》:"胡餅,作之大漫沍也。又以'胡麻'著也。"《禪典》"胡餅"條:又稱胡麻餅,或寫作"糊餅",一種塗以香油,嵌入芝麻,爐中烘烤的面餅,其制法從胡地傳來,故稱。《古尊宿語録》卷一,大鑒下三世(懷海):"師參馬大師爲侍者,檀越每送齋飯來,師才揭開盤蓋,馬大師拈起一片胡餅示衆云:'是甚麽每日如此?'"又見"胡餅有甚汁""胡餅裡呷汁"等。

【我寧不説法】寧,日語釋作"いっそのこと",即索性、乾脆。

【無事界】無爲無事境界也。與"無事閣"略有區别。

○第七則

【性懆漢】懆,音草,《説文》:"愁,不安也。"非今義。焦燥,日語"イラって""腹立てる",即生氣,憤怒。由此詞引申出"性懆漢",指性格敏感又伶俐之人。《虛堂録·與聖語》作"燥",有性急、急躁之義。《禪典》"性懆漢"條:同"性燥漢"。《聯燈會要》卷一八,幹元宗穎:"示衆,拈拄杖,卓一下云:'性懆漢,只消一錘。'"《碧巖録》卷一,第七則:"垂示云:聲前一句,千聖不傳;未曾親覿,如隔大千。設使向聲前辨得,截斷天下人舌頭,亦未是性懆漢。"《禪典》"性燥漢"條:靈利俊快之人。

【即今事且致】且致,《事苑》當作"且置"。《禪典》"且置"條:放在複句前分句末尾,表示排除前分句内容,不作爲本複句主題,引出的後分句是主題句,且大多是疑問句。這是帶行業色彩的句型。《祖堂集》卷一八,仰山:"與摩時且置,不與摩時作摩生?"《五燈會元》卷四,大慈寰中："（南泉）問：'如何是庵中主？'師曰：'蒼天！蒼天！'泉曰：'蒼天且置，如何是庵中主？'"又卷一一，風穴延沼："（南院）于左膝拍一拍，師便喝。院於右膝拍一拍，師又喝。院曰：'左邊一拍且置，右邊一拍作麼生？'"也作"且止""且從""即且置""則且置"等。

【擔枷過狀】《通雅》："辰州人謂以物予人曰'過'。"意同"過禪板來""過蒲團"之"過"。狀，告狀、訴狀也。擔枷過狀，指被定罪後的犯人，肩上擔著枷到達被發配的地方，還要自己移交文書給發配地的官府。亦作"陳狀"。《漢典》"陳狀"條：述說情況。《漢書·劉向傳》："天文難以相曉，臣雖圖上，猶須口說，然後可知，願賜清燕之閒，指圖陳狀。"《後漢書·循吏傳·許荊》："荊對之歎曰：'吾荷國重任，而教化不行，咎在太守。'乃顧使吏上書陳狀，乞詣廷尉。"

【就身打劫】打家劫舍，指強盜到人家裡搶劫財物。就身打劫，指強盜攔路剝人隨身衣物。劫，日語"押し取りにする"，即靠武力搶奪、強取。見《雲門廣錄》解釋。《漢典》"打劫"條：搶劫。《京本通俗小說·馮玉梅團圓》："玉梅將賊兵打劫及范希周救取成親之事，述了一篇。"《說唐》第二四回："這般人行李沉重，財物必多，何不打劫來去做壽禮？"《二十年目睹之怪現狀》第四八回："説也奇怪，無端來了幾十箇人去打劫有利銀行，聽説當場拿住了兩箇。"

【除非是云云知歸，方有少分相應】。除非，日語"ただ"，即不過、但是、只有。意指不管好的壞的，總之留下一箇。"除非""除是""除是非"皆意同"ただ"，即不過、但是、只有。如《水滸傳》："只除是大尉辦一點志誠心云云，方許得見。"今此處的"除非"，其作用所涉及的範圍只到"知歸"二字。又"除"字處，取"除云云外"之意可知省略了"外"字。趙州示眾云："除二時粥飯是雜用心處"。《佛果圜悟禪師碧巖錄》："除非是一棒打不回頭底漢，牙如劍樹，口似血盆，向言外知歸，方有少分相應。"

【管帶】帶著不離身，隨身。管顧帶著之意。管，《字典》注："總理其事，又主當也。"

【不憤】杜詩："不分桃花紅勝錦"，注解："不分，不忿也。正是忿意。公善以方言俚諺點化入詩句中。"又《水滸傳》第四八回："花栄拈弓搭箭，不端不正，把那碗燈射將下來。"不憤，日語"憤る"（いきどお），即憤慨、憤怒。"不"字，與"閑不徹"等"不"字表示強調用法相同。"憤""忿"二字音義通。《禪典》"不憤"條：不服氣，不同意。《碧巖錄》卷一，第七則："法眼云：'監院果然錯了也！'則（指監院）不憤，便起單渡江去。"（起單：指脫離禪院）《大慧語錄》卷四《答劉通判（彥沖）》："闍夜多曰：'汝師與道遠矣。設苦行曆於塵劫，皆虛妄之本也。'其徒不憤，皆作色屬聲，謂闍夜多曰：'尊者蘊何德行，而譏我師！'"《緇門警訓》卷八《佛鑒勤和尚與佛果勤和尚書》："此蓋老兄博覽古今所蘊之妙。而不憤今時邪黨異説，有昧古人之意故。"亦作"不忿"。

【喃喃】《玉篇》："呢喃，小聲多言也。"如"幽鳥語喃喃"等。《漢典》"喃喃"條：象聲詞。低語聲。《北史・隋房陵王勇傳》："〔太子〕乃向西北奮頭，喃喃細語。"清紀昀《閲微草堂筆記・姑妄聽之一》："忽扮錢玉蓮者長跪哀號，淚隨聲下，口喃喃訴不止。"

【傷慈】日語釋作"慈悲すぎる""慈悲に傷が付く"，即過度慈悲，因慈悲心重而受傷。《禪典》"傷慈"條：傷於慈悲心重，過度慈悲。謂禪家赤心接人，言句稍繁，有違不立文字語句之原則。《碧巖錄》卷一，第七則："雪竇第三第四句，忒殺傷慈，爲人一時説破。"又卷六，第五五則："道吾恁麽血滴滴地爲他，漸源得恁麽不瞥地！道吾既被他打，遂向漸源云：'汝且去。恐院中知事探得，與爾作禍。'密遣漸源出去。道吾忒殺傷慈。"《虛堂錄》卷八："上堂，舉，道吾和尚因僧問：'無神通菩薩，因甚蹤跡難尋？'吾云：'同道者方知。'僧云：'和尚還知麼？'吾云：'不知。'僧云：'爲什麼不知？'吾云：'去！汝不會我語。'師云：'不知二字，已是鎖斷者僧咽喉，無端爲物傷慈，暗露圭角。忽有問：南山無神通菩薩，因甚蹤跡難尋？拈主丈便打。何故？老僧不曾管人閒事。'"

【大光錢】無解説。

○第八則

【作賊人心虛】虛，意同"虛怯"之"虛"。日語釋作"びくびく怖じつく"，即心慌、心裏不踏實，非"虛誕"之"虛"。《醒世恒言》："自

古道，賊人心虛。那趙昂因有舊事在心上，嚇得魂魄俱無云云。"見《西遊記》"心虛膽戰"。《漢典》"心虛"條：膽怯。唐張鷟《游仙窟》："莫怪向者頻聲戰，良由得伴乍心虛。"《二十年目睹之怪現狀》第五六回："夏作人此時心虛已經到了極點，一看見了嚇得魂不附體，汗如雨下，不覺戰抖起來。"

【無向當話】日語釋作"理に当たらぬ話"，即沒道理的話、胡言亂語。

【哑哑地】哑，子答切，入口也，非今義，唐音"ツア"。哑哑地，日語"わちゃくちゃと"，即喋喋不休，嘮叨。解釋時無需拘於字義。第六十三則作"匝"。《漢典》"哑哑"條：謂使嘴發出響聲。

【潦倒】反切語，潦倒，切老，老羸貌。見《緗素雜記》。《字典》："蘊藉貌"，日語釋作"たよたよしたる"，即弱不禁風、軟弱無力。《漢典》"潦倒"條：衰老。唐李華《臥疾舟中相里范二侍御先行贈別序》："華也潦倒龍鍾，百疾叢體，衣無完帛，器無兼蔬。"唐杜甫《夔府書懷》："形容真潦倒，答效莫支持。"宋孫奕《履齋示兒編·字說·集字二》："《緗素雜記》云：古語有二聲合爲一字音……從西域二合之音，蓋切字之原也。學者不曉龍鍾潦倒之義，正如二合之音是也。龍鍾切爲'癃'字，潦倒切爲'老'字。謂人之老羸癃疾者即以龍鍾潦倒目之。"

【嘮嘮】音勞。《說文》："嘮呶，讙也。"《漢典》"嘮嘮"條：形容言語絮叨。前蜀貫休《四皓圖》："何人圖四皓？如語話嘮嘮。雙鬢雪相似，是誰年最高？"前蜀貫休《湖上作》："我竟胡爲者，嘮嘮但愛吟。"

【道著】日語釋作"言い当てる"，即說中、說對。

○第九則

【就身處打出語】同"就身打劫"。就身處打出語，指強盜搶劫的貶義詞，與其對應的"上才語"，或指朝廷賞賜獎勵的褒義語。

【撒沙】撒，《字彙》："俗'擦'字。桑轄切，揮散也。"日語釋作"撒き散らかす"，即散布、撒播。巉崖撒手，指放開手。撒尿撒屎，指隨處屎尿。《漢典》"撒"條：散落，灑下。唐白居易《晚春重到集賢院》詩："滿砌荊花鋪紫毯，隔牆榆莢撒青錢。"元王冕《趙千里夜潮圖》：

"冰花著人如撒霰，過耳斜風快如箭。"

【撈天摸地】《字典》："撈，音勞。沉取曰'撈'。"《心要》（上，三六）："撈摸不著"。《漢典》"撈"條：從水或其他液體中取物。唐元稹《酬樂天東南行詩一百韻》："泥浦喧撈蛤，荒郊險鬥貙。"宋洪邁《夷堅丁志·孔都》："或言有溺死於澹津湖者，孔妻驚疑必其夫，及廂官撈出屍，果也。"《醒世恒言·薛錄事魚服證仙》："將魚切得雪片也似薄薄的，略在滾水裏面一轉，便撈起來。"

○第十則

【有條攀條，無條攀例】《居家必用》："條，一律相比也。例，以此類攀引決事也。"《漢典》"攀條"條：攀引或攀折枝條。《古詩十九首·庭中有奇樹》："攀條折其榮，將以遺所思。"南朝宋謝靈運《擬魏太子鄴中集詩·平原侯植》："朝遊登鳳閣，日暮集華沼。傾柯引弱枝，攀條摘蕙草。"宋蘇軾《次韻曾仲錫承議食蜜漬生荔支》："攀條與立新名字，兒女稱呼恐不經。"《漢典》"攀例"條：援引為例。《宣和遺事》前集："徽宗見了此詞，大悅，不許後人攀例，賜盞與之。"

【見成】取"現今成就"之義，釋作日語"出来合い"，即現成、成品。見成飯，指現成的飯。見，音現。

【探竿影草】《人天眼目》四喝注："探竿者，漁具也。束鵜羽插竿頭，探水中，聚群魚於一處，然後以網漉之謂也。"探竿用的繩子即為本朝①的鵜繩也。"影草者，刈草浸水中，則群魚潛影，然後以網漉之，是皆漁者聚魚之方便也。善知識於學者亦復如是。"

【詐明頭】《會元》（六，七）谷山藏禪師："僧問：'法尚應捨，何況非法。如何是法尚應捨？'師曰：'空裡撒醍醐。'曰：'如何是非法？'師曰：'嵩山道士詐明頭。'"《禪典》"明頭"條：明白的人。《圓悟語錄》卷二："僧問：'南泉斬貓兒，意旨如何？'師云：'殺活臨時。'進云：'趙州戴草鞋，又作麼生？'師云：'是他屋裡事。'進云：'打鼓弄琵琶去也。'師云：'且莫詐明頭。'"《五燈會元》卷八，龍濟紹修："僧

---

① 本朝：指日本。

問：'見色便見心。露柱是色，如何是心？'師曰：'幸然未會，且莫詐明頭。'"

【猱人】《傳燈》（十四，十）："藥山一日看經次，柏巖曰：'和尚休猱人得也。'"《南院錄》三："師打禪床，僧便喝，師拈棒，僧云：'老和尚莫掣猱。'奪棒打老和尚去在。"《禮記·樂記》："及優侏儒，獶雜子女。"鄭注："獶，獼猴也。言舞者如獼猴戲也。亂男女之尊卑。"《音義》："獶，乃刀切，亦作'猱'。"朱注："獶與猱同。"古抄引《樂記》中的鄭注，可從"戲弄"之義。《禪典》"猱"條：折騰，作弄。《景德傳燈錄》卷七，柏岩明哲："嘗見藥山和尚看經，因語之曰：'和尚莫猱人好。'"《碧巖錄》卷一，第一〇則："陷虎之機，猱人作麼？"亦作"揉"。

【掠虛頭】唐本無"頭"字。《貞和集》五："空山號頌：'内無一物，外何拘百億，須彌盡掠虛。'"《事苑》（二，十三）："掠，音略，奪取也。"《古文後集》三及《集昌黎文序》："悉謂《易》已下為古文，剽掠潛竊為工耳。"按，掠，取《事苑》注釋和《古文》之意。虛，與其有關的詞，既有"實頭""虛頭"二字詞，也有"朴實頭""掠虛頭"三字詞，皆虛實成對。以此來看，掠虛頭，指奪取他人言語當作自己的話說出，即拾人牙慧之意。掠虛頭不光指言文語句上的奪取，也指做法、模樣上的竊取。《西遊記》第八九回，行者、八戒、沙僧各自的寶具，即鐵棒、釘鈀和寶杖被豹頭山的妖精盜走。三人化作妖精手下的小妖，潛入妖精洞穴。正要取回棒、釘、杖時，那個妖精厲聲喝道："你是甚麼人！敢弄虛頭騙我寶貝！"由此可知，假扮成他人來矇騙人的"弄虛頭"，意思也和"掠虛頭"相同。《雲門廣錄》中多作"掠虛"。《禪典》"掠虛頭漢"條：指虛妄不實者。《碧巖錄》卷一，第一〇則："睦州問僧：'近離什處？'僧便喝。州云：'老僧被汝一喝。'僧又喝。州云：'三喝四喝後作麼生？'僧無語。州便打，云：'這掠虛頭漢！'"

【見成】無解説。《漢典》"見成"條：現成。北周庾信《陝州弘農郡五張寺經藏碑》："兼化鄉邑道俗數千，敬造一切德輪，見成三百餘部。"《醒世恒言·賣油郎獨占花魁》："（秦重）到典鋪裏買了一件見成半新半舊的紬衣，穿在身上。"《續資治通鑒·宋英宗治平元年》："因相公見成之兵，遣使運糧戍邊，反掌間事耳。"

【惹得】日語釋作"事を仕出す"（ことしだす），即惹事、搞事情。《水滸傳》：

"若留住在家中，倒惹得孩兒們不學好了。"餘，見《方語解》詳論。《漢典》"惹"條：招引，挑起。唐羅隱《春思》："蕩漾春風渌似波，惹情搖恨去偻偻。"宋陳師道《後山談叢》卷二："六一為布衣，客相之曰：'耳白於面，名則遠聞；唇不貼齒，一生惹謗。'"《水滸傳》第七四回："到處便惹起事端，今日對眾兄弟說過，再不饒你！"

【兩手掊空】掊，《字彙》："音剖，擊也。"

【紫羅賬裡撒真珠】《傳燈》興化章，撒作"樧"，同方語"盡情揭示"，日語釋作"心底を残さず打ち出して見せる"，指毫無保留地展現出來。羅縠，為質地輕薄通透之物。真珠發光發亮，故從羅縠外面也能看見，因而作此比喻。《人天眼目》（三，廿二）內生頌和《正宗贊》（三，四九）宏智上堂語，和洞家之義有別。

【故是】故，《字彙》："舊也"。《漢典》"故"條：指舊的事物。《易·雜卦》："革，去故也；鼎，取新也。"《論語·為政》："溫故而知新，可以為師矣。"朱熹集注："故者，舊所聞。"韓愈《送窮文》："攜朋挈儔，去故就新。"如：吐故納新。

【開眼也著，合眼也著】開眼、閉眼都看得見。《漢典》"開眼"條：睜眼。唐杜甫《湖城東遇孟雲卿因為醉歌》："疾風吹塵暗河縣，行子隔手不相見。湖城城東一開眼，駐馬偶識雲卿面。"《水滸傳》第六二回："你這財主們，閒常一毛不拔，今日天開眼，報應得快！"

○第十一則

【打水碍盆】碍，與"礙"同。《增韻》："限也"。打水碍盆，指打水將盆裝滿，然後一口飲盡。黃檗雖一口飲盡，但被一僧一拶，分疏不下，故曰"龍頭蛇尾漢。"《漢典》"礙"條：限止；阻擋。《列子·力命》："獨往獨來，獨出獨入，孰能礙之。"南朝梁劉勰《文心雕龍·聲律》："將欲解結，務在剛斷，左礙而尋右，末滯而討前。"宋王安石《溝港》："溝港重重柳，山坡處處梅。小輿穿麥過，狹徑礙桑回。"清吳騫《扶風傳信錄》："自言宋時宮嬪，生時為宮監，相與有情，而不諧夫婦……夙昔之夕，在袁氏樓，思一遂之，而又礙於老祖。"

【噇酒糟漢】噇，《玉篇》："本作'饛'，食無廉也。"噇酒糟漢，或指釀好的酒不喝，却偏要把造酒剩下的酒糟當成酒來喫。未得，謂得。未證，謂證。《漢典》"噇"條：吃喝；没節制地吃喝。唐寒山《詩》之七四："背後噇魚肉，人前念佛陀。"《清平山堂話本・快嘴李翠蓮記》："總然親戚吃不了，剩與公婆慢慢噇。"《西遊記》第五四回："（八戒）也不管甚麼玉屑米飯、蒸餅……山藥、黃精，一骨辣噇了個罄盡。"《儒林外史》第十一回："（楊老六）在鎮上賭輸了，又噇了幾杯燒酒，噇的爛醉。"《禪典》"噇酒糟漢"條：醉漢，糊塗蟲。對癡迷不悟者的斥罵語。《明覺語錄》卷二："我當時若入得老觀（指觀和尚）門，爾者一隊噇酒糟漢，向甚處摸索？"《五燈會元》卷四，黃檗希運："汝等諸人盡是噇酒糟漢！恁麼行脚，取笑於人，但見八百一千人處便去，不可圖他熱鬧也！"

【雲居羅漢】無解説。

【捏怪】捏造奇怪也。《禪典》"捏怪"條：作怪，怪異。《臨濟語錄》卷一："好人家男女，被這一般野狐精魅所著，便即捏怪。瞎屡生，索飯錢有日在！"《楊岐語錄》卷一："師至真前，以兩手捏拳安頭上，以坐具劃一劃，打一圓相便燒香，退身三步作女人拜。首座云：'休捏怪。'師云：'首座作麼生？'首座云：'和尚休捏怪。'"《惟則語錄》卷三《示昱藏主》："佛祖無上妙道，初非强生節目，且非異端捏怪，又非甚高難行之事。"

【無多子】日語釋作"大_{おお}きなことはない""仰_{ぎょうさん}山なことはない"，即不大、不多。《禪典》"無多子"條：没多少，很少。《臨濟語錄》："師於言下大悟，云：'元來黃檗佛法無多子！'"《五燈會元》卷一八，雲岩天遊："想君本領無多子，畢竟難禁這一頭。"

【死蝦蟆】死，斥罵語，非指真正的失去生命之死。"死漢""死郎""當死馬醫"等詞類同於日本江户方言中的"死_{しに}やらう"。從後接"多口作什麼"可知，此蝦蟆還活著，不可能死了。《漢典》"死"條：罵辭。清李漁《奈何天・逼嫁》："有你這樣死媒人，説這樣鬼親事。"

○ 第十二則

【貼秤】日語釋作"秤_{はかり}に重_{おも}く掛_かけてやる"，給秤加斤兩，即稱出

來的重量比正常重量還要重。稱斤兩時，將秤砣從原來十文目①的地方移到十一、十二文目。又貼銀，日語"釣り銀"（つりぎん），指將賺頭返給對方。《會元》（十八）信相宗顯章，上堂舉仰山中邑六窗獼猴話，云："我與你説箇譬喻。中邑大似箇金師，仰山將一塊金來，使金師酬價，金師盡價相酬。臨成交易，賣金底更與貼秤。金師雖然暗喜，心中未免偷疑。何故？若非細作，定是賊贓。"《禪典》"貼秤"條：交易中賣方適當降低價錢以補貼買方。《五燈會元》卷一八，信相宗顯："仰山將一塊金來，使金師酬價，金師亦盡價相酬。臨成交易，賣金底更與貼秤。金師雖然暗喜，心中未免偷疑，何故？若非細作，定是賊贓。"《法演語録》卷下："賤賣擔板漢，貼秤麻三斤。百千年滯貨，何處著渾身？"

【滯貨】滯店貨也。日語"店晒し"（みせざら），指賣不掉而一直積壓在店裡的商品。《漢典》"滯貨"條：積壓的貨物。《周禮·地官·廛人》"凡珍異之有滯者"鄭玄注引漢鄭司農曰："謂滯貨不售者，官爲居之。"《世説新語·輕詆》"今時有者，皆是先寫，無復謝語"劉孝標注引南朝宋檀道鸞《續晉陽秋》："安鄉人有罷中宿縣詣安者，安問其歸資，答曰：'嶺南凋弊，惟有五萬蒲葵扇，又以非時爲滯貨。'"明袁宗道《答陶石簣書》："三四年前，大函新刻，至燕肆，幾成滯貨。"

【敲關擊節】關節，即緊要處。《肇論》曰："屢有擊其節者"。疏："繫節，扣擊節要也。"《水滸傳》將行賂買通他人稱作"打關節"，意指把財物送到能起作用的關鍵地方。《類書纂要》："關節行賄賂，請求時官曰：'敲關擊節'。"《本草綱目》"萊菔"下主治云："利關節，理顔色。"《漢典》"關節"條：關鍵；重要環節。唐韓愈《殿中侍御史李君墓志銘》："其説汪洋奧美，關節開解，萬端千緒，參錯重出。"明胡應麟《少室山房筆叢·丹鉛新録四·銑鋧》："必多讀史傳，則此等事自能燭照源流，洞見真妄，迺學問中一大關節，不可不知。"清許秋垞《聞見异辭·文引孫行者》："一士子應鄉試，主考係世交，往討關節，雖不却，但云破題内須嵌'孫行者'，方可中式。"

---

① 文目：日本尺貫法的重量單位，一貫的千分之一，約合 3.75 克。

○第十三則

【一貼茶】一貼，即一包。唐時，人們平日用紙將茶粉包起來放進懷中，想喝的時候就拿出來喝。

【沙汰】《晉書·孫綽傳》："沙之汰之，瓦礫在後。"王隱《晉書》："沙汰郡吏三百餘人"。沙汰，指將沙石放在水中淘選，經篩選後分離出金子。據此意，官府對僧尼善惡作出裁斷，迫令犯戒僧尼還俗這一行爲亦被稱作"沙汰"。會昌年間的禁佛汰教，不問僧尼善惡，而是規定僧尼數量，留下規定數量的僧尼，其餘皆令還俗。故岩頭等人也計入在此汰教數中。《佛祖統記》五"唐武德九年""開元二年""會昌五年"下有詳述。天竺外道的"沙汰"，或同會昌汰教性質一樣，因無明文記載，故難下定論。《漢典》"沙汰"條：亦作"沙汰"。淘汰；揀選。漢蔡邕《太尉楊公碑》："沙汰虛冗，料簡貞實。"晉葛洪《抱樸子·明本》："夫遷之洽聞，旁綜幽隱，沙汰事物之臧否，覈實古人之邪正。"唐杜甫《上韋左相二十韻》："沙汰江河濁，調和鼎鼐新。"《禪典》"沙汰"條：原義爲淘汰，佛教文獻中此詞常指中國朝廷對於佛教、僧尼的限制和打擊。與禪宗關係較大的一次沙汰（又稱滅佛）發生在唐武宗會昌年間。《五燈會元》卷七，岩頭全奯："師住鄂州岩頭，值沙汰，于湖邊作渡子。"亦作"澄汰"。

【滿口含霜】開口不得貌。

【已著了也】無解説。

○第十四則

【老鼠咬生薑】"老"字無意，鼠也。用法與"老鴉"之"老"相同，皆俗話。《寄園寄所寄》曰："黃謙工部主事，會試時過書肆，有《菊坡叢話》四册，持閱之。傍一人從公借閱，視其貌寢甚，調之曰：'老鼠拖生姜。'譏其無用也。"

【處分】日語"裁く"（さば），即處罰、懲罰。《類書纂要》："處，制也。"《漢典》"處分"條：處罰；懲罰。宋蘇舜欽《乞用劉石子弟》："臣近到闕，聞黃德和以退軍及妄奏劉平、石元孫叛逆，朝廷已從軍法處分。"

《儒林外史》第二十回："潘三哥的這些事，便是我做地方官，我也是要訪拿他的。如今倒反走進監去看他，難道説朝廷處分的他不是？"

【活鱍鱍】日語釋作"生きてぴちぴち"，即活生生、活蹦亂跳。《韻會》："鱍鱍，魚掉尾也。"《漢典》"活鱍鱍"條：生動自然而不呆板。《景德傳燈録・無相禪師》："真心者，念生亦不順生，念滅也不依寂……無爲無相，活鱍鱍平常自在。"《建中靖國續燈録・廣鑒禪師》："問：法輪工已畢，推轉意如何？師云：活鱍鱍地。"《五燈會元・徑山杲禪師法嗣・東禪思岳禪師》："黃河凍已合，深處有嘉魚。活鱍鱍，跳不脱，又不能相煦以濕，相濡以沫。"

○第十五則

【平出】《會元》富那夜奢章："馬鳴問曰：'我欲識佛，何者即是？'祖曰：'汝欲識佛，不識者是。'曰：'佛既不識，焉知是乎？'祖曰：'既不識佛，焉知不是？'曰：'此是鋸義。'祖曰：'彼是木義。'祖問：'鋸義者何？'曰：'與師平出。'馬鳴却問：'木義者何？'祖曰：'汝被我解。'馬鳴豁然省悟。"《禪典》"平出"條：相等，等同。《法演語録》卷中："上堂，僧問：'承師有言：山前一片閒田地。只如威音王已前，未審什麼人爲主？'師云：'問取寫契書人。'學云：'和尚爲甚麼倩人來答？'師云：'只爲你教別人問。'學云：'與和尚平出去也。'師云：'大遠在！'"《宏智廣録》卷六："見聞之妙，超彼聲色，一切處用無痕鑒，無礙自然。心心法法，相與平出。"又卷九《禪人並化主寫真求贊》："應時誰外諸緣，轉處自消一色。崢嶸萬像森羅，向道與他平出。"《五燈會元》卷一六，慧林懷深："師曰：'會此三種語了，好個不快活漢！山僧只是得人一牛，還人一馬；潑水相唾，插嘴厮罵。'卓拄杖曰：'平出！平出！'"

【偏枯】《大德濟陰方》上："半身偏虛，風乘虛入爲偏枯。"《漢典》"偏枯"條：偏癱，半身不遂。《莊子・盜跖》："禹偏枯。"成玄英疏："治水勤勞，風櫛雨沐，致偏枯之疾，半身不遂也。"唐杜甫《清明》之一："此身飄泊苦西東，右臂偏枯半耳聾。"《禪典》"偏枯"條：多謂禪人之見地偏執一端，有對待心。《禪林僧寶傳》卷一，曹山本寂："三種滲漏，其詞曰：一見滲漏，謂機不離位，墮在毒海；二情滲漏，謂智常向背，見處偏枯；三語滲漏，謂體妙失宗，機昧終始。學者濁智流轉，不出此三種。"《楊岐語録》："古人道：'主賓元不異，問答理俱全。'同安又云：'賓主睦時全是妄，君臣合處正中邪。'一等是出世尊宿，接物利生，言教有異。爲複見處偏枯？爲複利生不普？明眼底人通個消息。"《大慧語録》卷四《如本禪人求贊》："真兮妄兮兩孤，作對待兮偏枯。"

【七事隨身】《諸乘法數》（二，十四）："七事隨身：三衣、一鉢、香合、拂子、尼師壇、紙被、浴具。"《群書拾唾》（七，二十）："武藝十八事：弓、弩、鎗、刀、劍（下略）。"《雪竇洞庭録》（十七）："夫爲上將，須是七事隨身，兩刃交鋒作麼生？"《佛眼録》、《普説》（二十三）："我者裡七事隨身，手中是關羽八十斤刀。"按，除《法數》《拾唾》其外，三事衲衣，四事供養等，皆指有形物。隨身，指清規的辦道具，如數珠、浄瓶、常隨身的竿木等隨身物品，即帶著不離身之物。不過，教乘中亦有"七事隨身"之語，故此語比作十八般武藝，指爲人手段樣樣齊全。弁慶或是七件道具隨身。並按，蓋"上將七事隨身"之説或爲俗諺。《水滸傳》第四五回："楊雄又將這婦人七事件分開了。"此處的七事件，或指兩手、兩脚、首、胸、腹七箇部位。

【籠頭角馱】《字典》："鞲頭，馬被具也。"龐居士偈："觜上著鞲頭，口中著鋏片。"日文名爲"羈（おもがい）""鞲頭（おもづら）"，即馬籠頭。角馱，《祖庭事苑》："馱重也"。角，指一捆行李。《開卷一笑》中東坡對此語有詳述。《漢典》"籠頭"條：套在牛馬等頭上用來繫韁繩掛嚼子的用具。也叫絡頭。《南史·隱逸傳下·陶弘景》："唯畫作兩牛，一牛散放水草之間，一牛著金籠頭，有人執繩，以杖驅之。"《紅樓夢》第八二回："寶玉下學回來，見了賈母。賈母笑道：'好了！如今野馬上了籠頭了。'"《禪典》"脱籠頭，卸角馱"條：比喻袪除俗情妄念、知識意解等悟道之障礙。《虛堂録》卷一："大丈夫漢，等是爲人。何不教他脱籠頭，卸角馱，如白衣拜相一般。説甚麼向上向下？"《碧巖録》卷二，第一五則："爾若入鑊湯爐炭，我也入鑊湯爐炭。其實無他，只要與爾解粘去縛，抽釘拔楔，脱却籠頭，卸却角馱。"

○第十六則

【恰好】日語"ちょうど""至極（しごく）がつかう"，即正好。《漢典》"恰

好"條：正好；恰巧合適。唐白居易《勉閑游》："唯有分司官恰好，閑游雖老未曾休。"明李東陽《〈孟子〉直講四》："譬如那稱錘一般，隨物輕重，或往或來，務要取箇恰好處。"

【搆得，搆不得】搆，或"構"，又作"覯"。構，《字典》注："成也"，例引"事已構矣""賦詩如宿構"。覯，亦注"成也"，日語"拵える(こしらえ)""出来上がる(できあ)"，即完成、做好。今此處應譯作"埒明ける(らちあ)""しおせる"，指事情得到解決。諸錄作"搆"，爲同音假借字。《西巖錄》（上，三三）："一人搆得鼻孔，失却眼睛。""搆得"與"失却"相對，可釋作"手を入れる(てい)"，即得到、入手。

【八棒對十三】杖刑用棒打，最輕也要十三下，故問爲何少打一下。第六四則頌評："如人結案，八棒是八棒，十三是十三，已斷了也。"《雲門廣錄》中八作七，義同。

【面門】《華嚴大疏》："面門，即口也。"《演義鈔》："面門，即面之正容也，非其口也。"今"燎却面門"，應釋爲"臉"。"無位真人從面門出入"中的"面門"則應釋爲"口"。又有説法稱面門爲"目口耳鼻"之七竅。《漢典》"面門"條：頭的前部；臉。宋蘇軾《自海南歸過清遠峽寶林寺敬贊禪月所畫十八阿羅漢·第十一羅怙羅尊者》："面門月滿，瞳子電爛。"元王仲文《救孝子》第二折："被鴉鵲啄破面門，狼狗咬斷脚跟。"《水滸傳》第二三回："武松把隻脚望大蟲面門上、眼睛裏只顧亂踢。"

【擬之則喪身失命】第一百則頌評："以劍擬，王頭墮鼎中。"擬字，日語"宛う(あてが)"，即緊貼在……之上。《華嚴經》中的"擬經"，或指爲了解衆生根器大小，仿照如來最初説法而寫成的經書。

○第十七則

【隈刀】《字彙》："隈，烏魁切。音威，威面。"唐音"オイ"。隈刀，古抄與"回"通，回避。《左傳·僖公二十五年》注："隈，隱藪之處。"《雲門廣錄》下："身隈韶陽之雲，首變楚山之雪。"隈，日語可釋作"隱れ逃れる(かくのが)"，即逃避隱藏之意。隈刀，指解刀交出。《雲門廣錄》作

"隩"，非今義。《漢典》"隈"條：山水彎曲隱蔽處。《左傳·僖公二十五年》："秦人過析，隈入而係輿人，以圍商密，昏而傅焉。"杜預注："隈，隱蔽之處。"宋葉適《中大夫直敷文閣兩浙運副趙公墓志銘》："夜乙丙，公擇金山隈處，列炬火累百，募人鈎其舟，浮筏以濟。"清岳端《題閨秀朱柔則寄外沈用濟畫卷》："柳下柴門傍水隈，夭桃樹樹又花開。"

【鋸解稱鎚】解，日語"引き切る"，即鋸開。上"平出"，下"木義"，"被我解"，即是也。鋸解稱鎚，指用鋸子把秤的秤砣鋸開。《漢典》"鋸"條：以鋸斷物。漢桓寬《鹽鐵論·除狹》："或至鋸頸殺不辜而不能止。"北魏賈思勰《齊民要術·種麻子》："《氾勝之書》曰……其樹大者，以鋸鋸之。"唐柳宗元《梓人傳》："顧而指曰鋸彼，執鋸者趨而左。"

【入作】入進作用。

【三人證龜成鼈】如果三個人都說龜是鼈的話，那就是鼈。

【因風吹火】日語釋作"無造作なる"，即做事不費力、順勢。《禪典》"因風吹火"條：借助風勢吹燃火焰。多喻師家接引學人，順其根器加以開導；亦指順勢而爲的機鋒施設、禪法運用。《五燈會元》卷一五，雙峰竟欽："問：'如何是和尚爲人一句？'師曰：'因風吹火。'"《碧巖錄》卷三，第二七則："問一答十，舉一明三，見兔放鷹，因風吹火。"《景德傳燈錄》卷一三，風穴延沼："問：'如何是臨機一句？'師曰：'因風吹火，用力不多。'"《宏智廣錄》卷一："須知衲僧做處，大用現前。普化半顛半狂，金牛自歌自舞。諸人還會麼？因風吹火，用力不多。"

【不敢】意同"不敢當"，自謙詞。意同那種事我實在做不來。俗話常見於説話人受表揚時的自謙。又"不敢不敢"，指被人抓現行時，表示自己再也不做了，以後不會再犯了，意同"不敢再做"。《漢典》"不敢"條：謙詞。猶不敢當。清孔尚任《桃花扇·聽稗》："這是敝友河南侯朝宗，當今名士，久慕清談，特來領教。（丑）不敢，不敢！請坐獻茶。"

○第十八則

【停囚長智】不及時對犯人判決定罪，期間犯人説出不同的口供，如此一來衙門就更難下決斷了。《禪典》"停囚長智"條：借停頓的機會思考對付的辦法。此語多使用于機語交鋒之中，禪家推崇敏於接機，要求擺脱情念意想，"停囚長智"自然要受到批評，因此帶有貶義色彩。《祖堂集》卷一六，溈山："溈山提物問仰山：'正與摩時作摩生？'仰山云：'和尚還見摩？'溈山不肯，却教仰山問：'正與摩時作摩生？'師云：'正與摩時，亦無作摩生。'師却云：'與摩道亦不得。'從此而休。隔數年後，仰山有語，舉似師云：'切忌勃素著。'師聞云：'停囚長智。'"《五燈會元》卷二〇，狼山慧温："會竹庵徒閩之幹元，師歸省次，庵問：'情生智隔，想變體殊。不用停囚長智，道將一句來！'"又卷一三，紫陵匡一："停囚長智，養病喪軀。"

【區擔】日語"担い棒"，指扁擔。區，扁平物。因閉口不言時嘴巴平扁如扁擔，故謂"口如區擔"。《禪典》"口似區擔"條：意謂啞口無言，閉口不言。《黃龍語錄》："藥山只知其一，不知其二，被遵公倒靠，直得口似區擔，不勝憐憹懹。"《五燈會元》卷七，長慶慧棱："大小德山被汝一問，口似區擔。""區擔"亦寫作"楄簷"等，義同。

【山形拄杖子】從山裡運出來的、未經加工的拄杖。《漢典》"杖子"條：棍棒。多指儀仗或刑杖。宋孟元老《東京夢華錄·車駕宿大慶殿》："又有裹錦緣小帽、錦絡寬衫士兵，各執銀裹頭黑漆杖子。"《古今小說·簡帖僧巧騙皇甫妻》："山前行回轉頭來，看著小娘子道：'你見靜山大王，吃不得幾杖子。殺人放火都認了。'"

【胡盧】唐音"ウウロヲ"。

【官家】指天子。蔡邕《獨斷》："五帝官天下，三王家天下。"《漢典》"官家"條：舊時對皇帝的稱呼。《晉書·石季龍載記上》："官家難稱，吾欲行冒頓之事，卿從我乎？"《資治通鑒·晉成帝咸康三年》引此文，胡三省注云："稱天子為官家，始見於此。西漢謂天子為縣官，東漢謂天子為國家，故兼而稱之。或曰：五帝官天下，三王家天下，故兼稱之。"前蜀花蕊夫人《宮詞》之一〇七："明朝臘日官家出，隨駕先須點內人。"《水滸傳》第三五回："你這鳥男女，好不識人，欺負老爺獨自一個，要換座頭。便是趙官家，老爺也鱉鳥不換。"清感星《斷頭臺·餘情》："咳！我那慘死的官家呵！熱騰騰血填腔，應湍脫沈冤孽賬。"

【覷得見】覷，日語"窺い見る"，即窺視、窺見。見，同"見付ける"，即看見。看得見麼，日語譯作"見付けたか"。《漢典》"覷見"條：看見；窺見。前蜀尹鶚《撥棹子》："羞覷見，繡被堆紅閑不徹。"元

喬吉《梁州第七·射雁》套曲："迎頭，仰面，偷睛兒覷見碧天外雁行現。"《初刻拍案驚奇》卷二十："蘭孫小姐燈燭之下，覷見新郎容貌不凡，也自暗暗地歡喜。"

○第十九則

【拈却】日語釋作"取って除ける"，即去掉、除掉。《漢典》"拈"條：用兩三個手指頭夾、捏取物。唐杜甫《題壁上韋偃畫馬歌》："戲拈禿筆掃驊騮，欻見麒麟出東壁。"宋劉過《賀新郎·春思》："佳人無意拈針線，遶朱閣，六曲徘徊，爲他留戀。"元貫雲石《憑闌人·題情》曲："紅葉傳情著意拈，書遍相思若未忺。"

【省力】日語釋作"手間を助かる"，用力不多之意。《漢典》"省力"條：不費或少費力氣。宋朱翌《猗覺寮雜記》卷下："二公（崔祐甫、李吉甫）所以敢易權臣使之聽命者，蓋自恃其公正才略足以服人爾……比之周勃入北軍，則爲省力。"清李漁《閒情偶寄·詞曲上·詞采》："舍情言景，不過圖其省力，殆不知眼前景物繁多，當從何處說起。"

○第二十則

【過禪板】《通雅》注："辰州人以物與人曰'過'。"《漢典》"過"條：傳遞。唐王建《宮詞》之七："天子下簾親考試，宮人手裏過茶湯。"《禪典》"禪板"條：坐禪時用以靠身或擱手的木板。《明覺語錄》卷一："龍牙和尚問翠微：'如何是祖師西來意？'翠微云：'與我過禪板來。'牙取禪板與翠微，接得便打。牙云：'打即任打，要且無祖師意。'"

【駕與】日語釋作"乘せてやる"，即駕駛車馬。駕，把車套在馬身上。駕與青龍不解騎，意指就算把車套在青龍身上，你也駕不了這車。《漢典》"駕"條：駕駛。《韓非子·外儲說右下》："造父爲齊王駙駕，渴馬服成，效駕圃中。"唐白居易《賣炭翁》："夜來城外一尺雪，曉駕炭車輾冰轍。"《老殘游記》第一回："爲今之計，依章兄法子，駕隻漁艇，追將上去。"

【濟甚事】日語釋作"何の役に立つぞ",即你幫得了什麼忙？不濟事,日語譯作"役に立たぬ者""埒の明かぬ者",即不起作用的人,無用之人。《漢典》"濟事"條：猶成事。後常與"不"連用,表示否定。《左傳·莊公十四年》："莊公之子猶有八人,若皆以官爵行賂,勸貳而可以濟事,君其若之何！"《宋書·庾悦傳》："夫設官分職,軍國殊用,牧民以息務爲大,武略以濟事爲先。"《三國演義》第七十回："飛見不濟事,把軍退二十里,却和魏延引數十騎,自來兩邊哨探小路。"

【平人】日語釋作"咎の無き人",即清白之人。《水滸傳》史進語："如何訴告平人"。《漢典》"平人"條：無罪之人,良民。《資治通鑒·後唐明宗天成元年》："友謙妻張氏帥家人二百餘口,見紹奇曰：'朱氏宗族當死,願無濫及平人。'"元鄭廷玉《後庭花》第四折："他共李順渾家姦情密,教平人正中拖刀計。"《明史·田爾耕傳》："爾耕廣布偵卒,羅織平人,鍛鍊嚴酷,入獄者率不得出。"

【面長】日語"馬鹿らしい",即愚蠢的。同"冬瓜直儱侗"之義。《漢典》"面長面短"條：指没有見過面的人的面龐形貌。《古今小説·蔣興哥重會珍珠衫》："連這小娘子面長面短,老身還不認得,如何應承得此事？"《醒世恒言·大樹坡義虎送親》："我女兒還不認得女婿的面長面短,却教他活活做孤孀不成？"

【土宿臨頭】土宿,指掌管土的行星,即土星。土宿臨頭,不祥可知。《漢典》"土宿"條：即土星。我國古代五行星之一。隋李播《周天大象賦》："伊土宿之播靈,爲鎮星而耀質。"

【分付】日語"渡す",即交付、交給。又同"属付",日語釋作"言い付ける",即囑咐、叮囑之意。《禪典》"分付"條：交付,傳付。多指正式傳授禪法。《祖堂集》卷一三,福先招慶："只如（菩提達摩）當時分付二祖,是個什摩意旨？二祖于達摩邊承領得個什摩事？"《五燈會元》卷六,洛浦元安："且道那句是賓,那句是主？若擇得出,分付鉢袋子。"

○第廿一則

【幽州猶自可，最苦是江南】同"前頭猶似可，末後更愁人。"洞山語中，江南作"新羅"，地名本義可忽略。

【顢頇】無解説。《漢典》"顢頇"條：糊塗而馬虎。《朱子語類》卷九三："居仁謂伊川顢頇語，是親見與病叟書中説。"清趙翼《題竹初爲袁趙兩家息詞後》之二："各挾雌黃訴到官，閻羅包老也顢頇。"《紅樓夢》第八一回："如今儒老太爺雖學問也只中平，但還彈壓的住這些小孩子們，不至以顢頇了事。"

【儱侗】無解説。《禪典》"儱侗"條：糊塗。《五燈會元》卷一九，徑山宗杲："逞過頭底顢頇，用格外底儱侗，自言我以木槵子換天下人眼睛，殊不知被不孝之子將斷貫索穿却鼻孔。"

○第廿二則

【普州人送賊】普州，盜賊集聚之地。普州人送賊，指盜賊自己把盜賊送出來，故方言有語"兼身在内"。

【家珍】日語"親重代の宝"(おやじゅうだい たから)，即祖傳寶貝。《雲門廣録》中："從門入者非寶。"《漢典》"家珍"條：佛教語。指人固有的佛性。《五燈會元·德山鑒禪師法嗣·雪峰義存禪師》："你不聞道，從門入者，不是家珍。"明謝肇淛《五雜俎·人部三》："章子厚日臨《蘭亭》一過，蘇子瞻哂之，謂從門入者，終非家珍。"

【大蟲】《本草綱目》："虎，或曰'於菟'，或曰'大蟲'，或曰'李耳'。"《漢典》"大蟲"條：指老虎。唐李肇《唐國史補》卷上："大蟲老鼠，俱爲十二相屬。"《水滸傳》第二三回："那一陣風過處，只聽得亂樹背後撲地一聲響，跳出一隻吊睛白額大蟲來。"

【一摑】摑，古獲切。《類書纂要》："掌打也"，即打耳光。《漢典》"摑"條：用巴掌拍打；打耳光。唐盧仝《示添丁》："父憐母惜摑不得，却生癡笑令人嗟。"宋葉夢得《避暑録話》卷下："執之十字路口，痛與百摑。"元李致遠《還牢末》第一折："我如今手摑著胸膛悔後遲。"清紀昀《閲微草堂筆記·灤陽續録四》："老儒怒，急以手摩硯上墨瀋，摑其面而塗之。"

【吟吟】唐音"ニンニン",日語"にこにこ",指笑眯眯、笑嘻嘻。字書無笑義。《漢典》"吟吟"條:笑貌。元王實甫《西廂記》第四本第三折:"笑吟吟一處來,哭啼啼獨自歸。"《水滸傳》第二三回:"王婆吟吟的笑道:'便是間壁的武大郎的娘子。'"

【兩會家】兩個名人,此處指善擊鼓者和善彈琵琶之人。會寫、會彈琴和會畫畫分別對應日語中的"能書（のうしょ）""琴の上手（ことじょうず）"和"畫の上手（えじょうず）"。

【一星事】指事小如星塵。

【同火】火,音顆,日語"仲間（なかま）",即夥伴、同伴。《字典》:"同本合謀曰'夥計'。"《通典·兵制》及《司馬法》所出皆意同"仲間",即夥伴、同伴。《漢典》"同火"條:同火古代兵制,十人共灶同炊,稱爲"同火"。後泛指共同參加某種組織,從事某種活動者。《宋書·孝義傳·卜天生》:"天與弟天生,少爲隊將,十人同火。"《七國春秋平話》卷下:"言未盡,有馬昇同火人解信,現名解珍獨行虎,一個是混天大王震江龍張元,歸齊寨。"清沈濤《交翠軒筆記》卷四:"同火二字見《宋書·卜天與傳》。蓋行軍十人共一灶,故《唐書·樂志》有'十人爲火'之語。後來江湖經商,同伴者亦謂之同火,取同行共炊之意。"

【罪不重科】官府法律用語。犯人經審判後被判磔刑或其他極刑,其後不管再被發現有其他罪行,官府也不會再判罪。

【剔起眉毛】剔,指剪掉蠟燭芯的動作,即剪短、去掉多餘的部分。剔起便行,指一下子站起來就走。見第六四則頌評。剔起眉毛,指一張大眼睛,眉毛就必會有所揚起。《禪典》"剔起眉毛"條:①禪家勸誡學人振作精神頓悟禪旨的習語。《圓悟語錄》卷七:"僧問:'古釋迦不先,新彌勒不後。正當今日,佛法委付雲居,千聖不借底機,如何提掇?'師云:'剔起眉毛直下行。'"《五燈會元》卷一七,兜率從悅:"直須擺動精神,著些筋骨。向混沌未剖已前薦得,猶是鈍漢,那堪更於他人舌頭上,咂啖滋味,終無了日。諸禪客,要會麼?剔起眉毛,有甚難分明!"又卷一八,萬壽念:"元正二,寂寥冷淡無滋味。趙州相喚吃茶來,剔起眉毛須瞥地。"(瞥地:領悟)②形容領會禪義、應接禪機極爲快捷。《明覺語錄》卷二:"上堂云:'胡蜂不戀舊時窠,猛將不在家中死。若是個漢,聊聞舉著,剔起眉毛便行。'亦作"眉毛剔起"。

【看方便】日語釋作"用心せよ（ようじん）"，即小心點、注意。

【重言不當吃】吃，口吃、結巴。重言，日語釋作"吃におった（ども）"，即口齒不清、結巴。《漢典》"重言"條：口吃。《靈樞經·憂恚無言》："其厭大而厚，則開闔難，其氣出遲，故重言也。"

【七寸】離蛇頭七寸處是其要害處。《埤雅》："南方多蛇精嘗化爲人，以呼行旅姓名。若顧應之，夜必至樓所傷人。土人養蜈蚣於枕中，臥覺有聲則啓枕放之，蜈蚣乃疾馳蛇所，嗒其腦云云。"劉東山小説引此文，腦作"七寸"。《漢典》"打蛇打七寸"條：比喻做事把握住關鍵，才易於制勝。清王有光《吳下諺聯·打蛇打在七寸》："蛇有七寸，在頭之下，腹之上，覷得清，擊得重，制其要害之處，得之矣……此雖諺語，實寓兵機。"《儒林外史》第十四回："我也只願得無事，落得'河水不洗船'，但做事也要'打蛇打七寸'纔妙。"

○ 第廿三則

【平地起骨堆】無事生事之意。

【減人斤兩】意同"減人威光"。

【的的】意同"端的"。的，實也。《禪典》"的的"條：準確，真切。《臨濟語錄》："我二十年在黃檗先師處，三度問'佛法的的大意'，三度蒙他賜杖。"《五燈會元》卷四，蘇州西禪："僧問：'三乘十二分教則不問，如何是祖師西來的的意？'"

【拍拍相應】拍手之拍。拍拍相應，指每拍都合得上、十分合拍。

【著賊了】賊，賊手段。著，日語釋作"遭った（あ）""食った（く）"，即遭受、遭遇。著了他的手，日語釋作"手を食った（てく）""彼に仕付けられた（かれしつ）"，即上了他的當、被他耍了。

○ 第廿四則

【不守本分】《水滸傳》第二三回："那武大是個懦弱本分人云云。武松道：'家兄從來本分，不似武二撒潑。'"不守本分，日語"橫着（おうちゃく）"，

指耍滑、不安分守己之人。不依本分的人，釋作"大それた 志 有る
もの
者"，指野心勃勃之人。黃文炳和宋江看了反詩之後所説之詞。又説得本
分，指説話不越矩。李逵拿指頭點倒賣唱歌女後，其母所説的話讓宋江覺
得她"説得本分"。今此處也含有勸告尼姑們安分守己、思想言行不要越
矩的意思。與"本分向上事"意思不同。《漢典》"本分"條：本人的身
分地位。南朝陳徐陵《答諸求官人書》："所見諸君，多踰本分，猶言太
屈，未喻高懷。"《醒世恒言·賣油郎獨占花魁》："（卜喬）平昔是個游手
游食，不守本分，慣喫白食，用白錢的主兒。"

【管取】日語"請け合う"，即包管、保證、承擔。管取分疏不下，
日語釋作"違いは無いと請け合う"，指包管看不出差別。《吳江雪》
（上，四十）："明日就到吳衙去作伐，管取一説便成。"又同三十："管教
你兩人相會，不必悲傷。"總理其事曰"管"，管領、掌管之義。故管事、
自己作主皆含有包管、保證之義。又内化，亦有人解説爲内化爲自己的東
西。自己的事由自己來掌管，擔保他人之事則用"保"字。

【三搭不回頭】此俗諺廣爲人知，故諸録所引詞條缺"頭"字者較
多。三搭不回頭，日語釋作"気の 働 きの無い、鈍き人のこと"，指爲
人粗心、不靈光、遲鈍。《字典》："搭，音答，擊也。"《事苑》《類書纂
要》皆注"打也"。《韻府》作"木手搭"，意指用手打。另，把衣物挂
到衣桁上亦稱作"搭"，由此意引申出，搭也指從他人身後用手拍打其
肩。《水滸傳》第二三回："三答不回頭，四答和身轉的人。"搭被改成
"答"字，或是作者借二字同音而作的文字遊戲。除此之外，未見他處用
"答"字，此用法獨見於《水滸傳》。

【端倪】《從容録》音義："端倪，猶端的。"《纂要》："端倪，猶端
緒。"《漢典》"端倪"條：頭緒；跡象。《莊子·大宗師》："反覆終始，
不知端倪。"朱駿聲《説文通訓定聲·解部》"倪"："《莊子·大宗師》
'不知端倪'，按耑者，草之微始；兒者，人之微始也。"元孫仲章《勘頭
巾》第三折："這公事深藏著曖昧，好教我左猜右忖沒端倪。"清趙翼
《峒嶁碑歌》："昌黎親到猿猱窟，千搜萬索無端倪。"

【狗銜赦書】《會元》仰山章："狗銜赦書，諸侯僻路。"因赦書重要，
故即使是被狗銜著，諸侯們看到了也要避開路。（内容引自一本書的眉

注，需再考）《後漢書》曰："自大金國獻犬，其長五尺。雖不言其心過於人，故宣旨而下赦書，犬銜之周流天下，諸侯僻路。"

○第廿五則

【腦後云云】頰骨突出，從其身後也能看到的人爲惡相之人，可不與其相交。

【幾曾】《廣韻》："幾，何也。"《漢典》"幾曾"條：何曾，那曾。南唐李煜《破陣子》："鳳閣龍樓連霄漢，玉樹瓊枝作煙蘿。幾曾識干戈？"宋史達祖《臨江仙》："倦客如今老矣，舊游可奈春何！幾曾湖上不經過。"元無名氏《陳州糶米》第三折："老漢活偌大年紀，幾曾看見什麼紫金鎚。"《儒林外史》第十一回："自古及今，幾曾看見不會中進士的人可以叫做個名士的？"

【地頭】古抄中指極則之處，又落處。

【亦還希】希字，《老子》："聽之不聞曰'希之'。"希也，非"少希"之希。

【鶻鶻突突】糊塗也。見《書言故事》第五。鶻突，唐音"オデ"。糊塗，唐音"ウウドヲ"。二字音相近，故通用。《字典》："糊塗，不分曉也。"《禪典》"鶻鶻突突"條：糊裡糊塗。《碧巖錄》卷三，第二五則："蒙憧三百擔，鶻鶻突突，有什麼限？更有恁麼漢！"

○第廿六則

【來言不豐，令不虛行】古抄"不豐"，日語釋作"卑下する"，即謙卑。

○第廿七則

【腦後拔箭】古抄"腦後"釋爲急處。腦後中箭，拔出箭即死。《禪典》"腦後拔箭"條：喻剷滅知見，領悟禪旨。《如淨語錄》卷上："指佛殿：'大開此殿，親面一見。合作麼生眼裡抽釘、腦後拔箭？本來無象通機變。'"《碧巖錄》卷三，第二七則："這僧問：'樹凋葉落時如何？'

門（指雲門）云：'體露金風。'句中不妨把斷要津、不通凡聖。須會他舉一明三，舉三明一。爾若去他三句中求，則腦後拔箭。他一句中須具三句：函蓋乾坤句，隨波逐浪句，截斷衆流句。自然恰好。"《圓悟語錄》卷九："問：'一大藏教是拭不淨紙。只如德山爲什麽擔疏鈔行脚？'師云：'放下著。'進云：'周金剛（即德山）被婆子一問，直得亡鋒結舌又作麽生？'師云：'腦後拔箭。'"

【遼空】見《策進》解。

【不免打折你版齒】據初祖故事可知，此語意指拼盡全力，折骨絕頂都在所不惜。

【静悄悄地】《字彙》："悄，静也。"

○第廿八則

【孟八郎】方語"狼藉不少"。古抄中孟八郎是晉時勇士，不由道理以作事者也。可再考。《禪典》"孟八郎"條：泛指某類人時所虛設之名。常指言句作略孟浪、冒失之禪人。《虛堂錄》卷一："上堂，舉，潙山問仰山：'寂子心識微細流注。無來得幾年？'仰山不敢答。却云：'和尚無來幾年矣？'潙云：'老僧無來已七年。'潙山又問：'寂子如何？'仰云：'慧寂正鬧。'師云：'古人及盡玄微猶恐走作，今人只管孟八郎道，總是五逆人聞雷。'"又卷八："敗壞多年苕帚椿，等閒拈起定宗綱。個般標格天然別，不比諸方孟八郎。"《碧巖錄》卷三，第二八則："百丈致此一問，也大難酬。云：'從上諸聖，還有不爲人說底法麽？'若是山僧，掩耳而出，看這老漢一場懡㦬。若是作家，見他恁麽問便識破得他。南泉只據他所見，便道：'有。'也是孟八郎。百丈便將錯就錯，隨後道：'作麽生是不爲人說底法？'泉云：'不是心，不是佛，不是物。'"

【手忙脚亂】日語釋作"慌て狼狽える"（あわて　うろた），即做事慌了手脚。《漢典》"手忙脚亂"條：形容做事慌亂而無條理。《五燈會元·臨濟宗·鎮州大悲和尚》："問：'如何是大悲境？'師曰：'千眼都來一隻收。'曰：'如何是境中人？'師曰：'手忙脚亂。'"宋陳亮《又壬寅夏答朱元晦書》："況決無連不雨之理，秘書不可不早爲婺州地，臨期不知所委，徒自手忙脚亂耳。"《醒世恒言·蔡瑞虹忍辱報仇》："合船人手忙脚亂，要撐開去，不道又閣在淺處。"

【不合】日語"すまじい""要らざる",即無用、不必要。意指要是那時做了的話就好了,想不到……見《策進》解。不合,含"後悔"意。千不合,萬不合,爲加強"不合"後悔語氣的説法。

【理長則就】誰最有道理,就聽誰的。意同"從長計議"。《禪典》"理長則(即)就"條:誰的道理妙勝就依從誰。"則"或作"即"。《祖堂集》卷四,藥山:"(道吾)便問:'離却這個殼漏子後,與師兄什摩處得相見?'岩(指雲岩)曰:'不生不滅處相見。'吾曰:'莫道草裡無人,自有鑒人。'岩曰:'作摩是你襆頭痕子尚猶在,有這個身心?'吾曰:'啓師兄,莫下這個言詞,佛法不在僧俗。'岩便問:'與摩理長則就,師弟作摩生?'吾曰:'非不生不滅處,亦不求相見。'"又卷六,神山:"師與洞山到村院向火次,洞山問師:'水從何出?'師云:'無處來。'洞山云:'三十年同行,作任摩語話!'師云:'理長則就,老兄作摩生?'洞山云:'只見,不知從何出。'"《續傳燈録》卷一四,廣法法光:"僧問:'雪峰三上投子,九到洞山,爲什麼倒戈卸甲?'師曰:'理長即就。'"

【去死十分】九死一生。十分,一寸也。一尺之物大約只有現在的一寸。去死十分,指瀕臨死亡。"十"字或爲"一"字的訛字。

【恁麼那賺我】無解説。

【乍可恁麼】無解説。

【元字脚】按,元字脚指文字。"元"字上部兩畫横著寫,下部兩筆豎著寫。所有文字結構都不離横畫豎筆,故不可執著於文字來悟道。《普燈》九:"不留元字掛懷"。古語:"大藏不收元字脚"。

○ 第廿九則

【泥多佛大】泥,指土。如"泥佛""泥人"等。泥娃娃,指用土做的娃娃。娃,烏佳切,唐音"ヤア"。

○ 第三十則

【白拈賊】方語所注的"晝賊",與《類書纂要》(五,四三)"白日撞入人家,見物便取謂之'白撞賊'"中的"白撞賊"意思相同,但與

"白拈"意思不同。白，指空手不帶刃具。拈，用手指取物也。故"白拈"，指空手取他人之物。賊，劫人也。因殺人必要用到刃具，故"賊"注"殺人曰'賊'"。此外，"賊"也指徒手奪他人財物、身手了得的盜賊。白戰，指不帶兵刃的空手作戰。白折或白打，指以拳術取他人性命。白醉，指晒太陽，即沒喝酒但却有醉意。《通鑒》"白論"注："猶空言也"，"白望"注："猶虛名"。其外，"白字""白白走""白酒"等詞，用於形容一些行脚僧四處閒蕩遊食，毫無參禪之志。可與"州縣白蹋僧"之類並考。《禪典》"白拈賊"條：徒手盜取他人財物，不露形跡者，謂之白拈賊。比喻禪師接人，以心印心，手段靈妙奇特，不留斧鑿痕跡，是一種詼諧的説法。禪林常以"白拈賊"稱臨濟義玄，含有臨濟施設高妙之義。《明覺語錄》卷二："舉，臨濟示衆云：'有一無位真人，常在汝等面門出入，初心未證據者，看！看！'時有僧問：'如何是無位真人？'臨濟下禪床擒住，者僧擬議，濟托開云：'無位真人是什麼幹屎橛！'雪峰聞云：'臨濟大似個白拈賊！'師云：'夫善竊者，神鬼莫知。既被雪峰覷破，臨濟不是好手。'"《如净語録》卷下《普化》："者漢走從何處來？鼓合臨濟白拈賊。"

【傍瞥語】瞥，註"過目"，日語"ちらりと"，即一晃、一瞬間瞥見狀，非直指。傍瞥語，日語釋作"脇の方からちらりと 消息 を言う"，即從旁透露一點消息。

【渾崙吞】一口吞下。亦作"囫圇吞"。

○第三十一則

【爲人須爲徹】常話。
【生冤家】無解説。
【印子上】破關擊節。印，作"模"，可從。

○第三十二則

【訝郎當】訝，亦作"呀"。驚訝、感嘆或喜悦時發出的聲音。唐音"ヤア"，亦與"呵"字連用。呵訝，指生病時的呻吟聲。訝字處斷句。此處爲嘲笑意。

【冷地裡】日語"片陰(かたかげ)""脇(わき)の方(ほう)",即暗地裡、從側面。由"冷語""冷笑""冷眼"等詞可知,冷,爲不光明正大之意。

【面黃面青】青,亦作"赤"。日語"恥(は)じ入(い)る",即深感羞恥貌,亦同"驚(おどろ)き恐(おそ)れる",即驚恐貌。

【觸忤】日語"慮外(りょがい)する",即無禮、冒犯。忤,逆也。

【挃殺這尿床鬼子】挃,與"築"音同。築,拳也。尿床鬼子,日語釋作"夜尿(よばり)たれ",即尿床。鬼子,罵辭。

【嚇殺人】嚇,呼嫁切,唐音"ヒャア"。又呼格切,唐音"ホ"。在暗處嚇人之聲。見《莊子·秋水篇》。

○第三十三則

【蘊藉】蘊,《書言故事》五作"醞",注"服虔"曰:"寬博有餘也"。陳季推曰:"有含容,不暴露之性也。"

【撞著】日語"出会(でくわ)す",即偶遇、碰見。如"没興撞著"等。

【圈攣】《字典》:"圈,驅圓切。鐶,驅円切,屈金也。"《吕氏春秋》:"柔則鐶,堅則折。""圈""鐶"同音,假借,或爲"鉤"義。《説文》:"凡拘牽連繫者曰'攣'。"韓愈《元和聖德詩》:"解脱攣索"。

【澄巨浸】第九十九則頌:"三千刹海夜沉沉"。《音義》:"沉沉一作'澄澄'。"澄,直陵切,唐音"ヂン"。沉,直深切,唐音"ヂン"。故"澄"與"沉"二字通用。三十八則評:"巨浸乃十二頭水牯牛爲鉤餌",其注"將巨型誘餌浸漬也。"由此可知,浸到水裡的東西即誘餌。澄巨浸,指能吞下六箇誘餌。日語訓讀爲:"鯨鯢を釣るに慣て巨浸を澄むれば"。

【蛙步碾泥沙】碾,第三十八則作"輾"。《正宗贊》作"驟"。《祖庭事苑》中"蛙"作"洼",將"驟"字釋作渥涯之馬。驟,《玉篇》:"馬轉臥土中也"。《廣韻》:"馬土浴也"。《從容錄》爲駁此說,舉《風穴衆吼集》雪竇語作爲用"蛙"字的證據。見《方語解》詳論。碾,《字彙》同"輾"。輾,《玉篇》釋作"轉也"。

○第三十四則

【因行掉臂】走路時擺手甩胳膊。指順勢，做事不費力。與"因風吹火"意思相同。

【面赤不如語直】與其撒謊圓謊而出醜，還不如實話實說。

【著甚死急】死，加強語氣辭。原文"惜取眉毛好，這老漢著甚死急。"仰山對這個急到掉眉毛也不在乎的老和尚所說的話。《大論》云："人有死急，不惜重寶，但以活命爲先。"

○第三十五則

【回轉鎗頭】日語釋作"槍先(やりさき)をひっくり返(かえ)して"，即將鎗頭掉轉過來。

【博飯喫】日語釋作"飯(めし)にして食(く)う"，指當飯喫。博，《韻會》："貿易也"。

【相次間】同"草次"。見第五十四則。古抄中義同"俄項"。

○第三十六則

【裩無襠，袴無口】唐時的裩，其形狀類似日本的"股引(ももひき)"，即細筒的短褲。襠，或指前面相連、相交之處。《類篇》："裲襠，衣名。"《釋名》："其一當胸，其一當背也。"裲襠，或類似日本的"具足(ぐそく)"或"合羽(かっぱ)"，即甲冑、護甲之類遮胸背的衣物。襠，若有"當"之義，則"裩襠"或指男子的襠部。袴口，指伸脚出來的地方。裩無襠，袴無口，兩箇"無"字，皆指衣物穿破磨損。《虛堂錄》："襠"① 作"腰"。

【見鬼】鬼，幽靈。

---

① 襠：原文作"膪"。

○第三十七則

【打筋斗】日語"蜻蛉返り（とんぼがえり）"，即翻跟頭，或同"杉立ち（すぎだち）"，即倒立、倒挂。亦作"翻筋斗"。《祖庭事苑》作"斤斗"。斤斫，木具也。頭重而柯輕，用之則斗轉，爲此技者似之云筋斗，本爲斤斗也。向外扔斧頭時，斧頭刀頭必向下，斧柄則向上，其狀如蜻蜓倒立，故比之。《教坊記》："教坊一小兒，筋斗絕倫，能緣長竿倒立。"此處的"倒立"，指"杉立ち（すぎだち）"，即雜技表演中的竿上倒挂。

○第三十八則

【頓置】頓，止也，日語"置く（お）"，即放下來、放置。《大慧書》："在前頓放"。放，亦指放下來、放置。

【暗曉得】古抄"不分明"之義，又指暗中點頭。在心中默記、計度之人。按，日語釋作"確（たし）かに知（し）らぬ""明（あき）らかに知（し）らぬ"，指明顯不知道、真的不清楚。與"詐明頭"意思相同。又或可譯作"生物識（なまものし）り"，即不懂裝懂。

【炒鬧】《類書纂要》："炒鬧，争鬧也。"小孩子吵鬧、喧鬧。

【鈍置】見《事苑》。《禪典》"鈍置"條：折騰，折磨，作弄。《雲門廣錄》卷上："上堂云：'去！去！遞相鈍置，有什麼了時！'"《嘉泰普燈錄》卷二五，圓悟勤："有祖以來，唯務單傳直指，不喜拖水帶泥，打露布，列窠窟，鈍置人。"《禪林僧寶傳》卷二一，慈明："南歸中途，謂侍者曰：'我忽得風痺疾，視之口吻已喎斜。'侍者以足頓地曰：'當奈何！平生呵佛罵祖，今乃爾。'公曰：'無憂，爲汝正之。'以手整之，如故，曰：'而今而後，不鈍置汝。'"也作"鈍致""鈍""迍"。

【噓噓】《正韻》："音虛。蹙唇吐氣曰'吹虛'，口出氣曰'噓'。"噓噓，指嘴巴微張吐氣，形容幹活之後的吐氣貌。

【喫交】同"喫攧"，日語"転（こ）ける"，即摔倒、跌倒。《大惠武庫》

顗華嚴章，因喫撲有省作偈曰："這一交，這一交，萬兩黃金也合消。"喫，同"喫驚""喫虧"之"喫"。

○第三十九則

【塩圾】《虛堂錄・徑山後錄》作"塩堐"，蓋"搕𢶍"之俗字。《祖庭事苑》："搕𢶍，糞壤也。"

【花藥欄】無解說。

【𥕢著磕著】日語"けっちり""かっちり"，形容結結實實撞到、碰到東西。第七十八則著語：𥕢，作"撞"。磕，《集韻》："克盍切，石聲。"俗話"叩頭"，亦稱作"磕頭"。

【放憨】同"放癡"。放，放肆也。憨，愚也、癡也。放憨，指愚蠢至極，不停犯傻。

【兩口同無一舌】意同日語諺語"三人が三鼻"，即三個人有三只鼻子，指人多嘴雜，秘密不能說與第三人聽。

【相席打令】令，酒令。類似日本的"獅子拳""火回し"等遊戲。急口令，日語"早口"，即繞口令。傳口令，指輪流傳口令。又文人雅士聚會上的酒令有六類。《西湖佳話》醉蹟編有東坡、秦少遊、山谷、佛印四人共飲時行的酒令。此類小說多有"相席打令"，描寫的便是在酒席、宴席上出酒令的樣子。《漢典》"打令"條：行酒令。宋洪邁《容齋續筆・唐人酒令》："又有旗幡令、閃搋令、抛打令，今人不復曉其法矣。惟優伶家，猶用手打令以爲戲云。"元張可久《上小樓・春思》："東風酒家，西施堪畫，打令續麻，顚竹分茶。"

【星在秤，不在於盤】無解說。

○第四十則

【黠兒落節】黠，下八切。楊子方言："黠，慧也。"趙魏之間謂之"黠"，日語"小賢しき"，即耍小聰明、滑頭之意。失技脫節，指失手。黠兒落節，意同日語諺語"粹が川へ陷る"，指善泳者溺，即老手也會失誤。

【出氣】"飲氣""忍氣"的反義詞。日語"気を晴らす""無念を晴らす"，即使心情明朗、消除不快。出氣，此處應釋作日語"息をする"，即呼吸出氣。

【打併】見《策進》。日語"取り片付ける"，即收拾、整理。與第四十七則垂示所說的"併却咽喉唇吻"意思相同。《世說》（七，廿五）："屏當未盡，能改齊。"《漫錄》"併""當"二字，俗訓"收拾"。《圓悟心要》作"打摒""摒當"。《字典》："屏，音丙，除也、去也、斥也。"《譯文筌蹄》中"打併""併了他"和"結果了"意思相同，皆由本義轉指打死人。日本俗將"殺すこと"，即殺人，稱作"片付ける""畳む"，原義指收拾，與中文轉義用法相同。

○第四十一則

【看樓打樓】《事苑》作"耬"，日語"鋤"。《會元》上方益章作"簍"，日語"籠"。諸錄多作"樓"。看樓打樓，指參照樣板。若按參照之義，則"樓""簍""耬"三者皆通用。

【有願不撒沙】願，一作"眼"。

○第四十二則

【敲喝】喝，一作"唱"。

【黑山】指黑不溜秋、黑漆一團的地方。《坐禪儀》："法雲圓通禪師，亦訶人閉目坐禪，以謂黑山鬼窟。"

【勾賊破家】勾，衙役將人帶走。勾死鬼，指臨終之際從地獄來勾人的羅剎。勾引，指人販子拐賣人口。故勾賊破家，指主動引賊人來破壞自己家。

【斷和】古抄云："天竺國必有斷，數人若鬥諍，此人斷之，兩方和也。斷理非後，令和融也。"

【判語】裁判狀。

【落他架下】向著箭頭。架，指將箭搭在弓弦上。第八十一則評："古有石鞏師，架弓矢而坐，如是三十年。"

【等你握雪團到幾時】你要握著雪團等到什麼時候？日語訓讀不定。

○第四十三則

【蕭何賣却假銀城】無解説。

【袖裡打領，腋下剜襟】無解説。

【支遣】支撐排遣也。

【失曉】失，意同"失笑""失口""失手""失脚"之"失"，日語"取り外す"，即（因失誤）而錯失。失曉，日語釋作"夜明けを取り損なう"，即錯過黎明，故可指天亮之前起床，亦可指天亮之後起床。

【折合】折，日語釋作"物の軽重多少を判断する"，指稱重、估價。合，同"軽重多少を比べる"，指比較重量大小、價值高低。折合，指實物之間、貨幣之間或實物與貨幣間按比價換算。折儀，指用金錢替代等價物品贈送他人。如馬代、樽代之類①。

【圓陀陀地】無解説。

【忍俊韓獹空上階】同"忍俊不禁"之意。即使無"不禁"二字，上階也指不禁之處。

○第四十四則

【一筆勾下】在文字肩上做上"つ"標記，表示刪除此字。《西湖佳話·放生善跡》之下，有很多一筆勾去的字。

【定當看】即古抄中所説的"よく見定めよ"，指好好看清楚。

【一齊輥】把所有人一起弄倒在地。整齊，指軍隊陣勢齊整。其他如

---

① 馬代，日本室町・江户時代（約14世紀至19世紀中期），幕府舉行慶祝儀式時，武家用金銀替代進貢的马匹；樽代，訂婚或搬遷時，以錢作爲禮物替代送酒。

"齊家""齊物"等。一齊都到，指大家都到齊了。

【徑截】日語"直付け"(じきづけ)，即直接。

○第四十五則

【編辟】古抄云，《事苑》第二中"編辟"之"辟"當作"逼"，迫也。私謂編。《韻會》："以繩次物，又列也。"據此義，則編或可釋作將萬物集中到一起。

【下載清風付與誰】《從容錄》注："載，運也。"上載，指將貨物、行李裝到船上，亦作"裝載"。下載，指將貨物、行李從船上卸下。《太平御覽》零瓏山下云："東南之風，謂之上載。西北之風，謂之下載。"下載清風付與誰，意指當辛辛苦苦從船上卸下笨重的貨物或行李之際，涼風襲來，頓感暢快愉悅，此種心情，又豈能付與他人？《趙州錄》（上，八）："師云：'兄弟若從南方來者，即與下載；若從北方來，即與裝載。'"

【向北向南】向，同"從"字意。《趙州錄》：向，作"從"。

○第四十六則

【鐃鉤搭索】鐃，當作"撓"，抓也。撓鉤，日語"熊手"(くまで)，即耙子、釘耙。搭索，亦作"套索"，指在竿子頂端固定一箇繩環，使用時從人身後套住他的脖子。牧馬時，亦用此搭索套馬。《禪典》"撓鉤搭索"條：撓鉤和搭索均爲鉤物器具。比喻禪家作略東拉西扯、陷入言辭知見而非直截了當。《虛堂錄》卷一："僧云：'趙州小參要答話，有問話者，置將一問來。又作麼生？'師云：'撓鉤搭索。'"

【洎不迷己】洎，巨至切，及也。古抄將"洎"釋爲日語"余程"(よほど)，即相當之意。

【出身猶可易，脫體道應難】無解説。

○第四十七則

【賺殺一船人】無解説。

○第四十八則

【打野榸】《聯燈會要》作"折野榸"。《禪典》"打野榸"條：意謂游方行脚，多含貶義。《雲門廣録》卷中："僧云：'冬去春來時如何？'師云：'橫擔拄杖，東西南北，一任打野榸。'"《五燈會元》卷八，太傅王延彬居士："郎上座吃却招慶飯了，却向外邊打野榸。"《佛祖歷代通載》卷二一，壽海云："参須實参，悟須實悟，莫打野榸。"参"野榸"。

【非人得其便】《維摩》譯文釋爲：越是害怕妖怪，妖怪就越嚇人。

【潑郎潑賴】日語"悪者（わるもの）""暴れ者（あばれもの）"，皆指壞人、無賴。亦作"潑才""潑賊""潑皮"。潑，日語釋作"人（ひと）に水（みず）を撒（ま）きかける"，指撒水向人。撒潑，指耍賴、無理取鬧。撒潑使錢，指在遊樂場所一擲千金錢，任意妄爲。

【一縫】日語"割れ目（わめ）"，即縫隙。縫，意同"縫隙"之"縫"。

○第四十九則

【匹似閑】匹，配也、對也。本義指將兩物相配成對，由此引申出比較之意。匹似閑，指兩相比較，又無不同也。《禪門寶訓音義》註爲方語"不要緊也"，日語釋作"肝要（かんよう）に無（な）く""役（やく）に立（た）たぬ"或"無駄（むだ）ごと"。"譬似閑""等閑"，義皆同"匹似閑"。《漢典》"匹似閑"條：猶言等閑，平常。《朱子語類》卷十三："不赴科擧，也是匹似閑事。"元金人杰《追韓信》第二折："且相逢，覷英雄如匹似閑，堪恨無端四海蒼生眼。"元喬吉《喬牌兒・别情》套曲："憶宮額似芙蓉瓣，見桃花呵似見他容顔，覷得越女吳姬匹似閑。"

○第五十則

【攞撥】日語釋作"払<ruby>い<rt>はら</rt></ruby>除<ruby>ける<rt>の</rt></ruby>""撥<ruby>ね<rt>は</rt></ruby>除<ruby>ける<rt>の</rt></ruby>",即除去、拂去。

【插觜不得】一刻也沈不住氣,迫不急待。插觜不得,源自蚊子叮人之語。插觜,指不待別人把話說完即發表己見。《纂要》:"唼嘴,不當言而言也。"

《諸錄俗語解》 第四卷

○第五十一則

【托菴門】托,《字典》:"同'拓'音,手推物也。"李山甫詩:"一拓纖痕更不收"。注:"大曆四年,崇徽公主道汾州。以手掌拓石壁,遂有手痕。今靈石有公主手痕碑。"

【放身出】突然出去。

【擎頭戴角】"擎戴頭角"的互文。擎,舉也。

【氍拍板】無解説。

【措置】日語"捌く",即處理、料理。

【迷黎麻羅】方語"眼睛全暗"。按,或爲四字反切語。迷黎,切眯;麻羅,切摩;麻叶,音摩。《漫錄》(中,十一左):"兩眼尚眯麻"。

【托缽】托,日語釋作"手に据え捧げる",即用手掌附著或承著。意同"托塔天王""茶托""托根""托藥"之"托"。

【著賊了也】賊,賊手段。著,日語釋作"遭った""食った",即遭遇、遭到。著了他的手,同"手を食った""彼に仕付けられた",即上了他的當。前出。

【無齒大蟲】年老而无齒的老虎。與《水滸傳》中的渾名"没毛大蟲"意思相同。

○第五十二則

【一點】日語"ちっと"。一點多了,指喫飯、喫東西有點喫多了。

【劈箭急】形容溪水流得快。

【拖拖地】日語釋作"のたのたと",形容做事拖拉、不利落。亦指蛇爬行貌。拖,唐音"トヲ"。《方語集》:"陀陀地龍行貌"。

○第五十三則

【爲人須爲教徹】"教"字可不譯。《禪關策進》(八,左):"打教徹去，討教明白去。"同（廿二，右）："做教徹去"，同語勢也。"教"字強調"爲徹"，此徹非"悟徹"之"徹"義。

【驢前馬後】指認得出前後。驢、馬此處無用，指驢事、馬事之類。

○第五十四則

【快便難逢】下坂不走，快便難逢。

【當面話】日語釋作"当たり前の話"，即理所當然的話。

【盲枷瞎棒】日語"盲打ち"，即瞎打一通。《玉篇》："連枷，打穀具。"《釋名》："枷，加也。加杖於柄頭，以撾穗而出其穀也。"枷隔，指比賽時挨對手正面一刀。盲枷瞎棒，或可釋爲瞎子打戰、瞎打一通。

【相次著也】或爲"造次"之義。

○第五十五則

【穿耳客】耳朵上有耳洞的客人，指"伶利漢"。據胡人穿耳戴環風俗，《事苑》以"穿耳客"謂初祖，此說難取。

【屈棒】日語釋作"無理な棒"，指無端、没來由的棒打。屈，冤屈，日語"無実"。

【隨後婁藪】方語"隨人語"。

【好心不得好報】常語。同日語諺語"恩が仇"，即恩將仇報。

【贏得一籌】一籌，指圍棋中的一目。

【探得】日語"吟味する"，即審問、探問、調查。

【截却千頭】千，當作"舌"。

【一火】日語"仲間"，即夥伴、同伴、同夥。火，與"夥"通用。

○第五十六則

【也是閑】閑，日語釋作"無駄なこと""役に立たぬ"，即不要緊的、没用的。如"閑東西""閑和尚"等。

○第五十七則

【鐵券】《五代史》："朱友謙降莊宗，拜尚書令，賜鐵券恕死罪。"《漢典》"鐵券"條：即鐵契。《東觀漢記‧桓帝紀》："（延熹）八年，妖賊蓋登稱太皇帝，有璧二十，珪五，鐵券十一。後伏誅。"《舊唐書‧良吏傳下‧楊元琰》："及事成，加雲麾將軍，封弘農郡公，食實封五百户，仍賜鐵券，恕十死。"明陶宗儀《輟耕録‧錢武肅鐵券》："吾鄉錢叔琛氏贇，乃武肅王之諸孫也……嘗出示所藏鐵券，形宛如瓦，高尺餘，闊二尺許，券詞黄金商嵌。"清朱彝尊《謁劉文成公祠》："黄金遺像蝕，鐵券幾人傳。"清凌揚藻《蠡勺編‧鐵券》："台州民錢允一，有家藏吳越王鏐唐賜鐵券。洪武初，太祖欲封功臣，遣使取其式而損益之。其制如瓦，第為七等。公二等（一高尺，廣一尺六寸五分；一高九寸五分，廣一尺六寸），侯三等（一高九寸，廣一尺五寸五分；一高八寸五分，廣一尺五寸；一高八寸，廣一尺四寸五分），伯二等（一高七寸五分，廣一尺三寸五分；一高六寸五分，廣一尺二寸五分）。外刻歷履恩數之詳，以記其功；中鐫免罪減禄之數，以防其過。字嵌以金。凡九十七副，各分左右。左頒功臣，右藏内府。有故，則合之以取信。"

【田庫奴】庫，與"舍"同音。《事苑》當作"舍"，評曰："似無意智"。田庫奴，日語釋作"田舍奴の了見無き者"（いなかやっこ　りょうけんな　もの），即鄉下無知之人。《漢典》"田舍奴"條：猶言鄉巴佬。含有鄙其無知之意。唐薛用弱《集异記‧王之涣》："之涣即撇歃二子曰：'田舍奴，我豈妄哉？'因大諧笑。"

【山高石裂】高，一本作"崩"，或依"山石高裂"之語，釋爲不可近傍之意。

【目瞠口呿】日語釋作"呆きれたる体"（あ　　　　　てい），即驚訝、目瞪口呆。瞠，指張大眼睛。呿，去伽切，注："啓口謂之呿"。目瞠口呿，指嘴巴因驚訝而不自覺的張開。《水滸傳》作"目睁口呆"。

○第五十八則

【毛蟲】指虎，可再考。"胡孫喫毛蟲"，方語注"吞吐不下"，由此可知，此處指毛毛蟲。

【當頭】無解説。

【五年强】算家以有餘爲强。《古木蘭詩》："賞賜百千强"。

○第五十九則

【垜根】或作"跥跟""垜跟""揨根""埵根"。垜却，又作"倒根""倒跟"。諸書雖有收録，但未見注釋，其中作"垜根"者多。垜，射垜也，即不動之物。木根也是不動之物。按"跟"字義可知，垜有停下脚步不走之義。埵，堅土。垜，若按"倒根"意釋，則無生長之理；若按"倒跟"意釋，則不可能往前走。應根據字義靈活解釋。不過，不管是哪箇意思，皆有無法發展之意。《禪典》"垜根"條：(跟) 意謂定止、陷埋於虛妄境界，執著、拘泥于言解分别。按"垜根"的作法爲禪家所批評，故亦常用作呵斥之詞。"根"亦作"跟"。《五燈會元》卷五，投子大同："我老兒氣力稍劣，唇舌遲鈍，亦無閑言語與汝。汝若問我，便隨汝答。也無玄妙可及於汝，亦不教汝垜根。終不説向上向下、有佛有法、有凡有聖。"《密庵語録》："達摩不會接手句，少林空坐冷啾啾。叵耐雲門垜根漢，複於頭上更安頭。"《聯燈會要》卷二三，越州幹峰："教忠光云：'雲門跛脚阿師，泥水不辨，菽麥不分。懸羊頭，賣狗肉。神出鬼没，争奈伊何！還知幹峰落處麽？'擲下拄杖云：'切忌向這裡垜跟！'"又寫作"跥根 (跟)""揨根""墮根"等。

【安排】如"安排宴莚"等。日語釋作"座敷(ざしき)を取(と)り繕(つくら)う"，指妥善布置酒席、宴席。安，指安置，物歸其位。排，同"並(なら)べる"，即排列整齊。總之，安排，意指準備布置，即安置排列也。

【硬剥剥】剥剥，唐音"ポポ"。指物堅硬之聲。

○第六十則

【摐然】羅列貌。《心要》（上，二四）："順違得失，摐然羅列。"第九十一則《音義》作"撞也"，難解。古抄："摐然現前碍塞殺"。

【殘羹餲飯】餲，與"餕"同，色求切，飯壞也。日語"饐える"。"殘"注："食餘也"，與"餲"相對。殘羹餲飯，指食物變質不能食，又指沒喫完的食物。《左思賦》注："吳王江中食鱠有餘，棄於水化爲魚，至今有王餘魚。"

○第六十一則

【不平】常話："路見不平，拔刀相助。"形容男子漢氣概。故第一百則頌評曰："古有俠客，路見不平以強凌弱，即飛劍取強者頭。"

【點胸】無解説。

○第六十二則

【炙脂】無解説。

【鶻臭】鶻，胡骨切。《廣韻》："鳥名，鷹屬。"鶻臭，指腋下氣味難聞。氣味如腋臭，故又稱作"狐臭"。《漢典》"鶻臭"條：猶狐臭。《古尊宿語錄·襄州洞山第二代初禪師語錄》："你若是箇衲僧，乍可凍殺餓殺，終不著你鶻臭布衫。"

○第六十三則

【合鬧】大家合攏來相鬧也。日語釋作"総総が寄り合って喧しい。"

【合下得甚語】合下，同"直下"。見《心要》（上，七五）和第六三則（二十下左）。《虛堂錄·法林語》"雪峰敲觀鳥石門"話下亦有此語勢。

【前不搆村，後不迭店】常話。指旅客在旅館落不下脚，面臨進退兩難困境。方語作"兩頭不到"。"搆""迭"，字書中與今義相同，然無注釋。長鞭不搆馬腹，出自《左傳》"不及馬腹"之語。搆，"及、到"意也。《類書纂要》（十二，四二）："不迭。迭，及也。""搆""迭"二字諸録中作"至至迭迭""搆搆""至搆"。小説中作"巴巴"或"巴著"。《虛堂録》（一，六四）："綆短不搆深泉"。《心要》（上，二十）："索短不到深泉"。

○第六十四則

【長安雖樂，不是久居】常話。《水滸傳》中魯智深和史進火燒瓦官寺，二人道："梁園雖好，不是久戀之家。"

○第六十五則

【拾得口喫飯】無解説。

○第六十六則

【穿過髑髏】古抄謂看穿這個僧人是個死人而提問。指斷滅一切情識境地。

【茅廣漢】"莽漢"的反切語。茅廣，切莽，荒也。莽和尚，日語"荒法師"（あらほうし），即粗野的和尚。

【被驢子撲】驢，比馬弱小的家畜。撲，用前蹄踩倒。《水滸傳》中武松打虎處，描寫老虎喫人的招數用了"一撲、一掀、一翦"三箇動作。"撲"的具體動作見打虎處。

○第六十七則

【肐膊不向外】肐，《字典》："音億，胸骨。"《字彙》："黑乙切，身振也。"唐音"ヒ"，通"迄"。一般讀作"吃"音，或爲俗語發音。肐

膊，日語俗語"肘頭（ひじがしら）"。《水滸傳》第一回"肐膊大鎖"，指肐膊一般大小的鎖。"肐膊不向外"與"臂膊不向外曲"意思相同。

【以水攙過】"攙""瀺"，並鉏咸切。瀺，《字典》釋作"水注聲"。馬融《長笛賦》："碓投瀺穴"，注"瀺"爲"隙穴也"。以水攙過，指往血裡注水。

【作賊不須本】做賊無師自通，不需要別人來教。

○第六十八則

【軍州】無解説。

○第六十九則

【半路抽身是好人】抽身便走，日語釋作"ついと抜（ぬ）ける"，即馬上就脱身離開。好人，好手人也，日語"上手（じょうず）"，即高明、擅長。

○第七十則

【斫額】手放額前，遥望高處。

【不采他】日語釋作"取（と）り合（あ）わぬ""構（かま）わぬ"，即不理睬人、不答人。亦作"不偢不倸"。《類書纂要》："偢倸，看顧也。"

【風措】恐不可釋爲"風流"之義。若對照下句的"宛轉自在"，則應爲"風指"。措，當作"指"，又"措""指"二字音相近。雖然日語發音有"措（そ）"和"指（し）"的差別，但二字唐音皆作"ツウ"。不過，指爲上聲，措爲去聲，撮口呼也，稍有差別。

○第七十一則

【馬前相撲】《東山外集》："不見馬頭人廝撲，一拳打倒只臨時。"義堂抄曰："譬如走馬之前，兩人相撲，豈容擬儀也。"第九五則評："五祖老師云：'如馬前相撲相似，須是眼辨手親。'"

【金牙】福本作"須是金毛獅子始得"。此句也需通過解字來斷句。《會元》六："不是金牙作，争彎弓解射尉遲。"金牙，見《天衣懷禪師録》，其義未考。

【裏頭】同"裡面"，日語"内の方"。
<small>うち　ほう</small>

【鬥將底手脚】將，同"將士"之"將"。

○第七十二則

【半前落後】"半落前後"的互文。日語釋作"どちらへも着かぬこと"，即哪邊都到不了。

【窠臼】同"窠屈"。臼，穴也，唐時門上合樺的槽。推門入臼是也。不離窠臼，非指離開洞穴之意。《漢典》"窠臼"條：比喻舊有的現成格式；老套子。宋朱熹《答許順之書》："此正是順之從來一箇窠臼，何故至今出脫不得，豈自以爲是之過耶？"清李漁《閑情偶寄·詞曲上·結構》："吾謂填詞之難，莫難於洗滌窠臼；而填詞之陋，亦莫陋於盜襲窠臼。"

○第七十三則

【當門】同"當面"。

【封后先生】方語"善談兵法，知而不用。"《不二抄》引《帝王世紀》。

【合殺】《教坊記》："舞曲終謂之'合殺'。"《漢典》"合殺"條：謂樂曲終止。唐崔令欽《教坊記》："樂將闋，稍稍失隊，餘二十許人舞，曲終謂之'合殺'，尤要快健，所以更須能者也。"宋惠洪《臨川康樂亭碾茶觀女優撥琵琶坐客索詩》："坐客漸欲身離榻，裂帛一聲催合殺。"

【獨自箇知】俗話只有一個人曰"獨自一箇"。

○第七十四則

【口快些子】口頭快便也。些子，無義，可不譯。

○第七十五則

【汝若要山僧回與汝】要，日語釋作"要るならば"，即如果需要的話。回，還之意。同"渡す"，即交付、交給。

【消得恁麼】日語釋作"仕方最もじゃ""なるほどそうじゃ"，即原來如此、有道理。

【卓朔地】日語釋作"きっとした""しゃんとした"，即嚴肅、端正，形容外貌。如"眼卓朔耳""卓朔金毛獅子"。見第九四則垂示語。

【海上明公秀】見《方語解》詳論。愚按"山明水秀"之意作解，"上""公"二字或爲訛字。《文選》："懸景東秀"，日語釋作"日出る"，即日出之意。古抄云："古詩'海上明公秀，林聞道人閑。'"

【無端】日語"可惜"，即遺憾、可惜。如"無端白紙强塗糊"等。

【呼蛇】吹葫蘆吸引蛇，未考。《淵鑒類》亟蛇部引《夷堅志》，意思稍有差別。

○第七十六則

【暗諳來】福本作"諳諳含含"。《圓悟錄》示泉禪人云："如來禪祖師禪豈有兩禪？未免諳含各分皁白。"

【托幞頭脚】脚，指頭巾下擺。

○第七十七則

【了箇什麼碗】碗，在此無義。"什麼碗"猶曰"什麼事"。

【木槵子】日文名"無患子"。據《木槵子經》可知，佛使以木槵子百八稱佛陀達磨僧伽之名，幷分別功德之深淺。佛在世時皆用木槵子，後世用珠玉。

【茅坑】日語"雪隱"，即廁坑。茅，俗語亦作"毛"。茅坑又稱

"毛穴"。

【攔縫塞定】冷不防使勁擰到縫隙裡。

○第七十九則

【合下】猶曰"直下"。

【一不做，二不休】常話。除非不做，已經做了就索性幹到底。意同日本諺語"毒食わば皿舐れ"，既食毒又何懼盛毒的盤子。亦有地方釋作"破れかぶれ"，即破罐子破摔。"一二不做不休"的互文。

【陡暗】字書無"陡"字，當作"陡"，音斗。《正韻》："頓也"。《類書纂要》："陡然，忽然也。"

○第八十則

【十八上】見《心要》解。

○第八十一則

【把髻投衙】唐代施行斬首時，一人從旁將犯人的頭髮往上攏成一箇髮髻握住，劊子手則在犯人身後揮刀斬首。《韻會》："以治爲衙也"，即官府衙門。把髻投衙，指犯人自己梳好頭髮，提著髮髻到衙門自首。把髻，自己提髮髻。

【架弓矢】架，指搭弓上弦。架弓矢，即在傍邊擺好射箭的姿勢。

【弄泥團漢】見《雜含》第三十卷。《禪典》"弄泥團漢"條：禪家示機應機，若陷入言句情識，斥之爲"弄泥團漢"。《圓悟語錄》卷一五："是故，從上來行棒行喝，一機一境，一言一句，意在鉤頭，只貴獨脫，勿使依草附木。所謂驅耕夫之牛，奪饑人之食，若不如是，盡是弄泥團漢。"《五燈會元》卷八，明招德謙："次到坦長老處，坦曰：'夫參學，一人所在亦須到，半人所在亦須到。'師便問：'一人所在即不問，作麼生是半人所在？'坦無對。後令小師問師，師曰：'汝欲識半人所在麼？也只是弄泥團漢。'"

○第八十二則

【人從陳州來，却往許州去】古抄云："陳州、許州相去不遠。"此句意同日本俗話所説的打算去京都，結果却走到了鎌倉。

【一至七拗折】古抄中玉鞭被稱作"主丈"，此句意爲七尺主丈從一尺開始折，一直折到七尺折完爲止。

○第八十三則

【拍拍是令】拍手一拍一拍是號令也。"有胡笳十八拍"見於《大惠武庫》後漢蔡邕女琰的故事。

【阿剌剌】唐音"オオララ"。驚訝之意，猶同日本人所説的"オーオー"，如"オー恐ろし""オー惜しい"，亦同江戸方言"おやおや"。見《方語解》。

○第八十四則

【這一靠】靠，日語"靠れる"，即倚靠。靠損，指扳倒别人，找人麻煩。文殊一招反問使得維摩面臨"莫道三世諸佛也不開口不得"的處境，故頌云："當時便靠倒"。

○第八十七則

【鼻孔遼天】見《策進》"遼空"詞條解釋。《禪典》"鼻孔遼天"條：意謂省悟禪法、超然脱世。遼天：沖向天際，飛向天空。《密庵語録·示中侍者》："入紅塵堆裡，逆順界中，與一切人，和泥合水，拔楔抽釘。令他不覺不知，驀地見徹本心，悟其本性，不在内，不在外，不在中間。人人鼻孔遼天，個個壁立萬仞，方敢稱爲行脚道流。"《法演語録》卷上："曹源一滴，彌滿人間，衲僧一吸，鼻孔遼天。"

【管取】内化爲自己的東西，供自己任意使用。

【連忙】忙，日語"慌(あわ)てる"，即慌忙、慌亂。

○第八十八則

【破二作三】將茅草房稱作"破二作三"。《水滸傳》第八六回，將竺庵和尚所說的僅有的二間弄成三間。

【打草只要蛇驚】《書言故事》十一："懲此警彼謂'打草驚蛇'。"

【以拄杖挃】挃，《音義》作"撞空也"。日語釋作"徒(あだ)を突(つ)く"。

○第九十一則

【僻地裡罵官人】與"背地裡"意思相同，指背地裡說官吏的壞話。

【辭辛道苦】互文。改日語訓讀爲"辛と辭し、苦と道て"。

○第九十二則

【綽得】綽，唐音"チャ"。日語釋作"ちゃくと取(と)る""押っ取(お)る"，即急取、一下子抓起。綽鎗上馬，指一把抓起鎗騎上馬，《水滸傳》中多有描述。其他如"綽得世尊金剛玉寶劍也"。

○第九十四則

【面前一絲】古抄中此一絲爲空絲也，即無體力。雖然如此，眼前景物整日都在面前，長時無間。又面前一絲，指擇取一日當中此色身六根六識的關鍵一絲，也是最初的一念。最初的一念，是總念，是沒有區分出來的念。

○第九十五則

【周由者也】或爲"周遮"的反切。不過，者也切，上聲。福本作"之乎者也"。"之乎"，唐音"ツウウウ"。周由，唐音"チウイウ"，二字音相似。《禪典》"周由者也"條：謂言語紛繁迂曲，不直截了當。《圓

悟語錄》卷五："師乃云：'入門便見，更不容擬議尋思。開口便説，亦不復周由者也。'"又卷九："所以上古尊宿，天下老和尚，拂子邊，拄杖頭，現無量神通。其實與爾諸人解黏去縛，抽釘拔楔。令汝直下到安閒之地，也無證，也無得。亦無周由者也，七十三，八十四。若也未到，不免搽糊去也。"《大慧語錄》卷四："若是靈利漢，聊聞舉著，剔起便行，更不周由者也。還委悉麼？"亦作"周遊者也""者也周由"。

○第九十六則

【後架】位於照堂①之後，大衆洗面處。又東司②亦有後架。架，棚也，即放置洗臉用具的架子。

○第九十七則

【話墮】日語譯作"論に負ける"，即説不過別人。亦作"負墮"。《禪典》"話墮"條：禪家機語問答，不契合禪義者稱爲"話墮"。亦泛指禪家機用不合禪法。《祖堂集》卷一一，保福："僧辭，師問：'什摩處去？'對云：'什摩處不是某甲去處？'師云：'忽然山河大地又作摩生？'對云：'喚什摩作山河大地？'師云：'汝話墮也。'"《雲門廣錄》卷中："王太尉入佛殿，指缽盂問僧：'這個是什麼缽？'僧云：'藥師缽。'尉云：'只聞有降龍缽。'僧云：'待有龍即降。'尉云：'忽遇拏雲攫浪來，又作麼生？'僧云：'他亦不顧。'尉云：'話墮也！'"《虚堂錄》卷四："只認得他人口頭聲色，爾自己分上，並無悟入之期。弄到極處，終成話墮也。"《大慧語錄》卷四："老胡九年話墮，可惜當時放過，致令默照之徒，鬼窟長年打坐。"

【管得】管，掌管也。

【物色】此二字根據場合有不同轉用，此處猶物事。"物事"之"事"無意，僅指物。但凡有形者皆謂"物"。色，指其物的種類、品目。

---

① 照堂：即禪堂。
② 東司：即廁所。

○第九十八則

【掐一掐】掐，苦洽切。《説文》："爪刺也"。《玉篇》："爪按曰'掐'。"

【蘿蔔頭禪】或指古抄中的"保寧嗣處凝禪師，煨蘆菔，換得底禪"之説。處凝之説亦見於《正宗贊》。

【趂不上】日語釋作"追い付かぬ"，即追不上。"上"字，同"著"字意，如"趂人不要趂上"。

【料掉没交涉】料掉，亦作"料調""顢挑""撩挑"。"顢""撩"，並音料，"掉""調""挑"，並徒弔切，故同韻也。連綿語只與字的發音有關，并不拘於具體的字義，故通用。話雖如此，能作連綿語的字也必須帶有原本的字義。今此處若以字義來考，"料"爲力弔切，"掉"爲徒弔切，二字爲同韻同等的疊韻，取"料"一字之義，"掉"字無意。料，按"料度""料計"之意，指事物的累積、估算。故料掉没交涉，指即使將堆積的東西進行比較分類，也估算不出來。若其後加上方語"識得你"，語氣可得到進一步加強。

【何不買一片帽戴大家過時】"大家"二字意思未定。古抄釋作：爲何不買一條頭巾打扮成在家人的模樣過活呢？

【皮殻漏子禪】用皮做的袋子。亦作"殻漏子"或"可漏子"，指裝書信的袋子。

△《虛堂錄》

○興聖語

【去處】《西遊記》第六二回:"此城名喚'祭賽國',乃西邦大去處。""去"字無意。《水滸傳》:"行到右廊後一所去處"。

【崑崙嚼生鐵】亦作"渾崙"。《俗書刊誤》:"物完曰'囫圇',與'渾侖'同義。"《禪典》"渾侖"條:形容禪法妙旨及禪家本分提唱融匯固密,超越一切詮解分別。《圓悟語錄》卷四:"靈山會上千葉騰芳,少室峰前一枝獨秀。生佛未具已見蟠根,空劫那邊轉彰文彩。渾侖擘不破,撲鼻更馨香。八面自玲瓏,通身轉綿密。"《宏智廣錄》卷九:"赤肉一塊,臭膿一袋。何物著乎中?有應發於外。妙入群機,默成三昧。個時撒手斷崖前,方見渾侖撲不碎。"《臨濟語錄》:"師見僧來,展開兩手,僧無語。師云:'會麼?'云:'不會。'師云:'渾侖擘不開,與爾兩文錢。'"《人天眼目》卷四《韶國師四料揀》:"理事兩俱忘,誰人敢度量。渾侖無縫罅,遍界不曾藏。"亦作"渾淪"。

【一人向占波國裡云云】此"向"字,應釋作"於"字。"蓺向爐中"的"向"字也意同"於"字。《漢典》"向"條:介詞。表示動作的地點。猶在。唐崔曙《登水門樓見亡友題黃河詩因以感興》:"人隨川上逝,書向壁中留。"宋陸游《風雲晝晦夜遂大雪》:"已矣可奈何?凍死向孤村。"《西游記》第五三回:"這缽盂飯是孫大聖向好處化來的。"

【草索子】《聖制》比作"規繩"。《禪典》"規繩"條:法度,規矩。《五燈會元》卷一九,楊岐方會:"自是明(指慈明禪師)每山行,師輒瞰真出,雖晚必擊鼓集眾。明遽還,怒曰:'少叢林暮而升座,何從得此規繩?'師曰:'汾陽晚參也,何謂非規繩乎?'"

【波波挈挈】《傳燈》藥山章:"波,作'跛'。"《武庫》:"波波劫劫""挈却"。唐音"ケッ"。《漢典》"挈挈"條：急切貌。唐柳宗元《答韋中立論師道書》："愈以是得狂名，居長安，炊不暇熟，又挈挈而東，如是者數矣。"明方孝孺《祭外舅鄭公》："三歲奔走，于蜀于秦，挈挈西東，以秋以春。"《禪典》"波波"條：奔走的樣子；奔波。《臨濟語錄》："大德，爾波波地往諸方覓什麼物？踏爾脚板闊，無佛可求，無道可成，無法可得。"《景德傳燈錄》卷一五，夾山善會："上根之人言下明道，中下根器波波浪走。"《五燈會元》卷一一，三交智嵩："寒溫冷暖，著衣吃飯，自不欠少，波波地覓個甚麼？"

【性燥】日語釋作"気早い""いらって"或"短気なること"，指性格急躁、没耐性、急性子。《水滸傳》第二回："魯達焦燥，把那看的人一推一交。"《漢典》"燥"條：焦急；焦躁。宋劉克莊《江西詩派小序·晁叔用》："秦漢以來，士有抱奇懷能，留落不遇，往往燥心污筆，有怨悱憤恚沈抑之思。"《西游記》第六一回："那火燄山平平熄燄，寂寂除光……此時三藏解燥除煩，清心了意。"《白雪遺音·小郎兒·春》："銀壺美酒你不到，失奴信兒喲。哄奴等到，燥殺人兒喲，正三更。"

【張公堠了】了，恐爲"子"的訛字。《大惠普說》："只向堠子下坐地"。《漢典》"堠子"條：古時築在路旁用以分界或計里數的土壇。每五里築單堠，十里築雙堠。宋陳師道《後山詩話》："吳僧《錢塘白塔院詩》曰：'到江吳地盡，隔岸越山多。'餘謂分界堠子語也。"元張國寶《羅李郎》第三折："出陳州五里巴堠子，無明夜到京師。"況周頤《蕙風詞話續編》卷二："宋諺：'饞如鶌子，懶如堠子。'"

【公據】日語"切手"，即票據、官府憑據。《唾玉集》中，蘇軾帶一軸彌陀曰："此軾生西方公據也。"公據立石，指將憑據上的文字刻在石頭上，以示免除蘆租。下文的"公驗"也指同物。《漢典》"公據"條：官府的憑據。宋蘇軾《乞增修弓箭社條約狀》之一："欲乞立定年限，每句當及三年，如無透漏及私罪情重者，委本縣令佐及捕盜官，保明申安撫司給與公據。"《元代白話碑集錄·一二三八年鳳翔長春觀公據碑》："鳳翔總管府公據。據全真道人張志洞等連狀告稱'前去磻溪谷復建掌教丘真人古跡長春觀院宇，田地在手，別無憑驗，恐有磨障，乞給公據事'，奉總管鈞旨，照得：本人所告是實。"明沈德符《野獲編·吏部一·四衙門遷客》："近日吏部、翰林、科、道外謫者，皆不赴任，僅身至境上，移文索公據，歸而待遷。"

【末上】"最初"之義。唐演出時，一開始先讓叫作"末上"的配角登臺表演，故劇本開頭部分寫著"末上來"，指末上登臺來表演。末，日語"小詰〔こづめ〕"，即配角。與日本能劇中最早登場的"脇師〔わきし〕"作用相同。《禪典》"末上"條：開頭，最初。《文益語錄》："有一片言語，喚作《參同契》。末上云：'竺土大仙心。'無過此語也，中間也只隨時說話。"《圓悟語錄》卷一九："舉，世尊生下，周行七步，目顧四方，一手指天，一手指地，自云：'天上天下，惟我獨尊。'（頌：）右脅誕金軀，九龍噴香水。巍巍步四方，周匝蓮華起。末上先施第一機，高風亙古鎮巍巍。"《密庵語錄·答薗運屬》："每見士大夫，著意學此道極多。只恐末上撞著道眼不明宗師，胡說亂道，將古今言句，妄意穿鑿，以爲極則，貴圖稱他會禪。此是第一等大病。"亦作"末頭"。

【交頭結尾】見下文解釋。

【按下雲頭】仙人下凡時踩雲而下。《西遊記》中多見。今此處指向下、往下走、墮落。《漢典》"雲頭"條：雲。宋蘇舜欽《中秋松江新橋對月和柳令之作》："雲頭豔豔開金餅，水面沈沈臥綵虹。"元劉君錫《來生債》第一折："看見下方煙焰，直衝九霄，撥開雲頭，乃是襄陽有一龐居士，他將那遠年近歲借與人錢的文書，盡行燒燬了。"

【向深山云云】向，向日也。

【颺在無事甲中】颺，日語"放り捨てる〔ほうす〕""投げほる〔な〕"，即抛、丟。無事甲，指空置的小房間、庫房。《枯崖漫錄》並《義堂抄》："閣，或作'甲夾'，皆俗語也。"閣，本與"甲夾"同音，因"甲夾"筆畫較少故借用。俗語中忽略字義而只借音的通用字較多。不可與"束之高閣"之"閣"混同。《漢典》"颺"條：抛；丟。宋周邦彥《南柯子》："嬌羞不肯傍人行。颺下扇兒拍手、引流螢。"《朱子語類》卷一一八："今若此，可謂是'颺了甜桃樹，沿山摘醋梨'也。"元王實甫《西廂記》第一本第二折："你不合臨去也回頭兒望。待颺下教人怎颺？赤緊的情沾了肺腑，意惹了肝腸。"清蒲松齡《聊齋志異·瞳人語》："（婢）言已，掬轍土颺生。"

【無義語①】《維摩經》註："華飾美言，苟悅人意，名無義語。"《禪典》"無義語"條：無義理之語。多指超越情識知見、截斷學人解心的奇特語句。《圓悟語錄》卷二："師入院……複云：'昔傳明有通天作略，跨海神機，使無舌人説無義語。收洛浦，接青峰。辨石霜，賞佛日。險崖句峻，陷虎機深。電激星飛，珠回玉轉。建茲寶刹，風範具存。而山僧庶事不才，何以繼其高躅？'"《大慧語錄》卷四："是義如空不可量，一一包羅世間相。我今以此無義語，略爲居士出只手。"

【驢㘴】《郁山主贊》："盲驢惡㘴弄蹄行"。執拗人，指固執己見之人。㘴，日語"拗ける"，即乖避、懷有偏見。㘴，同"拗"。《正韻》："於教切，拗戾，固相違也。"《朱子語類》："王臨川天資有拗强處"。或爲《龍溪鈔》之説。《漢典》"執拗"條：堅持己見，固執任性。宋羅大經《鶴林玉露》卷十："（荆公）又曰：'有伊尹之志，則放其君可也；有周公之志，則誅其兄可也；有周後妃之志，則求賢審官可也。'似此議論，豈特執拗而已，真悖理傷道也。"清李漁《蜃中樓·龍戰》："當初是令姪女執拗，不肯與小兒成親。"

【果州飯布】方語"漏逗不少"。

【鞂却紫茸氈】無解説。《漢典》"鞂"條：蒙上；連綴。《周禮·考工記·輿人》："飾車欲侈"漢鄭玄注："飾車，謂革鞂輿也。"前蜀貫休《聞赤松舒道士下世》："仙廟詩雖繼，苔牆篆必鞂。"元姚守中《粉蝶兒·牛訴冤》套曲："觔兒鋪了弓，皮兒鞂了鼓。"

【鬬鬬揍揍】日語"寄せ集める"，即收集。"鬬"字有"累積"之義，揍，或作"添"，聚集也。

【鬬富】鬬，日語"比べる"，即比較。

【如油入麵】《普説》："如油入麵，求脱不得。"

【把等子秤】等子，指秤。秤，稱重也。《字典》："等，稱量輕重也。""秤""稱"，去聲，正斤兩也。把，日語應釋作"取る"，即拿、取之義。《漢典》"等子"條：即戥子。稱小量東西的衡器。宋李廌《師友談記》："子之文銖兩不差，非秤上秤來，乃等子上等來也。"《古今小

---

① 原文爲無義漢。

説·新橋市韓五賣春情》："（吳山）踱到門前，向一個店家借過等子，將身邊買絲銀子秤了二兩，放在袖中。"

【隔窗看馬騎】方語"只見一半"。擬議没交涉，眨眼便蹉過。

【著黑衣護黑柱】無解説。

○報恩語

【釣絲絞水】點滴不施。《漢典》"釣絲"條：釣竿上的垂線。唐杜甫《重過何氏》之三："翡翠鳴衣桁，蜻蜓立釣絲。"宋陸游《舟中對月》："江空裊裊釣絲風，人静翩翩葛巾影。"清顧貞觀《石州慢·御河爲漕艘所阻》："不如歸去，從教錦纜牙檣，釣絲莫負秋江碧。"

【瞎驢兒】没眼珠。驢，駡辭。《漢典》"瞎驢"條：佛教語。比喻最愚蠢的人。唐郭天錫《〈臨濟語録〉序》："末後將正法眼藏，却向瞎驢邊滅却。"清龔自珍《語録》："邵寶云：'《金剛》爲經中之王，右軍爲書中之聖，世間之二妙。'我聞瞎驢語，每引一大白解穢。"

【破口】同"失口"。《漢典》"破口"條：争吵；用惡語大聲叫駡。《古今小説·張道陵七試趙昇》："又如今人爲著幾貫錢鈔上，兄弟分顔，朋友破口。"《醒世姻緣傳》第六四回："我怎麽得罪來，相公就這們破口的駡我？"

【從頭】日語釋作"頭から""初手から"，即從頭開始。從頭指教，指從最初開始教。《漢典》"從頭"條：從最初開始。唐白居易《雜曲歌辭·可滿子》："一曲四詞歌八疊，從頭便是斷腸聲。"宋陳亮《賀新郎·酬辛幼安》："離亂從頭説，愛吾民，金繒不愛，蔓藤累葛。"元王元鼎《雁傳書》套曲："從今打破風流陣，一句句從頭自忖。"

【看看】意同"漸漸"，亦有"眼看著"之意。看看待晚，指天漸漸地變暗、變黑。《漢典》"看看"條：估量時間之詞。有漸漸、眼看著、轉瞬間等意思。唐劉禹錫《酬楊侍郎憑見寄》："看看瓜時欲到，故侯也好歸來。"宋王安石《馬上》："年光如水盡東流，風物看看又到秋。"《水滸傳》第一回："（洪太尉）約莫走過了數個山頭，三二里多路，看看脚酸腿軟，正走不動，口裏不説，肚裏躊躇。"《儒林外史》第一回："看看三個年頭，王冕已是十歲了。"《禪典》"看看"條：眼看著，即將。《惟則語録》卷二："（此身）乃是四大假合，虚脆浮幻之身。如水上泡，如草頭露。看看發白齒搖，皮枯面皺，老病無常，朝不保暮。"《五燈會元》卷二〇，薦福休："此土與西天，一隊黑漆桶。誑惑世間人，看看滅胡種。"（末句意謂即將斷滅佛教法脈）

【兜攬】日語釋作"取り込む""取り入れ"，即招引。《水滸傳》第十九回中，閻婆惜嫌棄宋江，親口說道："宋江若來時，只把言語傷他，全不兜攬他些個。"《漢典》"兜攬"條：招引，招攬。《水滸傳》第二四回："（武大）本待要去縣裏尋兄弟說話，卻被這婆娘千叮萬囑吩咐，教不要去兜攬他。"

【若不看兩個老凍膿面】凍，一作"腖"。《玉篇》："都弄切，音凍，肉腖也。"膿，《說文》："腫血也"，《玉篇》："癰疽，潰也"。據此，腖膿，指肉腐爛。老腖膿，罵人是爛肉老頭之辭。《西遊記》中的"膿包道士"，也是罵道士之辭。看面，看在某人的面子上而允許（放過）。小說中的"不看我面看佛面"，意指看在佛祖的面子上就原諒他吧。包膿，指長包化膿。《禪典》"老凍齈"條：對老禪師的詈稱。齈：鼻疾多涕。《密庵語錄》："德山、臨濟出來，各逞威權，行棒行喝，傍若無人。雪峰輥三毬，俱胝豎一指。汾州莫妄想，玄沙因我得禮爾，以至從上老凍齈，全提半提，直是天下無敵。正眼觀來，於自己本分事，大似隔靴抓癢，有什麼快活處！"《五燈會元》卷一五，連州寶華："因有僧問大容曰：'天賜六銖披掛後，將何報答我皇恩？'容曰：'來披三事衲，歸掛六銖衣。'師聞之，乃曰：'這老凍齈作恁麼語話！'"

【救手刀子】或爲"活人刀"之義。《禪典》"殺人刀，活人劍"條："殺人刀"喻指斬除分別妄念的禪家機鋒，"活人劍"喻指復活真性的機鋒。禪家認爲，必須除盡分別妄念以及種種塵俗執著，但僅僅是除盡妄念便可能陷於對空的執著，必須同時識見活潑潑的本性，因此"殺人刀"須與"活人劍"密切配合，方可達到大死而又大活、徹底覺悟的境界。《祖堂集》卷七，巖頭："夾山有僧到石霜，才跨門便問：'不審！'石霜云：'不必，闍黎。'僧云：'與摩則珍重！'其僧後到巖頭，直上便云：'不審！'師云：'噓！'僧云：'與摩則珍重！'始欲回身，師云：'雖是後生，亦能管帶。'其僧卻歸，舉似夾山。夾山上堂云：'前日到巖頭、石霜底阿師出來，如法舉著。'其僧才舉了，夾山云：'大眾，還會麼？'眾無對。夾山云：'若無人道，老僧不惜兩莖眉毛道去也。'卻云：'石霜雖有殺人之刀，且無活人之劍。巖頭亦有殺人之刀，亦有活人之劍。'"

《如净語録》卷上："殺人刀，活人劍，轉磨轉精，累試累驗。"亦作"殺活劍"。

【敢保】日語釋作"慮外ながら請け合います"（りょがい　うあ），即承諾、必定。《禪典》"敢保"條：肯定，一定。《祖堂集》卷一〇，長慶："你若擇得，許你有這個眼；你若擇不出，敢保你未具眼在。"同卷，玄沙："青山碾爲塵，敢保無閒人。"

【落紅雨】俗語"落"，指下雨。《唐話纂要》："下雨，落雨。"《盛事》（上，四十二）："春已寒，落華紛紛下紅雨。"

【耳朶】指器官耳朶。凡事物輕便貌皆可用"朶"。如"朶朶""湖山一朶雲"。"一朶花"中的"朶"爲量詞。杜詩："黃四娘家花滿蹊，千朶万朶壓枝低。"

【以致】"致""至"，並唐音"ツウ"。《漢典》"以致"條：表示由於上文所説的情況，引出了下文的結果（多指不好的結果）。宋司馬光《諫西征疏》："自古以來，國家富彊，將良卒精，因人主好戰不已，以致危亂者多矣。"明張居正《議外史職疏》："自職名更定之後，遂失朝夕記注之規，以致纍朝以來，史文闕略。"

【只得平高云云】只得，日語"是非無く"（ぜひな），即不得已、没辦法。此二字的作用範圍到後句的"取證"爲止，"狼藉"，用於佛祖。《漢典》"只得"條：只好；只能；不得不。《宣和遺事》前集："宋江統率三十六將，往朝東嶽，賽取金爐心願。朝廷不奈何，只得出榜招諭宋江等。"明李贄《復晉川翁書》："倘其父終不肯變，亦只得隨順其間，相幾而動。"

【斷貫】斷了穿錢線的貫錢。

【冷笑】嘲笑。《漢典》"冷笑"條：含有諷刺、輕蔑、不滿、無可奈何等心情的笑。《北史·崔贍傳》："贍別立異議，收讀訖笑而不言。贍正色曰：'聖上詔群臣議國家大典，少傅名位不輕，贍議若是，須贊其所長；若非，須詰其不允。何容讀國士議文，直此冷笑？'"唐韓偓《六月十七日召對自辰及申方歸本院》詩："如今冷笑東方朔，唯用詼諧侍漢皇。"《西游記》第六三回："那駙馬聞言，微微冷笑道：'你原來是取經的和尚，没要緊羅織管事！'"《紅樓夢》第三一回："寶玉笑道：'還是這麼會説話，不讓人。'黛玉聽了，冷笑道：'他不會説話，就配帶"金麒麟"了！'"

【奨奨夐夐】《事文類聚》別集六："音烈，挈多節目也。"二字並不見字書。

【掉一句】"掉撥"之"掉"也。日語"唆す（そそのか）""煽てる（おだ）"，即挑撥、唆使、教唆等。又與"挑"同音，徒了切，挑戰。

【蘸雪喫冬瓜】没滋味之義。蘸，莊陷切。《説文》："以物投水也"。蘸著喫，指喫東西時先蘸一下醋或味噌等調料再喫。見《水滸傳》第二回。

【暗號】日語釋作"隠して合図（あいず）（かく）"，即暗中打信號。號，日語"印（しるし）"，即記號、信號。暗中交易也叫"暗號"。《水滸傳》中的"打箇暗號"，指悄悄发送信號。東山暗號子等，也指不當、非法行爲之類。《漢典》"暗號"條：彼此約定的秘密記號或信號。宋俞文豹《吹劍四録》："其就試者，亦是賂判局指授考官，臨去取不看文字，惟尋暗號。"《水滸傳》第三十回："武松又見這兩個公人，與那兩個提朴刀的擠眉弄眼，打些暗號。"《老殘游記》第十三回："你不看見他那夥計叫翠環吃菜麼？那就是個暗號。"

【急絣絣】絣，將東西拉緊繃。絣，《集韻》："急絙也。"《楚詞・九歌》注："絙，急張弦也。"《漢典》"絣"條：通"繃"。引繩使直。亦指把用以書畫刺繡的絹帛拉緊。《太平廣記》卷二一四引宋景焕《野人閑話・黄筌》："筌請（鍾馗像）歸私第，數日看之不足，别絣絹素，畫一鍾馗。"

【報恩爺名】爺娘，日本"旦那（だんな）""親方（おやかた）"的俗稱，即老板、老爺、頭兒。尊大自稱曰"老爺"。《西遊記》中，孫行者將自稱爲"天子"的人叫作"爺"。此處也指自稱爲報恩寺"老爺"，應與《净慈語》結夏小參並考。

【誓速】《祖庭事苑》："誓，音西，聲振也。"一曰"呻歎"，謂何呻歎之頻速也。《禪典》"誓速"條：感歎之聲急速。誓：感歎聲。《五燈會元》卷六，亡名古宿："昔有一老宿，一夏不爲師僧説話。有僧歎曰：'我只恁麼空過一夏，不敢望和尚説佛法，得聞正因兩字也得。'老宿聞，乃曰：'闍黎莫誓速，若論正因，一字也無。'"《祖庭事苑》卷三"誓速"條下音釋曰："誓音西，聲振也。一曰呻歎。謂何呻歎之頻速也。"字亦作"謿速"，見《明覺語録》卷一。

【扣齒】唐時自誡或念咒語時必扣齒。《水滸傳》第六回："只聽得門外老鴉哇哇的叫，衆人有叩齒的，齊道：'赤口上天，白舌入地。'"《漢典》"扣齒"條：左右上下齒相叩。爲道家修煉之法。傳統醫學用爲牙齒保健。唐韋渠牟《步虛詞》之十七："扣齒端金簡，焚香檢玉經。"宋梅堯臣《題劉道士奉真亭》："降真沉水生爐煙，扣齒曉漱華池泉。"元柯丹邱《荊釵記·薦亡》："捏訣驚三界，扣齒動百神。"

【天津橋上漢】方語"伶利漢"。《禪典》"伶利"條：機靈，有悟性。《古尊宿語錄》卷一一《慈明語錄》："問：'昔日靈山分半座，二師相見意如何？'師云：'來風可鑒。'進云：'恁麽則大衆側聆，學人禮拜。'師云：'剣利人難得。'"亦作"伶俐"。

【放乖】乖，乖巧也。放，同"放癡"之"放"。《漢典》"乖"條：不淘氣；馴服。《西游記》第四二回："好乖兒女，也罷也罷，向前開路，我和你去來。"

【翻本】同"拔本"。回本、取回本錢。《漢典》"翻本"條：賭博時贏回已輸的錢。《水滸傳》第一〇四回："那輸了的，脫衣典裳，褫巾剥襪，也要去翻本。"《紅樓夢》第一一一回："我輸了幾個錢也不翻本兒了，睡去了。"

【一地裡】日語釋作"そこらうち"，即到處。《漢典》"一地裏"條：到處。元鄭廷玉《後庭花》第一折："若是你那殺人也，一地裏將咱尋趁。"《水滸傳》第三七回："這太公和我父親一般，件件都要自來照管，這早晚也未曾去睡，一地裏親自點看。"《儒林外史》第三回："那鄰居飛奔到集上，一地裏尋不見。"

【布裩赫赤】赫博雅赤也。《禪典》"赫赤"條：耀眼，刺眼，引人注目的樣子。《五燈會元》卷一六，香嚴智月："吾家寶藏不慳惜，覿面相承人罕識。輝今耀古體圓時，照天照地光赫赤。"又卷一五，玉泉承皓："暑運推移，布裩赫赤。莫怪不洗，無來替換。"

【曲錄】錄，音錄。《說文》："刻木，录录也。"录录，或指彎曲貌。未考。《漢典》"曲錄"條：曲錄亦作"曲录"。彎曲貌；屈曲貌。後蜀歐陽炯《貫休應夢羅漢畫歌》："曲錄腰身長欲動，看經子弟擬聞聲。"《續傳燈錄·慧和禪師》："拈起拄杖曰：'孤根自有擎天勢，不比尋常曲錄枝。'"清張玉珍《祝英臺近·病起》："曲錄闌干，不語苦憑遍，倩攜綠綺輕彈。"

【無厭消】日語釋作"飽くことを知らぬ",即不知足。《漢典》"無厭"條:不滿足;沒有限止。《左傳·襄公三十一年》:"大夫多貪,求欲無厭。"《史記·魯仲連鄒陽列傳》:"(鄒陽)乃從獄中上書曰:'……(聖王)封比干之後,修孕婦之墓,故功業復就於天下,何則?欲善無厭也。'"唐屈同仙《燕歌行》:"昭君遠嫁已多年,戎狄無厭不復和。"

【教化】教,與"叫"同音,通用。叫化,指行乞、乞討。化齋,指僧道向人募化齋飯。化子,即乞食之人。以上"化"字,皆同"勸化"之"化"。《禪典》"教化"條:募化,請求佈施。《大慧語錄》卷四:"嘗思教中有一段因緣。殃崛摩羅要千人指頭作華冠,然後登王位。已得九百九十九指,唯少一指,要斷其母指填數。佛知其緣熟,故往化之。殃崛才舉意,欲下刀取母指時,忽聞振錫聲,遂舍其母指,而問佛教化一指曰:'既是瞿曇在此,望施我一指頭,滿我所願。'"《大慧宗門武庫》:"無盡居私第日,適年荒。有道士輩,詣門教化食米。"《虛堂錄》卷一:"臨際入京教化云:'家常添缽。'到一家門首,婆云:'太無厭生!'際云:'飯也未得,何言太無厭生?'婆便閉却門。"

【家常】日語釋作"有合いの物",指已準備好的東西、已有的東西,同"現成",如"家常茶飯"等。《漢典》"家常"條:古時僧人化緣的常用語。猶言家中常有之物,家常的茶飯。《敦煌變文集·難陀出家緣起變文》:"世尊直到難陀門前,道三兩聲家常。"五代齊己《寄山中叟》:"青泉碧樹夏風涼,紫蕨紅粳午饔香。應笑晨持一盂苦,腥羶市裏叫家常。"《景德傳燈錄·從展禪師》:"師見僧吃飯,乃托缽曰:'家常。'"

【買石得雲饒】饒,商家讓利、給優惠。前出。《漢典》"饒"條:厚賜;多給。《史記·陳丞相世家》:"今大王慢而少禮,士廉節者不來;然大王能饒人以爵邑,士之頑鈍嗜利無恥者亦多歸漢。"宋王安石《上皇帝萬言書》:"又況委法受略,侵牟百姓者,往往而是也。此所謂不能饒之以財也。"

【抱橋柱澡洗】《普燈》廓菴遠章:"抱橋柱澡洗,要且放手不得。"《漢典》"澡洗"條:沐浴;盥洗。《北史·真臘傳》:"以右手爲淨,左手爲穢,每旦澡洗,以楊枝淨齒。"元周達觀《真臘風土記》:"所泊之家,有女育子,備知其事,且次日即抱嬰兒同往河內澡洗。"

【毛病】日語"癖",即壞習慣、缺點。小說中多見。《水滸傳》中王矮虎有好色的毛病。《漢典》"毛病"條：缺點；錯誤。《朱子語類》卷一三一："有才者又有些毛病，然亦上面人不能駕馭他。"明湯顯祖《邯鄲記・招賢》："但此弟長有一點妒心，也是他平生毛病。"

【結交頭】亦作"結角"。交，同"交代"之"交"，日語"渡す"，即交付、交給。除夕是一年之末，也是新舊年交替之時。《禪典》"結交頭"條：連接、交替之際，常指農曆除夕。《密庵語錄》："歲夜，小參……一年三百六十日，今宵正是結交頭。"《虛堂錄》卷一："除夜，小參……抱橋柱澡洗底，到底不知；依樣畫胡蘆底，轉增妄想。直饒輥到結交頭，依舊眼睛烏律律。"

【閑不徹】不徹，徹也。不，用法與"不憤""不端""不正"之"不"字相同，起強調作用。《禪典》"不徹"條：置於動詞之後，對動作行爲作補充說明。相當於"不停""不盡"。《景德傳燈錄》卷一四，吾山圓智："一日，藥山問：'子去何處來？'（圓智）曰：'遊山來。'藥山曰：'不離此室，速道將來。'曰：'山上鳥兒白似雪，澗底遊魚忙不徹。'"《如淨語錄》卷上："杜鵑啼不徹，血流山竹裂。"《五燈會元》卷一六，長蘆宗賾："但能心口相應，一生受用不徹。"

○顯孝語

【房計】計，生計。房計，日語釋作"所帶道具"(しょたいどうぐ)，即家具，如櫃子、廚房用具之類。《漢典》"房計"條：私房資財，嫁妝。《京本通俗小説・志誠張主管》："（小夫人）隨身房計，少也有幾萬貫。"

【不如歸】不如歸去。唐音"ポズウクイキイ"。唐音與此鳥鳴聲相似，或爲其叫聲的模擬。《漢典》"不如歸去"條：古人以爲杜鵑啼聲酷似人言"不如歸去"，因用爲催人歸家之詞。《蜀王本紀》："蜀望帝淫其臣鱉靈之妻，乃禪位而逃，時此鳥適鳴，故蜀人以杜鵑鳴爲悲望帝，其鳴爲不如歸去云。"宋梅堯臣《杜鵑》："蜀帝何年魄，千春化杜鵑；不如歸去語，亦自古來傳。"亦省作"不如歸"。宋范仲淹《越上聞子規》："春山無限好，猶道不如歸。"宋陳瓘《滿庭芳》："春鵑語，從來勸我，長道不如歸。"

【竹雞泥滑滑】日本無竹雞。泥滑滑爲竹雞別名，唐音"ニイオオ"。

《漢典》"泥滑滑"條：竹雞的別名。因其鳴聲如此，故名。宋王安石《送項判官》："山鳥自呼泥滑滑，行人相對馬蕭蕭。"明李時珍《本草綱目・禽二・竹雞》："蜀人呼爲雞頭鶻，南人呼爲泥滑滑，因其聲也。"

【鳳林叱之】無解説。

【連腮一掌】日語釋作"腮をかけて横面を張る"，即連著腮帮子打嘴巴、打耳光。連，同日語"かけて"，表示範圍。

【喫飯須論噎】常語云："喫飯防噎，走道防跌。"意指做事要小心。噎，一結切，《增韻》："食窒，氣不通也。"《漢典》"噎"條：咽喉梗塞。《詩・王風・黍離》："行邁靡靡，中心如噎。"孔穎達疏："噎者，咽喉蔽塞之名。"唐陳子昂《答制問事・賢不可疑科》："有人以食噎而得病者，欲絶食以去病。"

【面噤噤地】或指噛緊牙關經受寒冷的樣子。牙禁不開，藥粥不下，指病人噛緊牙齒，使得藥粥都難以入口。《漢典》"噤"條：閉口。《說文・口部》："噤，口閉也。"《樂府詩集・相和歌辭十四・艷歌何嘗行》："吾欲銜汝去，口噤不能開。"唐杜甫《朱鳳行》："側身長顧求其曹，翅垂口噤心勞勞。"仇兆鰲注："翅垂口噤，欲言不敢也。"清和邦額《夜譚隨錄・倩兒》："蘭驚仆于地，噤不能語。"

【王小波草鞋】同方語"賊脚已露"。《漢典》"賊脚"條：盜賊的眼線。

【巡人犯夜】巡人，指夜晚巡邏的差役。《漢典》"犯夜"條：違禁夜行。南朝宋劉義慶《世説新語・政事》："王安期作東海郡，吏録一犯夜人來。王問：'何處來?'云：'從師家受書還，不覺日晚。'"唐杜甫《陪李金吾花下飲》："醉歸應犯夜，可怕李金吾?"元無名氏《鴛鴦被》第二折："我走到半路，被那巡更的歹弟子孩兒，把我攔住，道我是犯夜的，挐我巡鋪裏去，整整弔了一夜。"《二十年目睹之怪現狀》第五三回："那裏鬧得他過！鬧起來，他一把辮子拉到局裏去，説你犯夜。"

○瑞巖語

【咬牙爆爆】爆，唐音"ポ"。爆爆，擬聲詞，同日語"パリパリ"。

【折草量虛空】未考本據。《漢典》"虛空"條：空虛。《漢書・匈奴傳下》："十二部兵久屯而不出，吏士罷弊，數年之間，北邊虛空，野有暴骨矣。"三國魏劉劭《人物志·接識》："是故多陳處直，則以爲見美；靜聽不言，則以爲虛空。"《莊子·徐無鬼》："夫逃虛空者，藜藋柱乎鼪鼬之逕，踉位其空，聞人足音跫然而喜矣。"王先謙集解："司馬云：'故壞冢處爲空虛也。'案，謂墟旁有空處也，故下云'位其空'。"

【束之高閣】《十八史略》四東晉康帝云："庾翼爲人慷慨，喜功名，不尚浮華。殷浩，才名冠世，翼弗之重。"曰："此輩宜束之高閣，俟天下太平，徐議其任耳。"閣，日語"棚（たな）"，指架子、擱板。《漢典》"束之高閣"條：把東西捆起來放在高高的閣樓上面。謂棄置不用。《晉書·庾翼傳》："京兆杜乂，陳郡殷浩，並才名冠世，而翼弗之重也；每語人曰：'此輩宜束之高閣，俟天下太平，然後議其任耳。'"清梁紹壬《兩般秋雨盦隨筆·識字》："讀書必須識字，今人口習授受，漫不經心，《說文》《玉篇》等書，束之高閣矣。"唐韓愈《寄盧仝》："《春秋》三《傳》束高閣，獨抱遺經究終始。"宋陸游《醉歌》："讀書三萬卷，仕宦皆束閣。"康有爲《請廢八股試帖楷法試士改用策論折》："讀《禮記》則嚴刪國恤，學《春秋》則束閣三《傳》。"

【撞入者保社】撞籌，指臨時加入隊伍或突然入夥。杜詩注："保伍，同社也。"日語"仲間（なかま）"，指同伴、同夥。《漢典》"撞籌"條：湊數入伙。《水滸傳》第十五回："小生短見：假如你們怨恨打魚不得，也去那裏撞籌却不是好？"《水滸傳》第三五回："郭盛置酒設席筵宴。宋江就說他兩個撞籌入夥，轙隊上梁山泊去，投奔晁蓋聚義。"《水滸後傳》第一回："我家原是哥兒三個……只因奈不過貧窮，却被一個東溪村吴學究先生說去撞籌，到晁天王莊上商量打劫生辰綱。"

【下下要分緇素】椎頭一下一下。《禪典》"緇素"條：分辨。《五燈會元》卷一七，青原惟信："老僧三十年前未參時，見山是山，見水是水。及至後來，親見知識，有個入處，見山不是山，見水不是水。而今得個休歇處，依前見山只是山，見水只是水。大衆，這三般見解，是同是別？有人緇素得出，許汝親見老僧。"《虛堂錄》："定上座雖則對物收稅，爭奈雪峰、岩頭何？有人緇素得出，換盞點茶供養爾。"《楊岐語錄》："上堂：'汝等諸人，盡學佛法。非即便言非，是即便言是。直須緇素分明，不得錯認定盤星好！珍重！'"

【及盡】"及""極"並唐音"ギ"，二字同音通用。《漢典》"極盡"

條：猶使盡，用盡。《韓非子・解老》："所謂事天者，不極聰明之力，不盡智識之任。苟極盡則費神多。"宋孟元老《東京夢華錄・池苑內縱人關撲游戲》："後苑作進小龍船，雕牙鏤翠，極盡精巧。"

【走作】日語"働き"（はたら），即行動、活躍或作用、影響。《禪典》"走作"條：多謂參學者之情識意念浮蕩不定，奔走造作，不識自身清淨本性。《祖堂集》卷五，三平："師示眾曰：'今時出來盡學個馳求走作，將當自己眼目，有什摩相應時？阿你欲學，不要諸餘，各自有本分事在，何不體取？作什摩心憒憒、口俳俳？有什摩利益分明説。若要修行路及諸聖建立化門，自有大藏教在；若是宗門中事宜，你不得錯用心！'"《圓悟語錄》卷一五《示智祖禪德》："況透脫死生，窮未來際，一得永得，當深固根本。根本既固，枝葉不得不鬱茂。但於一切時令長在，勿使走作。"《虛堂錄》卷九："今夏聚集四方衲子，據菩薩乘，修寂滅行。九十日內，孜孜矻矻，不敢妄有走作。"

【放一線地與諸人】日語訓讀爲："一線地を放して諸人に與へて"。

【整頓】整理衣著曰"整頓"。《漢典》"整頓"條：整理。《東觀漢記・光武紀》："先到雒陽，整頓官府文書。"唐白居易《琵琶行》："沉吟放撥插絃中，整頓衣裳起斂容。"

○延福語

【問訊不出手】《五雜俎》天部"冬至後九九氣候諺"云："一九二九，相逢不出手。"《漢典》"問訊"條：僧尼等向人合掌致敬。晉法顯《佛國記》："阿那律以天眼遙見世尊，即語尊者大目連，汝可往問訊世尊，目連即往，頭面禮足，共相問訊。"《景德傳燈錄・迦毗摩羅》："尊者將至石窟，復有一老人素服而出，合掌問訊。"《警世通言・假神仙大鬧華光廟》："（魏公）走不多步，恰好一個法師，手中拿著法環搖將過來，朝著打個問訊。"

【酌然】酌，《事苑》當作"灼"。《禪典》"酌然"條：確實。《祖堂集》卷九，羅山："軫上座問：'只如岩頭和尚道：洞山好個佛，只是無光彩。未審洞山有何虧闕，便道無光彩？'師喚無軫，無軫應諾。師云：'酌然好個佛，只是無光彩。'"《雲門廣錄》卷中："舉，長慶問秀才云：'佛教云：眾生日用而不知。儒書亦云：日用而不知。不知個什麼？'秀才云：'不知大道。'師云：'酌然不知！'"（譏刺此秀才確實不知）《聯燈會要》卷二〇，禄青："有僧來，師以目視之。僧云：'是個機關，於某甲分上用不著。'師彈指三下，僧繞禪床一匝，依位而立。師云：'參堂去！'僧才出，師便喝。僧以目視之。師云：'酌然是用不著。'"亦作"灼然。"

【毛凡道等】無解說。

【拆半裂三】原本要拆成兩半，結果裂成了三塊。

【平白】日語"見見（みすみす）""明白（あからさま）"，即眼睜睜、明明知道却……《水滸傳》第十二回劉唐道："叵耐雷橫那廝，平白地要陷我做賊。"《漢典》"平白"條：憑空；無緣無故。宋袁吉甫《論會子札子》："若每貫作五貫折支，則在官之數，未免平白折陷。"元關漢卿《竇娥冤》第二折："却教我平白地說甚的？"《西游記》第七二回："自妖精到此居住，佔了他的濯垢泉，仙姑更不曾與他争競，平白地就讓與他了。"

【自從賢聖法來，未嘗殺生】詳見《禪林類聚》神異門。

【敕點飛龍馬】無解說。《漢典》"龍馬"條：古代傳說中龍頭馬身的神獸。《書·顧命》"天球，河圖，在東序"孔傳："伏犧王天下，龍馬出河。遂則其文，畫八卦，謂之河圖。"北魏酈道元《水經注·河水一》："粤在伏義，受龍馬圖於河，八卦是也。"明李贄《方竹圖卷文》："寧獨是，龍馬負圖，洛龜呈瑞，儀於舜，鳴於文，獲於魯叟，物之愛人，自古而然矣，而其誰能堪之。"

【賣峭】峭，與"俏"音同。《字典》："俏，好貌。俗謂婦容美好曰'俏'。"賣，日語"ひけらかす"，即賣弄、誇耀。二字小說多見。《漢典》"賣俏"條：賣弄聰明。《漢典》"俏"條：容態美好輕盈。唐白行簡《三夢記》："鬟梳嫽俏學宮妝，獨立閑庭納夜涼。"

○寶林語

【冷言冷語】日語"陰口（かげぐち）"，即背後說壞話。《西遊記》第二七回："你反信了呆子讒言冷語。"《漢典》"冷言冷語"條：含有譏諷意味的話。《醒世恒言·杜子春三入長安》："只這冷言冷語，帶譏帶訕的，教人怎麼當得！險些把子春一氣一個死。"《說唐》第二回："婦人見識淺薄，認以爲真，常在文帝面前，冷言冷語，弄得文帝十分猜疑。"

【探頭一覰】日語"覗き見る"，即偷看。探頭，指從人家的門口往裏面偷看。《水滸傳》第三回："一個人探頭探腦，在那里張望。"又第四一回："宋江揭起帳幔，望裡面探身便鑽。""探"字義可見。《漢典》"探頭"條：伸頭。宋趙抃《出雁蕩回望常雲峰》："高峰亦似多情思，百里依然一探頭。"清孔尚任《桃花扇·設朝》："副淨扮阮大鋮探頭瞧介。"

【力囮希】無解說。《禪典》"囮"條：嘆詞，相當於"呵""嚇"等。《五燈會元》卷四，長沙景岑："師劈胸與一踏，山（即仰山）曰：'囮！直下似個大蟲！'"（大蟲：老虎）《禪宗頌古聯珠通集》卷一六"長沙與仰山翫月"："山曰：'你作麽生用？'師劈胸與一踏。山曰：'囮！'"

【覓箇舉話底也無】日語訓讀爲："箇の舉話覓底也無"。《漢典》"覓"條：尋找。晉趙至《與嵇茂齊書》："涉澤求蹊，披榛覓路。"唐孟浩然《尋滕逸人故居》："今朝泉壑裏，何處覓藏舟。"《禪典》"舉話"條：舉說話頭公案，參究話頭公案。《雲門廣錄》卷上："問：'十方薄伽梵，一路涅槃門。如何是一路涅槃門？'師云：'我道不得。'進云：'和尚爲什麼道不得？'師云：'是爾舉話即得。'"《虛堂錄》卷二："天平漪和尚行腳時，參西院，每云：'莫道會佛法，覓個舉話底也無。'"《大慧語錄》卷四："舉話時，都不用作許多伎倆。但行住坐臥處，勿令間斷；喜怒哀樂處，莫生分別。舉來舉去，看來看去，覺得沒理路，沒滋味，心頭熱悶時，便是當人放身命處也。"又："渠（指秦國太夫人計氏）聞謙言，便一時放下，專專只是坐禪，看狗子無佛性話。聞去冬忽一夜睡中驚覺，乘興起來坐禪舉話，驀然有個歡喜處。"亦作"舉話頭"。

【扛歸屋裡】扛，指兩人擡物。《字典》："對舉也"。《漢典》"扛"條：雙手舉重物；抬物。《說文·手部》："扛，橫關對舉也。"段玉裁注："以木橫持門户曰關，凡大物而兩手對舉之曰扛……即無橫木而兩手舉之，亦曰扛。即兩人以橫木對舉一物，亦曰扛。"《後漢書·方術傳下·費長房》："長房使人取之，不能勝；又令十人扛之，猶不舉。"《朱子語類》卷八三："以一個人家一火人扛個棺槨入來哭，豈不可笑。"《水滸傳》第一回："衆人只得把石板一齊扛起。"

【色裡膠青】色，顏色，即作畫顏料。膠青，膠也，"青"字無意。杜甫《丹青引》："凌煙功臣少顏色"，指色彩因年久而褪色。顏色鋪，即售賣作畫顏料的店鋪。《漢典》"膠青"條：一種含有膠質成分的黑色顏料，可用以染鬢。《宣和遺事》前集："皆外蓄妻子。置姬媵，以膠青刷鬢，美衣玉食。"

【半幅全封】即使只有半張紙也要仔細地封好。

【錦包特石】《事苑》："特者，大也。"《漢典》"特"條：不同一般，異常。唐韓愈《答柳柳州食蝦蟆》："蝦蟆雖水居，水特變形貌。"唐柳宗元《始得西山宴游記》："以爲凡是州之山水有異態者，皆我有也。而未始知西山之怪特。"

【有錢使得鬼走】與常話"有錢可以通神"意思相同，故錢的異名亦作"通神"。

【一日趲得一日】一天有得賺就賺一天、賺一天是一天。趂趲，日語"稼ぐ"，即賺錢、掙錢。《漢典》"趲"條：通"攢"。積聚；聚斂。《朱子語類》卷七一："上面趲得一分，下面便生一分。"《全元散曲·滿庭芳》："趲下百十籠輕羅異錦，藏下五七箱美玉良金。"《醒世恒言·賣油郎獨占花魁》："幾年上偷銀子做私房，身邊積趲有餘了。"《醒世姻緣傳》第九回："等我到家，交與我這三十兩碎銀子，是我這幾年趲的。"

【岣嶁峰頭神禹碑】指不對頭、錯以爲。《漢典》"禹碑"條：即岣嶁碑。凡七十七字，像繆篆，又像符籙。後人附會夏禹治水時所刻。碑在湖南衡山雲密峰。昆明、成都、長沙、紹興、南京棲霞山和西安碑林等處，皆有摹刻。唐韓愈《岣嶁山》："岣嶁山尖神禹碑，字青石赤形摹奇。"

【排頭妄想】排頭，日語"がた馬車ら"，即破舊馬車。

【石敢當】抄引《輟耕錄》曰："今人家正門當巷陌橋道之衝，則立石小將軍，鐫曰'石敢當'，以厭之。"壓，鎮也，或作"厭"。又《事文·勇敢》下有"石敢當"。《漢典》"石敢當"條：舊時家門口或街衢巷口常立一小石碑或石雕武士像，上刻"石敢當"三字，民間以爲可禁壓不祥。《急就篇》卷一："石敢當。"顏師古注："衛有石碏、石買、石惡，鄭有石癸、石楚、石制，皆爲石氏……敢當，言所當無敵也。"宋王象之《輿地碑記目》卷四："慶曆中，張緯宰莆石，再新縣治，得一石銘，其文曰：'石敢當，鎮百鬼，壓災殃……唐大曆五年縣令鄭押字記。'今人家用碑石，書曰'石敢當'三字鎮於門，亦此風也。"明陶宗儀《輟耕錄・石敢當》："今人家正門適當巷陌橋道之衝，則立一小石將軍或植一小石碑，鐫其上曰'石敢當'，以厭禳之。"

【窮廝煎餓廝吵】《普燈》簡堂機章中，吵作"炒"。

【鬧熱子】日語"賑やかな"，即熱鬧的。見《水滸傳》中"街坊熱鬧""人物誼譁"等語。《漢典》"鬧熱"條：繁盛；熱鬧。唐白居易《雪中晏起偶詠所懷》："紅塵鬧熱白雲冷，好於冷熱中間安置身。"《醒世恒言・錢秀才錯占鳳凰儔》："船頭俱掛了雜綵，鼓樂振天，好生鬧熱。"

【曾經霜雪苦，楊花落也驚】意同日本諺語："黒犬に噛まれた者は灰汁の垂糟に怖じる"，指被黑犬嚙過的人，看到黑色的稻草灰滓都會感到害怕。即一朝被蛇嚙，十年怕井繩。

【恰恰】抄釋爲"適當"之辭，可再考。《漢典》"恰恰"條：正好。唐鄭損《星精石》："孤巖恰恰容堂構，可愛江南釋子園。"宋黃大受《早作》："乾盡小園花上露，日痕恰恰到窗前。"《兒女英雄傳》第八回："只是我這人與世人性情不同，恰恰的是曹操一個反面。"

【鴨吞螺螄】無解説。

【幾州子】幾，指五六箇。《漢典》"幾"條：表示不定的少數。《水滸傳》第六五回："哥哥放心，在此住幾日，等這廝來吃酒，我與哥哥報仇。"

【暗地裡賽他】總覺得能勝過他。《字典》："偕相誇勝曰'賽'"。如誇梅花秀美賽珊瑚；誇花燈玲瓏可賽月。

【冷水浸冬瓜】意同"蘸雪喫冬瓜"，指没滋味，淡而無味。

【口上著】自口上著病之意。

【人心似等閒】無解説。《漢典》"等閒"條：尋常；平常。唐貫島《古意》："志士終夜心，良馬白日足，俱爲不等閒，誰是知音目。"元鄧玉賓《粉蝶兒》套曲："翠巖前，青松下，把箇茅庵兒圍抱，除了猿鶴，等閒間世無人到。"

【不忺①水草】想要享受水草的美味就越要忍著不喫。

----

① 原文作"忺"，今據《虛堂和尚語錄》改。

【朝咒暮咒，要兜你做羹飯主】無解説。

【疥狗】得了疥瘡病的狗。

【尾巴焦黄】《正韻》："巴，尾也。"

【屡生子】屡，當作"窶"，良據切，《説文》："貧也"。《漢典》"窶"條：同"窶"。貧困。清無名氏《帝城花樣·韻香傳》："至於金夫銅仙，大腹賈，長鬣奴，素少相識，無過而問焉者，以故窶甚。"《禪典》"屡生子"條：對僧人的斥駡語。屡：驢的借字。《虛堂録》卷二："僧打圓相云：'者個作麽生明？'師云：'明之則瞎。'僧云：'謝師指示。'師云：'屡生子！'"又，卷五："非惟按劍屡生子，瞎眼波斯滿大唐。"

【脚邏沙】《大惠普説》："邏，作'羅'。"帝舜《南風歌》："有黃龍兮，自出於河。負書圖兮，委蛇羅沙。"《韓文》（五，三九）《月蝕詩》："嘗聞古老言，疑是蝦蟇精（乃至），爬沙脚手鈍。"

【篩灰厭鬼】《水經注》："武都故道縣有怒特祠，云神本南山大梓也。秦文公伐之，樹瘡，隨合。乃遣四十人持斧斫之，猶不斷。一人傷足，臥樹下。聞鬼相與言曰：'秦公必不休。'答曰：'其如我何？'曰：'赤灰跋於子何如？'乃默無言。臥者以告，令士皆赤衣，隨所斫，以灰跋樹，斷化爲牛入水，秦因爲立祠。""跋""撥"音同，故通用。今日本播州村鄉地方所舉行的"左義長"儀式，即是將新年裝飾物焚燒後剩下的草木灰，撒於房子周圍以驅疫避邪。

【件件】"物件"之"件"。件件拈起，指一件一件拿出來。《漢典》"件件"條：每一件；一件件，一椿椿。宋惠洪《冷齋夜話·滿城風雨近重陽》："黃州潘大臨工詩，多佳句，然甚貧。東坡、山谷尤喜之。臨川謝無逸以書問有新作否，潘答書曰：'秋來景物，件件是佳句。'"《二刻拍案驚奇》卷二一："一心猜是那個人了，更覺語言行動件件可疑，越辨越像。"清李漁《憐香伴·冤褫》："説老師賄賂公行，是非倒置，以優爲劣，以劣爲優，後面開了赫詐秀才的款單，件件都有贓據。"

【地獄門前鬼脱卯】脱卯，原爲官府用語。古時，官府規定差役必須於早上六時（即卯時）前到官衙報到，並在上司面前將自己姓名記在"著到賬"上，此爲"畫卯"。上司根據"著到賬"一一點名稱作"點卯"。當天卯時未到，却未被上司點到名的情況則稱作"脱卯"。由此意引申，脱卯轉指事物脱節或失誤。今此處指未被閻魔王點卯點中的魂魄幽靈。又《龐居士贊》中的"大家相脫卯"指失誤。《水滸傳》第四十回吳用道："是我一時只顧其前，不顧其後，書中有箇大脫卯。"《漢典》"脫卯"條：榫頭離開卯眼。喻事物脫節或失誤。元王嘉甫《八聲甘州·怨別》套曲："唱道言許心違，說的誓尋思暢好脫卯。"

【牢記取】日語釋作"しっかりと覚えていよ"，指好好給我記住。《漢典》"記取"條：記住；記得。唐王諲《十五夜觀燈》："妓雜歌偏勝，場移舞更新；應須盡記取，說向不來人。"金董解元《西廂記諸宮調》卷六："少飲酒，省遊戲，記取奴言語，必登高第。"明梅鼎祚《崑崙奴》第一折："他袖出三指，又反掌者三，然後指胸前小鏡子，道是'記取，記取'。這明明是有心我了。"

【栓索】無解說。

【急抽頭是好手】逃跑跑得快。抽頭，指通過辯解從困境中脫身，推脫。《漢典》"抽頭"條：抽身，脫身。宋蘇軾《與辯才禪師書》之五："某幸於鬧中抽頭，得此閑郡，雖未能超然遠引，亦退老之漸也。"金元好問《劉氏明遠庵》之一："豪氣元龍百尺樓，功名場上蚤抽頭。"明徐渭《女狀元》第一齣："既有了官，就有那官的俸禄，漸漸的積趲起來麼，量著好作歸隱之計，那時節就抽頭回來。"《漢典》"好手"條：精於某種技藝的人；能力很強的人。唐杜甫《奉先劉少府新畫山水障歌》："畫師亦無數，好手不可遇。"明高啓《夜飲丁二侃宅聽琵琶》："楓香一調妙入玄，好手正可羞紅蓮。"

【懶向人前拔茄樹云云】無解說。

【月過三】抄云謂"三月末杜宇來時也"，可再考。《漢典》"杜宇"條：即杜鵑鳥。據《成都記》載：杜宇又曰杜主，自天而降，稱望帝，好稼穡，治郫城。後望帝死，其魂化爲鳥，名曰杜鵑。宋王安石《雜詠絕句》之十五："月明聞杜宇，南北總關心。"元王實甫《西廂記》第五本第四折："不信呵去那綠楊影裏聽杜宇，一聲聲道'不如歸去。'"《紅樓夢》第七十回："一聲杜宇春歸盡，寂寞簾櫳空月痕。"

【未招】招白，日語"白状する"，即招供、坦白。《漢典》"招"條：供認。宋胡太初《晝簾緒論·治獄》："非法拷打，何罪不招！"《水滸傳》第四九回："解珍、解寶喫拷不過，只得依他招了。"《醒世姻緣傳》第八八回："趕了他兩個騾，還沒得賣出去，叫揚州府的番子手拿住，屈打成招，説我是賊。"

【牛搏】搏，當作"搏"，補絡切，手擊也。此處指牛用前蹄踩踏，意同"驢撲"之"撲"。

【蓋膽毛】指胸髭。

【物見主，眼卓堅】常話。指不管什麼事，只要一看到對方就生氣。同"仇人相見，分外眼明"。

【不知雪峰當時合下得甚麼語，可以入得老觀門】不知，日語釋作"何とそうではないか"，即"不就是那樣嗎？"此句意爲：雪峰當時合下（合下，日語"直下^{ちょっか}"，即馬上、當下）不知説了一句什麼話，才入得了老觀之門。《心要》（上，七五）："初祖見武帝，合下只用箇頂顙上一著子。"《漢典》"合下"條：即時；當下。宋黃庭堅《少年心》："合下休傳音問，你有我，我無你分。"《朱子語類》卷一四〇："如秦少游詩甚巧，亦謂之'對客揮毫'者，想他合下得句便巧。"

【撩撥者氣鼓老僧】撩撥，日語"唆す^{そそのか}""煽てる^{おだ}"，即挑撥、唆使、教唆。氣鼓，同"腹立てる^{はらた}"，即生氣。則監院"鼓起無明，起單前去。"《禪典》"撩撥"條：挑逗，引惹。《大慧宗門武庫》："梁山觀和尚會下，有個園頭參得禪，衆中多有不信者。一日有僧去撩撥他，要其露個消息。乃問園頭：'何不出問堂頭一兩則話結緣？'園頭云：'我除是不出問，若出須教這老漢下禪床立地在。'"《朱子語類》卷一〇七："論及'僞學'事，云：'元佑諸公後來被紹聖群小治時，却是元佑曾去撩撥它來，而今却是平地起這件事出。'"

【莫石灰籮裡反眼】無解説。《虛堂錄》："師云：'爾莫向石灰籮裏反眼。'僧云：'可謂一夏不虛度光陰。'"

【向來】日語"これまで"，即一直以來、從來。向後，"此の後^{このち}"，即今後、以後。《漢典》"向來"條：從來；一向。唐唐彥謙《玉蕊》："向來塵不雜，此夜月仍光。"元張養浩《登泰山》："向來井處方知隘，今後巢居亦覺寬。"《醒世恒言·三孝廉讓産立高名》："這幾年以來，所收米穀布帛，分毫不敢妄用，盡數開載在那册籍上。今日交付二弟，表爲兄的向來心跡，也教衆鄉尊得知。"

【撰出一場口面】無解説。《禪典》"口面"條：爭論，口舌之爭。

《虛堂錄》卷二："上堂，舉，汾陽無業國師示衆：'若有一毫聖凡情念未盡，未免入驢胎馬腹。'白雲又道：'直饒一毫聖凡情念頓盡，亦未免入驢胎馬腹。'師云：'二大老向無心中，撰出一場口面。'"

【豆爆】爆，唐音"ポ"，《字彙》："火裂也"，指猛然破裂、迸出。《禪典》"豆爆冷灰"條：喻妄念滅盡（冷灰）、頓悟真性（豆爆）。《虛堂錄》卷八《臨安府淨報恩光孝禪寺後錄》："不因豆爆冷灰，何得雲峰肉暖？"多作"冷灰豆爆"。

【冒姓佃官田】由《史記》可知冒姓指的是衛青。在日本，養子以他人姓氏繼承家督之位的情況亦稱之爲"冒姓"。此處或指官田被承包給特定姓氏的佃農佃耕，其他姓氏的佃農則被禁止耕種官田。未考。《漢典》"冒姓"條：假托他人姓氏。《史記·衛將軍驃騎列傳》："大將軍衛青者，平陽人也。其父鄭季，爲吏，給事平陽侯家，與侯妾衛媼通……故冒姓爲衛氏。"《新五代史·雜傳十五·慕容彥超》："慕容彥超，吐谷渾部人，漢高祖同產弟也。嘗冒姓閻氏……號閻崐崙。"清吳騫《扶風傳信錄》："妾本無氏，此冒姓也。"

【烏龜上壁】無解說。

【閑神野鬼】日語釋作"我楽多ども"（がらくた），指破爛兒，没用的、不值錢的東西。"閑""野"，同"役に立たぬこと"（やくた），即没用的東西。"神""鬼"，罵辭。上文若有"燒紙"語，則可視作真正的鬼神。

【斷斷】無解說。

【赤立】無解說。《漢典》"赤立"條：赤裸而立，無所遮飾。唐韓愈《元和聖德詩》："解脫攣索，夾以砧斧。婉婉弱子，赤立傴僂。牽頭曳足，先斷腰膂。"金元好問《游黃華山》："是時氣節已三月，山木赤立無春容。"清王太岳《銅山吟》："晨朝集洞口，赤立褫衣裙。"

【過話】同"說話"。過，意同"與我過禪板來"之"過"。《漢典》"過話"條：交談。

【擊筒方木響】無解說。

【如守古塚鬼】無解說。

【脫身鬼子】即脫卯鬼也。上文有解。

【新羅人過海】無解說。

【紅心】《朱子語類》："如人射一般，須是要中紅心。"紅心，日語

"的の星"，即靶心。唐時靶心被塗成紅色，故名。心，同"真ん中"，即正中間。武藝比試中，紅心也用來比喻雙方爲取勝而使盡絶招。如《水滸傳》中，史進和陳達比武，但見文曰："好手中間逞好手，紅心心裡奪紅心。"《漢典》"紅心"條：靶子的中央紅點。如：一箭正中紅心。

【退款】日語"言い直し""願い下げ"，即改口、撤回（口供）等。《漢典》"款"條：指供辭。《資治通鑒·唐則天後天授二年》："來俊臣鞠之，不問一款，先斷其首，仍僞立案奏之。"胡三省注："獄辭之出囚口者爲款。"

【水米無交】日語釋作"ちょっとも掛かり合い無き"，即毫無瓜葛、一點關係也没有。《水滸傳》第二二回："與老漢水米無交，並無干涉。"《漢典》"水米無交"條：多指互不相涉。《兒女英雄傳》第十六回："我是個遠方過路的人，合他水米無交。"亦作"水米無干"。

【念話杜家】無解説。《禪典》"杜家"條：指尚未真正悟道却又好施言句作略的禪僧。《虛堂録》卷二："乃云：'山僧尋常不曾抑逼人，只教退步揩磨。但得心死意消一番了，自然不胡亂拈匙放筋，不然盡是念話杜家。'"《古尊宿語録》卷四二《寶峰雲庵真净禪師住洞山語録》："問：'一棒一喝，未當宗乘。説妙談玄，全乖道體。去此二途，請師端的。'師云：'葛藤杜家，別置一問來。'"

【露迥迥，飽駒駒】迥迥，日語"きっぱり"，指清楚、明確。駒，火候切，唐音"ヘウ"，即鼾聲、打呼嚕。《禪典》"飽駒駒"條：飽的樣子。多喻徹底省悟。《祖堂集》卷一九，徑山："全表持此因緣來舉似師。師歡喜，便上堂告衆曰：'南風吹來，飽駒駒底。任你橫來豎來，十字縱橫，也不怕你。'"《大慧語録》卷三："師云：'高高處觀之不足，低低處平之有餘。茄子明日堂中一任諸人橫咬豎咬，還有人向冬瓜上道得一句子麽？若道得一句子，若僧若俗，有情無情，盡皆飽駒駒地。若道不得，還我飯錢來。'"《宏智廣録》卷八《蒙禪人丐麥求頌》："杖頭掛缽丐丹丘，力破清貧一點憂。紅雨幾番華事老，黄雲萬頃麥家秋。對緣手眼通身是，應物機輪轉處幽。歸理韶陽糊餅話，肚皮束簀飽駒駒。"

【棒土揭木】無解説。

【一畝之地，三蛇九鼠】無解説。

【打驢聽馬知】無解説。

【更點】唐時以敲五次鐘或擊五次大鼓來報時①。例如，一更一點，戌時二分；一更二點，戌時四分；一更三點，戌時六分；一更四點，戌時八分；一更五點，戌時十分，即剛到二更。五更三點，寅時六分也。《漢典》"更點"條：古代計時單位。因滴漏而得名。每夜分爲五更，每一更次分爲五點。宋蔡絛《鐵圍山叢談》卷一："國朝文德殿鍾鼓院於夜漏不盡刻，既天未曉，則但撾鼓六通而無更點也，故不知者乃謂禁中有六更。"

【無轉智大王】大王，日語"お頭〔かしら〕"，指盜賊團夥的頭目。《漢典》"大王"條：舊戲曲小説中對山寨頭領的稱呼。《水滸傳》第五回："近來山上有兩箇大王，扎了寨柵，聚集著五七百人，打家劫舍。"《警世通言·趙太祖千里送京娘》："周大王與客人交手，料這客人鬥大王不過，我們先送你在張大王那邊去。"《説岳全傳》第六回："這些人都是小本經紀，有甚油水？可放他們去，少停待我等多送些與大王便了。"

○育王語

【特差】特意指示或命令人去迎接。《韻會》"差，使也"。如"新差住持""敕差住持"之"差"。《漢典》"差"條：派遣。《三國志·吳志·陸抗傳》："前乞精兵三萬，而主者循常，未肯差赴。"唐韓愈《袁州刺史謝上表》："謹差軍事副將郝泰奉表陳謝以聞。"《儒林外史》第五十回："當下差了一個人，叫他到縣裏打探。"

【借水獻花】意同日本俗語"舅〔しゅうと〕の物〔もの〕で相婿〔あいむこ〕を持〔も〕て成〔な〕す"，拿丈人的東西招待女婿。《漢典》"借花獻佛"條：《過去現在因果經》一："今我女弱不能得前，請寄二花以獻於佛。"後以"借花獻佛"比喻拿别人的東西做人情。元無名氏《殺狗勸夫》楔子："既然哥哥有酒，我們借花獻佛，與哥哥上壽咱！"清李漁《比目魚·征利》："我有個借花獻佛之法，

---

① 古時的計時單位爲：時、更、點、刻。時也稱爲時辰，用十二地支表示，更和點用作夜晚時間計時，一夜等分爲五更，一更等分爲五點。更時單位對應爲：一更（戌時）、二更（亥時）、三更（子時）、四更（丑時）、五更（寅時）。另外一晝夜分爲一百刻，一夜五十刻。一般來説，古人白天按時撞鐘，夜晚按更擊鼓，正所謂"晨鐘暮鼓"。例如初更擊一鼓，二更擊二鼓至五更擊五鼓。

只要你老爺肯做，有一千兩銀子現在那邊，立刻就可以到手。"《老殘游記》第六回："今兒有人送來極新鮮的山雞，燙了吃，很好的，我就借花獻佛了。"

【記得否】日語釋作"見覚えてござるか"，即"您還認得我麼？"認取者僧著，意指要記住這個和尚。《漢典》"記得"條：想得起來；未忘。晉無名氏《休洗紅》之一："休洗紅，洗多紅色澹；不惜故縫衣，記得初按茜。"宋劉摰《雙橋》："記得扁舟綠楊岸，畫欄朱柱對蓬窗。"明高明《琵琶記·文場選士》："天地玄黃，略記得三兩行，才學無些子，只是賭命強。"

【摇定咽喉】日語釋作"喉を締める"，即掐住咽喉。

【蟲蟻】指蟲子。"蟻"字可忽略，用法同日語"虫螻"中的"螻"字一樣無意，或因蟲子之中螞蟻數量最多，故用"蟻"字。類似的用法還有"鳥雀"，指代所有的鳥，"雀"字無意，此亦因麻雀在鳥中數量最多之故。《漢典》"蟲蟻"條：猶蟲豸。南朝宋鮑照《擬行路難》之七："飛走樹間啄蟲蟻，豈憶往日天子尊。"唐杜甫《縛雞行》："家中厭雞食蟲蟻，不知雞賣還遭烹。"

【退縫】無解說。

【樺來唇】無解說。

【錢出急家門】急家，貧家也。錢出急家門，意同日本諺語"小家から火を出す"，指窮人家的小房子著火引發大災難。形容越是不顯眼的小問題越容易引發事端。

【有甚餺飥䭔子，快下將來】《藝苑雌黃》食品："畢羅者，番中畢氏、羅氏好此味，因名。"下，吞下也。《漢典》"畢羅"條：食品名。唐李匡乂《資暇集》卷下："畢羅者，蕃中畢氏、羅氏好食此味，今字從'食'，非也。"宋朱熹《次秀野滄波館刈麥》："霞觴政自誇真一，香䭔何煩問畢羅。"《漢典》"䭔"條：餅類食品。唐顔真卿李崿等《七言語嚥聯句》："拈䭔舐指不知休，欲灸侍立涎交流。"宋灌圃耐得翁《都城紀勝·食店》："夜間頂盤挑架者，如遍路歌叫，都人固自爲常"原注："鵪鶉餶餔兒、焦䭔、羊脂韮餅……灸犯子之類。"《古今小說·窮馬周遭際賣䭔媼》："馬周徑問到萬壽街趙賣䭔家，將王公書信投遞。"

【虎憎雞觜】抄引"筮家相尅歌"曰："鼠忌羊頭白，牛嗔馬不耕云云，虎憎雞觜尖。"

【方纔】日語釋作"そこでようやく"，即終於、好不容易。根據場合可釋作"先程（さきほど）"或"只今（ただいま）"，即剛才，方才。《漢典》"纔"條：亦作"才"。方始；剛剛。《漢書·晁錯傳》："救之，少發則不足，多發，遠縣纔至，則胡又已去。"唐元稹《新竹》："新篁纔解籜，寒色已青葱。"宋蘇軾《答胡穆秀才遺古銅器》："嗟君一見呼作鼎，纔注升合已漂逝。"《西游記》第一回："自幼蒙父母養育至八九歲，纔知人事，不幸父喪。"《紅樓夢》第十七回："纔他老子拘了他這半天，讓他開心一會子罷。"

【嗅土吹沙】無解說。《漢典》"吹沙"條：吹揚沙土。《舊唐書·郭子儀傳》："大風遽起，吹沙拔木。"唐張祜《詠風》："引笛秋臨塞，吹沙夜邁城。"《剪燈新話·永州野廟記》："未及數里，大風振作，吹沙走石。"

【從新】日語"改（あらた）める""最初（さいしょ）から新（あら）たに"，指更新、從頭開始。《漢典》"從新"條：重新。表示從頭另行開始。宋文天祥《與贛州屬縣宰》："郡家稟使者之命，欲於十縣從新整刷一番。"明唐順之《牌》："其一冊開具各兵年貌、籍貫、每年工食銀若干，其一冊須要從新簡閱。"

【鄧師波】《禪林口實混名集》（下，八）鄧師波鈔："五祖法演禪師，綿州鄧氏子。"① 師波，乃師伯也。《正宗贊》南堂章："怪不得蒲許鄧師翁，別起一寮安置。"

【啾啾】啾，子修切，唐音"チウ"。《漢典》"啾啾"條：象聲詞。鳥獸蟲的鳴叫聲。《楚辭·九歌》："雷填填兮雨冥冥，猿啾啾兮狖夜鳴。"《古樂府·隴西行》："鳳皇鳴啾啾，一母將九雛。"清蒲松齡《聊齋志異·義鼠》："蛇出，吐死鼠於地上。鼠來嗅之，啾啾如悼息，銜之而去。"

○柏巖語

【版齒生毛】不開口貌，同"口生醭"一般。

---

① 原文有脱字，今據《禪林寶訓音義》補。

○浄慈語

【布袋鄭頭相似重】無解説。

【風甌】陶製的風鈴。《漢典》"甌"條：瓦製打擊樂器。《詩・陳風・宛丘》"坎其擊缶"唐孔穎達疏："缶是瓦器，可以節樂，若今擊甌。"唐段安節《樂府雜錄・擊甌》："武宗朝郭道源……善擊甌，率以邢甌、越甌共十二隻，旋加減水於其中，以箸擊之，其音妙於方響也。"

【捱得期滿】《大慧書》捱，同"崖"意，若釋作日語"極む"，則取"破、窮"之義。捱，延捱也。如"今日捱明日，明日捱後日。"捱得期滿，指做事不斷拖延，拖到最終期限都到了。《字典》："捱，拒也。"日語"押しこらえる"，即忍耐、一直忍受。俗謂延緩曰"捱"，同"つき延す"，即拖延、延遲。《漢典》"捱"條：慢慢行進；拖延。《京本通俗小説・錯斬崔寧》："却説劉官人馱了錢，一步一步捱到家中敲門。"《水滸傳》第二三回："（武松）就石頭邊尋了氈笠兒，轉過亂樹林邊，一步步捱下岡子來。"《醒世姻緣傳》第四二回："若抵拒延捱，打了你自己，還拿你家屬送監。"《二十年目睹之怪現狀》第三十回："那保民船直到天黑後才捱了回來。"

【禪鈔子】無解説。《漢典》"鈔"條：泛指錢。《醒世恒言・張廷秀逃生救父》："兩下又吃了一大回酒，起身會鈔。"

【蹉口道著爺名】蹉口，同"失口"。《報恩語》解夏小參下："道著報恩爺名，不須諱却。"此處也應指净慈爺名。抄中引《臨濟語》或有誤。《漢典》"蹉"條：失誤；差錯。漢揚雄《并州牧箴》："宗周罔職，日用爽蹉。"宋梅堯臣《次韻和酬裴寺丞喜子修書》："古聖規模猶可法，衆賢馳騁必無蹉。"明馮夢龍《新灌園・太史家闈》："論老身看將起來，此姻緣不蹉。"

【奸俏】《水滸傳》第一回："奸不廝欺，俏不廝瞞。"

○徑山語

【擺手】姿態傲慢、大搖大擺地走路。亦作"搖搖擺擺"。搖搖，指搖晃身體。擺擺，大幅度擺動手臂。《漢典》"擺手"條：搖手。《兒女英雄傳》第七回："他家當家大和尚擺手說：'一頓飯也值得收你的錢，我化你的善緣罷。'"

【所在】日語"所^{ところ}"，即場所、所處。《漢典》"所在"條：所處或所到之地。《山海經·海內西經》："昆侖之虛方八百里，高萬仞……面有九門，門有開明獸守之，百神之所在。"《史記·項羽本紀》："漢軍不知項王所在，乃分軍為三，復圍之。"北魏酈道元《水經注·河水四》："舜陶河濱，皇甫士安以為定陶不在此也。然陶城在蒲阪城北，城即舜所都也，南去歷山不遠，或耕或陶，所在則可，何必定陶方得為陶也。"唐韓愈《故幽州節度判官張君墓誌銘》："詔所在給船轝，傳歸其家，賜錢物以葬。"

【將經寺裡彈】抄云："彈，舌授也。"將經寺裡彈，意同"擔水河頭賣"之類。

【生銕秤鎚被蟲蛀】無解說。《漢典》"銕"條：同"鐵"。《漢典》"秤鎚"條：秤錘。《五燈會元·曹洞宗·瑞巖法恭禪師》："踏著秤鎚硬似鐵，八兩元來是半斤。"

【波斯入鬧市】無解說。《漢典》"鬧市"條：熱鬧的街市。《子華子·晏子》："門如鬧市，惟利是視。"唐寒山《詩》之二三三："看取開眼賊，鬧市集人決。"《警世通言·旌陽宮鐵樹鎮妖》："回至家中，厭居鬧市，欲尋名山勝地以為棲身之所。"

【洞房花燭夜】指婚禮當夜。洞房，婦人臥室。見《楚辭》。唐時舉辦婚禮，人們會在庭院裏放張桌子，然後在上面擺好香花燈燭等物品。見《水滸傳》第四回。《漢典》"洞房"條：特指新婚夫婦的臥室。唐朱慶餘《近試上張籍水部》："洞房昨夜停紅燭，待曉堂前拜舅姑。"《古今小說·金玉奴棒打薄情郎》："雙雙拜了天地，又拜了丈人、丈母，然後交拜禮畢，送歸洞房做花燭筵席。"

【踢天】見《徑山後錄》。《漢典》"踢天弄井"條：比喻放縱不拘，為所欲為。明馮惟敏《感時》："誰家貓犬怕聞腥，假意兒粧乾淨，掩耳偷鈴，踢天弄井，露面賊不自省。"《醒世姻緣傳》第三六回："哄得漢子牢牢的信他是志誠老實的婦人，一些也不防閑，他卻背後踢天弄井。"

【困去不知落處】困，日語釋作"寢る^ね"，即睡覺。《類書纂要》（十一，二二）："困臥，睡也"。見《唐話纂要》中"睏一睏""打磕睏"等詞。《漢典》"困"條：方言。睡，睡覺。宋王定國《甲申雜錄》："忽昏困如夢。"《老殘游記》第五回："我困在大門旁邊南屋里。"

○ 法語

【滴油箭】無解説。

【驢鞍橋】因橋外觀形似驢鞍故名。《漢典》"驢鞍"條：放在驢背上供騎坐的器具。清張問陶《題畫遣懷》之三："牛屋寬留客，驢鞍穩賦詩。"

【見人眼生】日語釋作"見知らぬ人を見る"，指看到了不認識的人。生，同"生しき"，即不熟悉。醫書中的"怕生"，指小兒因得了蛔蟲而害怕陌生人的症狀。面熟人，指認識的人、熟悉的人。面生人，指不認識的人、陌生人。《漢典》"眼生"條：指不認識或不熟悉的人。宋文天祥《至揚州》："隔壕喝問無人應，怕恐人來捉眼生。"

【叫一聲孫大你來】孫，與"猻"音同，故作姓氏稱呼。大，大郎。

【老禿兵】罵老僧之詞。其他有"禿驢""賊禿""禿奴"等詞。東坡因討厭和尚，曾嘲謔其"不禿不毒，不毒不禿。轉禿轉毒，轉毒轉禿。""禿""毒"二字諧音，雙關。《禪典》"老禿奴"條：對老和尚的詈稱。《臨濟語錄》："不識好惡老禿奴！"《景德傳燈錄》一四，潭州大川："又有一僧至，擬禮拜。師云：'野狐鬼，見什麼了便禮拜？'僧云：'老禿奴，見什麼了便恁問？'"《聯燈會要》卷二〇，德山宣鑒："你被他諸方老禿奴魔魅著，便道我是修行人，打硬作模作樣，恰似得道底人面孔。"

【囿名相】無解説。《漢典》"名相"條：佛教語。耳可聞者曰名，眼可見者曰相。南朝梁蕭統《令旨解二諦義》："無名相中何得見有名相？"唐玄奘《大唐西域記·羯羅拏蘇伐剌那國》："其義遠，其文博。包含名相，網羅視聽。"宋蘇軾《宸奎閣碑》："是時北方之爲佛者，皆留於名相，囿於因果。"明焦竑《焦氏筆乘續集·支談下》："今世斥佛者既未嚌其胾，佞佛者又第啜其醨，執著名相，違戾真宗，爲害滋甚。"

【出綾紙易楮幣】無解説。《漢典》"楮幣"條：指宋、金、元時發行的"會子""寶券"等紙幣。因其多用楮皮紙製成，故名。後亦泛指一般的紙幣。宋周必大《二老堂雜志·辨楮幣二字》："古有三幣，珠玉爲上，金次之，錢爲下。自秦漢專以錢爲幣。近歲用會子，蓋四川交子法，特官券耳，不知何人目爲楮幣。"《金史·食貨志三》："小民淺膚，謂楮幣易壞，不若錢可久，於是得錢則珍藏，而券則亟用之，惟恐破裂而至於廢也。"元劉壎《隱居通議·文章八》："楮幣于宋謂之會子，于今謂之寶鈔，雖制用不同，而以久而輕，則弊一而已矣。"清魏源《軍儲篇三》："近世銀幣日窮，銀價日貴，於是有議變行楮幣者。"

○ 真讚

【寒酸看不上眼】寒酸，日語釋作"見る影無き"（みかげな），即窮困潦倒的樣子。儒者的貧窮困苦亦稱作"寒酸"。看不上眼，日語釋作"目に付かぬ"（めつ），即不放在眼裡、不喜歡。看上，指將別人的漂亮容貌或英俊長相看在眼裡，引申爲欣賞和喜愛。《漢典》"寒酸"條：形容貧窘，不體面。唐杜荀鶴《秋日懷九華舊居》："燭共寒酸影，蛩添苦楚吟。"《警世通言·宋小官團圓破氈笠》："宋金今日財發身發，肌膚充悅，容采光澤，絕無向來枯瘠之容，寒酸之氣。"

【手面】手，恐爲"半"字訛字。《漢典》"手面"條：手段；本領。明湯顯祖《南柯記·閨警》："王大姐，這等手面，怎麼防賊？"《官場現形記》第二七回："怎麼他說我沒用，我倒也要做點手面給他瞧，看我到底是飯桶不是飯桶。"

○ 普説

【藥貼上語】日語釋作"藥の能書き"（くすり のうがき），即藥品説明書。

【自大了一生小不得處】"不知非"之意。

【乖底】乖巧的也。日語釋作"小賢しい者"（こざかもの），指機靈、討人喜歡的人。《漢典》"乖"條：機靈，聰明。唐李廓《上令狐舍人》："宿客嫌吟苦，乖童恨睡遲。"《西游記》第二二回："原來那妖乖了，再不肯上岸；

只在河沿與八戒鬧哄。"

【步下】日語"船着(ふなつき)""掛(か)かり場(ば)",指碼頭、港口,即船隻停泊處。步,通作"埠"。乘船到達日本長崎時所下的唐人碼頭,稱作"埠頭"。《漢典》"步"條:用同"埠"。水邊停船處。北魏酈道元《水經注·贛水》:"又東北逕王步。步側有城,云是孫奮爲齊王鎮此城之渚,今謂之王步,蓋齊王之渚步也。"唐柳宗元《永州鐵爐步志》:"江之滸,凡舟可縻而上下者曰步。永州北郭有步,曰鐵爐步。"

【倒屙】見《法苑珠林》。《漢典》"屙"條:指從肛門裏排泄。《景德傳燈錄·大安禪師》:"喫爲山飯,屙爲山屎,不學爲山禪。"

【不經意】日語釋作"心(こころ)にかけぬ",即不放在心上、不留心。《漢典》"不經意"條:不注意;隨便。宋陸游《老學庵筆記》卷五:"元用素強記,即朗誦一再。王肅不視,且聽且行若不經意。"清惲敬《〈卓忠毅公遺稿〉書後》:"求其瑣屑不經意之事,以觀其學問之所至。"

【方聲】《字典》:"放也"。《書·堯典》:"方命圮族"。《釋文》:"方,放也。"由"放聲大哭"等詞可知,方聲,意指放開聲音、大聲。《漢典》"方"條:"放"的被通假字。

【一逴】音綽。日語"押(お)っ取(と)る""ちゃくと取(と)る",即急取、一下子抓起。綽,唐音"チャ"。

【脚板闊】日語釋作"鍬平(くわびら)が大(だい)な",指扁平大脚。《漢典》"脚板"條:方言。脚掌。宋無名氏《張協狀元》戲文第十六齣:"肥個我不嫌,精個我最忺,從頭至脚板,件件味都甜。"元無名氏《盆兒鬼》第二折:"不由我語笑呵呵,蚤將這闊脚板把門桯踏破。"《西游補》第七回:"細細兒看一看,原來他把兩膝當了他的脚板,一步一步捱上階來。"

【剥剥論實事】剥,《正韻》:"普卜切,力擊也。"唐音"ポ"。形容噼里啪啦力擊的手感。《漢典》"剥剥"條:象聲詞。唐韓愈《剥啄行》:"剥剥啄啄,有客至門。"宋梅堯臣《春日東齋》:"剥剥禽敲竹,薰薰日照花。"

【打頭】"最初"之義,意同"劈頭"。《漢典》"打頭"條:起初;開頭。宋楊萬里《閶門外登溪船》:"步下新船試水初,打頭攬載適逢予。"《西游補》第八回:"(判使)又稟:'爺,前任的爺都是看曆本的。'行者翻開看看，只見打頭就是十二月，却把正月住脚；每月中打頭就是三十日或二十九日，又把初一做住脚。"

【接口】接別人口説話。《漢典》"接口"條：緊接著別人的話題説話。《二刻拍案驚奇》卷四："一日酒酣，史應便伸伸腰道：'……我們遇得好兄弟，到此一番，盡興一番。'魏能接口道：'紀二哥待我們弟兄只好這等了。'"《兒女英雄傳》第四回："張三手裏拿著鐝頭看了一眼，接口説：'怎麼馬仰人翻呢？'"

【花壇石】花，日語"模樣(もよう)"，指花紋、圖案。花壇石，指雕上或刻上"唐草①"之類紋樣的石頭。《漢典》"花"條：有花紋圖案的；顏色錯雜的。《西京雜記》卷二："自是長安始盛飾鞍馬，競加雕鏤……皆以南海白蜃爲珂，紫金爲花，以飾其上。"唐李白《將進酒》："五花馬，千金裘，呼兒將出換美酒，與爾同銷萬古愁。"《元史·輿服志一》："偏帶，正從一品以玉，或花，或素。"

【田舍翁陰德】無解説。《漢典》"田舍翁"條：年老的莊稼漢。唐白居易《買花》："有一田舍翁，偶來買花處。"金元好問《族祖處士墓銘》："人言田舍翁不通曉，果然！"清趙翼《歸田即事》："憐他未慣蓬茅宅，笑我原來田舍翁。"《漢典》"陰德"條：暗中做的有德於人的事。《淮南子·人間訓》："有陰德者必有陽報，有陰行者必有昭名。"《隋書·隱逸傳·李士謙》："或謂士謙曰：'子多陰德。'士謙曰：'所謂陰德者何？猶耳鳴，己獨聞之，人無知者。今吾所作，吾子皆知，何陰德之有！'"《初刻拍案驚奇》卷二十："如今單説前代一個公卿，把幾個他州外族之人，認做至親骨肉，撮合了才子佳人，保全了孤兒寡婦，又安葬了枯骨枯骸，如此陰德，又不止是完人夫婦了。"

【頭堂飯】日語釋作"一番座(いちばんざ)"，即第一的位置。頭香，唐時早上到寺廟裡參拜上的第一支香。見《水滸傳》第三回。

【刀銔】斫稻鍥，指割水稻用的鐮刀。鍥，苦結切，《説文》："鎌也"。銔，居列切。二字音相近，或通用。《漢典》"鍥"條：鐮刀一類的農具。《説文·金部》："鍥，鎌也。"

【床脚下種菜】無解説。《虛堂録》："室中每舉鐘樓上念讚。床脚下

---

① 唐草：蔓藤式花樣。

種菜。"

【儘儘】無解説。

○頌古

【來時無口】無解説。

【眼頭乖】乖角也。見偈頌。《漢典》"乖角"條：違背情理。唐羅隱《焚書坑》："祖龍算事渾乖角，將謂詩書活得人。"《太平廣記》卷五四引《仙傳拾遺·韓愈外甥》："唐吏部侍郎韓愈外甥……元和中，忽歸長安，知識闃茸，衣服滓弊，行止乖角。"宋朱彧《萍洲可談》卷一："都下市井輩謂不循理者爲乖角。"

【經商】《類書纂要》："出外做買賣也。"《漢典》"經商"條：經營商業。元關漢卿《四春園》第三折："但是那經商客旅做買做賣的都來俺這裏吃茶。"《水滸傳》第三回："入得城來，見這市井鬧熱，人煙輳集，車馬駢馳，一百二十行經商買賣，諸物行貨都有，端的整齊。"

【渾家】同"合家"，日語"総総（そうぞう）"，即大家。一地，同"一場"。《禪典》"渾家"條：全家。《密庵語錄》："東村王大嫂家，夜來失却一頭水牯牛。渾家大小，尋討不見，肚裡熱悶。小女阿八從後門出，長聲歌曰：'尋牛須訪跡，學道訪無心。跡在牛還在，無心道易尋。'"又《臨濟三頓棒》："一頓渾家盡滅門，更加兩頓累兒孫。銀山鐵壁俱穿透，萬里無雲宇宙分。"《虛堂錄》卷五："德山疑處問岩頭，惹得渾家一地愁。父又呪兒兒呪父，冤冤相報幾時休！"（按岩頭嗣德山）

【名紙】日語"名札（なふだ）"，即名片，亦作"名刺"。《漢典》"名紙"條：猶名片。五代齊己《勉吟僧》："忍著袈裟把名紙，學他抵折五侯門。"宋孔平仲《孔氏談苑·名刺門狀》："古者未有紙，削竹以書姓名，故謂之刺；後以紙書，故謂之名紙。"清和邦額《夜譚隨錄·某太守》："干謁者恒旬月不得一見，名紙堆積。"

【財本】本，指本錢、資本。《漢典》"財本"條：本錢。《綠窗新話·郭華買脂慕粉郎》："經半年，脂粉堆積房内，財本空竭。"《警世通言·喬彥杰一妾破家》："（喬俊）住了兩年，財本使得一空。"

【經營】意同"經商"。《漢典》"經營"條：經辦管理。今多用於工商企業等。唐柳宗元《田家》之二："努力愼經營，肌膚眞可惜。"《醒世恒言・兩縣令競義婚孤女》："賈昌因牽掛石小姐，有一年多不出外經營。"

【如天】蘇州、揚州等地繁華，世人俗稱爲"人間天堂"。小説中多出。

【算賬】日語"算用〔さんよう〕"，指計算賬目。《漢典》"算賬"條：計算賬目。《紅樓夢》第七回："看他們玩了一回牌，算賬時，却又是秦氏、尤氏二人輸了戲酒的東道。"

【撈波子】日語釋作"魚〔さかな〕を取〔と〕る叉手〔さで〕"，即捕魚用的撈網。

【尖簪帽】無解説。

【文賬】見《百丈清規》聖節。《漢典》"文賬"條：公文案卷。《北齊書・崔暹傳》："有囚數百，世宗盡欲誅之，每催文賬。暹故緩之，不以時進，世宗意釋，竟以獲免。"

【茄子瓠子】罵衆僧之辭。

【背手奪將來】趁人背著手奪過來。指順勢，不費力。《漢典》"奪"條：强取。《易・繫辭上》："小人而乘君子之器，盜思奪之矣。"唐杜甫《揚旗》："公來練猛士，欲奪天邊城。"

【遣事】調遣。日語"捌く〔さばく〕"，即處理、安排。《漢典》"遣"條：派遣，差遣。《墨子・非儒下》："（孔子）乃遣子貢之齊，因南郭惠子以見田常，勸之伐吴。"《史記・孟嘗君列傳》："孟嘗君乃約車幣而遣之。"宋蘇軾《江城子・密州出獵》："持節雲中，何日遣馮唐？"《紅樓夢》第二一回："正鬧著，賈母遣人來叫他吃飯。"

【空買洞庭舟】買，俗謂雇用、租用。《漢典》"買"條：雇，租。清方文《毗陵與何次德同舟至吴門》："將歸笠澤買吴舠，畫舫青簾過驛橋。"

【一犂新雨破春耕】無解説。《漢典》"新雨"條：剛下過雨。亦指剛下的雨。隋江總《侍宴玄武觀》："詰曉三春暮，新雨百花朝。"唐韓愈《山石》："昇堂坐階新雨足，芭蕉葉大支子肥。"清紀昀《閱微草堂筆記・灤陽消夏録一》："新雨後泥平如掌，絶無人蹤。"

【野草閑花】"野""閑"，日語釋作"やくざなこと"，指派不上用場、無用的東西。《漢典》"野草閒花"條：指野生的花草。宋辛棄疾《定風

波・再用韻和趙晉臣敷文》:"野草閒花不當春,杜鵑却是舊知聞。"元無名氏《漁樵記》第三折:"他和那青松翠柏爲交友,野草閒花作近鄰。"

【梅英先破春】無解說。《漢典》"梅英"條:梅花。宋秦觀《望海潮》:"梅英疏淡,冰澌溶洩,東風暗換年華。"宋趙令時《商調蝶戀花》:"媚臉未勻新淚汙,梅英猶帶春朝露。"

【含糊】日語"にちゃくちゃ",即說話、發聲不清晰。《類書纂要》:"言語不明也"。《漢典》"含糊"條:形容聲音、言語或意思等不清晰、不明確。唐劉禹錫《與柳子厚書》:"弦張柱差,栨然貌存。中有至音,含糊弗聞。"《新唐書·忠義傳中·顏杲卿》:"賊鉤斷其舌,曰:'復能罵否?'杲卿含胡而絕。"金王若虛《論語辨惑三》:"而龜山、晦庵、無垢之徒,皆以爲兼仁智而言,其意含糊,了不可曉。"《儒林外史》第三七回:"張鐵臂紅了臉道:'是小時有這個名字。'別的事含糊說不出來。杜少卿也不再問了。"

○代別

【有人看事】無解說。

【捏訣】結印之類。《水滸傳》中多有捏訣念咒之語。《漢典》"捏訣"條:謂施法術時或默念,或輕念,同時做出一種手勢。元柯丹邱《荊釵記·薦亡》:"捏訣驚三界,扣齒動萬神。"《水滸傳》第九五回:"喬道清叩齒作法,捏訣念咒。"

【不易】日語釋作"大体のことではない"(だいたい),意指事情不簡單、不容易。另外,日語"大儀、大儀"(たいぎ、たいぎ)爲慰勞之辭,意爲"辛苦了、受累了。"《禪典》"不易"條:問候、安慰語,相當於"辛苦了""真辛苦"。《祖堂集》卷二,弘忍:"師又去碓坊,便問行者:'不易!行者,米還熟也未?'"又卷六,洞山:"師問病僧:'不易!闍梨。'對曰:'生死事大,和尚。'"《宏智廣錄》卷三:"漸源因寶蓋來相看,源乃捲簾入方丈坐。蓋下却簾歸客位。源令侍者傳語云:'遠涉不易,猶隔津在。'"

【開心碗子】開心,《傳燈》作"無心",即無底也。

【不成君子】君子,在日本相當於被稱作"旦那"(だんな)的一類人。《漢典》"君子"條:泛指才德出衆的人。《易·乾》:"九三,君子終日乾乾。"漢班固《白虎通・號》："或稱君子何？道德之稱也。君之爲言群也；子者丈夫之通稱也。"宋王安石《君子齋記》："故天下之有德，通謂之君子。"清方文《石橋懷與治》："昔年居南村，卜鄰近君子。"

【徹困】見《碧巖錄》。

【念汝遠來】念，日語"免じて"，指看在某某人的份上允許……《漢典》"念"條：思考，考慮。《史記・廉頗藺相如列傳》："顧吾念之，彊秦之所以不敢加兵於趙者，徒以吾兩人在也。"宋歐陽修《誨學說》："人性因物則遷，不學則捨君子而爲小人，可不念哉！"

【負心人不放債】無解說。《漢典》"負心"條：違心。漢王符《潛夫論・過利》："雖有南面之尊，公侯之位，德義有殆，禮儀不班，撓志如芷，負心若芬，固弗爲也。"彭鐸校正："撓，曲也。負，背也。兩句即'撓如芷之志，負若芬之心'。"《文選・謝靈運〈初去郡〉詩》："牽絲及元興，解龜在景平。負心二十載，於今廢將迎。"李善注引嵇康《幽憤詩》："內負宿心。"

【隨年嚫】老僧多，小僧少。根據年齡來布施。《漢典》"嚫"條：佛教語。謂施捨財物給僧尼。隋煬帝《法諱奉智書》："弟子一日恭嚫，猶以陋薄，不稱宿心。"《法苑珠林》卷四一："昔廬山慧遠，嘗以一裌裟遺進（法進），進即以爲嚫。"《釋氏要覽・中食》："梵語達嚫拏，此云財施。今略'達拏'，但云'嚫'。"

【以手托地】兩手著地，趴在地上，做牲畜一樣四腳著地的動作。《正宗贊》中雪峰被僧問道，收到閩帥送來的銀交床，該如何報答此恩？雪峰以手托地曰："輕打我。"意指雪峰變成畜生也不報恩。

【家活】日語"生業"，即謀生手段、生計。家業可生活之事也。《禪典》"家活"條：家業、家私。多喻禪法道業。《法演語錄》卷中："每日起來，拄却臨濟棒，吹雲門曲，應趙州拍，擔仰山鍬，驅溈山牛，耕白雲田。七八年來，漸成家活。"（喻指自家禪法）《大慧語錄》卷四："唯楊文公具眼，修《傳燈錄》時，將忠國師大珠和尚，列在馬祖下諸尊宿之右。將廣語所有言句，盡入其中。六祖下收忠國師語最多，爲他家活大、門戶大、法性寬、波瀾闊，難湊泊。遮般法難說，他禪備衆體。"

【六耳不同謀】意同日本諺語"三人が三鼻"，即三個人有三只鼻子，指人多嘴雜，秘密不能說與第三人聽。《禪典》"六耳不同謀"條：

本謂三人在場，不便密謀。用作公案機語，則謂禪旨幽密，非言句所能傳示，學人切勿尋言逐句。《景德傳燈錄》卷六，泐潭法會："問馬祖：'如何是西來祖師意？'祖曰：'低聲，近前來。'師便近前，祖打一摑云：'六耳不同謀，來日來。'師至來日，猶入法堂，云：'請和尚道。'祖云：'且去，待老漢上堂時出來，與汝證明。'師乃悟云：'謝大衆證明。'乃繞法堂一匝，便去。"馬祖此公案機語，後世禪林多見拈舉或沿用。《黄龍語錄》："上堂，舉，馬祖因僧問：'如何是祖師西來意？'……祖攔腮一掌云：'六耳不同謀。'師云：'古人尚乃不同謀，如今無端聚集一百五六十人，欲漏泄其大事。如今忽有明眼人覷見，是一場禍事。雖然如是，如今既到這裡，將錯就錯，鬼神茶飯也少不得。'良久云：'十字街頭吹尺八，酸酒冷茶愁殺人。'以拂子擊禪床。"《法演語錄》卷下："品寶文嘉問入山，上堂，僧問：'世尊拈花，迦葉微笑，台旆光臨于法席，願師方便爲宣揚。'師云：'六耳不同謀。'"

【隔子門】帶有細小窗格的采光拉門。如《水滸傳》楔子中的"朱紅隔子"。《漢典》"隔子"條：窗格。唐元稹《夢游春》："隔子碧油糊，駝鉤紫金鍍。"《儒林外史》第二二回："走了進去，三間花廳，隔子中間，懸著斑竹簾。"

【人事】日語釋作"見上げ物の類"（み あ もの るい），即禮物之類。《水滸傳》："收拾些人事盤纏"。《漢典》"人事"條：指贈送的禮品。唐白居易《讓絹狀》："恩賜田布與臣人事絹五百匹。"宋許觀《東齋記事·人事物》："今人以物相遺，謂之人事。"元張國賓《合汗衫》第四折："有甚麽人事送些與老爺，就放了你去。"《儒林外史》第四二回："還有幾色菲人事，你權且收下。"

【勸者老漢】勸，同"勸解"之"勸"，日語"取り支える"（と さ），即調解爭論、勸說。《漢典》"勸"條：勸導；勸說。《書·顧命》："柔遠能邇，安勸大小庶邦。"孔傳："勸使爲善。"孫星衍疏："勸者，《廣雅·釋詁》云：教也。"唐王維《送元二使安西》："勸君更盡一杯酒，西出陽關無故人。"清龔自珍《己亥雜詩》之一二五："我勸天公重抖擻，不拘一格降人材。"

【搨却我】搨，恐"蹋"字，音沓。《說文》："踐也"。

【不委他法號】委，曲也。不委他法號，指不知道他法號。《禪典》

"委"條：知，知道。《明覺語録》卷一："長髭問僧：'甚處來？'僧云：'九華控石庵。'髭云：'庵主是什麼人？'僧云：'馬祖下尊宿。'髭云：'名什麼？'僧云：'不委他法號。'"《密庵語録》："洞山與密師伯同到柏巖，巖問：'二上座甚處來？'山云：'湖南來。'巖云：'觀察使姓什麼？'山云：'不委姓。'巖云：'名什麼？'山云：'不委名。'"

○ 佛祖贊

【剛然】無解説。《禪典》"剛然"條：偏偏地，硬是。《法演語録》卷上："乃拈起法衣云：'者個真紅色，剛然道是緋！'"（者：這）《圓悟語録》卷七："上堂：'大衆幸自無一星兒事。剛然平地起骨堆，費盡工夫。'"

【恓恓】日語"怖ず怖ず"，即怯生生。《漢典》"恓恓"條：惶惶不安；凄涼。漢王充《論衡·指瑞》："聖人恓恓憂世，鳳皇、騏驎亦宜率教。"唐白居易《傷友》："陋巷孤寒士，出門苦恓恓。"宋梅堯臣《勉致仕李秘監》："禄仕四十年，内乏釜鍾粟；歸來託四鄰，恓恓無片屋。"

【脚穿破木履】穿，日語"穿く"，將衣物等穿在身上。小説中多有"穿著麻鞋""穿著衣服"等詞語表述。

【掉發】日語"唆す"，即挑撥、唆使、教唆。掉，或作"調"，又與"撩"同。發，當作"撥"。《漢典》"撩撥"條：挑唆。浩然《艷陽天》第一一六章："這句話帶著很大的撩撥人的意思。"

【脱賺】日語釋作"すっぽり騙す"，即把人騙得團團轉。《漢典》"脱賺"條：猶欺騙。《警世通言·宋小官團圓破氈笠》："被丈人劉翁脱賺，如今孤苦無歸，求老師父提挈，救取微命。"明王錂《春蕪記·候約》："碧雲望斷人千里，多管是喬才脱賺伊。"

【驢腰】驢，罵辭。如罵老人是老驢，罵和尚是禿驢之類。《漢典》"驢"條：罵辭。明顧起元《客座贅語·詮俗》："詈人之傲而難制曰牛，曰驢。"元柯丹丘《荆釵記·受釵》："我到人一般敬他，他到驢了眼看我。"

【膈氣築】築氣，指將氣聚到心下方。《漢典》"築"條：填塞；裝填。《新唐書·酷吏傳·姚紹之》："即引力士十餘曳囚至，築其口，反接送獄中。"明餘繼登《典故紀聞》卷十七："巡鹽御史乃請令運司食鹽較定斤兩，築包於司，俟支鹽人役至，數包予之，自外不許別有夾帶。"

【村草步頭】頌古："莫向深村草裏蹲"。步頭，埠頭也，前出。村草步頭，比喻野寺村院。《禪典》"村草步頭"條：鄉村、渡口。步頭：渡口，碼頭。《景德傳燈錄》卷一四，米倉："有僧新到參，繞師三匝，敲禪床曰：'不見主人翁，終不下參衆。'師曰：'什麼處情識去來？'僧曰：'果然不在。'師打一拄杖。僧曰：'幾落情識，呵呵。'師曰：'村草步頭，逢著一個有什麼話處？'僧曰：'且參衆去。'"《虛堂錄》卷六《保寧勇和尚》："性燥衲僧，俠伴座主，抹過村草步頭，直下挨肩佛祖。"又卷七："風高木落雁山秋，鞭起無依穴鼻牛。村草步頭攔不住，大方隨處有良疇。"

【挨肩】挨肩拶背，指在人群之中你押我操。今此處指與佛祖並駕齊驅，不輸佛祖。《漢典》"挨肩擦背"條：形容人群擁擠。《清平山堂話本·錯認尸》："當日鬨動城裏城外人都得知，男子婦人，挨肩擦背，不計其數，一齊來看。"《兒女英雄傳》第三八回："没男没女，挨肩擦背，擁擠在一處。"

【約下】見《心要》（上，十九）。

【做大】同"托大"。日語"横柄くさい"（おうへい），指傲慢、妄自尊大。《漢典》"做大"條：自大；擺架子。《朱子語類》卷九六："（韓退之）資才甚高，然那時更無人制服他，便做大了，謂世無孔子，不當在弟子之列。"《水滸傳》第七五回："你那皇帝，正不知我這裏衆好漢，來招安老爺們，倒要做大！"

【剛要凌滅】無解說。

【指柳罵楊】唐人罵人時必用手指指其人。《水滸傳》中往往多見。前出。《漢典》"指桑罵槐"條：比喻明指此而暗罵彼。《金瓶梅詞話》第六二回："他每日那邊指桑樹罵槐樹，百般稱快。"《紅樓夢》第五九回："你老別指桑罵槐。"《紅樓夢》第六九回："衆丫頭媳婦無不言三語四，指桑説槐，暗相譏刺。"

【信卜賣屋】相信算命人説的話，將好端端的房子賣掉。未考本據。《漢典》"卜"條：古人用火灼龜甲，根據裂紋來預測吉凶，叫卜。後泛稱用各種形式（如用銅錢、牙牌等）預測吉凶。《書·洛誥》："予惟乙卯，朝至於洛師。我卜河朔黎水。"孔傳："卜，必先墨畫龜，然後灼之，兆順食墨。"《史記·龜策列傳》："蠻夷氐羌，雖無君臣之序，亦有決疑之卜。或以金石，或以草木，國不同俗。"宋張矩《應天長·曲院荷風》："悄無語，獨撚花鬚，心事曾卜。"

【擸掇】日語"勧めそやす"（すす），即慫恿。《字典》："誘人爲非曰'擸掇'。"亦指帮忙、帮助。見《水滸傳》中何九叔帮忙料理武大郎火葬處。《類書纂要》："擸掇，猶贊襄也。贊，助也。襄，成也。"《漢典》"擸掇"條：慫恿。《朱子語類》卷一二五："子房爲韓報秦，擸掇高祖入關。"元石德玉《秋胡戲妻》第三折："他那裏口口聲聲，擸掇先生，不如歸去。"《西游記》第三十回："他怪我擸掇師父念'緊箍兒咒'。"

○禮祖塔

【搆得伊】搆，作"勾"，日語"引っ掛ける"（ひか），即鉤取，意同"勾死鬼"之"勾"。又注曰："覯、搆，並成也。"覯，作"搆"，意同，假借。《漢典》"搆"條：牽，引。《集韻·平侯》："搆，牽也。"明李開先《寶劍記》第四十齣："天下人心不平，又搆惹的邊庭上不得寧静。"

○佛事

【火把子】日語"松明"（たいまつ），即火炬。《漢典》"火把"條：火炬的俗稱。束狀的照明物。頂部燃火，下部爲握柄。宋葉適《送呂子陽攜所解〈老子〉訪留未久急歸》："火把起夜色，丁鞋明齒痕。"《水滸傳》第四二回："（宋江）只聽的外面拿著火把，照將入來。"

【鬐栗缽喇】唐音"ピリペラ"，日語釋作"火の燃える声"（ひ も こえ），即火燃燒聲。

【眼熱】日語"羨む"（うらや），即羨慕。如"眼中出火"等。《漢典》"眼熱"條：羨慕；眼紅。明陳與郊《義犬記》第一齣："我見世上的事，事事眼熱，事事要做，做了便得，得了便厭，厭了便丢。"《何典》第一回："這些左鄰右舍見了眼熱不過，也不顧開店容易守店難，大家想吃起生意飯來。"《二十年目睹之怪現狀》第二二回："其實他是眼熱那富貴人的錢，又没法去分他幾個過來，所以做出這個樣子。"

○偈頌

【通人】無解説。《漢典》"通人"條：學識淵博通達的人。《莊子·秋水》："當桀紂而天下無通人，非知失也。"王先謙集解："賢人皆隱遁，非其智失也。"漢王充《論衡·超奇》："博覽古今者爲通人。"唐賈島《即事》："心被通人見，文叨大匠稱。"

【惡情悰】日語釋作"悪根性（わるこんじょう）"，即性情乖僻、脾氣不好、品質惡劣。悰，徂宗切。《説文》："樂也"。《玉篇》一曰："慮也"。《漢典》"情悰"條：猶情懷；情緒。前蜀李珣《臨江仙》："引愁春夢，誰解此情悰！"宋歐陽修《與王懿敏公書》："歲月不覺又添一歲，目日益昏，聽日益重，其情悰則又可知。"清陳維崧《燕山亭·和韻送魏禹平同京少蕺山次山賦》："惜別情悰，中酒心期，自己殊難分曉。"

【山儀】無解説。

【鬖袖】無解説。《漢典》"鬖"條：下垂。唐岑參《和刑部成員外秋寓直寄台省知己》："竹喧交砌葉，柳鬖拂窗條。"一本作"䰐"。宋晏殊《迎春樂》："長安紫陌春歸，鬖垂楊，染芳草。"清陳學洙《茉莉》："銀床夢醒香何處，只在釵横髻鬖邊。"

【乖角】《僞山警策》："去就乖角，僧體全無。"指南："乖角，不合禮法。"此處或指眼頭和常人相反。

【袞袞】日語釋作"きりきり舞う（ま）"，即旋轉身體貌，意同"袞龍"之"袞"。《漢典》"袞袞"條：旋轉翻滚貌。《全唐詩》卷七八六載《姜宣彈小胡笳引歌》："泛徵胡雁咽蕭蕭，繞指轆轤圓袞袞。"

【沙觜】同"洲觜"，即陸地入海或入河的狹長形地帶。山觜，指山脊突出的地方。《漢典》"沙嘴"條：亦作"沙觜"。一端連陸地、一端突出水中的帶狀沙灘。常見於低海岸和河口附近。唐皇甫松《浪淘沙》："宿鷺眠鷗飛舊浦，去年沙觜是江心。"《宋史·河渠志七》："自春徂夏不雨，令官吏發卒開淘沙觜及濬港汊。"明何景明《觀漲》："旋看雨霽勢亦止，沙嘴忽落千尺水。"清吴敏樹《君山月夜泛舟記》："一日晚，自沙觜見後湖雲出水，白團團若車輪巨瓮狀者。"

○續輯

【劄命】劄，竹洽切。《字彙》釋"劄子"爲"唐人用以奏事，非表非狀者"。宋時由宣政院通過劄子來指定住持。差，使也。《漢典》"劄子"條：官府中用來上奏或啓事的一種文書。宋歐陽修《歸田錄》卷二："唐人奏事，非表非狀者爲之牓子，亦謂之錄子。今謂之劄子。凡群臣百司上殿奏事，兩制以上，非時有所奏陳，皆用劄子。中書樞密院事有不降宣敕者，亦用劄子。"《醒世恒言・賣油郎獨占花魁》："說話的，假如上一等人，有前程的，要復本姓，或具劄子奏過朝廷，或關白禮部、太學、國學等衙門，將册籍改正，衆所共知。"清王士禛《香祖筆記》卷十："宋士大夫，以四六牋啓與手簡駢緘之，謂之雙書。後益以單紙，直敘所請，謂之品字封。後又變而爲劄子，多至十幅。"

【没碑記】碑，當作"牌"。碑記，日語"看板(かんばん)""目印(めじるし)"，指招牌、標記之類。唐時在線香的包裝紙上寫著"請認本鋪牌記"等文字。

【俗人沽酒三升】無解説。《漢典》"沽酒"條：從市上買來的酒；買酒。《論語・鄉黨》："沽酒、市脯，不食。"唐韓愈《贈崔立之評事》："牆根菊花好沽酒，錢帛縱空衣可準。"清沈復《浮生六記・坎坷記愁》："（餘）夜至江陰江口，春寒徹骨，沽酒禦寒，囊爲之罄。"

【鹽落醬裡】無解説。

【大蟲看水磨】無解説。《漢典》"大蟲"條：指老虎。唐李肇《唐國史補》卷上："大蟲老鼠，俱爲十二相屬。"《水滸傳》第二三回："那一陣風過處，只聽得亂樹背後撲地一聲響，跳出一隻吊睛白額大蟲來。"

【如水浸水頭】無解説。《漢典》"水頭"條：猶水邊。唐姚合《辭白賓客歸後寄》："千騎紅旗不可攀，水頭獨立暮方還。"

【鬼搗穀，佛跳牆】無解説。

【點向冷地裡臥】點，胡八切。揚子方言"慧也"。語意不穩。《漢典》"點"條：聰慧；機敏。《後漢書・南蠻傳》："外癡内點，安土重舊。"晉葛洪《抱樸子・道意》："凡人多以小點而大愚。"清蒲松齡《聊齋志異・神女》："女曰：'點哉，婢乎！'因其慧，益憐愛之。"

【鼓籠人家男女】無解説。《漢典》"鼓"條：煽動；蠱惑。唐韓愈

《與孟尚書書》："於是時也，而唱釋老於其間，鼓天下之衆而從之。"明李贄《寄焦弱侯書》："若方湛一雖聰明靈利，人物俊俏，能武能文，自足動人，而無實盜名，欲遂以其虛聲鼓賢者使從己。"清顏元《存人編・喚迷途・第二喚》："不應妄爲大言，鼓天下之愚民而立教門。"

【了事衲僧】日語釋作"埒の明いた"（らちあ），指事情得到解決。如"佛是了事漢，祖是老比丘。"又了得，形容某人劍術等十分厲害。《漢典》"了事"條：辦妥事情；使事情得到結束。《新五代史・雜傳・鄭珏》："帝（梁末帝）曰：'事急矣，寶固不足惜，顧卿之行，能了事否？'"《古今小説・臨安里錢留發跡》："〔錢鏐〕怕顧全武不能了事，自起大軍來接應。"《禪典》"了事"條：明事理，會辦事。《祖堂集》卷一五，鹽官："師明朝令沙彌屈法空禪師，禪師應時來。師呵沙彌云：'這沙彌不了事！教屈法空禪師來，何故屈得守堂人來！'"（屈：請）《大慧宗門武庫》："舜老夫一日舉，鹽官和尚喚侍者：'將犀牛扇子來。'侍者云：'扇子已破。'官云：'扇子既破，還我犀牛兒來。'侍者無對。舜云：'三伏當時，正須扇子，爲侍者不了事。雖然如是，鹽官太絮。'"

【頓足】日語釋作"足拍子踏む"（あしびょうしふ），即脚打拍子。根據説話場合也指氣得直跺地。《漢典》"頓足"條：以脚跺地。多形容情緒激昂或極其悲傷、著急。《韓非子・初見秦》："聞戰頓足徒裼，犯白刃，蹈鑪炭，斷死於前者，皆是也。"唐杜甫《兵車行》："牽衣頓足闌道哭，哭聲直上干雲霄。"清蒲松齡《聊齋志异・吕無病》："女握手哽咽，頓足不能出聲。"

【丁一卓二】無解説。

【放兩拈三】無解説。

【閑工夫】日語釋作"無駄な暇"（むだひま），即多餘的時間。《漢典》"閒工夫"條：亦作"閑工夫"。没有事情要做的時間。明李贄《復宋太守書》："爲自己本分上事未見親切，故取陳語以自考驗，庶幾合符，非有閒心事、閒工夫，欲替古人擔憂也。"《兒女英雄傳》第九回："那裏還有閒工夫作這等没要緊的勾當。"

○ 净慈後録

【拈取簸箕】無解説。

【巨靈可託】託，《玉篇》："憑依也"。《漢典》"託"條：憑藉；依賴。《韓非子·外儲說右上》："夫獵者，託車輿之安，用六馬之足，使王良佐轡，則身不勞而易及輕獸矣。"三國魏曹丕《典論·論文》："不假良史之辭，不託飛馳之勢，而聲名自傳於後。"《三國演義》第一〇六回："臣託陛下洪福，必擒公孫淵以獻陛下。"

【籠袖】蓋"龍"與"籠"通用，或指"籠袖"。《江湖集》惠山煎茶："萬壑松風供一啜，自籠雙袖水邊行。"此是將兩手相對伸入兩袖的"籠袖"之義也。或云："籠松風於雙袖也"，恐不然，上已云"供一啜"，何更有籠袖裏之理？籠袖水邊行乃從容自適之意。

【呼風嘯指】盜賊同行之間的暗語、暗號。呼風，指順風大呼。嘯指，指以指夾唇吹蘆葦管作聲。《水滸傳》等小說中的"胡哨"或"唿哨"是也。《漢典》"嘯指"條：謂以指夾唇吹之作聲。《資治通鑒·齊明帝建武四年》"吹脣沸地"元胡三省注："吹脣者，以齒齧脣作氣吹之，其聲如鷹隼。其下者以指夾脣吹之，然後有聲，謂之嘯指。"

【也跳幾跳】幾跳，反復跳箇五六次。

【老手舊肐膊】肐膊，《水滸傳》中作"肐膊"，日語"肘頭"（ひじがしら）。《漢典》"肐膊"條：胳膊。肩膀以下手腕以上的部分。元無名氏《殺狗勸夫》第三折："割捨的揎肐膊，拽衫袖，到公庭。"《水滸傳》第三回："兩個挽了肐膊，出得茶坊來。"《紅樓夢》第二八回："寶玉在旁邊看著雪白的肐膊，不覺動了羨慕之心。"

【雞皮鼓子】無解說。《漢典》"雞皮疙瘩"條：亦作"雞皮疙疸"。因受寒冷刺激或受到驚恐，皮膚毛孔突然收縮，形成顆粒狀，因像去掉毛的雞皮，故稱。《兒女英雄傳》第五回："公子一見，嚇的一身雞皮疙疸。"

【散工】無解說。《漢典》"散工"條：短工；臨時工。

【火伴】一夥伴侶也。《漢典》"火伴"條：北魏時，軍中以十人為火，共灶炊食，故稱同火者為火伴。後泛指同伴。《樂府詩集·橫吹曲辭五·木蘭詩之一》："出門看火伴，火伴皆驚忙。"唐元稹《估客樂》："出門求火伴，入門辭父兄。"《水滸傳》第四四回："西山地面廣闊，可令童威、童猛弟兄帶領十數個火伴那裏開店。"

【翻蓋】日語釋作"屋根を葺き替える"（やねふか），即翻修屋頂。翻蓋，指翻

口供，也取"翻"之義。《漢典》"翻蓋"條：翻造。《西游記》第四九回："我因省悟本根，養成靈氣，在此處修行，被我將祖居翻蓋了一遍，立做一個水黿之第。"

【戒曉】同"告戒"之"戒"。戒，通知、告知。戒日子，指邀請他人時挑選吉日。《漢典》"戒"條：告戒。《論語·堯曰》："不教而殺謂之虐，不戒視成謂之暴。"《史記·刺客列傳》："太子送至門，戒曰：'丹所報，先生所言者，國之大事也，願先生勿泄也。'"唐韓愈《董府君墓志銘》："聞某所爲，每稱舉以戒其子。"《紅樓夢》第二八回："便有一二分錯處，你倒是或教導我，戒我下次，或罵我兩句，打我兩下，我都不灰心。"

【畢斑寶豹剝】皆唇音。

【當的帝都丁】皆舌音。

【官楮】日語"手形"（てがた）"銀札"（ぎんさつ），即紙幣、銀票之類。《漢典》"楮"條：紙幣。《宋史·常楙傳》："值水災，捐萬楮以振之。"元劉壎《隱居通議·文章八》："非楮之不便民用也；其法貴少，而今多焉故也。"清魏源《軍儲篇三》："至蔡京改行鈔法，則無復官錢，而直用空楮。"

【梮腹】空腹。梮，虛嬌切，虛也。《漢典》"梮腹"條：空腹。謂饑餓。唐康駢《劇談錄·嚴士則》："士則具陳奔馳陟歷，資糧已絕，迫於梮腹，請以飲饌救之。"《明史·福王常洵傳》："王府金錢百萬，而令吾輩梮腹死賊手。"清趙翼《邊外諸土司地清晨必起黑霧》："我行不蓐食，直以梮腹搏。"

【黑豆法】無解說。

○徑山後錄

【老僧八十間無數】無解說。

【工伎兒和伎者】《楞伽經》第四："心爲工伎兒，意如和伎者，五識爲伴侶，妄想觀伎衆。"工伎兒，相當於日本能劇中的主演；和伎者，配角；伴侶，同伴；觀伎衆，觀衆。《漢典》"工伎"條：指從事各種技藝的人。《資治通鑒·晉安帝隆安元年》："燕將王沈等降魏。樂浪王惠、中書侍郎韓範、員外郎段宏、太史令劉起等帥工伎三百奔鄴。"宋沈括《夢溪筆談·故事一》："（唐翰院）應供奉之人，自學士已下，工伎群官司隸籍其間者，皆稱翰林，如今之翰林醫官，翰林待詔之類是也。"

【佛牙郎】《類書纂要》："牙郎，又曰'牙行'，酌量市價之人云云。'"牙，日語"仲買<small>なかがい</small>"，即中介、捐客。魚牙子，指從事賣魚中介的人。牙婆，指介紹人口買賣的婦女。《漢典》"牙郎"條：即牙人。《舊唐書·安祿山傳》："（祿山）及長，解六蕃語，爲互市牙郎。"明陶宗儀《輟耕錄·牙郎》："今人謂駔儈者爲牙郎。本謂之互郎，謂主互市事也。"清曹寅《題馬湘蘭畫蘭長卷》之二："蹤步仍推巾幗雄，數錢多傍牙郎死。"

【把得穩便了】日語釋作"確<small>たし</small>かに取<small>と</small>らまえた"，即確確實實抓牢了。《漢典》"把穩"條：把持穩妥；穩當可靠。《資治通鑒·晉孝武帝太元十六年》"陛下將牢太過耳"元胡三省注："將牢，謂先自固而不妄動也，猶今人之言把穩也。"清李漁《巧團圓·得妻》："如今二十分把穩，再没甚疑心了。"

【省數錢】相當於日本的九六錢。見《事文類聚》錢部詳解。亦作"省陌錢"，數目根據時代而有所變化。長百又作"足錢"或"足陌"。《漢典》"足錢"條：足陌錢。亦泛指足額的錢數。宋洪邁《容齋三筆·省錢百陌》："唐之盛際，純用足錢。天祐中，以兵亂窘乏，始令以八十五爲百。後唐天成，又減其五。"《水滸傳》第十六回："衆軍道：'多少錢一桶？'那漢子道：'五貫足錢。'"《古今小説·宋四公大鬧禁魂張》："張員外是貪財之人，見了這帶，有些利息，不問來由，當去三百貫足錢。"

【趲到】《虛堂錄》："更籌餞臘看看，趲到結交頭。"《集韻》："趲，逼、使走。"《漢典》"趲"條：催逼；催促。《朱子語類》卷十八："如人在背後只管來相趲，如何住得。"宋楊萬里《曉起探梅》："趲得杏紅開火急，春風已落第三回。"明高明《琵琶記·丞相教女》："光陰似箭催人老，日月如梭趲少年。"

【剛不信】無解説。《漢典》"剛"條：剛直；倔強。《書·皋陶謨》："剛而塞，彊而義。"《史記·袁盎晁錯列傳》："淮南王爲人剛，如有遇霧露行道死，陛下竟爲以天下之大弗能容，有殺弟之名，奈何？"唐韓愈《王公墓志銘》："氣鋭而堅，又剛以嚴。"

【噴地】日語"ぷっと"，即"噗哧"一聲貌。噴，普悶切。唐"ペ

ン"。《漢典》"噴"條：（液體、氣體、粉粒狀物體等）受壓力而急速逸出。《莊子·秋水》："子不見夫唾者乎？噴則大者如珠，小者如霧，雜而下者不可勝數也。"晉郭璞《江賦》："揚鰭掉尾，噴浪飛唌。"唐元稹《有酒》之四："蛇噴雲而出穴，虎嘯風兮屢鳴。"《兒女英雄傳》第四回："把那煙從嘴裏吸進去，却從鼻子裏噴出來。"

【轉頭向壁】看到人來而拘謹之貌。《漢典》"向壁"條：面對墻壁。多表示心情不悦或不欲與人接談。漢荀悦《漢紀·武帝紀五》："夫人遂轉向壁，歔欷不復言。"南朝宋劉義慶《世説新語·品藻》："東亭轉臥向壁嘆曰：'人固不可以無年。'"清蒲松齡《聊齋志異·細柳》："〔張福〕泣跪庭下，願仍讀。母返身向壁，置不聞。"

【不用形迹】形迹，猶曰"禮"貌。《漢典》"形跡"條：禮法；規矩。唐張鷟《游仙窟》："親則不謝，謝則不親。幸願張郎，莫爲形跡。"清蒲松齡《聊齋志異·局詐》："我輩通家，原不以形跡相限。明日，請攜琴去，當使隔簾爲君奏之。"

【可知禮也】禮，當作"礼"，同字，或因省筆畫而用"礼"，本意。《漢典》"禮"條：社會生活中由於風俗習慣而形成的行爲准則、道德規範和各種禮節。《晏子春秋·諫上二》："凡人之所以貴於禽獸者，以有禮也。故《詩》曰：'人而無禮，胡不遄死。'禮，不可無也。"《論語·子罕》："博我以文，約我以禮。"《漢書·公孫弘傳》："進退有度，尊卑有分，謂之禮。"唐元稹《鶯鶯傳》："内秉堅孤，非禮不可入。"

【巡官指上推】無解説。

【剖瓮不見天】無解説。

【手橈】短柄櫓，猶將種子島稱作"手銃"，博楫謂之"橈"，即大櫓。又亦可視作"手中橈"。《漫録》（上，二十）："貪觀白浪，失却手中橈。"《漢典》"橈"條：船槳。《楚辭·九歌·湘君》："薜荔柏兮蕙綢，蓀橈兮蘭旌。"王逸注："橈，船小楫也。"唐曹唐《漢武帝思李夫人》："夜深池上蘭橈歇，斷續歌聲徹太微。"清厲鶚《小桃紅·吴江道中》："一篷風色一橈雲，詩有江湖風。"

【排日】排日，"連日"之意。治疊，日語"片付ける"（かたづ），即收拾、整理。《漢典》"排日"條：每天，逐日。宋陸游《小飲梅花下作》："排日醉過梅落後，通宵吟到雪殘時。"元劉致《端正好·上高監司》套曲："要飯錢排日支持，索齋發無時横取。"

【單拆交重】易，用錢占卜。

【一棒也較不得】較，《字彙》："略也"。較不得，"少不得"之意。《禪典》"較"條：差，相差。《祖堂集》卷一四，馬祖："師與南泉向火次，南泉問師：'不用指東指西，本分事直下道將來。'師便把火箸放下。南泉云：'饒你與摩，猶較王老師（南泉自稱）一線道。'南泉又問趙州，趙州以手作圓相，中心一點。泉云：'饒你與摩，猶較王老師一線道。'"《五燈會元》卷五，澧州大同濟："閉門開門，卷之與舒，相較幾許？"又，夾山善會："十裡行人較一程。"亦作"教""校"。

【饡飯】湯澆飯。《玉篇》："饡，子旦切。以羹澆飯也。"《漢典》"饡飯"條：以羹澆之飯。宋陸游《冬夜與溥庵主說川食戲作》："未論索餅與饡飯，最愛紅糟並黦粥。"

【厭彩】厭，壓也。厭彩，同"掩彩"。減馬師威光之意。《漢典》"厭"條：亦作"猒"。壓制；抑制。《漢書·馮奉世傳》："奉世圖難忘死，信命殊俗，威功白著，為世使表，獨抑厭而不揚，非聖主所以塞疑屬節之意也。"《漢書·翼豐傳》："臣願陛下徙都於成周……東厭諸侯之權，西遠羌胡之難。"

【乞兒拾得錫】錫，《說文》："銀鈆之間，銀色而質也。"乞兒拾得錫，指小乞丐看到錫，還以為是銀就撿了起來。指期望落空。

【踢天弄井】日語"暴れ者"，指頑劣、撒潑耍賴之人。如《西遊記》中孫行者等人。

【述朱】唐時教書先生教學童習字前，先在字帖上用紅筆寫一遍，再讓學童用未蘸墨的筆照著摹寫，此為"順朱"。述朱，指用紅筆描紅字帖。

【探頭山裡人】或為設辭。探頭，前出。

【肯重不得全】無解說。《漢典》"得全"條：獲得保全。《莊子·達生》："彼得全於酒而猶若是，而況得全於天乎？"《漢書·刑法志》："如此，則刑可畏而禁易避，吏不專殺，法無二門，輕重當罪，民命得全。"《新唐書·裴度傳》："度得全，天也。"清昭槤《嘯亭雜錄·平定回部本末》："計自去年十月至今，孤軍在萬里外陷重圍者三月，卒得全。"

【臨崖看滸眼】《碧巖錄》第四十三則著語："臨崖看虎兒，特地一場愁。"龍溪鈔《字彙》："滸，音虎，今借音耳。"應從此說。但所謂的"滸眼"，實際上並無特別意思。蓋滸，水涯也。眼，指洞、孔。如窗格上的孔稱作"窗眼"。《漢典》"滸"條：水邊。三國魏曹植《應詔》："遵彼河滸，黃阪是階。"唐薛用弱《集异記·嘉陵江巨木》："閬州城臨嘉陵江，江之滸有烏陽巨木。"

【東土初僧，不如西天外道】無解說。《漢典》"東土"條：古代稱中國。對西方而言。《穆天子傳》卷十五："西王母爲天子謠……天子答之曰：'予歸東土，和治諸夏，萬民平均，吾顧見汝。'"《西游記》第八回："菩薩不敢久停，曰：'今領如來法旨，上東土尋取經人去。'"清馬建忠《上李伯相言出洋工課書》："而巴黎新聞紙傳揚殆遍，謂日本、波斯、土耳基人負笈巴黎者，固有考取格治秀才及律例舉人，而東土之人，獨未有考取文詞秀才者，有之則自忠始也。"《漢典》"西天"條：我國古代對印度的通稱。印度古稱天竺，因在中國之西，故稱。唐皇甫曾《錫杖歌送明楚上人歸佛川》："上人遠自西天至，頭陀行遍南朝寺。"宋晁沖之《以承宴墨贈僧法一》："王侯舊物人今得，更寫西天貝葉書。"

【甕裡何曾走却鼈】見《策進》。俗話說"甕中捉鼈，手到拿來。"在甕裡捉鼈，只要出手一下子就能抓到。指十分有把握。《漢典》"甕中捉鼈"條：喻舉手可得，確有把握。元康進之《李逵負荊》第四折："管教他甕中捉鼈，手到拿來。"《二刻拍案驚奇》卷二五："知縣寫了名字地址，就差人去拿來。甕中捉鼈，立時拿到。"

【繩頭子越自把得緊】越，日語"いよいよ"，即越發、更加。《漢典》"越"條：愈加；更加。宋辛棄疾《浣溪沙·贈子文侍人名笑笑》："歌欲顰時還淺笑，醉逢笑處却輕顰，宜顰宜笑越精神。"金董解元《西廂記諸宮調》卷七："覷衙內結束模樣，越添煩惱。"元薩都剌《一枝花·妓女蹴踘》套曲："紅塵兩袖纖腰倦，越丰韻，越嬌軟。"《儒林外史》第八回："不想到家一載，小兒亡化了，越覺得胸懷冰冷。"

【結果看】看，同"看待"之"看"，或作"著"。《漢典》"看"條：對待；看待。唐高適《詠史》："不知天下士，猶作布衣看。"《西游記》第三四回："二大王平日看你甚好，我推一句兒在你身上。"

【輸機是算人之本】輸機，日語釋作"博打に負ける人"（ばくち ま ひと），指賭博賭輸之人。輸機是算人之本，意指數窮人身傍的錢。本，指本錢。《漢典》"輸機"條：謂遇事不能決斷，坐失機會。明無名氏《白兔記·說計》："你是個婦人家，說這般輸機話。"

【一並轄向炭庫裡坐】轄，胡八切。《續輯》："點向冷地裡臥"。點，胡八切。

【匹栗斯喫青橄欖】匹栗斯，日語"夷（えびす）"，即野蠻人。《本草》："橄欖，此果雖熟，其色亦青，故俗呼青果云云。"此果味甚澀，但食過後口內回甘。此處指野蠻人喫青橄欖，味澀說不出，意同"啞子喫苦瓜"。

○偈頌後篇

【啞啄】《禪林類聚》作"喑啄"。

○佛事

【不放價頭低】無解說。

○秉炬

【偸眼】日語釋作"尻目に見る（しりめにみる）"，即斜眼偸看。偸眼，裝作一副沒看見的樣子偸看。《漢典》"偸眼"條：偸偸地窺看。唐杜甫《數陪李梓州泛江有女樂在諸舫戲爲艷曲二首贈李》之一："競將明媚色，偸眼艷陽天。"宋林逋《山園小梅》之一："霜禽欲下先偸眼，粉蝶如知合斷魂。"清洪昇《長生殿·窺浴》："休說俺偸眼宮娥魂欲化，則他箇見慣的君王也不自持。"

【賽過】賽，日語"勝る（まさる）"，即勝過、比得過。《漢典》"賽過"條：超過；勝過。《劉知遠諸宮調·知遠別三娘太原投事》："自古及今，罕有這婆娘，貞列賽過孟姜。"《水滸傳》第三九回："這廝無禮，他却要賽過黃巢。"

○法語

【切脚】無解說。《漢典》"切脚"條：運用切音的原理，用反切上下字代替本字。宋徽宗《宮詞》之二二九："曲裏字難相借問，隨時切脚注花牋。"宋洪邁《容齋三筆·切脚語》："世人語音，有以切脚而稱者，亦間見之於書史中，如以蓬爲勃籠、槳爲勃闌、鐸爲突落、叵爲不可、團爲突欒、鉦爲丁寧。"

○ 新添

【大家團圞】所有人圍坐成一箇圓圈。《漢典》"圞"條：亦作"團"。圓。《漢典》"團團"條：團欒。環繞貌。元趙孟頫《題耕織圖》："相呼團團坐，聊慰衰莫齒。"明瞿佑《歸田詩話·和獄中詩》："忘懷且共團團坐，滿炷爐香說善因。"

【一火絡】無解說。《禪典》"一火"條：一夥，一群。《五燈會元》卷二〇，肯堂彥充："一火破落戶，依舊孟八郎。賺他無限癡男女，開眼堂堂入鑊湯。"

【家私】日語"身代"（しんだい），指財産。《鑑古錄》（三十，十六）："兩脚直歌曰：'兩脚直，一品朝官做不得；兩脚直，萬貫家私顧不得。'"亦指道具。《漢典》"家私"條：家財；家產。《京本通俗小說·志誠張主管》："王招宣贖免張士廉罪犯，將家私給還，仍舊開胭脂絨線鋪。"元無名氏《鴛鴦被》第一折："自從俺父親往京師，妾身獨自憂愁死，掌把著許大家私，無一個人扶侍。"《西游記》第六十回："那公主有百萬家私，無人掌管。"《紅樓夢》第六八回："女婿現在才十九歲，成日在外賭博，不理世業，家私花盡了，父母攆他出來，現在賭錢場存身。"

【是請承惠紫】以下至"交運如此"止，語意解釋不穩，恐有脫語。按，古來句讀或有誤，或可斷句爲"勉旃是請，承惠紫茹，兩月不甚佳，想交運如此。"茹，當作"菇"，月中巖《東海一漚集》藤陰雜興："小僧供我紫蔴菇，並用薑鹽付酪奴。"據此描述，"紫茹"之後應有謝語。然不知"紫蔴菇"對應的日文名，或爲"蔴菇蕈"（ひらたけ）。

【行李】《左傳·昭公十三年》："行理之命"，注："使人通聘問者云云。""理""李"同音。行李，使也，轉指出行所帶的東西。徂徠①在《南留別志》中所說的"梱"（こり），指的也是行李，即行旅所帶之物。《漢典》

---

① 荻生徂徠（1666—1728），日本江戶時期儒家哲學家，古文辭學派的創始人。

"行李"條：出行所帶的東西。唐元稹《敘詩寄樂天書》："有詩八百餘首，色類相從，共成十體，凡二十卷，自笑冗亂，亦不復置之於行李。"明馮惟敏《南鎖南枝・眈妓》："半夜三更路兒又蹺蹊，東倒西欹顧不的行李。"《禪典》"行李"條：出門時所帶的東西。《洞山語錄》："師與密師伯經由次，見溪流菜葉。師曰：'深山無人，因何有菜？隨流莫有道人居否？'乃共議撥草。溪行五七里間，忽見羸形異貌人，乃龍山和尚是也（亦云隱山），放下行李問訊。"《大慧宗門武庫》："候於郵亭久之，忽見數十擔過。溫公問：'誰行李？'荷擔者應曰：'新招提和尚行李。'"

《諸錄俗語解》第五卷

《大惠書》解補

【頃】注："俄頃也"，然多用於指從前、以前。今此處指八年以前。《漢典》"頃"條：頃刻；短時間。《墨子·非儒下》："有頃，聞齊將伐魯，告子貢曰：'賜乎！舉大事於今之時矣！'"《荀子·正論》："譬之是猶以埤涂塞江海也，以焦僥而戴太山也，蹎跌碎折不待頃矣。"楊倞注："頃，少頃也。"漢劉向《列女傳·齊孤逐女》："物之所徵，固不須頃。"清蒲松齡《聊齋志異·鳳仙》："（劉赤水）偶在途中，遇女郎騎款段馬，老僕鞚之，摩肩過；反啓障紗相窺，丰姿豔絕。頃，一少年後至。曰：'女子何人？似頗佳麗。'劉亟讚之。"

【至扣】扣，同"叩"，擊也，又問也、發也。《禮·學記》："善待問者如撞鐘，叩之以小者則小鳴，叩之以大者則大鳴。"據此轉指"問"之意，非標注所引的"叩頭"之義。"至極扣問"，或說是也。《漢典》"扣"條：同"叩"。求教；探問。南朝梁元帝《撰〈孔子正言〉竟述懷》："孤陋乏多聞，獨學少擊扣。"唐元稹《授杜元穎戶部侍郎依前翰林學士制》："授之以詔而益辨，扣之以疑而益明。"宋葉適《送蔡子壽》："吾嘗扣其微，事諳理亦暢。"清王士禛《池北偶談·談異六·羅漢》："扣其所學，頗記唐人詩數百篇，亦曉篆隸。"

【著實】"著"字無義，用法與"著忙""著急"之"著"相同。著實，亦同"委實"。《漢典》"著實"條：切實，符合實際。《朱子語類》卷九三："今且須看孔、孟、程、張四家文字，方始講究得著實，其他諸子不能無過差也。"《朱子語類》卷一二〇："自家先恁地浮躁，如何要發得中節。做事便事事做不成，説人則不曾説得著實。"

【一絡索】亦作"落索"，同音通用，非指繩索。作形容詞，形容東西雜亂無序。抄中所説的"一結也"，指將雜亂無序的東西串在一起。《漢典》"一落索"條：亦作"一絡索"。一連串。《朱子語類》卷二三：

"無道理底，也見他是那裏背馳，那裏欠闕，那一邊道理是如何，一見便一落索都見了。"《續景德傳燈録·宗杲禪師》："師曰：'請和尚舉。'勤（克勤）遂連舉前輩一絡索淆訛語話徵詰之，師隨聲酬對，了無滯疑。"

【切忉】二字皆本義，但此處非指本義，《纂要》（十一，四五）"嘮叨"注："言語太多也"。"絮絮叨叨"注："言語太多也"。今此處不應拘泥於字本身，可釋作"多言貌"。絮叨，日語俗作"くどい"。《禪典》"切忉"條：絮煩，嘮叨。《大慧語録》卷一："點胸點肋獨稱尊，大口開張自矜伐。都盧住世七旬餘，四十九年恣切忉。"疊音作"切切忉忉"。

【惡氣息】十惡之中的惡口者，謂言語麤獷，毁辱他人，令其受惱也。此處應取"惡"字意。

【赤灑灑】《纂要》（十，廿八）："脱洒、瀟洒、洒落，並不拘也。"赤，《漢書》"赤地千里"注："空盡無物曰'赤'。"其他如"赤窮""赤貧""赤手""赤脚""赤條"之"赤"，皆空之義。《漢典》"赤灑灑"條：猶赤裸裸。《五燈會元·臨濟玄禪師法嗣·灌溪志閑禪師》："十方無壁落，四畔亦無門，露裸裸，赤灑灑，無可把。"《禪典》"赤灑灑"條：空寂坦露，清净無染。是禪悟境界。《五燈會元》卷一八，薦福道英："此之宗要，千聖不傳。直下了知，當處超越。是知赤灑灑處，恁麽即易；明歷歷處，恁麽還難。不用沾粘點染，直須剝脱屏除。"

【出生入死】《肇論》（下，十五）："至於出生入死，與物推移。"注："明隨機宜生則出，宜滅則入，但益物是懷，推移何定？"出生入死，本出自《老子》（下，十五）口義："出則爲生，入則爲死。能入而出，唯有道者則然。"又見《普燈》四黄龍寶覺章詳論之，日語訓讀爲："出て生れ、入り死す"，其詞意不按日語訓讀亦能理解。《漢典》"出生入死"條：《老子》："出生入死，生之徒十有三，死之徒十有三。"王弼注："出生地，入死地。"《韓非子·解老》："人始於生而卒於死。始謂之出，卒謂之入。故曰：出生入死。"原謂從出生到死去。後用以形容冒生命危險，隨時有死的可能。《三國演義》第十三回："騎都尉楊奉大怒，謂宋果曰：'吾等出生入死，身冒矢石，功反不及女巫耶？'"《二十年目睹之怪現狀》第六十回："我身邊這幾個人，是跟著我出生入死過來的，好容易有了今天。"

【管帶默照】《普説》（四，六四又七八、八八）："士太夫學道，不出二種歧路。一曰'忘懷'；一曰'著意'。所謂著意者，杜撰長老喚作管帶是也。忘懷者，杜撰長老喚作默照是也。管帶、默照，二種病不除，則不能出生死。"又《普說》（下，七二）："箇箇有兩般病，若不著意便是忘懷。忘懷，則墮在黑山下鬼窟裏。教中謂昏沉著意，則心識紛飛，一念續一念，前念未止，後念相續，教中謂之掉舉。"

【漆桶】見《紀談》（下，四）大惠偈寄語。叢林作"瞎漆桶"，方語釋作"無分曉"。《禪典》"黑漆桶"條：對愚暗不悟者的詈稱，斥其心中、眼前一片漆黑。亦喻指情識知解、分別妄心。《續傳燈錄》卷三三，薦福休："此土與西天，一隊黑漆桶。誑惑世間人，看看滅胡種。山僧不奈何，趁後也打哄。瓠子曲彎彎，冬瓜直儱侗。"《如淨語錄》卷下："平地起骨堆，虛空剜窟籠；驀透兩重關，拈却黑漆桶。"

【太末蟲】古抄中指"蠅"。《大論》（九四，九）："譬如蠅，無所不著，唯不著火焰。"

【瓦解】《前漢·匈奴傳》："瓦解，雲散。"又《徐樂傳》："天下之勢，在於土崩，不在瓦解。"土從下方崩蹋，瓦從上方掉落。解者，物自解散也。《漢典》"瓦解"條：瓦片碎裂。比喻崩潰或分裂、分離。《淮南子·泰族訓》："武王左操黃鉞，右執白旄以麾之，（紂之師）則瓦解而走，遂土崩而下。"宋文天祥《〈集杜詩·魯港之遁〉序》："人心已去，國事瓦解。"清孔尚任《桃花扇·和戰》："恨山河半傾，怎能重搆；人心瓦解忘恩舊。"

【心行】《維摩經》（一，十）："善知眾生往來所趣及心所行"。注："六趣往來，心行美惡，悉善知也。"《音義》："行，下庚切，遊履也。"意所趣向，同"意識のめぐる"（いしき），即意識的巡遊。《漢典》"心行"條：佛教語。變動不居之心。心以流行於事相為作用，故稱。《法華經·方便品》："佛知彼心行，故為說大乘。"唐白居易《愛詠》："辭章諷詠成千首，心行歸依向一乘。坐倚繩床閒自念，前生應是一詩僧。"

【鈍置】《事苑》："置，當作'躓'，音致，礙不行也。"即被人阻撓，無法順利前進。《漢典》"鈍置"條：亦作"鈍致"。折磨；折騰。《五燈會元·寶峰文禪師法嗣·泐潭文准禪師》："藥山雲巖鈍置殺人，兩父子弄一箇師子，也弄不出。"《五燈會元·徑山杲禪師法嗣·薦福悟本禪師》："十字路頭掘箇無底深坑，喚來一時埋却，免見遞相鈍置。"《祖堂集·雪峰和尚》："汝諸人來者裏覓什摩？莫要相鈍致摩。"

【將來】將，指不久、將近，同"日將暮"之"將"。《漢典》"將來"條：未來。《漢書·匈奴傳下》："消往昔之恩，開將來之隙。"宋陳亮《書〈文中子〉附錄後》："得其理足以知百世之變，明其數足以計將來之事。"

【一道行遣】一道，指同一條道路。又唐代將全國州縣分爲十道，此一道亦可看作其中一道。《纂要》五："發遣，發遣充軍衙所；發配，發配充徒。"《宋史·任伯雨傳》中有"行遣"字，皆指流罪，即流放發配之罪。遣，逐也、發也。一道行遣，指將獲流罪的犯人遣送發配到同一箇地方，亦指衆人同罪之意。《漢典》"一道"條：同路；一起。唐李白《秋浦歌》之十三："郎聽採菱女，一道夜歌歸。"《京本通俗小説·西山一窟鬼》："我們就這裏買些酒，吃了助威，一道躲開那兩個婆子。"《漢典》"行遣"條：處置；發落。宋蘇軾《與朱鄂州書》："若依律行遣數人，此風便革。"《宋史·任伯雨傳》："臣聞北使言，去年遼主方食，聞中國黜惇，放箸而起，稱甚善者再，謂南朝錯用此人。北使又問，何爲只若是行遣？"《明史·徐階傳》："帝惡給事御史抨擊過當，欲有所行遣。"

【一狀領過】領，犯人在地方鄉紳作保下被領回家，即俗話"保領回家"。今此處指衆人同罪，故都領到了一張同樣的文書。《漢典》"一狀"條：下對上的一件呈文。《朱子語類》卷一三二："吕權中書舍人，自丁巳三月二十五日上一狀論分別邪正。"

【朱紫】有二義。一指高級官員衣服顏色；二指紫之奪朱，見"朱紫交競，異説相騰"之語。《後漢·陳元傳》："夫明者獨見，不惑於朱紫，獨聞不謬於清濁。"雨芳洲①《橘窗茶話》中，紫，指紅綢子的顏色。《漢典》"朱紫"條：古代高級官員的服色或服飾。謂朱衣紫綬，即紅色官服，紫色綬帶。《藝文類聚》卷四八引南朝梁王僧孺《吏部郎表》："方愧朱紫，永懵鈞衡。《漢典》"朱紫交競"條：比喻不同流派互相競争。北周王襃《立通道觀詔》："遂使三墨八儒，朱紫交競，九流七略，異説相騰。"

【打失布袋】方語"胡孫入布袋"——伎倆已盡，此爲"鮎魚上竹竿"的對語；"布袋裏老鴉"——雖活如死；"乞兒布袋"——盡底掀翻不浄潔物；"在布袋裏輥毬"——不大自由底，與"法縛學解"等相對。

---

① 即雨森芳洲。雨森芳洲（1668—1755），日本江户時代中期的儒學家，精通漢語、朝鮮語。

《禪典》"打失布袋"條：喻斷除塵俗妄念，領悟禪法。打失：丟失。布袋：多指行腳僧人放缽盂衣物的包袱袋。《續傳燈錄》卷一九，道場有規："化士出問：'促裝已辦，乞師一言。'師曰：'好看前路事，莫比在家時。'曰：'恁麼則三家村裡十字街頭等個人去也。'師曰：'照顧打失布袋。'"（照顧：留意）《大慧語錄》卷四："到這裏打失布袋，湛堂爲我説底方便，忽然現前。方知真善知識不欺我。"同卷《答汪狀元（聖錫）》："請快著精彩，不得有少間斷。時時向行住坐臥處看。讀書史處，修仁義禮智信處，侍奉尊長處，提誨學者處，吃粥吃飯處，與之廝崖。忽然打失布袋，夫複何言！"

【裩襠】《晉書·阮籍傳》："群蝨之處裩中，行不敢離縫際，動不敢出裩襠。"指内褲不合身。《漢典》"裩襠"條：褲襠。三國魏阮籍《大人先生傳》："獨不見群蝨之處裩中……行不敢離縫際，動不敢出裩襠，自以爲得繩墨也。"金趙秉文《拙軒賦》："鄙夫自私，虱處裩襠。達人大觀，物我兩忘。"

【下筍謹對】《翰墨全書》（九辛，十一）科舉門試程式曰："第一場奉試經疑二問，第一問云云，限三百字，已上對云云，謹對，已下同之。"及第後的考試有三場，其中要求回答六經大義的問題，簡稱作"大義"，考生的答題文稱作"對"，皆用"謹對"二字作答。今此處指，彦衝認爲此書寫法像一篇經義答題文，故想在此書的結末處用漆寫上謹對二字。《漢典》"謹對"條：古代試策常用語。謂敬答策問。唐白居易《策林一·策尾》："塵黷聖鑒，俯伏待罪。謹對。"宋汪應辰《廷試策》："臣不勝惓惓，惟陛下留神省察，實萬世無疆之休，臣謹對。"

【隔截】《普説》（二，六六）："大丈夫須是一推擊碎，方可得大自在。若一向保惜，如將虛空夾截，自以爲寬廣良，可悲夫。"按，與"隔夾"二字韻雖不同，皆牙音、清行、入聲第二位，故同音通用也。《漢典》"隔截"條：隔斷。晉陸雲《答車茂安書》："斷過海浦，隔截曲隩。"

【點破】《武庫》（三，七）清素首座曰："文示子者，皆正知見。吾雖爲子點破，使子受用自在，恐子離師太早，不能盡其道。"《碧巖録》（七，十二）："且道是點破，是撒沙。"《爾雅》注："以筆滅字爲點"，日語釋作"字を消し直す"，即對字的删除修改。又曰"點竄""點易""治點"，皆指對詩文的修改。破，同"看破""識破""讀破"之"破"，即看穿文章字句的難點和重點。說破，指把隱含的意思或內容説出來，意同日語"言い崩す""言い破る"或"言い表す"。"點破"之義應參照以上説法。不僅詩文，"點破"也可用於其他任何事物，即万事皆可"點破"。《漢典》"點破"條：改變原來的狀況。宋石孝友《減字木蘭花·贈何藻》："小小新荷，點破清光景趣多。"

【支遣】支，同"收支"之"支"，指分發扶持米、付錢等行爲。遣，同"消遣""排遣"之"遣"。支遣，日語釋作"外へ払いやる"，即向外支付。《漢典》"支遣"條：費用。宋岳飛《奏畫守襄陽等郡營田札子》："就撥江西、湖南糧斛，朝廷支降券錢爲一年支遣，候營田就緒，軍儲既成，則朝廷無餽餉之憂，進攻退守皆兼利也。"宋文天祥《回秘書巽齋歐陽先生》："先生儻乏支遣，不妨更質錢用，第常使可贖足矣。"

【秦國太夫人】秦，封國名，如張浚此後被封爲魏國公。標註中的"《氏族排韻》張氏妓妾部"，爲誤用。舉《排韻》例如下：首先在各部類中每人都有標題，秦國太夫人以下無標題，附記身份。妓妾記在附錄中。舉四人標題，已下十餘人無標題，記在附記中。

【教】蔡邕《獨斷》："諸侯言曰'教'。"今封國夫人，地位若與諸侯同格，則其言亦可稱作"教"。《漢典》"教"條：教導；指點。漢司馬遷《報任少卿書》："教以順於接物，推賢進士爲務。"宋王安石《答司馬諫議書》："昨日蒙教，竊以爲與君實游處相好之日久，而議事每不合，所操之術多異故也。"清蒲松齡《聊齋志异·促織》："成反復自念，得無教我獵蟲所耶？"

【國太】《普説》（一，八六）："諸人要識張國太麼？"《大慧普覺禪師普説》："昔日，凌行婆參見趙州和尚，諸人要識張國太麼？便是有規矩底，凌行婆要識凌行婆麼？便是。"《漢典》"國太"條：帝王之母的俗稱。多用於小説戲曲中。《三國演義》第五四回："國太曰：'男大須婚，女大須嫁，古今常理。我爲你母親，事當稟命於我。'"

【専量】《普燈》（二五，三五）音義："専，音團。"按，"専量"二字多見諸錄，與"度量"同義。字書無此義項，俗話也。諸錄多作"搏"，音義中字畫與音不同。《漢典》"専"條：通"團"。圓。漢揚雄《太玄·中》："月闕其専，明始退也。"范望注："月滿則闕，故戒之也。"司馬光集注："搏、専、塼，皆與團同。"

【幾枚】枚，量詞，用於數物箇數。把"枚"用在人身上則爲罵人之辭。類語中多用於盜賊或村夫身上。《漢典》"枚"條：量詞。相當於個、隻。《墨子·備高臨》："用弩無數，出人六十枚。"宋梅堯臣《答王德言遺柑》："今王德言遺姑蘇者十枚。"

【一頓飯】《世説新語》羅友曰："聞卿祠，欲乞一頓食耳。"杜甫詩："頓頓食黄魚"。字書："頓次也。又食一次也。"日語釋作"飯一片食（めしひとかたけ）"。"棒"亦作"喫"，由此引申出"頓"的量詞用法。《漢典》"一頓"條：表數量。用於吃飯、打罵、説話等，猶言一次、一回。南朝宋劉義慶《世説新語·任誕》："欲乞一頓食耳。"唐張鷟《朝野僉載》卷五："我欲答汝一頓。"《兒女英雄傳》第三回："被張進寶著實的罵了一頓。"

【還我】還，日語"還す（かえ）"，本義指歸還。作俗語用時，轉指給，即買東西時的支付銀兩。還我，日語釋作"此方へくれよ（こっち）""我に渡せ（われ わた）"。

【關捩子】捩，或作"棙"。《字典》："關棙，機棙也。"《廣記》曰："唐韓志和雕木爲鸞鶴，置機棙於腹中，發之則飛。"《普説》（三，五十）："白雲不会説禪，三門開向兩邊，有時動著關棙，兩扇東扇西扇。"《漢典》"關捩子"條：能轉動的機械裝置。《古今小説·宋四公大鬧禁魂張》："一個紙人，手裏托著個銀毬，底下做個關捩子，踏著關捩子，銀毬脱在地下。"《蕩寇志》第七一回："只見照牆邊有一座鰲山，上面那些人物，都有關捩子曳動，如活的一般。"《官場現形記》第四六回："中間的關捩子，就同鎖璜一樣，所以叫做打璜金錶。"

【鼠入牛角】《事文類聚後集》（四一，七）南漢主劉龑病語曰："吾子孫不肖，後世如鼠入牛角，勢當小耳。"《心要》（上，十九）："如老鼠入牛角，漸漸尖小。"方語："驀地偷心絶，伎倆已盡。"今此處應取方語義。《漢典》"鼠入牛角"條：比喻勢力愈來愈小。《新五代史·南漢世家·劉玢》："奈何吾子孫不肖，後世如鼠入牛角，勢當漸小爾！"清王韜《俄人志在併兼》："徒守則積弱可虞，而不免成鼠入牛角之勢。"

【措大】《資暇録》："代稱士流爲措大（中略），愚以爲四説皆非也。止言其能舉措大事而已。"《事苑》（六，二十）："言措置天下之大者"。《禪典》"措大"條：對文人的譏誚之稱。《大慧語録》卷四："僧問趙州：'狗子還有佛性也無？'州云：'無。'爾措大家，多愛穿鑿説道。這個不是有無之無，乃是真無之無，不屬世間虛豁之無。恁麼説時，還敢得他生死也無?"《大慧宗門武庫》:"張無盡丞相十九歲應舉入京,經由向家。向家夜夢人報曰:'明日接相公。'凌晨淨室以待,至晚見一窮措大,著黃道服,乃無盡也。"《從容庵錄》二,第一八則《趙州狗子》:"刺史李渤問:'三乘十二分教即不問,如何是祖師西來意?'宗亦豎拳云:'會麼?'李云:'不會。'宗云:'這個措大,拳頭也不識!'"

【上大人】祝允明《猥談》曰:"上大人(乃至),可知禮。右八句末曳也,字不知何起,今小兒學書必首,此天下同然,書坊有解,胡說耳。"按,三言八句中,己、士、子、禮,押韻也。因此,在末尾添"也"字,令人置疑。句義應按冠注加以解釋。己,若作"而己",日語發音應爲"イ"之音。礼,作"禮",或說爲兒輩學習考慮,故用筆畫較少的"礼"字,此説不合理。又《百川學海》云:"此孔子上其父書也。""上大人,丘乙己化三千七十士爾,小生八九子佳,作仁,可知禮也。"上,指上書;大人,指叔梁紇;丘,聖人名;乙,一通,言一身所化如許;小生八九子佳,八九七十二也,言弟子三千中七十二人更佳;作仁,作,猶爲也;可知禮也,言七十子善爲仁,其於禮可知也。以上註解有助於"也"字的解說。己,此時若釋作"身"字,則日語發音應爲"キ"之音。若三言八句正確押韻,則允明說是也。《百川學海》之說,爲助於"也"字解說而成散文,模仿拙劣,是亦所謂的胡說之類。《漢典》"上大人"條:舊時學童入學,教師多寫"上大人,孔乙己,化三千,七十二"等語,供描紅習字之用。取其筆畫簡單,便於學童誦讀習寫。按,敦煌寫本已有此語。《續傳燈錄》卷十二及《五燈會元》等書亦有記載,文字稍有變更。蓋自唐末起已作爲學童習字的啓蒙教材。後因以"上大人"比喻極簡單淺近的文字。宋朱熹《答潘叔昌書》:"天上無不識字底神仙,此論甚中一偏之弊,然亦恐只學得識字,却不曾學得上天,即不如且學上天耳。上得天了,却旋學上大人亦不妨也。"《二刻拍案驚奇》卷二六:"有便有幾十個秀才,但是認得兩個上大人的字脚,就進了學。"清錢大昭《邇言》卷五:"今童子初就傳,往往寫'上大人,孔乙己,化三千,七十二'云云,不過取其筆畫少而便習耳。後讀元方回詩云:'忽到古稀年七十,猶思上大化三千。'乃知由來已久。"

【下落】《纂要》(十一,三五):"歸著、下落、著落、並完事也。"俗語"下落",日語"落着した""手掛かり"。《漢典》"下落"條:著落;歸屬。宋朱熹《朱子全書》卷十:"'學而時習之',此是《論語》

第一句。句中五字雖有虛實輕重之不同，然字字皆有意味，無一字無下落。"清李漁《憐香伴·賜姻》："你如今不曾有個下落，教我如何獨自先行。"

【惡氣息】《普說》（下，五四）："若是如今禪和家，便近前彈指，打箇圓相，喝一喝、拍一拍，拂袖便行，放出遮般惡氣息。"《漢典》"氣息"條：喻指習氣。《花月痕》第一回："這明經略，名禄……年方四十五歲，弓馬嫻熟，韜略精通，而且下士禮賢，毫無驕奢氣息。"

【眼花】杜甫詩："眼花落井水底眠"，注："醉眼昏花"。《漢典》"眼花"條：眼目昏花，看東西模糊不清。唐杜甫《飲中八仙歌》："知章騎馬似乘船，眼花落井水底眠。"《西游記》第五九回："我老漢一時眼花，不識尊顔。"《紅樓夢》第二六回："太爺一時眼花了，也未可知。"

【一節】欧陽修《畫錦堂記》："出入將相，勤勞王家，而夷險一節。"節，操也。一節，指堅守志操不變節。《漢典》"節"條：氣節；節操。《論語·泰伯》："曾子曰：'可以託六尺之孤，可以寄百里之命，臨大節而不可奪也——君子人與？君子人也。'"《韓詩外傳》卷八："今臣智不能存國，節不能死君，勇不能待寇，然見之，非國法也。"晉葛洪《抱樸子·名實》："樂飢陋巷，以勵高尚之節；藏器全真，以待天年之盡。"唐韓愈《論孔戣致仕狀》："戣爲人守節清苦，議論平正。"清紀昀《閱微草堂筆記·如是我聞三》："借轉生之驗，以昭苦節之感者也。"

【鈍榜】《摭言》曰："進士榜粘黃紙四張，以淡墨氈筆書'禮部貢院'四字於榜首。"《纂要》（五，二）："及第類殿試中，第一名曰'狀元'，又曰'榜首'，中第二名曰'榜眼'。"《字典》："榜，木片也。取士及選官之次第曰'榜'，又作'榻''牓'。"私曰"鈍榜"，非有典故，是禪師隨口之辭，類似於奧州後三年戰時"剛臆之座"的"臆之座"①。《漢典》"榜"條：張掛的科舉考試中第者名單。《新唐書·陸宸傳》："始，其舉進士時，方遷幸，而六月牓出。"宋文瑩《玉壺清話》卷三："（梁適）對曰：'先臣祖顯，先臣父固，俱中甲科，獨臣不肖，於張唐卿牓行間及第。'"

【以此觀者】《圓覺經》（四，廿二）："作是觀者，名爲'正觀'；若

---

① 日本平安後期，源義家在后三年之戰中爲鼓勵將士，在軍陣中把剛勇之士與膽小之士分開而坐。臆之座，即給膽小之士的座位。

他觀者，名爲'邪觀'。"《韻會》："以，養里切，爲也。"《論語》："視其所以"，此本義也。

【門頭户口】六根門頭之義。門頭户口，淺近之義，非深奧之所。

【差事】《韓文》（六，九）《瀧吏》："州南十數里，有海無天地。颶風有時作，掀簸真差事。"注："差事，奇怪也。"《集韻》："楚嫁切，差異也。"注引韓詩，指怪異、奇怪。《漢典》"差事"條：異事，怪事。《敦煌變文集·妙法蓮華經講經文》："今朝採果來遲，只爲逢於差事。"宋劉克莊《跋灌園蘇翁事跡》："弓旌所至，巖穴一空。蘇翁爲當軸，故人乃深自晦匿，如此方知巢、由不爲差事。"

【除非】《龐居士錄》（中，八）："誰家郎君子，開眼造地獄。枉法取人錢，養那一群賊。饒伊家户大，業成出不得。除非輪廻滿，換形償他力。"《漢典》"除非"條：猶只有。表示唯一的條件。常跟"才、否則、不然"等連用。唐吕岩《五言》之五："要覓長生路，除非認本元。"元武漢臣《玉壺春》第二折："若要他嫁我甚黑子，則除非死了李玉壺。"《儒林外史》第三二回："除非少爺賞我個本錢，才可以回家養活母親。"

【以臨老】"以"字難解，改爲"比"字或能通。

【光影】古抄云："光影者，謂非其實體。我宗非本分宗師家之事，咸謂之光影邊。"《大論》（六，十）："如影，映光則現，不映則無。諸結煩惱遮正見光，則有我相、法相影。"《禪典》"光影"條：喻指虛幻不實之物，亦常指禪家接人之方便法門。方便法門非真實大法，故稱。《黄龍語錄》："上堂云：'摩尼在掌，隨衆色以分輝；寶月當空，逐千江而現影。諸仁者，一問一答，一棒一喝，是光影；一明一暗，一擒一縱，是光影。山河大地是光影，日月星辰是光影。三世諸佛，一大藏教，乃至諸大祖師，天下老和尚，門庭敲磕，千差萬別，俱爲光影。且道何者是珠？何者是月？若也不識珠之與月，念言念句，認光認影，猶如入海算沙，磨磚作鏡。希其數而欲其明，萬不可得。'"《密庵語錄》："上元，上堂：'今朝上元節，是處掛燈球。一燈燃百千燈，燈燈相續，重重無盡，如寶絲綱。三世諸佛，向光影裡出現。六代祖師，向光影裡説法度人。四聖六凡，向光影裏頭出頭没。山河大地，向光影裡成立。諸人若信得及去，覓其光影來處，了不可得，便乃坐斷報化佛頭。若信不及，十二時中，被光影使得七顛八倒。'"

【主張】《莊子》（五，十七）："孰主張是，孰維綱是。"注："張，設也、施也。"《纂要》（九，十六）："作主也"，即事情由自己做主決定、自負責任。《漢典》"主張"條：主宰；作主。《莊子·天運》："天其運乎？地其處乎？日月其爭於所乎？孰主張是？孰維綱是？"宋孫光憲《北夢瑣言》卷九："我非天王，南嶽神也，主張此地，汝何相侮？"《紅樓夢》第三二回："父母早逝，雖有銘心刻骨之言，無人爲我主張。"

【行户】行，音杭，日語"問屋"（といや），即以批售爲業的批發商。户，民居曰"編户"。魚行，指賣魚的批發商。魚户，指賣魚的商販。行户，從事同一行業的人或組羣。《纂要》（十二，四九）："有市籍者，係行户也。"

【寄聲】《書言故事》（三，十九）："朋友以音問見及曰'蒙寄聲'。"《漢典》"寄聲"條：托人傳話。《漢書·趙廣漢傳》："界上亭長寄聲謝我，何以不爲致問？"晉陶潛《丙辰歲八月中於下潠田舍穫》："司田眷有秋，寄聲與我諧。"宋司馬光《涑水記聞》卷一："黨項羌掠回鶻貢物，遵誨寄聲誚讓之，羌懼，即遣使謝，歸其所掠。"清支機生《珠江名花小傳》卷三："屢託人寄聲邀予，因事冗未往。"

【塗糊】古句："無端白紙强塗糊"，方語"污"之義。塗，指塗抹墨水或泥土。糊，用較厚的糊狀物塗抹。故塗糊，指拿墨或土四處塗抹，即污染、弄髒之義。《漢典》"塗"條：塗抹。《書·梓材》："若作室家，既勤垣墉，惟其塗塈茨。"《史記·刺客列傳》："（豫讓）乃變名姓爲刑人，入宫塗廁。"北齊顏之推《顏氏家訓·兄弟》："譬猶居室，一穴則塞之，一隙則塗之，則無頽毀之慮。"《漢典》"糊"條：用較厚的糊狀物塗抹縫子、窟窿或平面。

【撥牌子】給每人各發一張牌，按規定應分出一二三的順序來發。《漢典》"撥"條：分開；撥開。《禮記·曲禮上》："將即席，容毋怍；兩手摳衣，去齊尺；衣毋撥，足毋蹶。"孫希旦集解："趨走則衣易撥開。"唐白居易《香爐峰下新卜山居草堂初成偶題東壁》之四："遺愛寺鐘欹枕聽，香爐峰雪撥簾看。"

【儘】《聯珠詩格》（十，六）用"儘"教字格《宫詞》："唯有落紅官不禁，儘教飛舞出宫牆。"注："儘，子忍切，通作'盡'，任也。又縱令也。"唯落花任自飛舞於牆頭耳。《漢典》"儘"條：一任；聽憑。元無名氏《九世同居》第二折："與我請簡明師，立一箇義學，但鄉中人家孩兒，儘他來讀書。"《西遊記》第十六回："其餘管他，儘他燒去。"清孔尚任《桃花扇·寄扇》："那時錦片前程，儘俺受用。"

【負命】《千字文》注引《尚書》中侯曰："太公行至磻溪之谷，釣魚爲活。周文王出獵遇見之，問曰：'沈鉤於水，何使其直鉤？如何得魚？'子牙曰：'取負命之魚。'"《史記》："殷湯王出，見有張綱四面，乃解其三面，祝曰：'欲左，左；欲右，右；不用命者，入吾綱。'負命，即不用命也。"《漢典》"負命"條：拼命；捨命。《武王伐紂平話》卷中："姜尚因命守時，直鉤釣渭水之魚，不用香餌之食，離水面三尺，尚自言曰：'負命者上鉤來！'"《醒世恒言·張孝基陳留認舅》："（過善）一頓棍棒只打得滿地亂滾。淑女負命解勸，將過善拉過一邊，扯住了棒兒。"《醒世恒言·李汧公窮邸遇俠客》："話還未了，那馬已跑向前去，二人負命的趕，如何跟得上。"

【閣使】《事文新集》（十九，三）："東、西上閣門使，凡取稟旨命，供奉乘輿，朝會遊宴，群臣、蕃國朝見辭謝，糾彈失儀之事。"《漢典》"閤門使"條：官名。唐末、五代有閤門使，掌供奉乘輿，朝會游幸，大宴引贊，引接親王宰相百僚藩國朝見，糾彈失儀。五代以來，多以處武臣。宋置東、西上閤門使各三人，副使各二人，多以處外戚勳貴。紹興五年，詔右武大夫以上並稱知閤門使，官未至者稱同知閤門使，在知閤門之下。參閱《宋史·職官志六》《文獻通考·職官十二》。

【節目】《禮記·學記》曰："善問者如攻堅木，先其易者，後其節目。"注："節，則木理之剛；目，則木理之精。"《漢典》"節目"條：樹木枝幹交接處的堅硬而紋理糾結不順部分。《禮記·學記》："善問者如攻堅木，先其易者，後其節目，及其久也，相說以解。"孫希旦集解："節目，木之堅而難攻處。"朱彬訓纂引方性夫曰："'節則木理之剛者'，《說卦》所謂'堅多節'是矣；'目則木理之精者'，《弓人》所謂'斲目必荼'是矣。"《呂氏春秋·舉難》："尺之木必有節目，寸之玉必有瑕璃。"南朝宋劉義慶《世說新語·賞譽上》："庾子嵩目和嶠森森如千丈松，雖磊砢有節目，施之大廈，有棟梁之用。"

【破凡夫】《雲門廣錄》（中，九）："若言見①，是破凡夫；若言不見，有一雙眼在。"《事苑》（一，十二）："破，音潑。"《餘冬錄》："醜惡云'潑賴'。注：'音巴。'"破，形容十分沒用。潑，由本義四處撒水引申

---

① 原文"若言見"少"見"字，今此處據《雲門匡真禪師廣錄》補。

出廢物之意。《禪典》"破凡夫"條：凡夫之詈稱。《大慧語錄》卷一六："又云：'佛之一字吾不喜聞。佛之一字尚不喜聞，達磨灼然是甚老臊胡，十地菩薩是擔糞漢，等妙二覺是破凡夫，菩提涅槃是系驢橛，十二分教是鬼神簿拭瘡膿紙，四果三賢初心十地是守古塚鬼。"《緇門警訓》卷八《大慧禪師答孫知縣書》："後來泐潭真淨和尚撰《皆證論》，論內痛罵圭峰，謂之破凡夫、臊臭漢。"《雲門廣錄》卷中："師拈拄杖指燈籠云：'還見麼？若言見，是破凡夫；若言不見，有一雙眼在，爾作麼生會？'"

【經生】《佛祖統紀》："向隣寺多召經生，未逾旬日經已寫畢。"又曰"寫經手"。《漢典》"經生"條：刻板印書盛行以前，書籍多賴抄繕流傳，以抄繕經書爲業的人稱"經生"。宋陸游《老學庵筆記》卷五："永康軍導江縣迎祥寺有唐女真吳彩鸞書《佛本行經》六十卷。予嘗取觀之，字亦不甚工，然多闕唐諱。或謂真本爲好事者易去，此特唐經生書耳。"清錢泳《履園叢話·收藏·唐》："有唐一代，墨蹟、告身而外，惟佛經尚有一二，大半皆出於衲子、道流，昔人謂之經生書。其書有瘦勁者近歐褚，有豐腴者近顏徐。"

【商榷】榷，當作"搉"，音覺。《北史·崔孝芬傳》："商搉古今，間以嘲謔。"《文選·左思〈吳都賦〉》"商搉"注："商，度也。搉，粗略也。言商度其粗略也。"《韓文聯句》"聖籍飽商搉"注："謂評議也"。《漢典》"商榷"條：商討；斟酌。南朝梁鍾嶸《〈詩品〉總序》："觀王公搢紳之士，每博論之餘，何嘗不以詩爲口實，隨其嗜慾，商榷不同。"宋周煇《清波雜志》卷四："四六應用，所貴翦裁，或屬筆於人，有未然，則當通情商榷。"

【埋頭】《活法》（八，四五）教子類："三冬燈火埋頭讀，万里雲霄信步登。"見寒山《詩》（中十九、中二十、中四十）。《漢典》"埋頭"條：形容專心致志。五代齊己《荊渚病中因思匡廬遂成三百字寄梁先輩》："埋頭逐小利，没脚拖長裾。"宋邵雍《思山吟》："果然得手情性上，更肯埋頭利害間。"《兒女英雄傳》第一回："諸事已畢，就埋頭作起舉業的工夫來。"

【卓朔】《事苑》（一，十九）："㹞㮇，㹞當作'猲'，陟革切。㮇，色責切。猲㮇，犬張耳貌，故云耳。猲㮇，或音卓㮇，非義。"《集韻》："㹞，陟格切，音磔，張也。"《集韻》："猲，陟革切，犬張耳貌，犬怒張耳。"㮇，色責切，音索，驚懼謂之㮇。按，方語"卓朔朔地"，注："精彩也"。《禪典》"卓朔"條：翹起，豎起。《楊岐語錄》："上堂，拈拄杖，卓一卓，喝一喝。乃云：'一喝一卓，眼生八角。鼻孔吒沙，眉毛卓朔。若也會得，西山月落；若也不會，胡餅𩜹飩。'下座。"《明覺語錄》卷二："上堂：僧問：'如何是佛？'師云：'頭鬅鬙，耳卓朔。'學云：'不會。'師云：'堪笑堪悲。'"《五燈會元》卷一七，開元子琦："頭蓬鬆，耳卓朔，個個男兒大丈夫，何得無繩而自縛？"亦作"吒沙。"

【後手】《敕修百丈清規》（下一，三）："出納錢穀，常令歲計有餘。"《幻住清規》"齋饌"條："齋供所用物料，常令後手有餘。"《漢典》"後手"條：指留著備用的錢財。《初刻拍案驚奇》卷二二："過了三數年，覺道用得多了，提提後手看，已用過了一半有多了。"《紅樓夢》第六二回："替你們一算計，出的多進的少，如今若不省儉，必致後手不接。

《諸錄俗語解》第六卷

《野録》

【節本】略本也，與"節略"連用，指要文的刪節精減版本。《雲臥長書》："於老師語録節其綱要，離爲五册。"《漢典》"節本"條：指圖書經删節以後印行的版本。宋樓鑰《〈通鑒總類〉序》："《資治通鑒》，不刊之書也，司馬公自言精力盡於此書，而士夫鮮有能遍讀者。始則以科舉而求簡便，世所傳節本，自謂得此足矣。"

【進納僧】《編年通論》（十七）："唐至德二年，聽白衣能誦經五百紙者度爲僧，試經得度進納自此而始。"《漢典》"進納"條：宋時稱交納錢糧買取官爵。宋李綱《與右相條具事宜札子》："綱昨過衢州，竊見都督行府劄子，頒降官告，勸誘上户進納。"宋朱彧《萍洲可談》卷二："一書用好紙數十幅，近年紙價高，田俸入盡索於此，親朋間目之爲紙進納。蓋納粟得官號進納。"《續資治通鑒·宋英宗治平元年》："按貢舉條制，進納及工商雜類有奇材異行者，亦聽取解。"

【不出斗】斗，一斗，升也。《漢典》"斗"條：量器。容量爲一斗。《莊子·胠篋》："掊斗折衡，而民不争。"

【剛被迢迢過九江】《詩語解》引《說文》："剛，疆①斷也。""剛有峨眉念"。貫休："今宵剛道别，舉世勿人争。"（中秋月）"主人剛地不放去""剛被世人知住處，又移茅舍入雲居。"（釋法常）並猶端的，蓋原自斷決之義來，不可强作日語訓讀。《漢典》"剛地"條：猶言偏是，硬是。前蜀貫休《山居》之十八："白衣居士深深説，青眼胡僧遠遠傳。剛地無人知此意，不堪惆悵落花前。"前蜀貫休《書倪氏屋壁》之三："春光靄靄忽已暮，主人剛地不放去。"《禪典》"剛地"條：偏偏地，硬是。《法演語録》卷上："上堂，僧問：'如何是佛？'師云：'獨木橋子。'學云：

---

① 原文寫作"强"，今據《説文解字》改。

'如何趣向？'師云：'緊峭草鞋！'乃云：'幸然可憐生，剛地學參問。既然參得了，未免肚裏悶。'"《圓悟語録》卷二〇《懷祖知殿請贊》："瘦而精健，老有餘韻。鼓兩片皮，説法無容。掃並情識，不留纖眹。七處道場，恰如一瞬。有個不顧危亡僧，剛地要來沖雪刃。咄！"

【聾頭】無解説。《漢典》"聾"條：不聽取別人意見。《説文·耳部》："聾，不聽也。"唐元結《自釋書》："樊左右皆漁者，少長相戲，更曰聾叟。彼誚以聾者，爲其不相從聽，不相鉤加。"

【墨漆墨】《會元》（十九，七一）元章，作"墨漆黑"。

【没刁刀】古語云："筆久厭勞，書刁成刀。事歷終古，寫魚爲魯。"可考出據。

【砲車】雷。見《西遊記》。愚未在《西遊記》中見到此詞。

【仰門頭行者】仰，仰示，榜文通語。《字典》云云。門頭，看門也。頭，同"園頭""浄頭"之"頭"。日語不可訓讀爲"門頭の行者"。《漢典》"仰"條：舊時下行公文用語。表命令。《北齊書·孝昭帝紀》："詔曰：'但二王三恪，舊說不同，可議定是非，列名條奏，其禮儀體式亦仰議之。'"《舊唐書·宣宗紀》："官健有莊田户籍者，仰州縣放免差役。"

【劃時】猶言即時。"劃"字義未考。《漢典》"劃"條：忽然。唐杜甫《苦雨奉寄隴西公兼呈王徵士》："劃見公子面，超然歡笑同。"

【何似生】何似，同"如何"。生，助語，亦作"何若"。沈周詩："何若要儂粗山水"。何似生，可釋爲"果然和什麽很相似"，或"臉長得很像，果然是什麽名人吧？"万里詩中描繪的詩意和春末下冰雹也有些相似。又万里《夏夜望月》："只今夏熱已如此，若到秋高何似生。"現在還是夏天，月亮就已經這麽美了，要是到了秋天，那又會是一番什麽樣的美景呢？《禪典》"何似生"條：猶"何似"。如何，怎樣。生：尾碼。《祖堂集》卷一八，趙州："師云：'還見老僧也無？'對云：'見。'師云：'見何似生？'對云：'似一頭驢。'"

《盛事》

【向幀子上出來】向,同"從"。

【劄硬塞】在道路堵塞或難以通行的地方栽荊棘布蒺藜,以劄住行人。愚按,此詞或指劄硬堵塞之意,可再考。硬,當作"梗",韻瑞。梗,又塞也。《漢典》"劄"條:扎;刺。唐段成式《酉陽雜俎·盜俠》:"有頃,布筵具蒸犢,犢劄刀子十餘,以臍餅環之。"《朱子全書》卷四七:"人七尺之軀,一箇針劄著便痛。"明沈仕《題情》:"是誰偷劄破窗紗,透東風一絲寒峭。"

【火種刀耕】《漢書·文帝紀》詔曰:"江南之地,火耕水耨。"注:"燒草下水種稻也。"羅隱《別池陽所居》:"黃塵初起此留連,火耨刀耕六七年。"《漢典》"刀耕火種"條:古代山地的耕種方法。亦泛指原始的耕種方法。宋王禹偁《畬田詞》序:"上雒郡南六百里……皆深山窮谷。其民刀耕火種,大抵先斫山田,雖懸崖絕嶺,樹木盡仆,俟其乾且燥,乃行火焉。火尚熾,即以種播之。"清錢謙益《貴州按察司副使繆國維授中憲大夫制》:"刀耕火種之俗,戶識威名;兵荒爨燼之餘,人懷晏息。"

【括噪】同"括噪"。見《漫錄》詳解。日語"騒がす"(さわ)"かきさがす"。"搔"字可用在猴子身上。

【且看光火菩薩面】看面,日語釋作"顔に免じて"(かお めん),即看在某人面子上允許做……

【掉却】日語"振り捨てる"(ふ す),即丟棄、拋棄。《漢典》"掉"條:指拋擲。《清平山堂話本·簡貼和尚》:"把妮子縛了兩隻手,掉過屋梁去。"

【落鏁】日語釋作"錠を下ろす"(じょう お),即開鎖。鏁,同"鎖"。《漢典》"鏁"條:同"鎖"。

【瞌瞌】《字彙》："瞌，音答，大垂目貌。瞌，同'眵'，音鴟，目汁凝也。"韓愈《短燈檠歌》："兩目眵昏頭雪白"。眼屎又稱作"目眵"或"眼渣"。《類書纂要》（四，四五）醜惡類："賵眵"。《字彙》："賵，當侯切。賵眵，目汁凝也。"瞌，或爲"賵"的訛字。瞌瞌，應釋作"昏昧"之義。

【遂育】育，養也。養出來，日語俗語"產する〔さん〕"，諱避危難之辭。猶如《正宗贊》解釋的那樣，因忌諱不淨，用小便後的"淨手"代稱小便。《漢典》"育"條：撫養。《詩・小雅・蓼莪》："拊我畜我，長我育我。"鄭玄箋："育，覆育也。"《文選・張華〈鷦鷯賦〉》："育翩翾之陋體兮，無玄黃以自貴。"劉良注："育，養也。"唐韓愈《處士盧君墓志銘》："母夫人既終，育幼弟與歸宗之妹。"清侯方域《太常公家傳》："又三歲，父贈侍郎公卒，育於伯瑀。"

【封氣】無解說。《漢典》"封"條：封閉；堵塞。《史記・項羽本紀》："吾入關，秋豪不敢有所近，籍吏民，封府庫，而待將軍。"唐韓愈《春雪》："兼雲封洞口，助月照天涯。"

【和亂掃】和亂，或亦爲"掃却"之意。

【紡絲】下文有解。

【王大嫂】王氏老婆。丈夫稱妻子爲"大嫂"。《漢典》"大嫂"條：丈夫稱妻子。元無名氏《貨郎旦》第一折："我過去見我渾家去。做見科云大嫂，我來家也。"《水滸傳》第四四回："楊雄入得門，便叫：'大嫂，快來與這叔叔相見。'"

【郎君】《會元》（十九，十）："無限風流慵賣弄，免教人指好郎君。"《漢典》"郎君"條：婦女稱夫或所愛戀的人。《樂府詩集・清商曲辭一・子夜四時歌夏歌》："郎君未可前，待我整容儀。"

【功德寺】同"香火院"，即菩提所。《漢典》"香火院"條：私人營建供誦經祈福的庵堂寺院。元王實甫《西廂記》第一本楔子："來到河中府，將這靈柩寄在普救寺内，這寺是先夫相國修造的，是則天娘娘香火院。"《警世通言・宿香亭張浩遇鶯鶯》："忽有老尼惠寂自外而來，乃浩家香火院之尼也。"清王士禛《池北偶談・談異四・善慶庵老僧》："顏神鎮善慶菴，孫文定公香火院也。"

【一腔】日語釋作"腹一杯〔はらいっぱい〕"，即滿滿一肚子、滿腹。《漢典》"一

腔"條：滿腹；滿胸。元關漢卿《竇娥冤》第三折："若果是一腔怨氣噴如火，定要感的六出冰花滾似綿。"《西游記》第八二回："你看他做出那千般嬌態，萬種風情。豈知三藏一腔子煩惱。"清陳天華《警世鐘》："一腔無限同舟痛，獻與同胞側耳聽。"

【紡絲】紡，《説文》："綱絲也"。《漢典》"紡"條：把麻、絲、棉等紡織纖維製成紗或線。《左傳·昭公十九年》："初，莒有婦人，莒子殺其夫，已爲嫠婦。及老，託於紀鄣，紡焉，以度而去之。"楊伯峻注："紡線或葛絲爲繩索也。"漢劉向《説苑·雜言》："子獨不聞和氏之璧乎？價重千金，然以之間紡，曾不如瓦磚。"明陶宗儀《輟耕録·黄道婆》："國初時，有一嫗名黄道婆者，自崖州來，乃教以做造捍、彈、紡、織之具。"

【險些】日語釋作"危ない加減（あぶかげん）"，即危險的狀態。又同"ほどんと"，即幾乎、差一點之意。亦作"危"，如《漢·趙皇后傳》："今兒安在危殺之矣。"師古註："危，險也。猶今人言'險不殺耳'。"陸放翁詩："小魚誰取置道側，細柳穿頰危將烹。"《漢典》"險"條：幾乎，差一點。宋侯寘《滿江紅·老矣何堪》："失意險爲湘岸鬼，浩歌又作長安客。"《西游記》第三十回："不然，險被那和尚害了。"

【箇樣】同"箇般"。指這樣、這般。楊万里詩："箇般天氣好燒香"。《漢典》"箇樣"條：這樣。宋蘇軾《記夢》："不信天形真箇樣，故應眼力自先窮。"宋劉克莊《送真舍人帥江西》之二："海神亦歎公清德，少見孤舟箇樣輕。"

《漫録》

【袁達李磨】指初祖。袁達和獨孤陳兄弟爲戰國時的強賊。李磨爲設辭。

【嗔霍】《學語編》："錯愕，揮霍，霍霍。"日語釋作"ぎょっとする"，即大喫一驚。《字彙》："搖手曰'揮'，反手曰'攉'。"《類書纂要》（十二，四）："揮攉，猝遽貌。"《文選》："紛紜揮攉"，注："奮迅也。"愚按，《文選》所注合此處意，"錯愕"應釋作"ぎょっとする"，即大喫一驚，"揮霍""霍霍"應考本據。霍，若有"驚訝"之義，則《正宗贊》（四，廿九）中的"霍殺黃山谷"之"霍"也可釋作"脅す"（おど），即威嚇、恐嚇之意。標註中或云"霍殺用揮霍之霍云云"，又"霍，猝遽也"，或云"霍殺，驚愕也。"《類纂》（一，十二）雨類："霍然四除"，注："雲遽散也。"《水滸傳》第十一回："牛二一拳打來，楊志霍地躲過。"《漢典》"嗔"條：發怒；生氣。南朝宋劉義慶《世說新語·德行》："丞相見長豫輒喜，見敬豫輒嗔。"南朝梁沈約《六憶》之二："笑時應無比，嗔時更可憐。"清孔尚任《桃花扇·孤吟》："諸侯怒，丞相嗔，無邊衰草對斜曛。"《漢典》"霍"條：引申爲疾速，急速。漢司馬相如《大人賦》："焕然霧除，霍然雲消。"唐皮日休《河橋賦》："曙色霍開，濟者相排。"《水滸傳》第三四回："秦明吃了一驚，不敢向前追趕，霍地撥回馬。"

【貼地相酬】《水滸傳》第六一回："盧員外，等地財主"，等地，齊天等地之意。財主，日語"大金持ち"（おおがね），即有錢人。貼地，與上句的"遼天"相對，或指誇張、誇大義。"地"字可疑，或爲"他"字訛字。貼秤，付錢時，給的銀子比當價還多，見《碧巖錄》解釋。按，所謂"千鈞上絃"（"上"字可疑），指佛心禪師舉例說的話，而"一言道盡"，指緘默底。原文意指那人漫天要價的時候，他緘默以對，給報酬時又多給錢與他貼秤，這難道不是做得太過了嗎？《漢典》"相酬"條：報答；酬謝。《東周列國志》第三二回："某等願送汝君歸國，何以相酬？"清管同《黃蛟門傳》："人或招飲食，必堅拒逃匿，須要覓牽持，不得已而後至。經數日輒相酬，其豐腆恆加倍。"《禪典》"貼秤"條：交易中賣方適當降低價錢以補貼買方。《五燈會元》卷一八，信相宗顯："仰山將一塊金來，使金師酬價，金師亦盡價相酬。臨成交易，賣金底更與貼秤。金師雖然暗喜，心中未免偷疑，何故？若非細作，定是賊贓。"《法演語錄》卷下："賤賣擔板漢，貼秤麻三斤。百千年滯貨，何處著渾身？"

【惹著衣】惹，綴惹也，日語"引っ付く""引っ掛かる"，即掛住、勾住。

【踪跡惟饒野鹿參】饒，雖同日語"許す"，但非"容許"之義，此處應按"饒恕"之義釋作"堪える"，即原諒、寬恕之意。踪跡惟饒野鹿參，指自己的踪跡不讓人知道，也不讓人來參禪，但若被野鹿看到了那就沒關係。白樂天句："笑吾青袍故，饒君茜綬殷。"又"顧我長年頭似雪，饒君壯歲氣如雲。"詩中的"饒"，意指因爲没辦法，不能拿對方怎麼樣，所以就原諒寬恕對方。蘇東坡《九日》："鬢霜饒我三千丈，詩律輸君一百籌。"此爲取得原諒，即請求李白原諒之意。又物價上的讓價亦稱作"饒"。此意亦通。《漢典》"饒"條：寬容；饒恕。漢應劭《風俗通·怪神·世間人家多有見赤白光爲變怪者》："公祖曰：'怪異如此，救族不暇，何能致望於所不圖？此相饒耳。'"王利器校注："鮑照《樂府》：'日月流邁不相饒。'《隋書·劉炫傳》：'自贊曰："家業貧窶，爲父兄所饒。"'饒字義與此同，謂相容也。"唐杜甫《立秋後題》："日月不相饒，節敘昨夜隔。"清李漁《風箏誤·釋疑》："夫人饒了我這條狗命，和了罷。"

【若箇】同"那個"。杜甫詩"秋色凋春草，王孫若箇邊。"仇注："若箇，唐人方言。"楊万里《題草蟲扇》："三蝶商量探花去，不知若箇是莊周。"又若箇，與"若干"同，與"似箇"亦同。《水滸傳》第七十回詩曰："大抵爲人土一丘，百年若箇得齊頭。"《漢典》"若箇"條：亦作"若個"。哪個。可指人，亦可指物。唐東方虬《春雪》："不知園裏樹，若箇是真梅？"宋楊萬里《和段季承左藏惠》之三："阿誰不識珠將玉，若箇闢渠風更騷？"明陳鐸《山坡羊·怨別》套曲："燈兒照破人兒夢，夢遶巫山若個峰？"

【索性】《葛話》（後篇，三五）吳寬詩："爲語天工須索性，剩將春色慰人濃。"索性，指物之所有、無保留。愚按，此語也帶有乾脆地、下決心、果斷等語氣。向天工請教"春色慰人濃"的秘訣之意。在解讀字義時，性，或爲法性，不思善、不思惡。而索性，指拋開念慮，不考慮他人感受，任性或由著性子來。有意識地任性稱作"使性"，此時也有使本性之意。《漢典》"索性"條：亦作"索興"。乾脆；直截了當。宋朱熹《與魏元履書》："熹看得今日之事，只是士大夫不肯索性盡底裡説話，不可專咎人主。"《西游記》第十七回："拖將過來看處，却是一條白花蛇怪。索性提起來，摔做五七斷。"清陳維崧《菩薩蠻·云臣招看牡丹以雨未赴》："留花花不可，索性將花躲。"

【媽媽奴奴】《字彙》："媽，滿補切。音母。"郭逸云："此正父母之母字。"婦人自稱曰"奴"或"奴家"。奴奴，指女子。《漢典》"奴奴"條：猶奴家。婦女自稱。宋黃庭堅《千秋歲》："奴奴睡，奴奴睡也奴奴睡。"宋朱弁《曲洧舊聞》卷一："若果行，請以奴奴爲首。"《西游記》第二七回："生了奴奴，欲扳門第，配嫁他人，又恐老來無倚。"

【籍沒】籍，記錄在賬。沒，被官府沒收。沒官入庫，指財產被官府沒收進官庫，"沒入官庫"的互文。《漢典》"籍沒"條：謂登記所有的財產，加以沒收。《三國志·魏志·王修傳》："太祖破鄴，籍沒審配等家財物貲以萬數。"《北史·樂運傳》："運少好學，涉獵經史。年十五而江陵滅，隨例遷長安。其親屬等多被籍沒，運積年爲人傭保，皆贖免之。"宋司馬光《涑水記聞》卷六："于是麻氏或死或流，子孫有官者皆貶奪，籍沒家財，不可勝紀。"清昭槤《嘯亭雜錄·阿爾薩》："然居官清介，籍沒時，其家惟黃連數十斤，當票數紙而已。"

【褲無口】字書中未見"褲"字。《正字通》："袴，音庫，蓋俗字以用袴義歟。"《漢典》"褲"條：古代指左右各一，分裹兩脛的套褲，以別於滿襠的"褌"。《禮記·內則》："衣不帛襦褲。"孫希旦集解："褲，下衣。"《三國志·魏志·賈逵傳》"口授兵法數萬言"裴松之注引三國魏魚豢《魏略》："逵世爲著姓，少孤家貧，冬常無褲，過其妻兄柳孚宿，其明無何，著孚褲去。"宋陸游《老學庵筆記》卷二："又祖妣楚國鄭夫人有先左丞遺衣一篋，褲有繡者，白地白繡，鵝黃地鵝黃繡。"

【逐箇解説】逐箇，同"逐一"。又日語訓讀爲"箇の解説を逐て"。《漢典》"逐一"條：逐個，一個一個地。《京本通俗小説・錯斬崔寧》："那府尹聽得有殺人公事，即便升堂，便叫一干人犯逐一從頭説來。"《醒世恒言・灌園叟晚逢仙女》："秋先每日清晨起來，掃淨花底落葉，汲水逐一灌溉。"

【老和尚云】石田自稱，猶曰"老僧"。

【鐵蒺藜】《爾雅》："軍旅以鐵作茨布敵路，謂之'鐵蒺藜'。"

【昔日船從此處翻】從，作"向"字。猶同"從"字處用"向"字，此處從同"於"字意。《漢典》"從"條：介詞。在；由。介紹動作行爲發生的處所。《左傳・宣公二年》："晉靈公不君……從臺上彈人，而觀其辟丸也。"漢袁康《越絕書・外傳記越地傳》："勾踐伐吴，霸關東，從瑯玡起觀臺，臺周七里，以望東海。"南朝宋劉義慶《世説新語・賞譽》："恒大司馬病。謝公往省病，從東門入。"宋陳鵠《耆舊續聞》卷一："有一士人從貴宦幕外過，見其女樂甚都。"

【生苔帚柄背時貨】時貨，同"時價"。時，日語"相場"（そうば），即市價、時價。《漢典》"時價"條：當時的價格。《三國志・魏志・王昶傳》"吾友之善之，願兒子遵之"裴松之注引《别傳》："（任昭先）與人共買生口，各雇八匹。後生口家來贖，時價直六十匹。"清王士禛《居易録談》卷下："朕意將通倉米每月發出萬石，較時價稍減糶賣。"

【取陳墳約二十餘里】《雲臥長書》："取道豐城，來菴所相訪。"按，陳墳，大概在天目山。此句或指取道陳墳到昌之菴所，約有二十餘里之意。亦或指去陳墳的路程大概有二十餘里之意。《禪林類聚》（一，廿九）："韋監軍曰：'撫州取曹山多少？'僧曰：'一百二十里。'"

《紀談》

【許事】許，如許也。范成大詩："妻孥競歡譁，渠亦知許事。"陳後山詩："蟬鳴不餘力，蛙腹能許怒。"注："許，謂如許。"《漢典》"許事"條：這樣的事情。《陳書·沈恪傳》："（恪）叩頭謝曰：'恪身經事蕭家來，今日不忍見許事，分受死耳，決不奉命。'"宋辛棄疾《賀新郎》："蓮社高人留翁語，吾醉寧論許事。"清黃遵憲《罷美國留學生感賦》："我不知許事，我且食蛤蜊。"《禪典》"許"條：助詞，用於名詞後，表比況。《景德傳燈録》卷二五，漳州羅漢："師上堂曰：'盡十方世界無一微塵許法，與汝作見聞覺知，還信麼？'"《五燈會元》卷一八，圓通道旻："若有一疑如芥子許，是汝真善知識。"

【落韻】此亦指漢詩中的"出韻"。原文意為，泉吟詩先唱二句，被其師死心呵斥未押韻，泉未唱三四句而出。《漢典》"落韻"條：出韻，不押韻。後蜀何光遠《鑒戒録·落韻貶》："（李如實）恨朝廷久無牽復之命，裁落韻詩以譏之。"宋袁文《甕牖閑評》卷五："世多病此詩既押十虞韻，魚、虞不通押，殆落韻也。"況周頤《蕙風詞話》卷四："曲甚好，只是落韻。"

【胡脛】或指拿胡人的小腿來換漢人的腳之意。愚按，脛，或為"腔"字訛字。《正字通》："俗謂歌曲調曰'腔'。"胡脛，或指胡亂腔調之義。又或可釋作胡家曲調。卷下頌老南曰："胡家一曲非凡調"。《漢典》"脛"條：人的小腿。《書·泰誓下》："今商王受狎侮五常，荒怠弗敬，自絕于天，結怨于民，斮朝涉之脛，剖賢人之心。"《論語·憲問》："原壤夷俟……（孔子）以杖叩其脛。"宋陸游《游昭牛圖》："客居京口老益困，衣不揜脛鬚眉蒼。"清梁章鉅《歸田瑣記·訥親》："昔伊祖冒險登陴，流矢貫脛，著於女牆之上，猶能負傷血戰，不以為苦，為國家建立大功。"

【陵遲】見《類書纂要》五和俗本《水滸傳》繪圖。《漢典》"陵遲"條：副刑。古代一種極殘酷的死刑。《遼史·逆臣傳中·耶律諜蠟》："諜蠟不降，陵遲而死。"

【叫那】方言，蓋呼聲。

【衣冠不御髮齊眉】"御"字難解。《漢典》"齊眉"條：與眉毛相平。《兒女英雄傳》第六回："前髮齊眉。"

【嘍囉】《廣韻》："嗹嘍，煩貌。"方語注"多語"。《漢典》"嘍囉"條：亦作"嘍羅"。擾亂；喧噪。明劉基《送人分題得鶴山》："前飛鳥鳶後駕鵝，啄腥爭腐聲嘍囉。"清洪昇《長生殿·冥追》："惡歡歡一場嘍囉，亂匆匆一生結果。"

【取次】《詩語解》："取次，苟且也，隨便也。"如"取次莫論兵""應非取次人""取次閑眠有禪味（皎然詩）"。《江湖集》："意舞伴歌取次行"。《漢典》"取次"條：隨便，任意。晉葛洪《抱樸子·袪惑》："此兒當興卿門宗，四海將受其賜，不但卿家，不可取次也。"唐杜甫《送元二適江左》："經過自愛惜，取次莫論兵。"元鄭光祖《倩女離魂》第一折："兀的不取次棄舍，等閒拋掉。"汪文溥《子美囑題化佛化裝百相即東亞子》："有時西笑入長安，七貴三公取次看。"《禪典》"取次"條：輕率，唐突。《祖堂集》卷三，荷澤："祖（指六祖慧能）曰：'者沙彌爭取次語！'便以杖亂打。師杖下思惟：'大善知識歷劫難逢，今既得遇，豈惜身命！'"《黃龍語錄》："一別靈源又一春，欲期再會恨無因。吾師有種芭蕉訣，慎莫傳持取次人。"《虛堂錄》卷七："揀芽芳字出山南，真味那容取次參。曾向松根烹瀑雪，至今齒頰尚餘甘。"

【破午】同"破卯""破曉""破臘"之"破"。曾幾《茶山梅花詩》："滿城桃李望東君，破臘紅梅未上春。"或有人曰"破"為"破土，破綻"之義，因在冬天開花，故稱為"破臘"，恐非也。破，雖有"過"之義，但指纔過，非指時間過了很久之"過"。《漢典》"破午"條：中午。《事物異名錄·歲時·日中》引明趙琦美《鐵網珊瑚》："破午，日正午也。"

【打得著】化緣完畢。《漢典》"打"條：表示通過一定手段完成某項任務。如：打介紹信；打地鋪；打包。

【關竅】關，指穴、洞、孔。無關竅，或指無分曉之意。《水滸傳》第二七回："天王堂前一箇石墩，有箇關眼，是縛竿腳的。"《漢典》"關竅"條：猶訣竅。明袁宗道《答汪提學靜峰書》："此箇密密關竅，惟兄能知之，亦惟兄能行之。"明葉憲祖《碧蓮繡符》第六折："其中關竅，不必費丁寧。"清蒲松齡《聊齋志異·夢狼》："弟日居衡茅，故不知仕途之關竅耳。"《禪典》"無孔竅"條：不開竅，難以啓發引導。《明覺語錄》卷二："良久，以拄杖擊繩床一下云：'幻出。'大衆擬議，師云：'者一隊漆桶，總無孔竅。'以拄杖一時趁下。"《續傳燈錄》卷二五，淨因繼成："汾陽拈拄杖示衆曰：'三世諸佛在這裡，爲汝諸人無孔竅，遂走向山僧拄杖裡去强生節目。'"

【遞至】《字彙》："又傳遞也"。《漢典》"傳遞"條：傳送；輾轉遞送。《宋史·選舉志二》："入試日，一切不許傳遞。"明唐順之《公移》："爲此牌仰中軍倪祿即便傳遞各營將士，一體遵守施行。"清張之洞《讀史絶句·司馬相如》："傳遞琴心作上賓，吹歔賦手藉閹人。"

【兄雖不藉其齒牙餘論】其，恐爲"某"字的訛字。《漢典》"齒牙餘論"條：隨口稱譽的話。《南史·謝朓傳》："士子聲名未立，應共獎成，無惜齒牙餘論。"《三國演義》第四四回："今幸至江東，欲煩先生不惜齒牙餘論，使令弟棄劉備而事東吳，則主公既得良輔，而先生兄弟又得相見，豈不美哉？"亦省作"齒論"。宋歐陽修《回三舍人堯臣啓》："匪期齒論，猶録疏頑。"

【華人】華，指華夏中國。華人，與"夷狄"相對之辭。日本人稱唐土來的人爲華人，此爲誤用。《南留別志》中的"入唐華人"，是過去博士不知出於甚麽心理視日本爲"夷"而作之詞。月中巖自歷譜："到博多，欲出江南又待出唐之舶。"《漢典》"華人"條：漢族古稱爲華。現亦爲中國人的簡稱。南朝宋謝靈運《辨宗論·問答附》："良由華人悟理無漸而誣道無學，夷人悟理有學而誣道有漸，是故權實雖同，其用各異。"唐許渾《破北虜太和公主歸宮闕》："恩霑殘類從歸去，莫使華人雜犬戎。"明沈德符《野獲編·佞倖·滇南异産》："夷人珍之，不令華人得售。"

【古慕固】慕固，同"驚顧"。見《正宗贊》解。《漢典》"慕顧"條：仰慕；仰望。唐韓愈《故幽州節度判官贈給事中清河張君墓志銘》："嗚呼徹也，世慕顧以行，子揭揭也。"

【甚生次第】標注引《佛眼録》《大惠普説》。按，甚生，指非常優秀之意。甚生次第，猶言高等或特等，洪州數箇尊宿之中，此三人最上高等也之意。《佛眼録》中的"甚生次第事"，應釋作最上第一事，所謂一大事因緣也。《漢典》"甚生"條：猶言非常。《伊川語錄》八上："若能於《論》《孟》中深求玩味，將來涵養成甚生氣質。"《禪典》"次第"條：情形，狀況，表現。《祖堂集》卷一〇，長慶："長慶和尚嗣雪峰，在福州。師諱慧稜，杭州海鹽人，姓孫。年十三出家，初參見雪峰，學業辛苦，不多得靈利。雪峰見如是次第，斷他云：'我與你死馬醫法，你還甘也無？'"又卷三，慧忠："不可思議！這個兒子養來到十六，並不曾見他語話，又不曾見他過門前橋。今日才見和尚，有如是次第，恐是此兒子異于常人也。"

【剽聞】或同"竊聞"，與"剽掠"連用。《集昌黎文序》："悉謂《易》已下爲古文，剽掠潛竊爲工耳。"但剽或指切取之義。若按此意解，剽聞或可譯作日語"聞き外す"，即没聽完整、聽漏了。《漢典》"剽聞"條：引申作謙辭，猶言竊聞。宋文天祥《與廬陵陳知縣堯舉書》："剽聞前茅在郊，謹具刽子候迎。"

《雜録》

【那那】日語釋作"何と、何と"（なん、なん），即什麼、什麼。那，指"什麼時候"時爲上聲，指"那箇時候"時爲去聲。《漢典》"那"條：疑問代詞。如何；怎麼。《東觀漢記·劉玄載記》："更始韓夫人曰：'茶（王莽）不如此，帝那得爲之。'"《二刻拍案驚奇》卷十七："兩個甲科與聞參將辯白前事，世間情面那有不讓縉紳的，逐件贓罪得以開釋。"清龔自珍《己亥雜詩》之一二三："國賦三升民一斗，屠牛那不勝栽禾？"

【邐齋】《正宗贊》捉臺山供："與'掇供'同，非唐突之義。""掇供"與"掇齋"同義。邐齋，指四處走動，走到有施齋的地方去。施齋時，不問僧人尊卑，先到者坐上位，僧多時坐廊廡。《文字禪》（十五，三一）作"攞齋"。廓門注："或作'囉齋'。"書林教來寺刊行的《節用集》吕字類人倫中，"囉齋"指乞食。同書毛字類言語中將"囉"釋爲日語的"もらう"，即領取、收受之意。本據雖未詳，音義頗似有所本。《貞和集》（八，三十）羅漢堂化油頌："五百高僧行業麁，邐齋打供走江湖。"《破庵録》（十五，二八）："羅齋打供"。按，"羅""囉""攞""邐"四字同音，通用，然當以"邐"字爲正。《字彙》："敠，音銃，不請自來曰'敠食'，又不迎自來貌。"《海篇·玉衡説》雖與此處無所關聯，或因其爲奇字，故附記之。《禪喜集》（九，九）："月素撞席，東坡曰：'汝來掇坐，我作一令。汝能還之令與坐，要一物不唤自來下用兩句詩云云。'"（已下東坡出令，佛印、月素還令）"不請强往""不請自往""不唤自來"，語雖異，義則同矣。《漢典》"邐"條：巡行；巡察。《三國志·吳志·陸遜傳》："遜遣親人韓扁齎表奉報，還，遇敵於沔中，鈔邐得扁。"宋張端義《貴耳集》卷下："錢穆父尹開封，有店主告有道人獨貰一房……擁爐鑄錢，未半夜，三千成矣，不敢不告。穆父遣人邐之。"明何景明《牧犢行》："牧童牧犢畏虎欺，挽弓邐之不敢離。"清金和《圍城紀事六詠·警奸》："邏者見之喜且嘩，侵晨縛送縣令衙。"《漢典》"齋"條：布施。施捨飯食給僧、道或窮苦人。《二刻拍案驚奇》卷一："譬如我齋了這寺中僧人一年，把此經還了他罷！"《清平山堂話本·花燈轎蓮女成佛記》："張待詔娘子盛了一碗飯，一碗羹，齋這無眼婆婆。"

【酆都】《謀野集》："陰府也"。倭刻版《謀野集》中因刪其字未見。酆都，蓋道家所稱也。道藏歌："斬滅六天，嚴整北酆，束精縛妖，受事玉皇。"李白詩："堪笑世上事，沉魂北羅酆。"

【嵌空】嵌，當作"嵌"。《水滸傳》第二回："足穿一雙嵌金線飛鳳靴"。雨芳洲云："金絲沈鐵質嵌空"（此處指鑲嵌，非解釋《水滸傳》引文之意），或指將鐵比作空、將身比作線之説。或人曰："此解似牽強附會。"《字彙》："嵌，丘銜切，巖山險貌。又去聲，口陷切，陷入中也。"此二義皆與所謂形容貌古形疏之狀相似。《林間錄》政黃牛自贊："貌古形疏倚杖藜，分明畫出須菩提。"陸放翁《木山》："嵌空宛轉若耳鼻，峭瘦拔起何崔嵬。"木山，指木假山，即用樹木造的假山。按，嵌空，或指險山之中有空洞貌，此意與某人之説相似，"陷入中"之義則應再考。

【勒要我錢】《類纂》（十二，二十）："逼勒"，注："逼，迫也。勒，抑也。以威力相恐而逼定也。"

【打字】不論人與物，皆講機緣。打字，指在下火①時用其人名字。即觀上座下火，故用"觀"字。《虛堂錄·秉炬》中十六人悉用打字之法，諸錄亦多用。

---

① 下火，唐代禪宗舉行火葬時，持火把點燃棺木進行超度的儀式。

《林間録》

【自攪炒】因焦燥而心緒不寧、坐立不安。《漢典》"攪"條：擾亂，打擾。《詩·小雅·何人斯》："胡逝我梁，祇攪我心。"毛傳："攪，亂也。"晉陸機《嘆逝賦》："指彼日之方除，豈茲情之足攪。"《水滸傳》第三回："你也須認的灑家，卻恁地教甚麼人在間壁吱吱的哭，攪俺弟兄們吃酒。"《紅樓夢》第四五回："原該歇了，又攪得你勞了半日神。"

【勸解】日語"取り支える"(とさ)"宥める"(なだ)，即調停、排解糾紛。解，解怒也。又勸解，亦指安慰那些憂傷、難過或痛苦之人，此時意同"解哀"。《漢典》"勸解"條：勸導寬解。宋洪邁《夷堅甲志·孫士道》："孫但開曉勸解，使勿爲屬。"明高明《琵琶記·五娘請糧被搶》："公公見說，也要投井死，奴家正在此勸解公公。"

【移寫其本】移寫，指對書本進行臨摹、轉抄，日語俗語"又 写"(またうつし)。《漢典》"移寫"條：猶移畫。摹畫。郭若虛《圖畫見聞志·論氣韻非師》引南朝齊謝赫《〈古畫品錄〉序》："六曰傳模移寫。"

《人天寶鑒》

【乞與】陸放翁詩："即今空有夢爲蝶，當日會將命乞花。"《漢典》"乞與"條：給與。《南史·宋江夏文獻王義恭傳》："奢侈無度，不愛財寶，左右親幸，一日乞與，或至一二百萬；小有忤意，輒追奪之。"唐羅隱《江南》："垂衣端拱渾閒事，忍把江山乞與人。"宋陸游《江瀆池納涼》："天公作意憐羈客，乞與今年一夏涼。"《禪典》"乞"條：給。《祖堂集》卷一一，保福："有時上堂云：'夜來還有悟底摩？乞個消息；不悟底摩？乞個消息。'"《五燈會元》卷二，明州布袋："師曰：'汝不是這個人。'曰：'如何是這個人？'師曰：'乞我一文錢！'"

《臨濟録》

【擺撲】擺，撥也。撲，挨也。原文意指你的一心念被疑、愛、嗔、喜所撲滅。《鎮州臨濟慧照禪師語録》："問：'如何是四種無相境？'師云：'爾一念心疑，被地來礙；爾一念心愛，被水來溺；爾一念心嗔，被火來燒；爾一念心喜，被風來飄。'"《漢典》"擺撲"條：擺動撲打。清蒲松齡《聊齋志異·促織》："旋見雞伸頸擺撲；臨視，則蟲集冠上，力叮不釋。"清蒲松齡《聊齋志異·螳螂捕蛇》："聞崖上有聲甚厲。尋途登覘，見巨蛇圍如碗，擺撲叢樹中，以尾擊柳，柳枝崩折。"

【漆突】非指黑漆的木楔，僅形容眼睛烏黑。《漢典》"漆"條：用漆樹汁製成的塗料。《書·禹貢》："厥貢漆絲，厥篚織文。"《史記·貨殖列傳》："夫歲孰取穀，予之絲漆。"元薩都剌《燕姬曲》："燕京女兒十六七，顔如花紅眼如漆。"

【掣風掣顛】掣，電掣，目之掣也。俗本《水滸傳》第一回："龍虎山白蛇，但見文曰：'邱頭驚飆起，掣目電光生。'"若用電閃形容眼睛發光，即掣應釋爲日語"使う"，意爲"使……"《禪典》"掣風掣顛"條：瘋瘋顛顛，形容言語行動不合常態。《五燈會元》卷四，鎮州普化："臨濟一日與河陽、木塔長老同在僧堂內坐，正説師每日在街市掣風掣顛，知他是凡是聖？師忽入來。"《續傳燈録》卷二二，洞山梵言："上堂：'吾心似秋月，碧潭清皎潔。無物堪比倫，教我如何説？（以上寒山詩）寒山子勞而無功。更有個拾得道：不識這個意，修行徒苦辛。恁麼説話自救不了，尋常拈糞箕，把掃帚，掣風掣顛，猶較些子。直饒是文殊普賢再出，若到洞山門下，一時分付與直歲，燒火底燒火，掃地底掃地。'"

【兩彩一賽】《碧巖録》第三十九則著語夾山抄："方語'兩度彩一番賽'。"指雙六的兩彩或重一或重六，即兩箇骰子擲出同一點數。賽，報也，與"塞""簺"通用，指玩雙六的骰子。兩彩一賽，此處應釋爲，雲門和此僧入的是一具法門，不是兩般。《字彙》："簺，音賽。"行棋相塞曰"簺"。行棋，爲"二四二四"棋法，塞，或指向對方走棋遇阻礙。相塞，或指決定勝負的最後一手。抄意難解。"彩"和"賽"之別未考。按，或可釋爲：彩指骰子上的一點，賽指二點，故兩彩爲一賽，可再考。

【揞黑豆】《纂要》（四，四十）注："揞，手覆也。"或指用手指蓋住文字。《漢典》"揞"條：掩藏。《廣雅·釋詁四》："揞，藏也。"王念孫疏證："《方言》：'揞、掅，藏也。荊楚曰揞，吴揚曰掅。'揞猶掅也。方俗語有侈斂耳。《廣韻》：'揞，手覆也。'覆亦藏也。今俗語猶謂覆物爲揞矣。"唐盧仝《月蝕詩》："傳聞古老説，蝕月蝦蟆精。徑圓千里入汝腹，汝此癡骸阿誰生……恐是眶睫間，揞塞所化成。"元喬吉《一枝花·私情》套曲："風聲兒惹起如何揞？"

《碧巖録》

【貼秤】又典當物品時，其質押品不足借款金額而另外多加的當品亦稱作"貼"，日語"巻き添え"。《西遊記》第四十八回："行者道：'我這箇葫蘆能裝天在裏面云云。'伶俐蟲謂精細鬼道：'哥哥，我的寶貝與他換了罷。'精細道：'他裝天的怎肯與我裝人的相換？'伶俐蟲道：'若不肯，貼他這箇淨瓶也罷。'"

【恁麼那賺我】古抄所云"恁麼那"，指百丈十分清楚你的表現也就那樣。賺我，指實際上並不是那樣的，那樣子騙不了我。我，應作南泉或亦可作圓悟。又日語訓讀爲："恁麼に 那 我を賺や"。愚按此法訓讀，則應釋作"那ぞ恁麼に我を賺"或可訓讀爲"恁麼那我を賺すこと"。《禪典》"恁麼"條：這，這樣，如此。《五燈會元》卷二〇，烏巨道行："正當恁麼時，一句怎麼生道？"又："南明恁麼商確，也是順風撒沙。"《禪典》"賺"條：矇騙。《臨濟語錄》："有座主問：'三乘十二分教，豈不是明佛性？'師云：'荒草不曾鋤。'主云：'佛豈賺人也？'"《祖堂集》卷四，藥山："院主在外責曰：'和尚適來許某甲爲人，如今因什摩却不爲人，賺某甲？'"《五燈會元》卷四，壽州良遂："和尚莫謾良遂，良遂若不來禮拜和尚，洎被經論賺過一生。"

【乍可恁麼】古抄中日語釋作"俄かことじゃ""ほどにさもあらわず"，指一下子。愚按，乍，意同日語"ちょっと、まあ"，即一下子。乍可，或指僅可，未十分之意。《漢典》"乍"條：暫。暫時；短暫。《文選・張衡〈西京賦〉》："將乍往而未半，怵悼慄而慫兢。"李善注引《廣雅》："乍，暫也。"《漢典》"乍可"條：只可。唐元稹《蟲豸詩・浮塵子》之二："乍可巢蚊睫，胡爲附蟒鱗。"宋蔣捷《瑞鶴仙・鄉城見月》：

"勸清光,乍可幽窗相伴,休照紅樓夜笛。"

【泥多佛大】泥,土也。泥娃娃,蓋小兒之聲。《書·益稷》:"啓呱呱而泣"。元好問集《德華小女五歲能誦予詩數首以此詩爲贈》:"牙牙嬌語總堪誇,學念新詩似小荼。好箇通家女兄弟,海棠紅點紫蘭芽。"自注:"唐人以荼爲小女美稱。"牙牙,唐音"ヤアヤア"。俗稱弟弟爲"兄弟","兄"字無義。兄和弟則稱作"弟兄"。女兄弟,日語"おとむすめ",指次女以下的女兒,與長女相對。此處雖無需解釋,爲初學之便,附記之。

【自古自今】"自"字無意義,或可視作"古今已來""古今已後"。《漢典》"自"條:介詞。由;從。《孟子·公孫丑下》:"自天子達於庶人,非直爲觀美也,然後盡於人心。"《漢書·霍光傳》:"初輔幼主,政自己出,天下想聞其風采。"唐王維《雜詩》之二:"君自故鄉來,應知故鄉事。"

【爲復是同是別】"是別"之前省略"爲復"二字句法也。詩句中往往多見。如祝允明詩:"前山如笑後如怒",又"西風作寒東作雨"之類,葛話中收錄數條。《漢典》"爲復"條:猶還是,抑或。唐王維《問寇校書雙溪》:"君家少室西,爲復少室東?"宋楊萬里《山居》:"不知蟬報夏,爲復自吟風?"明張居正《送楊生南歸》:"清時不獻太平書,爲復還從江上居。"

【生冤家】生,意同"生憎""生妬""生怯""生恨"之"生",日語"生生しい"(なまなま),即明顯、鮮明。起强調突出作用。《漢典》"生"條:副詞。猶甚,最,很。唐盧照鄰《長安古意》:"生憎賬額繡孤鸞,好取門簾帖雙燕。"宋周邦彦《慶春宮》:"塵埃憔悴,生怕黃昏,離思牽縈。"

【氍拍板】見卷六。《圓悟佛果禪師語錄》:"師云。雖然無孔笛。撞著氍拍板。直是五音調暢六律諧和。"《漢典》"拍板"條:打擊樂器的一種。也稱檀板、綽板。用堅木數片,以繩串聯,用以擊節。唐宋時拍板爲六或九片,以兩手合擊發音,今拍板常由三片木板組成。宋樂史《楊太真外傳》卷上:"就按於清元小殿,寧王吹玉笛,上羯鼓,妃琵琶,馬仙期方響,李龜年篳篥,張野狐箜篌,賀懷智拍板。"

【絶瀟洒】古抄之"絶",意同日語"甚だ"(はなは),即非常、極其。後句中的"絶"字,無"斷絶"之義。絶瀟洒,意指極其瀟洒之所。《漢典》

"絕"條：副詞。極；最。《詩‧小雅‧正月》："終踰絕險，曾是不意。"《史記‧伍子胥列傳》："平王遂自娶秦女而絕愛幸之。"唐杜甫《新安吏》："中男絕短小，何以守王城。"宋張先《木蘭花》："西湖楊柳風流絕，滿縷青春看贈別。"

【縱有如何機關】未見及有如此用"如何"二字之例，可再考。

【袖頭打領，腋下剜襟】古抄中指常見的裁衣方法。袖頭做衣領，腋下做衣襟，此是"自正出偏，自偏出正。"即天衣無縫之法。

【定當看】《會元》（十九，廿五）琅琊永起章："上堂云云，法法本來法。遂拈拄杖曰：'這箇是山僧拄杖，那箇是本來法？還定當得麼？'"《正宗贊》法眼章："勘童子求火來，是非難定當。""當"字義，可忽略，用法同"斷當""問當"之"當"。定當看，指釋迦也好，觀音也好，都要定當也。《禪林類聚》（十三，二三）："是苦？是樂？定當看。"《禪典》"定當"條：辨識，判明。當：尾碼。《曹山語錄》："僧問：'古德道，盡大地惟有此人，未審是甚麼人？'師曰：'不可有第二月也。'僧云：'如何是第二月？'師曰：'也要老兄定當。'"《聯燈會要》卷一四，真淨克文："諸禪德，且道報寧快活，何似三聖快活？莫有快活底漢？出來定當看。"《大慧語錄》卷七："雲門即不然，他人住處我亦住，他人行處我亦行，瞥喜瞥嗔無理會，新羅夜半日頭明。且道與古人相去多少？試定當看。"

【洎不迷己】古抄意指我對自己十分了解。洎，日語"余程"，指相當、頗。又吾亦不迷己也。愚按，又説可也。洎，注："及也"。洎乎，意同"幾乎"，日語"ほどんと"。此外，洎乎還帶有日語"どうやら、こうやら"的語氣，即好不容易、勉勉強強。《漢典》"洎"條：至，到。《莊子‧寓言》："吾及親仕，三釜而心樂；後仕，三千鍾而不洎，吾心悲。"郭象注："洎，及也。"唐柳宗元《終南山祠堂碑》："夏洎秋不雨，穡人焦勞，嘉穀用虞。"況周頤《蕙風詞話》卷一："洎吾詞成，則於頃者之一念若相屬若不相屬也。"

【出身猶可易，脱體道應難】古抄中指聲色之外，出身為易事，不動聲色地做自己則難，此為"脱體"，可再考。且"出身"與"脱體"意思相同。《漢典》"脱體"條：從根本上脱離。《禪典》"脱體"條：事物的全體、整體。是用祛除分別、萬法一如的眼光對於事物的全體觀照。《碧巖錄》卷一，第一則："達磨遙觀此土有大乘根器，遂泛海得得而來。單傳心印，開示迷途，不立文字，直指人心，見性成佛。若恁麼見得，便有自由分，不隨一切語言轉，脫體現成。"《嘉泰普燈錄》卷二九，闡提照《自贊》："通身無影像，脫體露堂堂。不話非聲色，何曾有短長？"

【收取口喫飯】承上句言。若嘴巴本身是爲發問而張合的話，那爲喫飯而生的嘴巴也要塞滿食物喫下去。《碧巖錄》："慶云：'合取狗口。'僧云：'大師收取口喫飯。'"

【好箭放不著所在】古抄中意指可惜箭不是什麼重要的東西。俗語中的"所在"，釋作日語"所（ところ）"，即場所、地方。此句子若釋爲"可惜箭沒有放在它應該放的地方"，則此時日語訓讀爲"好箭著不所在に放ち（え）"。《漢典》"所在"條：指存在的地方。《東觀漢記·明德馬皇后傳》："明德皇后嘗久病，至卜者家，爲卦問咎祟所在。"宋沈作哲《寓簡》卷一："後之人莫能知其意之所在也。"

【不免倒行】倒，日語釋作"あちらこちらへに"，即顛倒。有時也作"却（かえ）って"，即反而、反倒。此句意指讓人去欽山。《漢典》"倒行"條：走回頭路。明劉基《書爲善堂卷後》："是故欲求道者必先定其所向，如將適燕，先舉轅而指北，然後訪而取途，則無倒行之悔矣。"

【五年強】算家以有餘爲強。《漢典》"算家"條：算學家。宋沈括《夢溪筆談·辯證一》："陽燧照物皆倒，中間有礙故也。算家謂之'格術'。如人搖艣，臬爲之礙故也。"

【壁落】"落"字義未考。

【明窗下】古抄中指位於法堂和方丈室之間。大伽藍①制大，前後殿閣打掩，堂內昏暗，故在玄關之上開窗受明，在此處置座敷。長老若夜遇賞玩客人，則招待素麵等食，此謂"明窗下安排"。可再考，見《禪林類聚》丈室部。《禪典》"明窗下安排"條：謂寺院住持遇見靈利通悟的衲僧，安排於環境良好的席位，以示褒獎。《洞山語錄》："當時若見他道不委姓，劈脊便與一拳。這裏撈得身轉，非但開粥相延，亦可明窗下安排。"《明覺語錄》卷三："若是箇知方漢，必然明窗下安排。"《五燈會元》卷二〇，龍翔南雅："這裏見得諦，信得及，若約諸方，決定明窗下

---

① 大伽藍：指僧堂。

安排。龍翔門下，直是一槌槌殺。何故？不是與人難共住，大都緇素要分明。"《續傳燈錄》卷二五，五祖表自："師榜侍者門曰：'東山有三句，若人道得即掛搭。'衲子皆披靡。一日有僧攜坐具徑造丈室，謂師曰：'某甲道不得，只要掛搭。'師大喜，呼維那於明窗下安排。"

【四百軍州】《不二抄》："趙宋時，區分天下九州爲四百軍州。"《漢典》"軍州"條：古行政區劃的名稱。《水滸傳》第一○一回："（王慶）通共占據八座軍州，八十六箇州縣。"《醒世恒言·呂洞賓飛劍斬黄龍》："四百座軍州，三千座縣分，七百座巡檢司，此是中原之地。"

【洎合打破蔡州】方語"命如懸絲，又死而不弔"。《通鑒綱目》（四十八）："唐憲宗元和十二年冬十月，李愬夜襲蔡州，擒吴元濟檻送京師。"方語不知取何處意。

【幾曾用著金剛王寶劍】幾，或爲"幾度"之義。分析此句句意時，或可在"幾"字前加上"不知"一起解讀。《漢典》"幾"條：若干，多少。《左傳·僖公二十三年》："夫有大功而無貴仕，其人能靖者與，有幾？"唐江爲《江行》："越信隔年稀，孤舟幾夢歸？"宋楊萬里《送張倅》："山西勁氣何曾歇，秦漢迄今幾奇傑！"

【珊瑚枝枝撐著月】方語"一處才通，處處通。"難解，應有本據。《十洲記》："珊瑚生南海底，如樹高三二尺，有枝無皮，似玉而紅潤，感月而生，凡枝頭有月暈。"

《虚堂録》

興聖語

【鞔却紫茸氈】《韻會》："鞔，覆也"，日語"引っくり返す"，即顛倒過來、翻過來。《漢典》"鞔"條：蒙上；連綴。《周禮·考工記·輿人》"飾車欲侈"漢鄭玄注："飾車，謂革鞔輿也。"前蜀貫休《聞赤松舒道士下世》："仙廟詩雖繼，苔牆篆必鞔。"元姚守中《粉蝶兒·牛訴冤》套曲："觔兒鋪了弓，皮兒鞔了鼓。"

【隔窗看馬騎】方語"只見一年，擬議沒交涉，眨眼使蹉過。"《禪典》"隔窗見馬騎"條：比喻稍縱即逝，極爲迅速。"見"或作"看"。《禪林僧寶傳》卷三，首山念："到這裡，著眼始得。若也定動中間，即千里萬里。何故如此？如隔窗見馬騎相似。"《無門關》自序："若是個漢，不顧危亡，單刀直入，八臂那吒攔他不住。縱使西天四七，東土二三，只得望風乞命。設或躊躇，也似隔窗看馬騎，眨得眼來，早已蹉過。"

【著黑衣護黑柱】無解説。

【不爭多】同"不較多"。沒有多少差別。《禪典》"不爭多"條：差不多。爭：差。《景德傳燈録》卷二三，令崟："僧問：'己事非明，以何爲驗？'師曰：'木鏡照素容。'曰：'驗後如何？'師曰：'不爭多'"。《碧巖録》卷九，第八八則："所以道：'眼見色如盲等，耳聞聲如聾等'。又道：'滿眼不視色，滿耳不聞聲。文殊常觸目，觀音塞耳根。'到這裡眼見如盲相似，耳聞如聾相似，方能與玄沙意不爭多。諸人還識盲聾瘖啞底漢子落處麽？"亦作"不較多"。

報恩語

【釣絲絞水】無解說。《漢典》"釣絲"條：釣竿上的垂線。唐杜甫《重過何氏》之三："翡翠鳴衣桁，蜻蜓立釣絲。"宋陸游《舟中對舟》："江空裊裊釣絲風，人靜翩翩葛巾影。"清顧貞觀《石州慢·御河為漕艘所阻》："不如歸去，從教錦纜牙檣，釣絲莫負秋江碧。"

【口吧吧地】日語釋作"ぺちぺちと口(くち)まめな"，指嘰裡呱啦愛說話。吧，唐音"パア"。《趙州錄》作"爬"。《禪典》"口吧吧"條：張大嘴巴（說話）。《虛堂錄》："尋常口吧吧地，道我能縱能奪，能殺能活，及問他遠法師因甚不過虎溪，便道不得。且道病在哪裡？"《法演語錄》卷中："無言童子口吧吧，無足仙人掰胸趕。"《圓悟語錄》卷一〇："所以道，若論此事，貶上眉毛早已蹉過。既已蹉過，何用鼓兩片皮口吧吧地？豈不是當堂蹉過。"亦作"口子吧吧"。

【老凍膿】《類纂》（一，十四）"凍濃"注："冰結"。見《盛事》解釋。

【賊是家親】意同日本諺語"捉(とら)えてみれば我子(わがこ)也(なり)。"即捉住一看，原來是我兒也。

【急絣絣】絣，《集韻》："急緪也。"《楚辭·九歌》注："緪，急張弦也。"急絣絣，指按規矩執行嚴格，一刻也不鬆懈。《漢典》"絣"條：通"繃"。引繩使直。亦指把用以書畫刺繡的絹帛拉緊。《太平廣記》卷二一四引宋景煥《野人閒話·黃筌》："筌請（鍾馗像）歸私第，數日看之不足，別絣絹素，畫一鍾馗。"

【摘楊花】同日語中的告別辭"おさらば、おさらば"，即再見、再見。《漢典》"楊花"條：指柳絮。北周庾信《春賦》："新年鳥聲千種囀，二月楊花滿路飛。"唐李白《聞王昌齡左遷龍標遙有此寄》："楊花落盡子規啼，聞道龍標過五溪。"宋陳偕《滿庭芳·送春》："榆莢拋錢，桃英胎子，楊花已送春歸。"《西湖佳話·六橋才跡》："楊花若不沾泥去，尚可隨花落繡裀。"

顯孝語

【羅睺羅兒】指兒子。愚謂：羅云尊者是佛子之故也，然通漫之説也。或可視作孤兒。釋尊既出離，父子緣絶，故羅云應視爲孤。古抄中指此詞爲傳説中的賤乞之稱。雖無本據，義相近。又除夜儺鬼之類，或起源自祈願來年蠶麥熟，然五祖示衆在今年，亦難説成除夜之事。總之若釋作"行施求福"之義，則可視作乞兒或孤兒之類無依無靠之人。

【王小波草鞋】方語"賊脚已露"，又"你是賊脚"，古抄引《史綱》。《漢典》"賊脚"條：盗賊的眼線。

瑞巖語

【折草量虛空】應有本據。《漢典》"虛空"條：天空；空中。《晉書·天文志上》："日月衆星，自然浮生虛空之中，其行其止皆須氣焉。"唐元稹《織婦詞》："簷前嫋嫋游絲上，上有蜘蛛巧來往，羨他蟲豸解緣天，能向虛空織羅網。"明唐寅《山坡羊》曲之六："睡昏昏不思量茶飯，氣淹淹向虛空嗟嘆。"《禪典》"虛空釘橛"條：往虛空處打入木樁。譏刺禪人無事生事，虛妄徒勞。《五燈會元》卷二〇，華藏智深："兜率降生，雙林示滅。掘地討天，虛空釘橛。四十九年，播土揚塵，三百餘會，納盡敗缺。"又卷一七，泐潭文准："叵耐雪峰老漢，却向虛空裡釘橛。"又作"釘橛空中"。

【偷心鬼子】日語"横着者（おうちゃくもの）"，即指明知故犯之人，或懶漢。鬼子，罵辭。《漢典》"鬼子"條：罵辭。猶言鬼東西。南朝宋劉義慶《世説新語·方正》："士衡（陸機）正色曰：'我父祖名播海内，寧有不知，鬼子敢爾！'"宋陸游《北窗病起》："更事天公終賞識，欺人鬼子漫縱横。"《禪典》"偷心鬼子"條：呵斥語，斥責不明自心是佛，却向外尋求佛法的參習者。參"偷心"。《虛堂録》卷一："僧云：'人天交接、兩得相見一句作麽生？'師云：'大家在者裡。'僧云：'非但大衆觀光，學人小出大遇。'師云：'偷心鬼子。'"又卷三："僧云：'學人今夜借大衆威光，別置一問得麽？'答云：'偷心鬼子得人憎。'"

【下下要分緇素】鳴椎一下一下也。《漢典》"緇素"條：指僧俗。僧徒衣緇，俗衆服素，故稱。北魏酈道元《水經注・潁水》："水中有立石，高十餘丈，廣二十許步，上甚平整。緇素之士，多泛舟升陟，取暢幽情。"前蜀貫休《送鄭使君》："東陽緇素如何好，空向生祠祝上臺。"宋蘇軾《海月辯公真贊》："予通守錢塘時，海月大師惠辯者，實在此位，神宇澄穆，不見慍喜，而緇素悅服，予固喜從之游。"清曹寅《香阜寺種菩提子應時發芽賦以志喜》："冠蓋祝釐全盛日，遠林緇素轉經聲。"

【漁父棲巢】方語"不離窠屈"。古抄指"不恰好"之義。此處或指其中一義。

【與物俱化】"和光同塵"之義。《漢典》"與物無競"條：謂與世人無所爭競。《北史・薛辯傳》："湖少有節操，篤志於學，專精講習，不干時務，與物無競，好以德義服人。"《資治通鑑・後唐明宗天成二年》："宰相重任，卿輩更審議之。吾在河東時見馮書記多才博學，與物無競，此可相矣。"《禪典》"和光混俗"條：收斂鋒芒，混同塵俗。指悟道者不離塵俗，持平常心，一切時中，常顯機用。《宏智廣錄》卷三："舉，雪竇舉：'古德云：眼裏著砂不得，耳裏著水不得。……三員無事道人中，選一人爲師。'師云：'坐斷乾坤，建立世界。和光混俗，各有長處。且道，選那一人爲師？'驀拈起拄杖云：'穿過了也。'"《五燈會元》卷一八，性空妙普："磊磊落落，無掛無礙。六十餘年，和光混俗。四十二臘，逍遥自在。"亦作"混俗和光""共俗和光"。

【影草之流】影草，或"探試"之義。

延福語

【毛凡道等】古抄云："蓋毛道，凡夫也。"《名義集・人倫篇》："婆羅隋言毛道，謂'行心不定'，猶如輕毛隨風東西。魏金剛云：'毛道，凡夫。'"愚按，毛凡道等，日語訓讀爲："毛凡と道等し"。《漢典》"毛道"條：佛教謂凡夫愚人。清譚嗣同《仁學》一："毛道不定，曷克語此？無明起處，惟佛能知。"

【賢聖法】《禪林類聚》（十二，三六）："殃崛摩羅，因持缽入城到一長者家。值其婦産難，長者告云：'沙門是佛弟子，有何方便救得我家産難？'殃崛云：'我乍入道，未知此法。當去問佛，却來相報。'乃遽返。白佛具陳上事，佛告云：'汝速去説。我自從賢聖法來，未曾殺生。'

殃崛依佛所説，往告長者。者婦聞之，當時分免，母子平安。"《漢典》"聖法"條：聖人的法則。《莊子·胠篋》："殫殘天下之聖法，民始可與論議。"《後漢書·儒林傳論》："然所談者仁義，所傳者聖法也。故人識君臣父子之綱，家知違邪歸正之路。"

寶林語

【岣嶁峰頭神禹碑】方語"無分曉"，即不講道理，不對頭、錯以爲。《漢典》"禹碑"條：即岣嶁碑。凡七十七字，像繆篆，又像符籙。後人附會夏禹治水時所刻。碑在湖南衡山雲密峰。昆明、成都、長沙、紹興、南京栖霞山和西安碑林等處，皆有摹刻。唐韓愈《岣嶁山》："岣嶁山尖神禹碑，字青石赤形摹奇。"

【恰恰】古抄："適當之辭"，此辭應釋作日語"とうど"，意同正好、剛好、恰好等。若取此意，則句子釋爲"足足有一百二十日"，恐非也。適當，日語釋作"程(ほど)よく当(あ)たる"或"正(まさ)しく当(あ)たる"，即剛好、正好、恰好，故意同"とうど"。恰，可從"恰好""恰是云云""恰如云云""恰恰相應"等詞知其意。今此處取"用心"之義，解作"恰恰一百二十日"，句子語意釋爲"若是上流，當下了事，豈肯受先佛期限？况今夏恰恰用心一百二十日之長遠。"同箇句子的譯語，意思不一樣。或有人曰："恰恰，鳥鳴聲也。一夏中胡説亂道。"此説甚鑿，因而或比適當之説更可取。《漢典》"恰恰"條：正好。唐鄭損《星精石》："孤巖恰恰容堂構，可愛江南釋子園。"宋黄大受《早作》："乾盡小園花上露，日痕恰恰到窗前。"

【鴨吞螺螄】無解説。

【鬼脱卯】畫卯，蓋木匠上工，當班之日用○×等標識在木板上標記日期和名字，或因不寫姓名故稱作"畫卯"之"畫"。《類纂》(五，三九)"應卯"注："點卯"。差役到官衙當差報到，稱作"點卯"。脱卯，指錯過卯時，故又引申出失誤之意。鬼，或指鬼神裏的獄卒，可再考。《漢典》"畫卯"條：舊時官署規定卯時（上午五至七時）開始辦公。吏胥差役按時赴官署簽到，聽候差使，稱"畫卯"。元李致遠《還牢末》第一折："我畫卯呵來的早，他請太醫直恁般遲。"《水滸傳》第四五回："次日五更，楊雄起來，自去畫卯，承應官府。"明周順昌《與朱德升孝廉書》："月申分兵部觀政，殊無政可觀，不過作揖打恭升堂畫卯而已。"

【向人前拔茄樹云云】無解説。

【月過三】方語"三月過了"。《大川録》（二，四）："上堂。月不過五，事不過三，便請洗脚上船云云。"《中岩録》（下，四）："上堂。五月初一，蕭何製律，過五過三。"《會元》（十五，四）雲臺因章："'如何是佛？'師曰：'月不破五。'曰：'意旨如何？'師曰：'初三十一。'"同（十五，五四）承天簡章："上堂云云。江淹夢筆，天龍見虎，古老相傳，月不跨五。"按，"過""破""跨"三字義相通。《左傳》："康王跨之"，注："過其上"。杜甫詩："二月已破三月來"。《漢典》"過"條：過去。三國魏曹操《精列》："年之暮奈何，時過時來微。"北齊劉晝《新論‧貴速》："若事過而後知，則與無智者齊矣。"唐杜甫《阻雨不得歸瀼西甘林》："三伏適已過，驕陽化爲霖。"

【撰出一場口面】古抄云："或口或面"。未穩。《禪典》"口面"條：爭論，口舌之爭。《虛堂録》卷二："上堂，舉，汾陽無業國師示衆：'若有一毫聖凡情念未盡，未免入驢胎馬腹。'白雲又道：'直饒一毫聖凡情念頓盡，亦未免入驢胎馬腹。'師云：'二大老向無心中，撰出一場口面。'"

【爭交賭籌】或指不相上下、差不離之意。籌，即賭博的籌碼。《漢典》"賭籌"條：賭博用的籌碼。《歧路燈》第十六回："寶劍兒拿過賭籌，放在條几上。"

【或指或掌】古抄云："或指而示之，或掌而罰之。"又或可釋作"指罵掌打"。按，若該詞之後接"戈矛"二字，則或可引《碧巖録》的吹毛劍頌。《漢典》"掌"條：用手掌打。《文選‧揚雄〈羽獵賦〉》："撠㨜松柏，掌蒺藜。"李善注："掌，以掌擊之也。"清孔尚任《桃花扇‧哄丁》："掌他的嘴，挦他的毛。"

【擊筒方木響】無解説。

【學人卓卓上來，請師的的】無解説。《漢典》"卓卓"條：特立；高超出衆。南朝宋劉義慶《世説新語‧容止》："嵇延祖卓卓如野鶴之在雞群。"宋曾鞏《寄歐陽舍人書》："先祖之言行卓卓，幸遇而得銘其公與是。"明徐渭《贈沈母序》："伯子又知書，能操筆，而比於分隸，行卓卓爲鄉人表。"《禪典》"的的"條：確切地示意。《如淨語録》卷下："僧問當山啓禪師：'學人卓卓上來，請師的的。'啓云：'我者裡一屙便了，有甚麼卓卓的的！'"

【一畝之地，三蛇九鼠】方語"惡物不少"又"狼藉不少"。應有本據。

【打驢聽馬知】無解説。

育王語

【樺來脣】"樺""楸"，並樹木名，非船具，俗語也。陸魯望詩："細槳輕撶下白蘋"，又"一艇輕撶看曉濤"。"撶"字字書中未見。王維詩："罟師盪槳向臨圻"。《字彙》："縱爲櫓，橫爲槳。"縱向安在河船船尾的划船工具曰"櫓"，橫向安在船舷傍邊的划船工具曰"槳"。按，古俗語中划槳稱作"撶楸"，即"盪"字義也，後或借用木榜的"樺楸"二字，當作槳的別名。如《水滸傳》："拿了一把樺楸只顧蕩"。"蕩""盪"通用。《漢典》"櫓"條：比槳長大的划船工具，安在船尾或船旁。唐白居易《河亭晴望》："晴虹橋影出，秋雁櫓聲來。"《二刻拍案驚奇》卷二六："叫船家一櫓邀住了船，船頭湊岸，撲的跳將上去。"《漢典》"槳"條：划船的用具。木製，上端爲圓柱形，下端作板狀。南朝梁劉孝威《采蓮曲》："金槳木蘭船，戲採江南蓮。"唐杜甫《八哀詩・故著作郎貶臺州司户滎陽鄭公虔》："老蒙台州掾，迴泛浙江槳。"宋蘇軾《前赤壁賦》："桂櫂兮蘭槳，擊空明兮泝流光。"《漢典》"盪"條：引申爲摇槳，摇船。《花月痕》第六回："到了黄昏，方才將船仍盪到彤雲閣。"

【有甚餺飥餶飿子，快下將來】《藝苑雌黄》食品："畢羅者，番中畢氏、羅氏好此味，因名。"餶飿子，蒸餅也。下，吞下也。

【西河弄獅子】方語"咬人太急也"，又似而非也。

浄慈語

【布袋鄭頭相似重】或説："山云：'一檐有兩頭，一頭有物，一頭無物。擔不得，若一頭無物之可，用以木石之類，假作一頭謂之鄭頭，乃鄉談也。'"《韻會》："鄭，《釋名》：'町也'，其地町然平地也。"蓋或爲古抄之説。山，應指一山。布袋鄭頭相似重，同日本俚語"担（にな）ったら棒（ぼう）

が折れる"，直譯爲一挑起來扁擔就折了。

法語

　【有囿名相而善求其然者】抄云："以域養禽獸曰'囿'"。驅囿香風名相而求者，即慧可大師也。未穩。《漢典》"囿"條：古代帝王畜養禽獸以供觀賞的園林。漢以後稱苑。《詩‧大雅‧靈臺》："王在靈囿，麀鹿攸伏。"毛傳："囿，所以域養鳥獸也。"漢班固《東都賦》："太液昆明，鳥獸之囿。"

普説

　【自大了一生小不得處】大小，指值得一看的地方或前途。"不知非"之意。《漢典》"大小"條：猶多少。引申指情況。金董解元《西廂記諸宮調》卷二："嚼碎狼牙，睜察大小。"凌景埏校注："大小，本是對大小多少的估量之詞，這裏引申指一般情況。《禪典》"大小"條：同"大小大"。《五燈會元》卷二〇，净慈彥充："上堂，舉雪峰示衆云：'盡大地是個解脱門，因甚把手拽不入？'師曰：'大小雪峰話作兩撅，既盡大地是個解脱門，用拽作麼？'"《密庵語錄》："大小世尊，被阿難輕輕靠著，未免喚鐘作甕。"

　【床脚下種菜】無解説。《大慧語錄》卷四："臨濟當時道這幾句閒言長語，面目現在，自是爾不會看得出。爾若領得此意，自從胡亂後三十年，不少鹽醬。鐘樓上念贊、床脚下種菜之類，不著問人，一一自知下落。"

頌古

　【眼頭乖】古抄云："乖，異也。"贈許居士頌："眼頭乖角少人知"。日語釋作"人と背きことなる"，即指與人相反。《漢典》"乖"條：背離；違背。《易‧序卦》："家道窮必乖，故受之以睽。睽者，乖也。"晉郭璞《皇孫生請布澤疏》："故水至清則無魚，政至察則衆乖，此自然之勢也。"明張居正《答應天張按院》："撫按地方，凡事當一秉虛心，不宜有所偏私，致乖理法。"清紀昀《閱微草堂筆記・槐西雜志一》："《隋書》載蘭陵公主死殉後夫，登於《烈女傳》之首，頗乖史法。"

【貪盃落草人】古抄："沈醉而不行正路者"，此處指玄沙。又"貪杯"和"落草"二詞，或指玄沙和清鏡兩人。貪杯，同"貪酒"。《漢典》"貪杯"條：亦作"貪盃"。好酒嗜飲；《宣和遺事》前集："論愛色貪杯，彷彿如金陵陳後主。"元無名氏《替殺妻》第四折："休惹人閑是非，你再休貪盃。"明王世貞《臨江仙・癸丑元日醉題》："昨歲貪杯今歲病，病時依舊貪杯。"《漢典》"落草"條：入山林與官府為敵。宋蘇軾《乞增修弓箭社條約狀》之二："近有逃背落草四十餘人，馬二十疋，見在狼山西頭君市等村乞食，切慮來南界別作過犯。"《水滸傳》第二回："累被官司逼迫，不得已上山落草。"

【水樓】日語"井戶館"（いとかた），即井屋，指蓋在井上面的屋子。因建得高，故在井圍上架梯子。《趙州錄》："井樓上打水次，見南泉，抱柱懸腳曰：'相救！相救！'南泉上胡梯，曰：'一二三四五。'"懸腳，指坐在井邊將腳懸在井裡。牌樓，指張貼告示、公告的建築。牌樓之樓，並不是指建成二層高的建築物，而是形容房子建得高。《漢典》"水樓"條：水邊或水上的樓臺。唐孟浩然《與薛司戶登樟亭樓作》："水樓一登眺，半出青林高。"前蜀牛嶠《江城子》："簾捲水樓魚浪起，千片雪，雨濛濛。"宋林景照《哭德和伯氏》之四："行人猶說春風夜，燈影書聲共水樓。"

【撈波子】日語釋作"魚を取る叉手"（さかな と さで），即捕魚用的撈網。

【針筒鼻孔】亦作"針筒眼"。鼻孔眼，繫繩的洞眼。《禪宗頌古聯珠通集》："雲門示眾曰。拆半裂三針筒鼻孔在甚麼處。為我一一拈出來看。"

【一犁新雨破春耕】黃庭堅詩："南村北村雨一犁元"。宋無《老牛》："春雨一犁鞭不動"。一犁雨，指給乾涸大地帶來滋潤的春雨。宋無名氏詩："春雨半鋤桑柘區"。《漢典》"新雨"條：剛下過雨。亦指剛下的雨。隋江總《侍宴玄武觀》："詰曉三春暮，新雨百花朝。"唐韓愈《山石》："昇堂坐階新雨足，芭蕉葉大支子肥。"清紀昀《閱微草堂筆記・灤陽消夏錄一》："新雨後泥平如掌，絕無人蹤。"

代別

【若有人看事，某也不辭】蓋看，同"看顧"之"看"。主顧，指做買賣時經常來買東西的人，即經常光顧之人。《水滸傳》第二回的"買肉的主顧"指的就是這箇意思。唐時拿彩紙包線香，上面寫著"凡四方君子雲顧者"等字，意指有人要買的話，東西我都賣。古抄中將此句釋作"別人爲師看事"，恐非也。《漢典》"看顧"條：照顧；看望。元無名氏《合同文字》第三折："怎知道壽短促，命苦毒，再沒個親人看顧。"《水滸傳》第九回："管營道：'況是柴大官人有書，必須要看顧他。'"清李漁《奈何天·隱妒》："這兩個姬妾，都是好人家兒女，又且德性幽閒，我去之後，全仗你看顧他。"

【不著便】意同説"過意不去、惶恐、不敢當"等。

【代云莫道得便宜】代，茱萸也。

【氣急殺人】日語釋作"さてもきつい気短かじゃ(きみじ)"，即真是個急性子。亦同"人(ひと)を気短(きみじ)かにやり込(こ)めた"，即讓人急躁得説不出話來。《漢典》"氣急"條：因惱怒而急躁。

【來時教請取回書】來此處時，馬祖叮囑我帶回回信。《漢典》"教"條：使；令；讓。《墨子·非儒下》："勸下亂上，教臣殺君，非賢人之行也。"《史記·淮陰侯列傳》："若教韓信反，何冤？"唐王昌齡《出塞》之一："但使龍城飛將在，不教胡馬度陰山。"宋周邦彦《玉樓春》："酒邊誰使客愁輕，賬底不教春夢到。"《漢典》"回書"條：回復的書信。宋沈括《夢溪筆談·人事二》："有一縣令使人，獨不肯去，須責回書。"《二十年目睹之怪現狀》第五回："寫了一封回書，交給賬房。"

【搦㔋】指讓人停止呼吸，即殺死。㔋，《字彙》："子結切，斷物。"《漢典》"搦"條：束緊。唐陸龜蒙《新夏東郊閑泛有懷襲美》："經略彴時冠暫亞，佩答箠後帶頻搦。"明馮惟敏《耍孩兒·十自由》："手呵檢行移無了期……一壁廂忙把文書判，一壁廂常見角帶搦。"《漢典》"㔋"條：同"絕"。切斷；裁斷。宋葉適《鄭景元墓志銘》："家產無十金，僮僕單特，賓從晝夜集，㔋肺烹蛤蜆蔬橡雜陳之。"宋范成大《立春大雪招親友共春盤坐上作》："菘甲剪翠羽，韭黃㔋金釵。"

【不委他法號】不知他法號。《會元》："紅輪決定沈西去，未委魂靈往那方。"委，悉之義。《禪典》"委知"條：知道，知曉。委：知。《明覺語錄》卷二："舉，僧問投子：'如何是十身調禦？'投子下繩床立。又問：'凡聖相去多少？'投子下繩床立。師云：'此公案諸人無不委知。'"《續傳燈錄》卷二九，文殊心道："我佛如來預識法之有難，教中明載，無不委知。較量年代，正在於茲。"亦作"知委"。

禮祖塔

【搆得伊】搆，作"勾"，日語"引っ掛ける"（ひか），即勾住、鉤取，意同"勾死鬼"之"勾"。愚按，"搆"和"勾"通用時，指滿足之義。見《雜錄》解。《西巖錄》（上，三三）："一人搆得鼻孔，一人失却眼睛。"此處應釋作"手に入れる"（てい），即入手、得到。亦同"自由にする"（じゆう），即隨便、自己做主之意，見《策進》解。又搆，《字彙》："居侯切，牽也。"亦通。伊，指千僧。抄云："伊者，即指生死。"恐解釋有誤。

偈頌

【山儀】應有本據。
【軃袖】虞世南嘲袁寶兒詩："學畫鴉黃半未成，垂肩軃袖太憨生。"明·鄒克明《梧桐仕女圖》："綉帶斜分軃香袖"。軃，垂下貌。
【乖角】《偽山警策》："去就乖角，僧體全無。"指南："乖角，不合禮法。"《水滸傳》第七三回："那個人頭無人認得，數內一個莊客相了一面，認出道有些像東村頭會黏雀兒的王小二，李逵曰：'這个莊客倒眼乖。'"乖巧也。同"乖覺"，"角""覺"，二字同音。

徑山後錄

【老僧八十間無數】古抄云："閑暇而無數般事"，未穩。
【免被巡官指上推】《正宗贊》保寧章："杜撰巡官華甲子，指輪上一時亂了。"標註舊抄云"巡官，星官也。"見於《楞巖》卷七，云："逐年巡察世間善惡者，名'巡官'。"法昌遇問勝首座云云。勝云："任鑽龜打瓦。"昌云："你也只是杜撰巡官。"《會元》不出此因緣。《漢典》"巡官"條：官名。唐時節度、觀察、團練、防禦使僚屬，位居判官、推官之次。如董晉鎮大梁，以韓愈為巡官；徐商鎮襄陽，以溫庭筠為巡官，皆是。唐韓愈《論變鹽法事宜狀》："臣即請差精強巡官檢責所在實户，據口團保，給一年鹽。"《新唐書·李洧傳》："初，洧遣巡官崔程入朝。"

【剖瓮覓天】據"剖"字可知，瓮中不見天也。可再考。《漢典》"甕天"條：瓮中所觀的天。謂局促在極狹小的地方，識見短淺。宋黃庭堅《再次韻奉答子由》："似逢海若談秋水，始覺醯雞守甕天。"宋陸游《偶觀舊詩書嘆》："醯雞舞甕天，乃復自拘窘。"明陸采《懷香記·定策征吳》："下官襪線之才，甕天之見，何能之有？"

【探頭山裡人】或為設辭。《漢典》"探頭"條：伸頭。宋趙抃《出雁蕩回望常雲峰》："高峰亦似多情思，百里依然一探頭。"清孔尚任《桃花扇·設朝》："副淨扮阮大鋮探頭瞧介。"

【三臺】蓋六朝曲名，吾邦樂家傳此曲。《漢典》"三臺"條：曲調名。《樂府詩集·雜曲歌辭十五·三台詞序》："劉禹錫《嘉話錄》曰：'三臺送酒，蓋因北齊高洋毀銅雀臺，築三個臺，宮人拍手呼上臺送酒，因名其曲為《三臺》。'"唐王建《江南三臺詞》："朝愁暮愁郎老，百年幾度《三臺》。"

法語

【切脚】《禪林類聚》（八，六）："僧問洞山：'一大藏教是個切脚，如何是字母？'"《海會錄》（二，二）："僧問：'一代時教是個切脚，未審切那箇字？'師云：'缽羅穰。'學云：'學人祇問一字，為什麼却答許多？'師云：'七字八字。'"《韻府》引宋徽宗詩，注云："切脚，即切韻。"《夢溪筆談》釋"切韻"為："上字為切，下字為韻。"

新添

【一火絡】指人集中到一起。一火，一夥也。絡，聯絡不散之意。《漢典》"一火"條：同"一伙"。指若干人結合成的一群。《舊唐書·僖宗紀》："若諸軍全捕得一火草賊，數至三百人已上者，超授將軍。"宋孟元老《東京夢華錄·十二月》："自入此月，即有貧者三數人爲一火，裝婦人神鬼，敲鑼擊鼓，巡門乞錢。"元關漢卿《單刀會》第二折："他瞅一瞅漫天塵土橋先斷，喝一聲拍岸驚濤水逆流，那一火怎肯干休！

音序检字表

A

阿底 83
阿家 20
阿剌剌 187
阿那頭 109
嘎 77
挨肩 229
捱得期滿 217
塪圾 168
安排 27，66，180，224，283，284
暗含來 185
揞黑豆 102，279
按部 53
按下雲頭 64，193
暗地裡賽他 208
暗號 198，234
暗曉得 167
聱訛 136
聱頭 8，262

B

八棒對十三 104，152
八九朵 87
巴鼻 131
拔本 133，199

把不住 118，119
把得穩便了 236
把等子秤 194
把髻投衙 186
把梢 95
白骷樹 75
白牯 8
白領濶袖 81
白拈 96，164
白拈賊 96，124，163，164
白遭渠污染 11
擺撥 173
擺撲 101，278
擺手 81，166，217，218
般盡 51
板齒生毛 18
半幅全封 207
半路抽身是好人 183
半前落後 184
半餉 51
棒土揭木 213
傍臀語 164
保社 46
抱橋柱澡洗 200，201
報曉雞 86
背手奪將來 224
被驢撲 19

被驢子撲 19，110，182
本色 20，137，138
鼻孔大頭垂 43，83
鼻孔遼天 50，187
比來拋磚引玉，只得箇墜子 109
畢斑賓豹剥 235
畢歷 83
閉門作活 21
碧斑賓豹博 80
觱栗鉢喇 230
觱栗撥剌 78
壁落 246，283
編辟 171
區擔 154
區頭 23
便殿 33
便知那箇定是我底 52
徧槌 107
標手錢 73
標致 17，18
表弟 87
俵扇 78
稟云 91
併疊 39
併宥之 42
波波劫劫 65，191

波波挈挈 191
波斯入閙市 218
剥剥論實事 221
菠稜 32
撥虎尾 33
撥牌子 255
泊浮 84
勃窣理窟 62
博飯喫 166
博約 75
搏取大千 94
不報 37, 66, 226
不才净 84
不采他 183
不成君子 225
不出斗 69, 138, 261
不得一向 72
不得占勝，占勝者輸餬
　餅 111
不放價頭低 240
不憤 141, 142, 201
不干山僧事 129
不甘 55
不敢 25, 51, 57, 61, 65,
　118, 129, 153, 162,
　198, 202, 204, 211,
　226, 239, 249, 264,
　266, 274, 294
不合 11, 13, 14, 35, 43,
　59, 105, 124, 163,
　189, 193, 231, 249,
　250, 252, 278, 295
不合伴 29
不合承受爲渠請 42
不合與麽道 105

不會上象 109
不教多 111
不較多 83, 104, 285
不經意 221
不虧人 57
不理會得 129
不了當 53
不了事 34, 53, 233
不忙 135
不免打折你版齒 162
不免倒行 283
不平 8, 54, 70, 128, 136,
　181, 230
不如歸 195, 201, 210, 230,
　286
不慎家 95
不省 36, 103, 122, 258
不守本分 21, 159, 160
不索性 81
不委他法號 227, 228, 295
不易 63, 225
不意 54, 282
不用形迹 237
不原 57
不争多 285
不知雪峰當時合下得甚麽
　語，可以入得老觀門 211
不著便 294
布袋鄭頭相似重 217, 291
布裩赫赤 199
布素一節 77
步下 221

C

財本 223

殘羹餿飯 181
慚愧 25
蒼天 13, 29, 123, 141
蒼天蒼天 29
草索子 191
草賊 6, 297
廁 38, 43, 48, 66, 100,
　104, 115, 185, 189,
　255
插觜不得 173
茶槖 63
搽糊 9, 123, 189
差事 254
勑勑攛攛 109
攙奪行市 121, 137
攙其院事 79
攙行奪市 17
禪鈔子 217
禪牌 50
長安雖樂 106
長安雖樂，不是久居 106,
　182
長進 59
長行 12, 110
常云 139
場子 46
抄劄 87
朝咒暮咒，要兜你做羹飯
　主 209
吵人叢林 74
炒鬧 74, 167
掣得 102
掣風掣顛 278
徹困 16, 226
嗔斗唬地 84

嗔霍 34, 80, 266	出一身白汗 71	蹉過 74, 122, 123, 195, 285, 286
趂隊喫飯 75	除非 75, 83, 141, 186, 254	蹉口道著爺名 217
趂口快 81		措大 53, 66, 251, 252
承當 36, 80, 118, 130	除非是云云知歸, 方有少分相應 141	措置 87, 177, 251
城都 52		
澄巨浸 20, 165	除是 52, 141, 211	**D**
吃嚗舌頭 103	處分 17, 149, 150	
蚩吻 106	處置 87, 248, 283	怛薩阿竭二千年 106
喫酢 87	搐鼻 80, 112	打扮 78, 120, 121, 190
喫攊 45, 167, 168	觸鼻羊 100	打併 39, 169
喫飯須論噇 202	觸忤 108, 165	打草只要蛇驚 188
喫交 10, 45, 167	揣出骨 82	打得著 271
喫撲傷損 74	穿耳客 91, 178	打葛藤 9, 106, 120, 121
喫素 94	穿過髑髏 182	打供 55, 88, 274
匙挑不上 80	穿市過 26	打街 47
赤凍紅地, 無有解出期 110	傳口令 101, 168	打筋斗 125, 167
赤立 212	摐然 181	打驢聽馬知 214, 291
赤灑灑 246	床脚下種菜 222, 292	打羅 107
敕點飛龍馬 12, 205	噇酒糟 10	打失布袋 248, 249
衝口 80, 85	噇酒糟漢 10, 147	打頭 75, 221, 222
蟲蟻 215	噇眠 8	打野榸 125, 172
蟲豸 63, 215, 280, 287	連斡 22	打銀 50
抽單 55	綽得 188	打字 92, 275
抽解 66	辭辛道苦 188	大蟲 9, 28, 33, 152, 157, 177, 206, 232
抽脫 48, 66	刺首文字中 99	
撦勢 294	從長相度 97	大蟲看水磨 232
撦住 14, 15	從初入地獄 52	大故 60
出家 59, 74, 92, 100, 134, 200, 273	從頭 195, 216, 221, 269	大光錢 142
	從新 216	大家 20, 30, 34, 84, 171, 181, 190, 210, 223, 230, 241, 287
出綾紙易楮幣 219	促榻 70	
出氣 74, 167, 169	攛掇 230	
出身冷汗 71, 84	攛向面前 15	大家割捨 34
出身猶可易, 脫體道應難 171, 282	村草步頭 229	大家團圞 241
	村獨獠 4	大殺有 106
出生入死 246	撮藥 73	大頭向下 43

大小 12, 15, 48, 66, 80, 86, 119, 124, 152, 154, 170, 183, 223, 227, 292
大宜小宜 110
代云莫道得便宜 294
待番款那 105, 125
待要 30, 31, 196
帶累 9, 14, 75, 124, 128, 130, 131
帶上 66
單拆交重 238
單丁 23
單賑 91
擔枷陳狀 11
擔枷過狀 141
但將去質庫中典也，典得一百貫 74
但問 134
當的帝都丁 36, 80, 235
當風 103
當門 184
當面話 178
當先應副四祖 48
當行 80
當行家 70
當意 82
蕩 4, 28, 65, 73, 146, 164, 204, 206, 251, 291, 296
蕩蕩 65
刀刀 103
刀鑷 89
刀釬 222
忉怛 246
倒屙 221

道地 30
道士著黃甕裡坐 31
道著 10, 143, 217
道左 43, 44, 53, 60
得得 47, 48, 119, 120, 282
得人一牛，還人一馬 108, 150
得信道生 104, 139
的的 30, 31, 159, 290, 291
登時 73
登塗 65
燈心皂角鋪 75
等你握雪團到幾時 170
等銖兩 35
鄧師波 216
低口 110
低一代 83
滴油箭 219
抵樹 105
地錦 49
地頭 161
地獄門前鬼脫卯 209
遞至 272
點破 29, 249, 250
點胸 181, 246
掉發 228
掉却 263
掉却跨距羅漢家 77
掉下火柴頭 48
掉一句 198
釣絲絞水 195, 286
爹爹媽媽 56
丁丁當當 52

丁一卓二 233
釘釘 104
定當看 170, 282
定盤星 77, 203
東平鏡 35
東臺 66
東土初僧，不如西天外道 239
洞房花燭夜 218
都盧 77, 121, 246
兜攬 196
兜搜 98
抖擻 92, 227
陡暗 186
豆爆 212
鬥諜 57
鬥釘 92
鬥鬥揍揍 194
鬥富 194
鬥將底手脚 184
督 41, 64, 66, 69, 212, 261
獨自箇知 184
端的 47, 123, 159, 160, 213, 223, 229, 261
端倪 160
短販樵人 29
短氣 17, 87
斷斷 212
斷和 169
碓觜 27
鈍牓 253
鈍置 61, 62, 167, 247
頓絕 129
頓置 167

頓足 233
多少漏逗了也 121, 122
多少奇特 116
多以意解 43
多著水，少著末 108
掇濯足水 88
奪角衝關 22
奪胎 56, 63, 64
垛根 180
嚲得 18
嚲袖 231, 295

E

惡口小家 52
惡氣息 246, 253
惡情悰 21, 231
嗯 51
耳朵 9, 178, 197
耳重 111
二膳 58

F

發惡 19
發課 95
髮齊眉 86, 271
翻本 199
翻蓋 234, 235
凡遇五夜必參 99
飯水也未到你喫在 81
方纔 56, 216
方出月 56
方監殺我 88
方聲 221
方在屋裡著到 82
坊正 92

房計 201
房廊 40
紡車 35
紡絲 35, 264, 265
放包 36
放待冷來看 83
放乖 199
放過一著 104, 139, 140
放憨 168
放兩拈三 233
放慕顧 24
放身出 177
放下 12, 19, 36, 45, 111, 116, 132—134, 138, 162, 167, 206, 238, 242
放一線地與諸人 204
非泛不時之需 84
非干我事 17
非人得其便 172
肥邊易得，瘦肚難求 22
分付 118, 123, 156, 278
分開結裹，算來也只是頭上安頭 129
分疏 9, 128
分疏不下 9, 128, 146, 160
分土 111
分雪 23, 86
焚綾糯 81
封后先生 184
封氣 264
風措 183
風甌 217
風悄然 50
風子 28

鄷都 90, 275
鳳林叱之 202
佛牙郎 236
浮浪 73
複子 11, 12, 132
甫及六歲 56
赴春官 49
負命 256
負心人不放債 226

G

干茗尋柄背時貨 83
該得麼 103
蓋膽毛 211
蓋謂滿了 52
蓋一所佛殿 105
竿木隨身 6, 58
敢保 197
趕不上 190
剛把虛空取次埋 87
剛被迢迢過九江 71, 261
剛不信 236
剛道 92, 261
剛然 44, 228
剛要鬼分贓 10
剛要凌滅 229
剛作千年調 95
肐膊不向外 182, 183
閣使 256
革蚤 94
葛藤 9, 115, 125, 213
葛藤椿 9
蛤蚾 87
隔窗看馬騎 195, 285
隔截 249

隔子門 227
膈氣築 228
膈上語 50
箇樣 77, 265
更點 214
庚峰定穴 104
工夫 44, 64, 135, 136, 228, 233, 257
工伎兒和伎者 235
弓級 98
公案 62, 117, 118, 124, 126, 135, 206, 227, 295
公才語 104
公據 192, 193
功德寺 79, 264
共文邃箇漢行腳 14
共一處 64
勾當 74, 80, 233
勾慧洪 86
勾賊破家 101, 169
鉤頭 128, 186
岣嶁峰頭神禹碑 207, 289
狗銜赦書 160
搆得，搆不得 152
搆得伊 230, 295
構了 90
構之 94
古鏡到火鑪 105
古慕固 272
谷空 76
骨董 4
淈㴋 31
𩰚臭 27
鼓合 52, 88, 96, 164
鼓籠人家男女 232

鶻臭 27, 56, 181
鶻鶻突突 161
固執 46, 194
故是 146
故意 15, 27, 29, 55, 289
呱呱 94, 281
乖底 220
乖角 125, 223, 231, 292, 295
乖崖 78
怪㦬銀云云 23
官拗不如曹拗 82
官楷 235
官家 96, 154
官馬相踢 62
關集眾佃 91
關捩子 251
關窾 271, 272
管帶 141, 196, 246, 247
管帶默照 246
管得 189
管取 160, 187
光剃頭 34
光影 254
龜哥 97
鬼搗穀，佛跳牆 232
鬼脫卯 289
袞袞 231
輥出 15, 16, 125
國太 250
果州飯布 194
裹金剛圈 63
過禪板 141, 155, 212
過話 212
過價 25

過頭杖 72

H

海上明公秀 185
憨抹撞 96
含糊 225
寒酸 220
韓情枯骨咬 105
夯 60
好不大丈夫 29, 124
好彩 130
好得 59
好箭放不著所在 283
好勞攘 38, 39
好心不得好報 178
好也羅 91
呵呵 13, 47, 221, 229
喝道 60, 145
合火話家私 30
合鬧 181
合盤 107
合取皮袋 104
合殺 51, 184
合下 92, 181, 186, 211
合下得甚語 181
合用支破 91, 97
合子 139
何不買一片帽戴大家過時 190
何幹 91
何似生 73, 140, 262
何消恁麼 131
何曾解典牛 74
和亂掃 78, 264
和衣 81

和志公 118
荷籠 95
黑豆法 235
黑没焌地 101
黑山 169, 247
橫點頭 9, 14
紅心 212, 213
齁齁地飽 111
後架 43, 189
後日 14, 32, 217
後手 258
後頭 120
呼風嘯指 234
呼臚 49
呼蛇 185
胡餅 94, 140, 258
胡床 16, 34, 87
胡脛 85, 270
胡盧 154
胡亂 66, 118, 213, 270, 292
胡孫 25, 180, 248
胡張三, 黑李四 56
糊梯 109
虎憎雞觜 216
花甲子 25
花蠟燭 30
花身 96
花壇石 222
花藥欄 168
華人 272
滑頭 62, 168
化錢 40
化疏 38, 39
化下 35

話霸 47, 84
話墮 189
樺來唇 215, 291
劃時 262
還他師子兒 135
還我 135, 213, 233, 251
還與舊主翁 24
還云 123
浣盆浣盆 82
黃布圍身便是僧 92
回合 51
回進 85
回買 60
回施 50
回牙 109
回轉鎗頭 166
惠裡 109
會相殺 27, 52
會相殺人 52
渾家 156, 223, 264
渾崙吞 164
活鱍鱍 30, 150
活計 8, 124, 135
火把子 230
火板 84
火伴 234
火燒松樹 44
火種刀耕 77, 263
或指或掌 290
霍霍 91, 266
霍殺 34, 266

J

咭嘹舌頭三千里 77
唧唧 91, 112

激惱殺人 84
擊風掣顛 101
擊筒方木響 212, 290
擊著你便屎出 42
雞皮鼓子 234
及盡 162, 203
即今事且致 140
即死即生 63
急絣絣 198, 286
急抽頭是好手 210
籍没 82, 268
幾多人要不能得 63
幾工 94
幾枚 251
幾曾 161
幾曾用著金剛王寶劍 284
幾州子 208
擠陷 55
忌口 94, 95
洎不迷己 171, 282
洎合打破蔡州 284
洎乎 61, 282
記得否 215
記問 56
寄你打雪竇 51
寄聲 255
寄信至祖 65
濟甚事 156
濟要 71
加葉上行衣 110
夾差一問來 105
夾袋 83
家常 100, 200
家活 226
家生 7, 8, 11

家私 11，30，103，226，241
家珍 157
袈裟綣繢 106
架弓矢 170，186
假作驢腸云云 87
駕輿 155
尖新 72
尖言 74
尖簪帽 224
奸哨 217
減人斤兩 159
件件 199，209，221
見成 144，145
見鬼 166
見人眼生 219
見三下三 47
見神見鬼 100
箭過新羅 116
薦得 6，18，158
薦人 48
嚮 35
將經寺裡彈 218
將來 19，27，32，41，117，119，136，201，215，238，247，248，273，291
將死雀就地彈 11
將息所 72
交加 130，135
交頭結尾 193
角立 42
脚板闊 192，221
脚穿破木履 228
脚高脚低 30
脚根下紅線不斷 81

脚尖 11
脚邏沙 209
繳進 70
攪炒 93
叫一聲孫大你來 219
教 11—14，17，23，32，35，41，52—56，60，61，63，66，76，77，83，85，110，111，115，120—122，125，127，128，132，134，136—140，149—151，153，154，156，157，159，160，162，167，177，178，180，183，184，192—196，198，200，204，205，211，213，219，226—228，233，235，236，238，239，245，247，250，252—255，257，264，265，268，274，276，278，280，286，288，294—296
教化 17，53，141，200
接口 109，222
接觜 109
結果看 239
結交頭 201，236
節目 70，147，198，256，272
截却千頭 178
碣斗 29，30
解典出息 57
解免 40
解齋粥米全無粒 111
戒曉 235
疥狗 209
借脚 81

借水獻花 214
藉若 75
今日早晚也 111
金剛努眼睛 36
金剛與泥人揩背 43
金牙 184
金字茶 108
津鋪 107
津遣 50
錦包特石 207
浸殺住 83
進納僧 69，261
儘 24，60，134，255，256
儘儘 223
儘足 24
儘做得 60
經界法 63
經商 158，223
經生 257
經時逗留 65
經營 30，223，224
井樓上打水 109，293
俓截 171
静悄悄地 162
境塊子 101
啾唧 111
啾啾 180，216
酒曇 79
救手刀子 196
就處打出語 104
就身處打出語 104，143
就身打劫 104，141，143
舉爲凝日 50
巨靈可託 234
句咮 107

據款結案 60, 126
鋸解秤鎚 153
絕瀟洒 281
君子可八 75
軍持 95
軍州 183, 284

K

揩定 126
開櫃 59
開口取氣 52
開心碗子 225
開眼也著，合眼也著 146
堪取性多齋供 103
看不上眼 220
看方便 159
看箭 75, 110
看鑒語見此頌 65
看看 75, 125, 135, 195, 196, 222, 236, 247
看老和尚面 47
看樓打樓 96, 169
看戲 98, 105
看硬著你 107
扛歸屋裡 206
扛紙 90
栲栳 27, 47
靠將去 12, 80, 132
靠損 92, 187
窠白 184
可可地 101
可人 53
可煞 116, 117, 126
可惜許 117
可知禮也 237, 252

可中 104, 134, 135, 148
客來須看 36
客情 24
客作兒 100
肯重不得全 238
懇之 61
空買洞庭舟 224
硿磕 26
口吧吧地 286
口滑 103
口快些子 184
口上著 208
口相拗 93
扣齒 97, 98, 199, 225
扣關擊節 76
枯杭作鬼 96
苦寒 43, 129
苦笋 88
袴無口 268
款 4, 5, 60, 125, 126, 209, 213, 234, 245, 280
虧於和尚 107
崑崙兒 37
崑崙嚼生鐵 191
裩襠 166, 249
裩無襠，袴無口 166
裩無頭，褲無口 82
困去不知落處 218
括搔 263
括噪 82, 263
括衆人 81

L

拉之 46
來時教請取回書 294

來時無口 223
來言不豐，令不虛行 161
攔縫塞定 12, 124, 186
攔腰白 84
懶向人前拔茄樹云云 210
郎當 20, 21, 138
郎君 32, 37, 79, 254, 264
郎忙 16
撈波子 224, 293
撈天摸地 144
牢記取 210
嘮嘮 143
老不啣嘲 78
老大哥 71
老倒 32
老凍膿 78, 110, 286
老軍 90
老老大大 71
老婆 43, 51, 57, 64, 96, 264
老臊胡 9, 257
老僧八十間無數 235, 295
老少黃白 107
老手舊骯髒 234
老鼠 9, 28, 111, 112, 149, 157, 232, 251
老鼠咬生薑 149
老禿兵 219
潦倒 32, 46, 76, 143, 220
勒要我錢 275
樂官 46
樂營將 41
冷地裡 165, 239

冷水浸冬瓜 208
冷笑 165，197
冷言冷語 205，206
冷眼 132，165
剺牙劈齒 47
離牙擘齒 104
理長則就 97，163
理會 33，42，54，124，129，282
理能伏豹 19，136
裡頭 98
裏許 98
力囷希 206
立僧 42
栗棘蓬 62，63
笠頭爲風掀 83
歷查 79
連架 101
連忙 188
連腮一掌 202
廉纖 36，130
兩彩一賽 278，279
兩會家 158
兩口同無一舌 168
兩口一無舌 36
兩陌 41
兩手掊空 146
兩頭三面 127
遼空 50，162，187
撩撥 33，52，211，228
撩撥者氣鼓老僧 211
撩亂搭 66
了箇什麼碗 185
了事衲僧 233
料掉没交涉 190

哭哭卖卖 198
淋了灰堆 85
臨事 64
臨崖看滸眼 238
陵遲 85，86，271
靈犀一點通 52
令估衣鉢還訖 40
留取口喫飯 83
流水落花 76
六耳不同謀 226，227
龍潛師溺 106
龍生龍子 29
龍袖 21，234
籠統 94
籠頭角駄 151
儱侗 156，157，247
嘍囉 271
摟搜 92
露迥迥，飽齁齁 213
驢㘃 194
驢年 23，36，139
驢前馬後 178
驢腰 228
驢䏶 111
驢子撲 110
屢生子 209
亂統 80
掠虛頭 47，94，145
捋人耍 29
囉囉哩 24
羅睺羅兒 287
羅睺羅兒與一文 111
蘿蔔頭禪 190
邏齋 88，274
邏蹤人 102

落地 58，97
落紅雨 79，197
落節 133
落賴 22
落落 25，62，73，138，288
落鑊 263
落他架下 170
落韻 270

M

媽媽奴奴 268
麻胡 85
馬前相撲 183，184
埋頭 99，257
買馬 50
買石得雲饒 200
買舟 50，77
賣峭 205
賣香客 139
顢頇 157
鞔却紫茸氈 194，285
蠻子 76
滿口含霜 149
滿盤釘出 83
盲枷瞎棒 178
毛病 29，59，117，200，201
毛蟲 180
毛凡道等 205，288
茅廣漢 182
茅坑 104，185
茆廣 77
茆坑裡虫子 104
冒姓佃官田 212

没碑記 232
没交涉 34, 35, 120, 122, 195, 285
没頭腦 61
没意智 26, 33
梅英先破春 225
門僧 76
門頭户口 254
悶悶 60
猛省 85
孟八郎 162, 241
孟浪 85, 162
迷黎麻羅 177
米囤子 110
覓箇舉話底也無 206
免被巡官指上推 295
面長 156
面赤不如語直 166
面黄面青 165
面噤噤地 202
面孔 73, 219
面門 28, 96, 100, 135, 152, 164
面前一絲 188
滅滅挈挈 136
名邈 127
名紙 223
明窗下 283, 284
鳴剥剥 85
摸索不著 117
摩瓷顯正 106
摩斯吒落水 106
模糊 31
魔王脚 26
末上 193, 271

莫道陛下發使去取，闍國人去，他亦不回 119
莫怪 23, 69, 143, 199
莫饒伊 94
莫石灰籮裡反眼 211
莫谣人設齋 105
墨漆墨 71, 262
驀點 106
驀顧 24, 272
驀口 87
木桉 8, 101, 106, 278
木槵子 32, 105, 157, 185
目睛口哘 179
目擊 42, 43

N

那裡秖管 51
那那 88, 274
那下行 64
納些些 6
喃喃 142
難色 40
難尾 26
猱人 145
鐃鈎搭索 105, 171
腦後拔箭 161, 162
腦後云云 161
鬧藍 78
鬧熱子 208
內逼 42
泥多佛大 163, 281
泥滑滑 89, 201, 202
泥盤 35
你看爭奈他何 64
你也得也 39

擬議不來 138
擬之則喪身失命 28, 152
拈取簸箕 233
拈却 36, 155, 247
念話杜家 213
念老子 53
念汝遠來 226
娘生口 24
娘生爺養好兒女 81
尿床鬼子 17, 165
捏怪 70, 147
捏訣 98, 199, 225
捏拇指叉中 55
牛豹跳 19
牛妳 34
牛頭没，馬頭回 20, 21, 138
牛搏 211
紐半破三 106
弄泥團漢 186
奴奴 81, 268
喏喏 58

O

毆一頓 54
吽吽 102
嘔血禿丁 25

P

爬爬地 109
拍拍是令 187
拍拍相應 159
排日 237
排頭妄想 207
盤磚 126

判語 170
砲車 72，262
胚腪 8，9
配其聲 88
噴地 236
坯粉 57
披袈裟 120
劈箭 5
劈箭急 177
劈篾 33
劈頭 5，121，122，221
皮殼漏子禪 190
匹栗斯喫青橄欖 240
匹上不足 106
匹上不足，匹下有餘 106，121，137
匹似閑 172
僻地裡罵官人 188
剽聞 273
拼出院 42
平白 11，205
平出 150，153
平地起骨堆 44，159，228，247
平人 75，132，156
瓶杌 112
潑家風 20
潑家私 11
潑郎潑賴 172
潑生涯 31
潑天 77
婆餅焦 89
叵耐 78，100
破二作三 188

破凡夫 256，257
破口 195
破沙盆 28
破午 87，271
破綻 29，271
剖甕不見天 237
剖甕覓天 296
撲落 45
普州人送賊 157

Q

七棒對十三 104
七穿八穴 139
七村裡土地 14
七寸 159，179
七花八裂 19，129
七事隨身 151
七折米飯 69
悽悽 35，228
欺騙 10，228
漆桶 9，15，20，121，196，247，272
漆突 101，278
歁空 92，275
其遷化日，朱家生一女子 56
祇對 122
乞兒拾得錫 238
乞與 97，277
氣急殺人 294
掐一掐 190
恰好 151，152，162，204，288，289
恰恰 208，289
牽犂 96

簽出 98
前不搆村，後不迭店 182
前人 63，76，101
前人辨得下下作主 101
乾淨 76，84，90，126
乾笑 93
錢出急家門 215
遣事 224
鎗然 93
罄 82
強屈指 53
強人 75
敲關擊節 76，148
敲喝 169
切脚 240，296
茄子瓠子 224
且看光火菩薩面 263
且莫妨穩便 73
且喜沒交涉 19，34，120，127
怯衆 89
秦國太夫人 206，250
秦時䩺轢鑽 139
青尖 75
青條 89
情願 40，55
擎起掌曰念你作新長老 63
擎頭戴角 177
頃 5，59，126，213，245，263，282
罄 112
窮廝煎餓廝吵 208
窮相手 24
曲彔 199
屈 13，53，61，64，78，

85, 117, 131, 132,
　136, 160, 165, 178,
　184, 199, 200, 211,
　233, 288
屈棒 178
屈節當胸 132
屈屈 61
取陳墳約二十餘里 84, 269
取丞相之意 74
取次 87, 100, 101, 271
取奉 54, 74
取至淨因 32
去處 82, 117, 189, 191
去當時悟自縊間抽脱 48
去就 60, 71, 76, 105,
　125, 231, 295
去死十分 163
趣請之 42
覰得見 154
圈繢 137, 138
圈拏 165
全火 73
勸解 40, 95, 227, 276
勸者老漢 227
却戒收之 51

R

惹得 146, 223
惹著衣 267
熱荒 77
人從陳州來，却往許州去
　187
人事 38, 39, 54, 102, 216,
　227, 294
人心似等閒 208

仁義道中 131
忍俊韓獹空上階 170
恁麼 10, 18—20, 27, 30,
　36, 62, 64, 77, 97,
　115, 118, 121—123,
　138, 142, 147, 161,
　162, 196, 198, 199,
　246, 249, 251, 278,
　280, 283
恁麼那賺我 163, 280
認奴作郎 32
日黃簿 91
容心 38, 66
如何參，如何會 27
如人家會作賊 59
如守古塚鬼 212
如水浸水頭 232
如天 20, 224
如油入麵 194
汝若要山僧回與汝 185
入草 22
入作 153
瑞香斗 72
若不看兩個老凍膿面 196
若箇 98, 267, 268
若箇解尋思 81
若有人看事，某也不辭 294

S

撒沙 143, 249, 280
撒屎撒尿 60
賽過 240
三白 98
三搭不回頭 160
三刀 109

三度霍山廟裡退牙了 71
三人證龜成鼈 153
三十六策 136
三事 107, 151, 196
三臺 296
散場 70
散工 234
散其餘盤 41
桑扈鳥 88
喪制 66
色裡膠青 75, 206
沙汰 13, 149
沙觜 27, 231
篩灰壓鬼 209
曬眼皮草 103
山高石裂 179
山形拄杖子 154
山儀 231, 295
珊瑚枝枝撐著月 284
扇㧎 99
商確 257, 280
傷慈 142
賞音 56
上大人 252
上口 36, 92
上下觀瞻相 110
上下三指，彼此七馬 32
上著 128, 130, 136, 151
少賣弄 24, 27, 35
舌拄上齶 127
身材 10
身隗 108
甚生 27, 272, 273
甚生次第 87, 272
蠶壁 91

生滅 55, 135
生錢放債 82
生鋜秤鎚被蟲蛀 218
生緒 50
生冤家 164, 281
繩頭子越自把得緊 239
省力 155
省數錢 236
省闌 49
省劄 80
勝寺 32, 66
失火 7
失利 22, 50, 51
失曉 96, 170
失粘 22
十八上 186
什麼 6, 11, 12, 15, 17, 18, 24, 25, 29, 35, 51, 59—61, 66, 71, 73, 75, 96, 103, 104, 107, 111, 115—117, 119, 121—125, 127, 130, 133, 134, 142, 147, 150, 156, 161—164, 167, 170, 185, 189, 192, 196, 204, 206, 211, 219, 228, 229, 262, 274, 283, 296
什麼年中得信道生 104
石敢當 207, 208
石墜 3
拾得口喫飯 80, 182
食指猥衆 72
時生按過 105
時新 51
矢上加尖 80
使下 54
屎上加尖 105
世味 85
是請承惠紫 241
適來 5, 17, 280
收取口喫飯 283
手脚 12, 105, 130, 132, 135, 140, 162
手忙脚亂 162
手面 220
手摩抄 106
手橈 237
首云 40
瘦坐 84
書鎮 93
輸肚皮，虧口唇 93
輸機是算人之本 239
熟人 71, 72, 219
鼠黏兒 26
鼠入牛角 251
束之高閣 193, 203
述朱 238
豎亞 13
耍相 25
栓索 210
雙線爲活 84
水樓 293
水漉漉地 55
水米無交 213
順顚倒，順正理 52
順朱 84, 105, 238
說似一物 3, 128
說一歇 80

厶人 79
私商 82, 111
私鹽 110
廝兒 10
死款 4, 125
死蝦蟆 147
四百軍州 284
四山相逼 110
寺主 95
似過你 128
俗人沽酒三升 232
俗行者 111
算賬 224
隨步舉 64
隨後婁藪 178
隨年噉 226
遂育 78, 264
遂作云云 56
所夢中人 55
所山主 55
所忤 44
所在 5, 186, 218, 283, 296
索筆 39
索價 81
索然 48
索性 81, 83, 140, 186, 268

T

塌薩阿勞 125, 126
揭却我 227
蹋床 54
撞你爺，撞你娘 61
太廉纖生 130

太末蟲 247
太絮 34, 233
貪盃落草人 293
探得 142, 178
探竿影草 18, 144
探頭 100, 206, 238, 296
探頭山裡人 238, 296
探頭一覷 100, 206
堂頭在此, 賴是別無甚言語 39
堂儀纔滿 54
搯 71
搯定咽喉 215
陶器合而葬之 97
討頭不著 77
忒煞 116, 126, 127
特差 214
特地 47, 48, 51, 86, 119, 238
特庫兒 105
特石 36
特旨 45
藤蛇 80
藤條 31
剔起眉毛 158
踢天 218
踢天弄井 218, 238
提葫蘆 89
天津橋上漢 199
田庫奴 179
田舍翁陰德 222
挑取 86
挑屑 72
跳 9, 17, 29, 47, 58, 62, 69, 94, 120, 150,
157, 232, 234, 291
跳不出 120
跳籬驀牆 17, 137
貼秤 147, 148, 266, 267, 280
貼地 81, 266
貼地相酬 266
貼肉衫 36
貼身死計 6
鐵蒺藜 82, 83, 269
鐵券 179
聽瑩 95
停囚長智 76, 77, 153, 154
通不犯 64
通人 231
同火 158, 234
同人 23
同條 95
同衣者 75
偷姦 97
偷身 75
偷心 4, 23, 251, 287
偷心鬼子 287
偷眼 75, 240
骰子 7, 98, 278, 279
頭堂飯 222
頭陀 90, 239
頭撞 22
唻 110
塗糊 96, 123, 185, 255
塗乙 92
土宿臨頭 156
簙量 250
推官 105, 296
推門入臼 84, 184
推免 47
推木枕 62
退縫 215
退款 213
吞却 41
托菴門 177
托鉢 12, 47, 177, 200
托幞頭脚 185
托開 15, 96, 164
托子 105
拖拖地 177
脱布袴 89
脱略 94
脱然 86
脱身鬼子 212
脱賺 228

W

蛙步碾泥沙 20, 165
瓦解 247
喎喎 33
外幹 82
王大姐 43, 220
王大嫂 223, 264
王小波草鞋 202, 287
枉坐 64
罔措 38
往往 4, 9, 59, 72, 101, 109, 127, 128, 192, 200, 229, 252, 281
忘記請之 42
隈刀 152
隈隈隑隑 84
爲地 86
爲復是同是別 281

爲己戒者 53
爲人須爲徹 164
爲人須爲徹，殺人須見血 81
爲人須爲教徹 177
爲善曰 63
爲予言 95
爲衆曰 41
唯唯 48
未要 48
未招 210
尾巴焦黃 209
委身 88
委實 86，245
委無 111
硾碾羅扇 58
文曆 98
文賑 224
問訊不出手 204
甕裡何曾走却鼈 239
我舉三句向你 46
我寧不說法 140
我使得正快 7
我也無可到你淮南人 107
齷齪 75
屋愚子 95
烏龜上壁 212
烏檻角 25
無齒大蟲 177
無端 78，97，141，142，172，178，185，227，255
無多子 16，17，23，35，147
無假 42
無緊要 75

無賴查 81
無事界 140
無向當話 143
無厭消 200
無義語 194
無轉智大王 214
五貫 48，205，236
五間十一架 85
五陌 90
五年強 180，283
五瘟不打頭自髡 92
伍佰 90，93
舞不徹 70
物見主，眼卓堅 81，211
物色 71，189

X

西河弄獅子 291
西堂 54
昔日船從此處翻 269
滘麼 107
細抹將來 41
誓速 198
瞎驢兒 195
點兒落節 77，168
點向冷地裡臥 232
下板 23
下筒謹對 249
下紅雨 79，197
下糊餅 111
下肩 41
下落 252，253，292
下下咬著 110
下下要分緇素 203，287
下載清風付與誰 65，171

嚇 35，84，143，165，172，206，234，266
嚇殺人 35，165
掀倒 19
掀倒禪床 19，135
閑不徹 138，142，154，201
閑打閑 79
閑工夫 233
閑神 21
閑神野鬼 17，21，212
賢聖法 288
險些 79，205，265
憲 17，25，54，64，119，255，263，270，272，284
相次間 166
相次著也 178
相抗 3，128
相樓打樓 96
相饒 122，267
相席打令 168
相捉不相見 95
鄉薦 49
向北向南 171
向草裏輥 15，124
向道 119，122，150
向鬼窟裡作活計 8，124
向來 36，54，211，220
向去 55，134
向人前拔茄樹云云 290
向深山云云 193
向下 43，55，104，151，167，180，193
向幀子上出來 74，263
枵腹 235
消 16，18，25，33，40，

41, 50, 55, 58, 74, 80, 118, 128, 131, 134, 136, 138, 140, 150, 151, 164, 168, 169, 211, 213, 224, 248, 250, 266, 277, 293
消得恁麼 185
蕭何賣却假銀城 170
小長老 60
小出大遇 107, 287
小當仁 12
小鬼 71
小家 19, 34
小団 5
小可 70
笑哈哈 75
寫戲 46
心行 247
新羅人過海 212
信卜賣屋 229
信彩 7
星在秤, 不在於盤 168
行纏 33
行户 255
行李 11, 45, 86, 132, 141, 151, 171, 241, 242
行遣 86, 248
行堂 99
形體不全 57
幸希 62
性懆漢 140
性燥 140, 192, 229
兄雖不藉其齒牙餘論 272

胸堂 90
鬆亟 90
袖裡打領, 腋下剜襟 170
袖頭打領, 腋下剜襟 282
繡針眼裡 91
虛空中拋筋斗 94
虛頭 47, 145
須一繩爲率 85
噓聲 13
噓噓 13, 167
許事 85, 270
嗅土吹沙 216
旋旋 44, 45
學人卓卓上來, 請師的的 290
雪理 23, 86
巡官指上推 237
巡鋪子 111
巡人犯夜 202

Y

丫叉 56
押 21, 57, 64, 74, 98, 130, 207, 229, 252, 270, 280
鴨吞螺螄 208, 289
鴉臭 56
亞身 13
訝郎當 164
淹 65, 70, 102, 201, 287, 290
研槌 95
鹽落醬裡 232
鹽鐵判官 111
掩彩 24, 238

眼花 110, 111, 253
眼裡無筋 50
眼目定動 15, 121, 122
眼熱 230, 231
眼頭乖 223, 292
厭彩 238
燕趙 91
陽平撒白雨 26
颺下 14, 193
颺在檻極堆頭 34
颺在無事甲中 193
仰門頭行者 73, 262
養兒 86
養家 59
養莊客婦女 57
養子之緣 131
樣子 35, 69, 77, 100, 192, 199, 213, 231, 280
搖手 51, 218, 266
咬牙爆爆 202
藥貼上語 220
鑰匙 39
也是閑 178
也跳幾跳 234
野草閑花 224, 225
野狐精 59, 70, 117, 147
野了也 58
野盤僧 26
一棒也較不得 238
一筆勾下 170
一並轄向炭庫裡坐 239
一不成, 二不是 104
一不做, 二不休 83, 186
一扠一剗 103
一處乖 87

音序检字表

一槌兩當 105
一槌曾兩當 75
一逴 221
一道行遣 248
一地裡 199
一點 6, 79, 120, 139, 141, 164, 177, 201, 209, 213, 214, 238, 265, 278, 279
一頓飯 51, 218, 251
一分飯 6, 7
一縫 172
一摑 9, 157, 227
一火 6, 178, 206, 241, 296, 297
一火絡 241, 296
一節 253
一截 111
一樐 103
一犁新雨破春耕 224, 293
一絡索 245, 246
一模脫出睦州 139
一畝之地，三蛇九鼠 213, 291
一齊輥 16, 170
一千來眾 75
一腔 36, 79, 264, 265
一人向占波國裡云云 191
一日趲得一日 207
一上 9, 33
一事 65, 89, 272
一貼茶 149
一頭 6, 16, 74, 140, 147, 223, 262, 291
一頭地 87

一星事 158
一至七拗折 187
一狀領過 248
一幢子 111
衣冠不御髮齊眉 271
移枷在獄子項上 52
移寫其本 276
遺漏 84
遺鏜遺之 50
已著了也 149
以此觀者 253
以臨老 254
以事臨之 56
以手加額 51
以手托地 16, 226
以水攪過 183
以楔出楔 78
以指夾鼻一下來鼓 26
以致 65, 107, 197
以拄杖挃 188
亦還希 161
因風吹火 153, 166
因上名殿試不祿，遂陞第五 49
因行掉臂 74, 166
因修造犯土 44
因緣 44, 62, 65, 200, 213, 273, 296
陰相 72
吟笑 91
吟吟 9, 10, 158
銀交床 16, 226
印破面門 101
印子上 164
應支 91

贏得 132
贏得一籌 178
贏局輸籌 22
影草 18, 144, 288
影草之流 288
硬剝剝 180
硬節 22
用不著 46, 205
用得著也 65
幽州猶自可，最苦是江南 157
油糍 133
有錢使得鬼走 207
有人看事 225
有甚諢罐餛子，快下將來 215, 291
有條攀條，無條攀例 144
有心情 112
有囿名相而善求其然者 292
有願不撒沙 169
有在 62
有主沙彌 112
又來耶 89
又通一路 21
又有神勒要我錢，乃放 92
囿名相 219
誘讀 87
於屏風後引身云 134
漁父棲巢 288
與琳聯按 42
與你大家商量 103
與物俱化 288
與獄子喫，與獄子著 52
御諱 63
冤有頭，債有主 76

元字脚 20, 163
袁達李磨 80, 266
原之 5, 284
圓陀陀地 170
緣入袖中 97
約下 229
月過三 210, 290
雲居羅漢 147
熨斗 77, 138
蘊藉 165

Z

匝匝 69
咂嗽 240
咂咂地 143
再來不直半文錢 117
趲到 236
鑽飯 238
贓物 54
遭際 75, 215
早晚 3, 59, 75, 111, 199
造反 110
責罰 40, 56
賊是家親 286
怎生 7, 55, 129
曾經霜雪苦，楊花落也驚 208
劄命 232
劄硬塞 75, 263
劄子 69, 70, 80, 232, 261, 273
偺崦 108
乍可怎麼 163, 280
詐明頭 144, 145, 167
摘楊花 111, 286

粘牙帶齒漢 83
氈拍板 177, 281
蘸雪喫冬瓜 198, 208
張打油 75
張公埌了 192
張監鍛磨 89
丈人 109, 214, 218, 228
折半列三 106
折草量虛空 202, 287
折合 170
者漢只在 26
這不唧嚼漢 78, 115
這一靠 187
珍重 11, 134, 196, 203
珎重 134
針工 89
針筒鼻孔 293
揕住 81
争交賭籌 290
整頓 66, 204
正賊 86
之乎者也 43, 188
支破 89
支遣 170, 250
支吾 72
知道 28, 38, 167, 205, 227, 228, 267, 294, 295
秖管無收殺 51
秖如當機合下得什麼語 106
直下即捏 19
只得平高云云 197
只得飲氣吞聲 129
只管 26, 39, 125, 129, 134, 162, 236
只守氣急殺人 111

指達磨老臊胡，罵陳遷胡孫子 25
指東畫西 86
指東劃西 76, 86, 132
指柳罵楊 229
至扣 245
炙脂 27, 56, 181
治疊文字 39
治裝 62
挃 105, 188
置得 107
置以祀之 41
滯貨 148, 267
重地 78
重言不當吃 159
周由者也 188, 189
周遮 9, 76, 188
朱紫 248
諸魔猪毛 35
竹雞泥滑滑 201
逐箇 82, 269
逐箇解說 269
逐教上樹去 127
斲殺 5
斲殺這尿床鬼子 165
斲著 80
斲著磕著 168
主張 33, 254, 255
屬牛 50
祝送書者 56
祝曰 50, 256
著定平生詩 92
著鯉 74
著黑衣護黑柱 195, 285
著壞山 71

著甚死急 166
著實 85, 245, 251
著一頓熱病打時 46
著賊了 159
著賊了也 177
拽把 96
專甲 47, 109, 110
甎 46
撰出一場口面 211, 212, 290
賺殺一船人 172
轉頭向壁 237
裝賫 28
裝腰 17
裝照鏡 89
撞彩 98
撞入者保社 203
撞著火柴頭 16
追陪自己非泛人情 81

追之 63, 83
綴五饒三 21
卓朔 185, 257, 258
卓朔地 185
斫額 31, 183
斫牌 16
酌然 204, 205
資次 24
紫羅賬裡撒真珠 18, 146
紫衣 45
自從賢聖法來，未嘗殺生 205
自大了一生小不得處 220, 292
自古自今 281
自攪炒 276
自領出去 11, 53, 137
剚刃 14

踪跡惟饒野鹿參 267
總不見得 6
縱有如何機關 282
走作 162, 204
租錢 40
足陌 41, 107, 236
鑽出 23
罪不重科 75, 158
左搓芒繩 36
左書 95
作成 91
作息 47
作賊不須本 183
作賊人心虛 105, 142
坐地 39, 58, 192
做大 89, 229
做得是 33
瞎瞇 77, 264